"十二五"职业教育国家规划教材
经全国职业教育教材审定委员会审定

# 国际贸易实务

主　　编　吕时礼
副主编　　杜红艳　汪圣佑
编　　者　（排名不分先后，以姓氏笔画为序）
　　　　　王　娟　王　放　甘志华
　　　　　吕时礼　吴术团　杜红艳
　　　　　汪圣佑　何章磊　尚海燕

北京师范大学出版集团
BEIJING NORMAL UNIVERSITY PUBLISHING GROUP
安徽大学出版社

图书在版编目(CIP)数据

国际贸易实务/吕时礼主编. —合肥:安徽大学出版社,2014.8(2019.9重印)
"十二五"职业教育国家规划教材
ISBN 978-7-5664-0724-5

Ⅰ.①国… Ⅱ.①吕… Ⅲ.①国际贸易－贸易实务－高等职业教育－教材
Ⅳ.①F740.4

中国版本图书馆 CIP 数据核字(2014)第 064981 号

# 国际贸易实务

吕时礼 主编

| | |
|---|---|
| 出版发行: | 北京师范大学出版集团<br>安 徽 大 学 出 版 社<br>(安徽省合肥市肥西路3号 邮编230039)<br>www.bnupg.com.cn<br>www.ahupress.com.cn |
| 印　　刷: | 合肥现代印务有限公司 |
| 经　　销: | 全国新华书店 |
| 开　　本: | 184mm×260mm |
| 印　　张: | 25.5 |
| 字　　数: | 576 千字 |
| 版　　次: | 2014 年 8 月第 1 版 |
| 印　　次: | 2019 年 9 月第 5 次印刷 |
| 定　　价: | 44.00 元 |

ISBN 978-7-5664-0724-5

策划编辑:朱丽琴　龚婧瑶　　　　装帧设计:李　军　金伶智
责任编辑:朱丽琴　龚婧瑶　　　　美术编辑:李　军
责任校对:程中业　　　　　　　　责任印制:陈　如

**版权所有　侵权必究**
反盗版、侵权举报电话:0551—65106311
外埠邮购电话:0551—65107716
本书如有印装质量问题,请与印制管理部联系调换。
印制管理部电话:0551—65106311

# 前　言

自加入国际贸易组织(WTO)以来,我国的对外贸易有了飞速的发展,国际经济和贸易形式也发生了巨大的变化。为适应我国对外经济贸易更好更快的发展要求,迫切需要培养系统了解并掌握有关国际贸易中的交易条件、交易过程以及国际惯例,适应新形势和新要求的高素质的对外经贸专业人才。

本教材按照课程的项目教学规划设计,分四大模块、二十一个项目,按照国际贸易实务的工作流程,分别介绍了国际市场开发,有关国际货物贸易的品名、品质、数量、包装、价格、货款运输保险、货款结算、检验争议、索赔、不可抗力、仲裁、国际贸易术语、国际贸易惯例、国际贸易磋商、合同的商订、合同的履行,以及国际贸易方式等内容。本教材注意突出课程教学体系的通融性,突出专业知识的实用性,以使高职国际贸易专业培养的学生能够适应我国对外贸易发展的需要,适应外贸企业用人的需要。

经过修订,本教材力求突出以下三大特点。

1.结构突出新颖性:本教材打破了传统国际贸易实务教材中的固有体系,着重于对学生基本技能的培养,并根据国际贸易实务工作流程,按实用模块和实践项目组织内容,每个模块设有"案例导入"、"项目目标"、"关键概念"、"知识窗"、"小结"、"经典案例分析"、"思考训练"以及有关的国际贸易单证,让学生更好地理解所学的主要知识,并提供"经典案例"使学生逐步提高在国际贸易实务中分析问题、解决问题的能力。

2.设计突出实用性:本教材不仅突出理论与实际密切结合的特

点,同时,兼顾国际贸易实务中一般理论知识的阐述与国内、国际贸易实践的探索,而且以大量实例来培养学生学习兴趣,提高学生实践能力。

3. 内容呈现发展性:本教材介绍了"中国出口信用保险公司"及其最新的产品、国际商会最新的《跟单信用证统一惯例》(UCP600)、《关于审核跟单信用证项下单据的国际标准银行实务》(ISBP745)、国际商会《2010国际贸易术语解释通则》(INCOTERMS 2010)等新的知识和内容,为学生在新形势下对口就业奠定了基础。

本教材于2010年出版,2013年进行了修订。2014年6月,教育部职成司发布了《关于拟入选第一批"十二五"职业教育国家规划教材书目教材名单的公示》,公布了拟入选第一批"十二五"职业教育国家规划教材书目,安徽大学出版社申报的本《国际贸易实务》教材通过了专家审定,成功入选"十二五"职业教育国家规划教材,是安徽省出版单位唯一入选此次公布的国家规划教材。

在编写、修订本教材的过程中,我们参考了大量的同类教材及有关论著和资料,同时也参考了中国商务部、国际贸易促进委员会、国际商会等机构官方网站的相关内容。

但由于编写时间紧和编者水平有限及其他条件限制,教材中或有缺陷和不足之处,恳请同行、专家及广大读者不吝指正。

编　者

2014年7月

# 目 录

## 模块一　国际贸易实务导论

**项目一　国际贸易的基本概念及分类** …………………………………………(3)

　　任务一　国际贸易的含义与特点 ……………………………………………(3)
　　任务二　国际贸易的基本概念 ………………………………………………(6)
　　任务三　国际贸易的分类 ……………………………………………………(9)

**项目二　国际货物贸易流程** ……………………………………………………(14)

　　任务一　出口货物贸易流程 …………………………………………………(14)
　　任务二　进口货物贸易流程 …………………………………………………(21)

**项目三　国际货物买卖合同概述** ………………………………………………(27)

　　任务一　国际货物买卖合同的内容 …………………………………………(27)
　　任务二　国际贸易法律、条约和惯例 ………………………………………(29)
　　任务三　从事国际贸易实务的要求 …………………………………………(33)

## 模块二　国际货物买卖合同条款

**项目一　商品品质及合同品质条款** ……………………………………………(38)

　　任务一　商品的名称 …………………………………………………………(40)
　　任务二　商品的品质 …………………………………………………………(42)

**项目二　商品数量及合同数量条款** ……………………………………………(55)

　　任务一　计量单位和计量方法 ………………………………………………(57)
　　任务二　合同中的数量条款 …………………………………………………(62)

## 项目三　商品包装及合同包装条款 ……………………………………………… (70)

  任务一　商品包装的种类 ………………………………………………………… (72)
  任务二　包装标志 ………………………………………………………………… (78)
  任务三　定牌、无牌、中性包装和包装条款 …………………………………… (83)

## 项目四　商品价格及合同价格条款 ……………………………………………… (91)

  任务一　国际贸易术语概述 ……………………………………………………… (93)
  任务二　《2010年国际贸易术语解释通则》中的贸易术语 …………………… (99)
  任务三　国际贸易术语的使用 …………………………………………………… (108)
  任务四　价格的掌握 ……………………………………………………………… (111)
  任务五　进出口商品的价格核算 ………………………………………………… (118)

## 项目五　货物运输及合同运输条款 ……………………………………………… (134)

  任务一　国际贸易运输方式 ……………………………………………………… (136)
  任务二　合同的运输条款 ………………………………………………………… (155)
  任务三　运输单据 ………………………………………………………………… (160)

## 项目六　货物运输保险及合同保险条款 ………………………………………… (173)

  任务一　保险概述 ………………………………………………………………… (175)
  任务二　海洋货物运输保险承保范围 …………………………………………… (177)
  任务三　我国海洋货物运输保险 ………………………………………………… (180)
  任务四　伦敦保险协会海运货物保险 …………………………………………… (187)
  任务五　货物运输保险实务 ……………………………………………………… (189)

## 项目七　货款收付及合同支付条款 ……………………………………………… (200)

  任务一　支付工具 ………………………………………………………………… (202)
  任务二　汇付和托收 ……………………………………………………………… (208)
  任务三　信用证 …………………………………………………………………… (214)
  任务四　银行保函、国际保理和福费廷业务 …………………………………… (230)
  任务五　出口信用保险 …………………………………………………………… (237)

## 项目八　商品检验及合同检验条款 ……………………………………………… (252)

  任务一　出入境检验检疫的地位与作用 ………………………………………… (253)

  任务二 检验检疫工作的任务、依据和内容 …………………………………… (258)

  任务三 检验检疫工作的程序 …………………………………………………… (262)

  任务四 出入境货物报检及检验机构 …………………………………………… (265)

  任务五 商品检验证书和合同中的检验条款 …………………………………… (270)

**项目九 合同的索赔、不可抗力和仲裁条款** ………………………………………… (280)

  任务一 索赔 ………………………………………………………………………… (281)

  任务二 不可抗力 …………………………………………………………………… (286)

  任务三 仲裁 ………………………………………………………………………… (290)

# 模块三 合同签订与履行

**项目一 交易磋商与合同签订** ………………………………………………………… (301)

  任务一 交易磋商形式 ……………………………………………………………… (302)

  任务二 交易磋商程序 ……………………………………………………………… (303)

  任务三 合同签订 …………………………………………………………………… (311)

**项目二 国际货物买卖合同的履行** ………………………………………………… (323)

  任务一 出口合同的履行 …………………………………………………………… (324)

  任务二 进口合同的履行 …………………………………………………………… (340)

# 模块四 国际贸易方式

**项目一 经销与代理** ……………………………………………………………………… (354)

  任务一 经销 ………………………………………………………………………… (354)

  任务二 代理 ………………………………………………………………………… (358)

**项目二 招标与投标** ……………………………………………………………………… (361)

  任务一 招标与投标概述 …………………………………………………………… (361)

  任务二 招标与投标业务的基本程序 ……………………………………………… (363)

**项目三 拍卖与寄售** ……………………………………………………………………… (366)

  任务一 拍卖 ………………………………………………………………………… (366)

  任务二 寄售 ………………………………………………………………………… (369)

## 项目四 期货贸易 (371)
### 任务一 期货交易的含义与特征 (371)
### 任务二 套期保值 (374)

## 项目五 对销贸易 (378)
### 任务一 易货贸易 (378)
### 任务二 互购贸易 (379)
### 任务三 补偿贸易和抵销贸易 (380)

## 项目六 加工贸易 (383)
### 任务一 进料加工 (383)
### 任务二 对外加工装配贸易 (385)

## 项目七 跨境电子商务 (389)
### 任务一 跨境电子商务的含义及特点 (389)
### 任务二 跨境电子商务模式 (391)

## 参考文献 (399)

## 后　记 (400)

# 模块一　国际贸易实务导论

- 项目一　国际贸易的基本概念及分类
- 项目二　国际货物贸易流程
- 项目三　国际货物买卖合同概述

国际贸易实务,又称"进出口业务",是一门概述国际商品交换具体过程的课程,也是一门涉外性和实践性很强的综合应用课程。

国际贸易的基本程序可以概括为交易前的准备、交易磋商、合同签订与合同履行四个阶段。交易前的准备是四个阶段中的第一个,也是整个交易的基础。国际贸易交易前的准备主要包括国外市场调查、选择合适的产品、市场与客户、制定进出口商品经营方案、与客户建立业务关系。

在交易开始前,我们要熟悉和了解国际贸易实务的流程,本书主要围绕出口贸易流程介绍各个项目的操作,而对进口贸易的流程则是作相关的介绍。

从事进出口业务工作前,我们还要了解国际贸易实务的工作内容及从业人员相关职业要求,为今后的工作做好充分准备。

# 项目一
# 国际贸易的基本概念及分类

当今的世界经济,随着国际分工协作的发展,国家间的联系日益加强,经济国际化的程度越来越高。任何一个国家,无论是发达国家,还是发展中国家,要取得经济的迅速发展,都不可能与世界经济隔绝起来。对外贸易对一国国民经济的意义越来越重要,并成为衡量一国国民经济发展水平的一项重要指标。要想开展国际贸易工作,首先就要了解国际贸易的含义、基本概念及分类。

## 任务一 国际贸易的含义与特点

### 一、国际贸易的含义

国际贸易,是指不同国家(地区)间的商品和服务的交换活动。国际贸易与国内贸易间存在很大的差别。

国际贸易之所以有别于通常的国内贸易,是因为每个国家都有自己一套独立的关税制度和贸易措施,并通过这种关税制度和贸易措施来保护本国的利益。而国内贸易是指在同一个关税制度下的一国国内的贸易,贸易伙伴间的交易活动并不涉及关税等措施的影响,即不使用关税等措施对交易的一方给予特别的限制或优惠。随着各国经济的发展,有些国家内部存在着不同的关税区,这些不同的关税区有着自己独特的贸易利益。尽管它们是属于同一个国家,但这些不同的独立关税区之间的贸易行为和一般意义上不同国家之间的贸易是相同的。

因此,从经济学意义上,国际贸易应该理解为具有独立关税制度的国家或地区间的商品或服务的交换活动。

当今世界,许多不同国家通过结成关税同盟使它们成为一个统一的关税区,如欧盟。该区域经济组织已经基本上实行统一的货币体系、法律体系和财政政策等,这些国家尽管彼此之间还没有最终统一起来,但它们之间的贸易和国际贸易学所谈的国际贸易已很少有共同点了,倒是更像一般意义上的国内贸易了。事实上,现在不少国家或国际经济组织在研究国际贸易的时候,已把欧盟作为一个单位来考虑了。

## 二、国际贸易的特点

国际贸易与国内贸易相比较,既有一定的共性,又有自己的特性。其共性表现为:两者在社会再生产中的地位相同,都处在社会再生产中的交换环节,通过商品交换来实现商品的价值,具有共同的商品运动方式,受商品经济规律的影响和制约。

两者的区别在于:国内贸易是发生在一国内部或国民经济范围的商品交换活动;国际贸易是越过国界、超出国民经济范围进行的商品交换活动。

### (一)国家干预,限制严格

国际贸易的主体具有双重性,即个别主体与国家主体,它既是厂商与厂商间的贸易,又是国家与国家间的贸易。国家为了保持国际收支平衡,保护民族工业发展以及保证正常的社会生活秩序等,往往采取一些政策和措施对国际贸易进行干预,或鼓励出口,或限制进口。各国政府都设立有海关,所有进出口商品都必须经过海关,接受海关监管和缴纳必要的税费。由于国际贸易受国家干预,所以在进行对外贸易时,要注意了解、研究相关国家的对外贸易政策和措施,以便更好地制定进出口商品经营方案。

### (二)情况复杂,风险较大

国际贸易是跨越国界进行的,遇到的问题既多又复杂,由此带来的贸易风险也比国内大得多。比较显著的有以下几种:

**1. 信用风险**

这里所说的"信用风险",主要是指钱货不清的风险。在国际贸易中,从磋商交易到订立合同,再到卖方交货,买方付款,需要经过一段较长的时间。在此期间,买卖双方的财务状况可能发生变化,有时危及履约,给对方造成损失。同时,卖方交货、买方付款存在着时间差,可能出现交货了却收不到款,或者不能按期足额收到货款;也可能出现付款了收不到货,或收到的货物不符合合同的要求。一旦发生这类事情,双方又在不同的国家,如果进行司法诉讼也很麻烦。为了规避信用风险,国际贸易中的卖方一般采用信用证索汇,或采用预收货款、信用保险等方式。

**2. 汇率风险**

这是指由于结算货币币值不稳定,从订立合同到收汇期间的汇率变动给交易者带来的损失。在国际贸易中,由于各国货币制度不同,买卖双方必定有一方要用外国货币进行计价、结算和支付,这就发生了两种货币按照怎样的比率进行兑换的问题。这样,从订立合同到收付货款期间的汇率变动,可能会给交易者的某一方带来货物本身以外的汇兑损失。汇

> **讨 论**
> 自2005年汇改以来,人民币汇率已经进入了"6时代",人民币持续升值对进出口贸易有什么影响?

率风险,不仅直接关系到贸易当事人的盈亏得失,而且会给有关国家的进出口贸易、国际收支、国际储备、物价等带来影响。因此,在磋商交易时,用什么货币计价、结算、支付是交易者必须认真考虑的问题。

**3.价格风险**

这是指从订立合同到货物到达目的地期间货物所发生的价格变化而导致的交易者的损失。比如,订立合同后,如果在卖方从工厂进货前,货物价格上涨,则卖方需承担风险;如果在买方收到货物后,货物价格下跌,则买方要承担风险。在国际贸易中,从订约到卖方发货和买方收到货物往往需要较长的一段时间,而世界市场上的商品价格是经常变动的,所以这种风险,相对于国内贸易来讲要复杂得多。如果是大宗商品买卖,双方面临的价格风险更大。

**4.运输风险**

这是指货物在运输途中遇到突发性事件的风险,如暴风雨袭击、战争、运输工具故障等事件导致货物受到损失或延期到达造成的损失。当然,在国内贸易中也存在运输风险,但国际贸易中的运输里程一般比国内遥远得多,并且情况也复杂得多,所以其运输风险也大得多。为规避运输风险,国际贸易中一般都要求投保货物运输险,但是即使投保了货物运输险,有的风险可能仍然要由交易者自己承担。

**5.政治风险**

这主要是指贸易对象国发生动乱或革命、政府更替、政策改变以及两国关系突然恶化等政治原因给交易者造成的损失。

**(三)强手如林,竞争激烈**

国际贸易与国内贸易相比,有了更广阔的空间范围,这一方面有利于厂商在更大的范围里挖掘资源,开辟市场,另一方面也使企业遇到的竞争更加激烈。在国际贸易中,遇到的对手将更多、更强,特别是发达国家的厂商,他们中间有很多无论在资本实力、管理手段及技术水平上均居于优势。在国际贸易中,遇到的竞争手段也将更多、更复杂,不仅凭借个体实力的竞争,而且有国家的支持;不仅有价格的竞争,而且有非价格的竞争,各种手段纷繁复杂。同时,我国加入世界贸易组织后,要进一步对外开放国内市场,我们不仅遇到"走出去"的竞争,而且也将面临引进来的竞争。国内和国外市场将逐步融为一体,在异常激烈的世界市场上,中国的厂商将如何扬长避短、提高竞争力,应该要有必要的思想准备,针对不同情况寻找相应的解决方案。

**(四)地区制约,需求多样**

在国际贸易中,由于各国的经济发展、风俗习惯、宗教信仰及文化传统等都存在差异,所以形成了国际市场上不同的需求特点。这也是厂商在对外贸易中要高度重视的。

**1. 经济发展水平对市场的影响**

不同类型的国家,市场容量不一样。一般来说,经济发达国家,具有高收入、高消费、高福利等特点,他们的购买力高,规模大,容量大;发展中国家则购买力低,市场容量远不如发达国家。同时,不同类型的国家,对商品需求的质量、档次也不一样。一般来说,发达国家的多数消费者已解决了温饱问题,生活上追求享受,对商品的需求表现为高质量、高档次和优质服务;发展中国家的多数消费者则首先要解决生存或温饱问题,对商品需求更多地倾向于经济适用。

**2. 风俗习惯、宗教信仰对市场的影响**

在国际贸易中要注意了解贸易对象国的风俗民情和宗教信仰。不同的国家、民族具有不同的风俗习惯和宗教信仰,这表现为不同的市场环境,决定了市场的需求特点。

**3. 文化传统对市场的影响**

文化传统对市场的影响,主要表现为语言、文字、图案、颜色、数字等对市场的影响。比如,要注意语言的一词多义,各个国家、地区对语言的不同解释和习惯用法;要注意不同的国家、地区对图案、颜色的不同喜好或忌讳;还要注意数字的使用,有的数字在一些国家、地区受到欢迎,有的数字则应注意使用。

# 任务二　国际贸易的基本概念

关于国际贸易的概念,从不同的角度来看,种类非常复杂,为了更好地理解国际贸易实务的内涵,我们应掌握一些基本的国际贸易概念,才能在进出口业务活动中,正确贯彻我国对外贸易的方针政策和经营意图,确保最佳经济效益,并且能按国际规则办事,顺利开展国际贸易实务。

## 一、国际贸易

国际贸易(International Trade)亦称"世界贸易"(World Trade),泛指国际的商品和劳务的交换。它由各国(地区)的对外贸易构成,是世界各国(地区)对外贸易的总和。国际贸易在奴隶社会和封建社会就已发生,并随生产的发展而逐渐扩大。到资本主义社会,其规模空前扩大,具有世界性。

## 二、对外贸易

对外贸易(Foreign Trade)亦称"国外贸易"或"进出口贸易",是指一个国家(地区)与另一个国家(地区)之间的商品和劳务的交换。这种贸易由进口和出口两个部分组成。对输入商品或劳务的国家(地区)来说,就是进口;对输出商品或劳务的国家(地区)来说,就是出口。

## 三、对外贸易值

对外贸易值(Value of Foreign Trade)是以货币表示的贸易金额。一定时期内一国(地区)从国外进口商品的全部价值,称为"进口贸易总额"或"进口总额";一定时期内一国(地区)向国外出口的商品的全部价值,称为"出口贸易总额"或"出口总额"。两者相加为"进出口贸易总额"或"进出口总额",这是反映一个国家(地区)对外贸易规模的重要指标。一般用本国货币表示,也有用国际上习惯使用的货币表示。联合国编制和发布的世界各国对外贸易值的统计资料,是以美元表示的。

把世界上所有国家的进口总额或出口总额用同一种货币换算后加在一起,即得世界进口总额或世界出口总额。就国际贸易来看,一国(地区)的出口就是另一国(地区)的进口,如果把各国进出口值相加作为国际贸易总值就是重复计算。因此,一般是把世界各国(地区)的出口额相加,作为国际贸易值。由于各国(地区)一般都是按 FOB 价格(FOB,即装运港船上交货价,只计成本,不包括运费和保险费)计算出口额,按 CIF 价格(CIF,即成本、保险费加运费)计算进口额。因此,世界出口总额略小于世界进口总额。

## 四、对外贸易量

由于货币所表示的对外贸易值经常受到价格变动的影响,因而,不能准确地反映一国对外贸易的实际规模,更不能对不同时期的对外贸易值直接比较。为了反映进出口贸易的实际规模,通常以贸易指数表示,其办法是按一定期的不变价格为标准来计算各个时期的贸易值,用进出口价格指数除进出口值,得出按不变价格计算的贸易值,剔除了价格变动因素,就是对外贸易量(Quantum of Foreign Trade)。然后,以一定时期为基期的贸易量指数同各个时期的贸易量指数相比较,就可以得出能比较准确反映贸易实际规模变动的贸易量指数。

## 五、贸易差额

贸易差额(Balance of Trade)是一国(地区)在一定时期内(如一年、半年、一季、一月)出口总值与进口总值之间的差额。当出口总值与进口总值相等时,称为"贸易平衡"。当出口总值大于进口总值时,出现贸易盈余,称"贸易顺差"或"出超"。当进口总值大于出口总值时,出现贸易赤字,称"贸易逆差"或"入超"。通常,贸易顺差以正数表示,贸易逆差以负数表示。

一国(地区)的进出口贸易收支是其国际收支中经常项目的重要组成部分,是影响一个国家(地区)国际收支的重要因素。

## 六、对外贸易依存度

对外贸易依存度(Foreign Trade for Existence Degrees)是指一国(地区)进出口总额与其国内生产总值或国民生产总值之比,又叫"对外贸易系数"。出口(进口)依存度,即一国

(地区)出口总额(进口总额)与其国内生产总值或国民生产总值之比。一国(地区)对国际贸易的依赖程度,一般可用对外贸易依存度来表示。比重的变化意味着对外贸易在国民经济中所处地位的变化。

## 七、对外贸易商品结构

对外贸易商品结构(Composition of Foreign Trade)是指一定时期内一国(地区)进出口贸易中各种商品的构成,即某大类或某种商品进出口贸易与整个进出口贸易额之比,以份额表示。

一国(地区)对外贸易商品结构可以反映出该国的经济发展水平、产业结构状况、科技发展水平等。

## 八、国际贸易商品结构

国际贸易商品结构(Composition of International Trade)是指一定时期内各大类商品或某种商品在整个国际贸易中的构成,即各大类商品或某种商品贸易额与整个世界出口贸易额相比,以比重表示。

国际贸易商品结构可以反映出整个世界的经济发展水平、产业结构状况和科技发展水平。

## 九、对外贸易地理方向

对外贸易地理方向(Direction of Foreign Trade)又称"对外贸易地区分布"或"国别结构",是指一定时期内各个国家或区域集团在一国(地区)对外贸易中所占有的地位,通常以它们在该国进出口总额或进口总额、出口总额中的比重来表示。对外贸易地理方向指明一国(地区)出口商品的去向和进口商品的来源,从而反映一国(地区)与其他国家或区域集团之间经济贸易联系的程度。一国(地区)的对外贸易地理方向通常受经济互补性、国际分工的形式与贸易政策的影响。

## 十、国际贸易地理方向

国际贸易地理方向(Direction of International Trade)亦称"国际贸易地区分布"(International Trade by Region),用以表明世界各洲、各国或各个区域集团在国际贸易中所占的地位。计算各国在国际贸易中的比重,既可以计算各国的进、出口额在世界进、出口总额中的比重,也可以计算各国的进出口总额在国际贸易总额(世界进出口总额)中的比重。

## 十一、贸易条件

贸易条件(Terms of Trade)又称"交换比价"或"贸易比价",即出口价格与进口价格间的比率,就是说一个单位的出口商品可以换回多少进口商品。它是用出口价格指数与进口价格指数来计算的。计算的公式为:出口价格指数/进口价格指数×100。以一定时期为基期,先计算出基期的进出口价格比率并作为100,再计算出比较期的进出口价格比率,然后以之与基期相比,如大于100,说明出口价格比进口价格相对上涨,出口同量商品能换回比原来更多的进口商品,表明贸易条件比基期有利,交换效益优于基期;如小于100,则表明贸易条件比基期不利,交换效益劣于基期。

# 任务三 国际贸易的分类

国际贸易范围广泛,性质复杂,可以从不同角度进行分类。

## 一、按商品流向划分

按照商品的流向划分,可以分为出口贸易、进口贸易、过境贸易、转口贸易、复出口、复进口。

### (一)出口贸易

出口贸易(Export Trade)是指一国把自己生产的商品输往国外市场销售,又称"输出贸易"。如果商品不是因外销而输往国外,则不计入出口贸易的统计之中,如运往境外使馆、驻外机构的物品,或者携带个人使用物品到境外等。

### (二)进口贸易

进口贸易(Import Trade)是指一国从国外市场购进用以生产或消费的商品,又称"输入贸易"。如果商品不是因购入而输入国内,则不计入进口贸易。同样,若不是因购买而输入国内的商品,则不称"进口贸易",也不列入统计,如外国使、领馆运进自用的货物,以及旅客携带个人使用物品进入国内等。

### (三)过境贸易

某种商品从A国经由B国输往C国销售,对B国来说,这项买卖就是过境贸易(Transit Trade)。在过境贸易中,又可分为直接过境贸易和间接过境贸易。直接过境贸易是指A国的商品进入B国境内后不存放海关监管仓库而直接运往C国;间接过境贸易是指A国的商品进入B国境内后存放仓库,然后再运往C国。在过境贸易中,由于本国未通过买卖取得货物的所有权,因此,过境商品一般不列入本国的进出口统计中。

### (四)转口贸易

本国从A国进口商品后,再出口至B国的贸易,本国的贸易就称为"转口贸易"(Entrepot Trade)。转口贸易中的货物运输可以有两种方式:一种方式是转口运输,即货物从 A 国运入本国后,再运往 B 国;另一种方式是直接运输,即货物从 A 国直接运往 B 国,而不经过本国。

### (五)复出口

从国外输入的商品,没有在本国消费,又未经加工就再出口,称作"复出口"(Re-export)或"复输出"。如进口货物的退货、转口贸易等。

### (六)复进口

输往国外的商品未经加工又输入本国,则叫作"复进口"(Re-import)或"再输入"。产生复进口的原因,或者是商品质量不合格,或者是商品销售不对路,或者是国内本身就供不应求。从经济效益考虑,一国应该尽量避免出现复进口的情况。

## 二、按商品形态划分

按照商品形态划分,可以分为有形贸易和无形贸易。

### (一)有形贸易

有形贸易(Tangible Goods Trade)是指买卖那些看得见、摸得着的具有物质形态的商品(如粮食、机器等)的交换活动。为了便于统计和分析,联合国秘书处于 1950 年公布了《国际贸易标准分类》(Standard International Trade Classification,简称 SITC)。目前为世界各国政府普遍采纳的商品贸易分类体系,到 2006 年为止,该标准分类经历了四次修改,最近的一次修改为第四次修订版,于 2006 年 3 月获联合国统计委员会第三十七届会议通过。该分类法将商品分为十大类(见表 1-1)、63 章、223 组、786 个分组和 1924 个项目。

表 1-1 联合国《国际贸易标准分类》

| 大类编号 | 类别名称 |
| --- | --- |
| STIC 0 | 食品和活畜 |
| STIC 1 | 饮料及烟类 |
| STIC 2 | 非食用原料(燃料以外) |
| STIC 3 | 矿物燃料、润滑剂及有关材料 |
| STIC 4 | 动物和植物油、油脂和蜡 |
| STIC 5 | 未列名化学品及有关产品 |
| STIC 6 | 主要按原料分类的制成品 |
| STIC 7 | 机械及运输设备 |
| STIC 8 | 杂项制品 |
| STIC 9 | 没有分类的其他商品 |

## (二)无形贸易

无形贸易(Intangible Goods Trade)是指买卖一切不具备物质形态的商品的交换活动。无形贸易可以分为服务贸易和技术贸易。一般来说,服务贸易(Trade in Services)是指提供活劳动(非物化劳动)以满足服务接受者的需要并获取报酬的活动。为了便于统计,世界贸易组织的《服务贸易总协定》把服务贸易定义为4种方式:

**1. 过境交付**

过境交付即从一国境内向另一国境内提供服务;

**2. 境外消费**

境外消费即在一国境内向来自其他国家的消费者提供服务;

**3. 自然人流动**

自然人流动即一国的服务提供者以自然人的方式在其他国家境内提供服务;

**4. 商业存在**

商业存在即一国的服务提供者在其他国家境内以各种形式的商业或专业机构提供服务。

技术贸易(International Technology Trade)是指技术供应方通过签订技术合同或协议,将技术有偿转让给技术接受方使用。有形贸易与无形贸易有一个鲜明的区别,即有形贸易均需办理海关手续,其贸易额总是列入海关的贸易统计,而无形贸易尽管也是一国国际收支的构成部分,但由于无须经过海关手续,一般不反映在海关资料上。但是,对形成国际收支来讲,这两种贸易是完全相同的。

然而,无形贸易在国际贸易活动中已占据越来越重要的地位。它的贸易额在最近几年接近于国际商品贸易额的1/4。不少发达国家的服务贸易额已占其出口贸易额的相当比重,有的(如美国)已达一半左右。

## 三、按境界标准划分

按照境界标准划分,可以分为总贸易和专门贸易。

## (一)总贸易

总贸易(General Trade)是以国境为标准统计的进出口贸易。凡因购买输入国境的商品一律计入进口,凡因外销输出国境的商品一律计入出口。总贸易可以分为总进口和总出口。总进口是指一定时期内(如一年内)跨国境进口的总额。总出口是指一定时期内(如一年内)跨国境出口的总额。将这两者的总额相加,即总进口和总出口之和,称作"总贸易(General Trade)额"。世界上某些国家,如英国、日本、加拿大、澳大利亚等,常采用总贸易方式来统计。

## (二)专门贸易

专门贸易(Special Trade)是以关境为标准统计的进出口贸易。凡因购买输入关境的商品一律计入进口,凡因外销输出关境的商品一律计入出口。

专门贸易可以分为专门进口和专门出口。专门进口是指一定时期内(如一年内)跨关境进口的总额,专门出口是指一定时期内(如一年内)跨关境出口的总额。专门贸易(Special Trade)额就是专门进口额与出口额的总和。这样,外国商品直接存入保税仓库(区)的一类贸易活动不再列入进口贸易项目之中。专门贸易与总贸易在数额上不可能相等,但两者都是指一国在一定时期时(如一年)对外贸易的总额。世界上某些国家,如美国、法国、意大利、德国、瑞士等,常采用专门贸易方式来统计。

各国都按自己的统计方式公布对外贸易的统计数据,并向联合国报告。联合国公布的国际贸易统计数据一般注明总贸易或专门贸易。过境贸易列入总贸易,不列入专门贸易。

## 四、按贸易关系划分

按贸易关系划分,可以分为直接贸易和间接贸易。

### (一)直接贸易

直接贸易(Direct Trade)是指商品直接从生产国(出口国)销往消费国(进口国),不通过第三国转手而进行的贸易。

### (二)间接贸易

间接贸易(Indirect Trade)是指商品从生产国销往消费国的过程中通过第三国转手的贸易。对生产国和消费国来说,进行的是间接贸易;而对于第三国来说,则进行的是转口贸易。

直接贸易和间接贸易的区别是以货物所有权转移是否经过第三国(中间国)为标准,而与运输方式无关。直接贸易可以是生产国的商品通过第三国转运至消费国,间接贸易可以是生产国的商品直接运往消费国。

## 五、按贸易国数目划分

按贸易国数目划分,可以分为双边贸易和多边贸易。

### (一)双边贸易

双边贸易(Bilateral Trade)是指两国政府之间商定的贸易规则和调节机制下的贸易。两国政府往往通过签订贸易条约或协定来规定贸易规则和调节机制,要求两国在开展贸易时必须遵守贸易条约或协定中的规定。双边贸易所遵守的规则和调节机制不适用于任何一个签约国与第三方非签约国之间开展的贸易。例如,在《中美贸易条约》下开展的中美贸易就是一种双边贸易。

## (二)多边贸易

多边贸易(Multilateral Trade)是指在多个国家政府之间商定的贸易规则和调节机制下的贸易。同样,多个国家政府之间也需要通过签订贸易条约或协定来规定贸易规则和调节机制,而且这些贸易规则和调节机制也不适用于任何一个签约国与其他非签约国之间的贸易。例如,世界贸易组织中的国家所开展的贸易就属于多边贸易。

# 六、按清偿工具划分

按清偿工具划分,可以分为自由结汇贸易和易货贸易。

## (一)自由结汇贸易

自由结汇贸易(Free-Liquidation Trade)指的是以国际货币作为清偿手段的国际贸易,又称"现汇贸易"。能够充当这种国际支付手段的,主要是美元、欧元和日元这些可以自由兑换的货币。

## (二)易货贸易

以经过计价的商品作为清偿手段的国际贸易,则称"易货贸易"(Barter Trade),或叫"换货贸易"。它的特点是,进口与出口直接相联系,以货换货,进出基本平衡,可以不用现汇支付。这就解决了那些外汇匮乏国家开展对外贸易的困难。

必须注意,倘若两国间签订了贸易支付协定,规定双方贸易经由清算账户收付款,则一般不允许进行现汇贸易。因此,从清偿工具的角度看,这是一种特殊形式的国际贸易。

# 七、按经济发展水平划分

按经济发展水平划分,可以分为水平贸易和垂直贸易。

经济发展水平比较接近的国家之间开展贸易活动,叫作"水平贸易"(Horizontal Trade)。例如,发达国家与发达国家之间、发展中国家与发展中国家之间以及区域性集团内的国际贸易,一般都是水平贸易。相反,经济发展水平不同的国家之间的贸易,称为"垂直贸易"(Vertical Trade)。这两类国家在国际分工中所处的地位相差甚远,其贸易往来有着许多与水平贸易大不一样的特点。南北之间贸易一般就属此类。区分和研究这两者的差异,对一国确定其对外贸易的政策和策略具有重要作用。

# 项目二
# 国际货物贸易流程

国际货物贸易的业务环节很多,各环节间均有密切、内在的联系。在实际业务中,不同的交易、不同的交易条件,其业务环节也不尽相同。在具体工作方面,各个环节,又常需要先后交叉进行,或者出现齐头并进的情形。但是,无论是出口贸易,还是进口贸易,就它们的基本业务程序而言,均可概括为以下四个阶段:交易前准备阶段;交易磋商与合同签订阶段;履行合同阶段;业务善后阶段。

本项目分别从出口货物贸易与进口货物贸易两个方面,介绍各自基本的业务程序和不同阶段的主要工作内容。

## 任务一　出口货物贸易流程

出口货物贸易的目的是将国内商品销售给国外买主,收取货款。从具体操作看,首先本方要有可供销售的产品,同时要找到有意购买我方商品的国外客户,与其开展贸易洽谈并达成双方均愿意的合同,之后按照约定安排货物出口并争取安全收款。出口货物贸易的基本业务程序如图 2-1(以 CIF 贸易术语和信用证支付为例)所示。

### 一、出口交易前准备工作

在出口货物贸易中,交易对象都是国外商人,而国际市场情况又是错综复杂和变化多端的,因此,在开展出口业务时,一定要充分做好各项前期准备工作。这些准备工作主要包括:对国际市场的调查研究和出口营销;寻找客户和建立业务关系;落实货源、制定出口商品的生产(收购)计划;制定出口商品经营方案;开展出口促销活动等。

#### (一)办理相关手续

出口交易前出口企业要履行办理进出口经营权、办理海关登记注册、办理出口许可证等相关手续。

**1. 办理进出口经营权**

自中国加入 WTO 以后,国家鼓励企业申报进出口经营权,申办的手续日益简单,但对企业的规模、生产能力、人员配备等仍有相当的要求,取得进出口经营权的企业通常也需要接受相对严格的政府职能机构行政管理。根据我国《对外贸易法》(2004)规定,自然人、法人和其他组织依法登记后,可以从事货物和技术的进出口贸易。

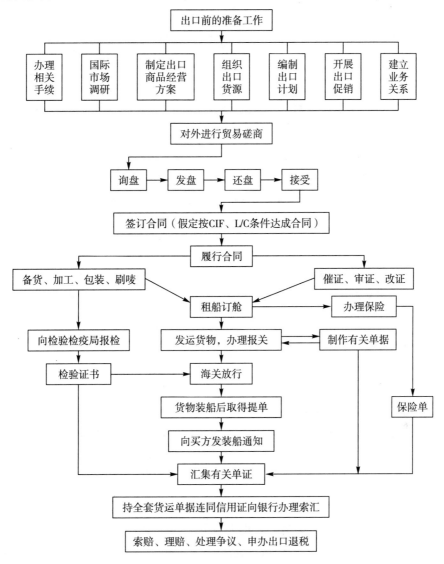

图 2-1 出口货物贸易程序

**2. 办理海关登记注册**

所有进出口货物都要向海关办理报关手续。需要向海关办理报关手续的企事业单位,应向当地海关提出书面申请,经海关审核并办理注册登记手续。办理了上述手续的单位,才可以直接向海关办理进出境货物的报关手续。

**3. 办理出口许可证**

根据国家规定,凡是国家宣布实行出口许可证管理的商品,不管任何单位或个人,出口均须申领出口许可证。目前,我国只对少部分商品(如供应港澳鲜货冷冻商品)的出口规定须办理出口许可证。

### (二)国际市场调研

这里所说的"国际市场调研",是指出口商所进行的以国外客户信息为中心的调查研究活动。该活动要解决的问题有:现有客户由哪些人或组织构成?潜在市场顾客由哪些人或组织构成?这些顾客需要购买哪些产品或服务?为什么购买?何时何地以及如何购买?等等。国际市场调研的具体内容主要包括两个方面:一是关于市场的调研;二是关于客户的调研。

**1. 关于市场的调研**

在对外洽谈之前,企业应对国外市场做深入、细致、准确、多方面的调查研究,以便从中择优选定适当的目标市场。这些调研主要包括:对进口国别(地区)的调研;对商品市场的调研;对商品销售的调研。

讨 论
如何根据自己所经营的产品进行国际市场调研?要熟悉和了解哪些方面的知识呢?

对进口国别(地区)的调研,主要是调查研究有关国家或地区的经济状况、对外政策、进出口商品的结构、贸易对象国、贸易与外汇管制、有关对外经济往来的情况及其特点、市场惯例、财政状况、生活习惯等。通过这些调研,主要是为了达到贯彻国别政策、选择适宜的市场、创造有利条件以及发展贸易关系等目的。

对商品市场的调研,主要是调查研究有关商品的供需情况及相关商品的品种、质量、包装、成本、价格,主要的供需国别(地区)及其发展状况。通过这些调研,主要是为了摸清适销市场,使我方的商品销售在有利的条件下进行。

对商品销售的调研,主要是调查研究有关产品的销售渠道、广告宣传、计价货币和售前售后服务等。通过这些调研,主要是为了学会经营贸易的技巧,运用有效的推销手段,扩大商品出口。

**2. 关于客户的调研**

关于客户的调研,也就是对交易对象的调查研究。主要是调查已经或有可能经营本企业出口产品的客户或潜在客户的资信情况、经营范围、经营能力以及客户与我国贸易往来的情况等,以便于根据企业自身的特点有区别地选择客户。

出口商投入时间进行调查和研究,是为了在国际市场上增加成功的机会。调查和研究潜在市场有助于确定产品在哪里最容易销售,确定细分市场,确定国内和国外的竞争对手,为产品确定合理的市场价格。该项工作可以由企业内部的调研人员完成,也可以委托企业外部专业调研公司完成。

### (三)制定出口商品经营方案

外贸企业在对国际市场调查研究的基础上,一般均应对所经营的出口商品制定经营方案。出口商品经营方案是根据国家的方针政策和本企业的经营意图对该出口商品在一定时期内所做出的全面业务安排。一个企业在分析市场、选定自己的目标市场以后,就要针对目标市场的需求、影响市场销售的不可控的宏观因素以及本企业可以控制的销售因素,最有效地利用本企业的人力、物力资源,趋利避害、扬长避短,设计企业的销售策略,制定最佳的综合销售方案,即出口商品经营方案,以便达到企业的预期目标。

不同的商品,经营策略的方法、步骤不一样,经营方案的内容繁简也不一样,商品经营方案所涉及的产品可以是一种,也可以是一类。一般来说,对大宗商品通常是逐个制定出口商品的经营方案。目前,我国外贸企业所制定的出口商品经营方案内容,通常包括国内货源情况、国外市场与目标市场情况、历史经营情况、计划安排和实现计划的措施,如市场安排、物色客户、广告宣传、贸易方式、价格、支付等交易条件的选择、运用和掌握,以及成本和经济效益的核算等。对于某些因一时情况难以全面掌握而不易制定经营方案的新小商品,可暂定价格方案。价格方案的内容一般比较简单,局限于成本核算与出口定价。

由于国际市场情况复杂多变,有时所制定的出口商品经营方案不可能完全符合市场实际情况,所以外贸企业应结合市场变化及时修订经营方案,使之符合市场实际并能有效地指导企业的经营活动。

**(四)落实货源**

组织货源是出口交易前的必要工作,没有货源就无法交货。对制造企业或其他非专业外贸公司而言,要制定好出口商品的生产计划,生产适合于目前国际市场需要的产品,同时注意试制新品种,扩大出口货源。对专业外贸公司而言,则要制定收购计划。

专业外贸公司应结合国外市场的要求,如质量、规格、花色、型号、品种、包装和需求量等要求,与国内生产企业签订"购销合同"。签订合同后,外贸企业要经常深入生产部门,进行产品跟单,了解存在的问题,协助生产部门解决,以保证收购顺利完成。

**(五)开展出口促销**

出口促销活动包括的内容很多,这里主要介绍商标注册、广告宣传、展览会促销和自建网站宣传。

**1.商标注册**

商标作为一种工业产权,在国际贸易中有其特殊的作用,特别是名牌商品的商标更是企业的无形资产。外贸公司要注意加强商标管理,在进入某个市场前要及时将自己出口货物的商标按市场所在国的有关法规向有关部门申请注册。否则,耗费人、财、物力创出的名牌被他人抢先注册,后果将不堪设想。向国外办理商标注册,可以委托国外代理人代办,也可以委托中国国际贸易促进委员会商标代理处代办。该代理处还为外贸企业办理商标变更或转移注册,提供有关商标侵权纠纷的诉讼或其他有关商标咨询的各项服务。商标注册的有效期一般为10年,如期满可续展注册的有效期。

出口商品的商标,在商标设计上必须符合各国在商标方面的一些规定,要符合各销往国的风俗习惯,要结合产品的性质,便于记忆,要考虑到译名的感情色彩和心理作用及效果,在国外已经众所周知的译名不应随意变动。

**2. 广告宣传**

在交易前,为了扩大产品知名度,增加销量,对外广告宣传的重点应放在介绍出口商品的特点和用途方面。广告宣传的内容要生动、传神、说服力强,要使消费者相信所宣传的商品正是他们所需要的。要想取得满意的广告效果,需要注意以下几个问题:

(1)进行广告宣传的商品必须慎重选择,一般来说,应是质量稳定、安全、货源充足、能保证持续供应,并且在国际市场上有销路和发展前途的商品。因为,国际市场上广告宣传费很高,并且必须经过一段时间持续不断的宣传才能奏效,如果所宣传的商品质量时好时坏,货源时断时续,那就会使宣传效果大打折扣。

(2)针对不同的市场、不同的商品,采用不同的宣传媒介和方式,通过各种途径来达到促进销售的目的。

(3)注意各国政府对商业广告的各种限制,了解不同国家具有的不同风俗和生活习惯。

(4)要合理使用代理商或广告商。一般来说,出口商不可能在所有的外销市场都做广告,另外,根据商品的销售情况,有的市场有独家经销或包销,而有的市场没有。因此,广告宣传的做法也不应一样。没有独家经销、包销商的市场,可以通过广告商进行广告宣传。而有独立经销、包销商的市场,最好由他们来做。因买卖双方的利益是一致的,这些独立经销、包销商为了扩大产品销售,都会积极地去进行广告宣传。关于宣传费和宣传方式的问题,可由双方协商决定。

**3. 展览会促销**

展览会以其独具的专业性、针对性的特点逐渐成为企业直接面对客户,展示自己的极好工具。通过参加展会宣传自己,逐渐成为出口企业的营销理念。尤其是海外展会已成为企业开辟新市场的理想方式,能给企业带来很多好处。

知名展会相当于一次行业年会,能吸引本行业最具影响力的公司参与。我国企业可借此了解市场,开阔视野,有助于激发企业改进、开发产品。然而,参加展览会尤其是参加国际大型展览会,并非易事,从展前准备、展览期间的应对到展览会以后的后续工作,都与参展的效果息息相关。

**4. 自建网站宣传**

在现代贸易中,网上有自己的固定主页,某种意义上就如同传统贸易中拥有一个固定门面,贸易机会增加了几倍。这样做的目的,不但企业可以找客户,更重要是有需求的客户也可以找到企业。同时,有固定的网站,客户在一定程度上也增加了对企业的信心。

### (六)建立业务关系

出口商通常在寻找新的进口商前,先根据本方的营销策略,对潜在市场的基本情况进行一些调查了解。如果潜在市场的基本情况符合本方的要求,就将这个市场定为目标市场,并在目标市场上寻找潜在的进口商作为交易对象,与之建立业务关系。

**1. 寻找客户**

寻找潜在客户是建立业务关系的第一步,在确定本方的市场区域后,就要找到潜在客户。寻找客户主要有以下三类方法:网络搜寻法;资料分析法;利用现实平台法。

(1)网络搜寻法。当今世界已经进入网络经济时代,互联网改变了一切,包括国际贸易。凭借一台上网的电脑,我们几乎可以获取所需的一切知识和信息,处理与外贸相关的绝大部分工作。目前,通过互联网寻找客户已经成为一种方便、快捷、有效的途径。

网络上的资讯极为丰富,但过于杂乱。目前,出口商查找客户主要利用以下几个渠道。

①大型的搜索引擎。如 Google,Yahoo,Baidu 等网站进行关键搜索。

②商务网站。如我国商务部的世界买家网(http://win.mofcom.gov.cn),在线广交会(http://china.trade2cn.com)等。登录这些网站还可以链接到更多更新的商务网站。

③B2B 网站。如阿里巴巴网、环球资源网(http://www.globalsources.com)等。B2B 网站里免费看到的求购信息通常没有联系方式,但不少会显示公司名称,那么以这个公司名称作为关键字去搜索,就有可能找到这个公司的网站,从而获得其联系方式。

④行业网。如纺织品交易网(http://www.texindex.com)等。

⑤通过大型的搜索引擎查找目标国的黄页网站和工商企业目录。

⑥名录网站。如北美制造企业名录(http://www.thomasnet.com),提供北美覆盖 7 万多种产品的超过 17 万家工业产品制造商的企业名录资料,包括基本联系信息和产品信息。这些工业产品制造商每年从中国采购大量的原料和配件。

(2)资料分析法。资料分析法是指通过分析各种资料来寻找潜在客户的方法。这些资料包括相关部门的统计报告、刊登在报刊或期刊等上面的行业统计调研资料、行业团体公布的调查统计资料,还有国内外出版的企业名录、会员名录、协会名录、电话黄页、公司年鉴、企业年鉴等。

(3)利用现实平台法。除了网络搜寻、资料分析,有时我们可以利用一些现实中的机构、场所寻找客户。

①通过参加国内外展览会、交易会,与客户直接见面。

②请国内外的贸易促进机构或友好协会介绍客户,如我国的贸促会也办理介绍客户的业务。

③请我国驻外使馆商务处或外国驻华使馆介绍合作对象。一般来讲,我国驻外使馆对当地主要厂商的经营范围、能力和资信较为熟悉和了解。

④请国外银行介绍客户。

⑤利用国内外的专业咨询公司介绍客户。国内外都有许多专业咨询公司接受委托代办介绍客户,他们的业务关系中有许多具有一定影响力、专业经验和能力的客户,请他们介绍

客户,一般效果较好。

**2. 建立业务关系**

在寻找到潜在的交易对象的公司名称和联系方法后,就可以采用以下两种基本途径与其建立关系:一是派出代表到目标市场去寻找和接洽交易对象,直接进行面对面的联系;二是通过函电或发送资料建立联系。

随着现代通信业的不断发展,信函的范围不断扩大,从传统的书信、电报、电传发展到传真、电子邮件、EDI等,不仅提高了通信速度,也降低了通信成本,从而"缩短"了国际货物买卖双方地理位置上的距离。因此,通过电话、电子邮件或者是SKYPE等方式联系就成为了国际货物买卖中交易双方的主要联系方式。

建立业务关系的函件首先要表达出建立业务关系的愿望,包括阐述如何获得对方的信息、说明写信的目的并写明希望早日得到对方答复。之后,向对方介绍本方情况,建立业务关系的阶段是买卖双方从陌生到熟悉、再到信任的阶段,因此,介绍本公司情况、让对方尽可能了解自己是很重要的,有时可单独附上一份较为详细的公司简介。

另外,还要向对方介绍相关产品,这类介绍可分两种情况:一是当明确对方需求时,宜选择某类特定产品进行具体的推荐;二是当不明确对方需求时,宜对企业产品整体情况作笼统介绍,可能的话可以附上商品目录。

为了做到知己知彼、减少交易风险,在建立业务关系的过程中必须对客户的资金、信誉、经营商品的品种及地区范围、从业人员的人数、技术水平及拥有的业务设施、经营管理水平、提供售后服务和市场情报能力等进行综合分析,选择经营作风好、有经营能力的客户作为企业的基本客户,并与之建立业务关系。

## 二、出口交易磋商和合同订立

外贸企业在与选定的国外客户建立业务关系以后,可就出口交易的具体内容与对方进行实质性谈判,这就是交易磋商。磋商的内容主要是买卖货物的各种交易条件。交易磋商既可通过交换书信、数据电文(包括电报、电传、传真、SKYPE和电子邮件)等书面形式进行,也可以通过电话、当面谈判的口头形式进行。

交易磋商一般要经过询盘、发盘、还盘、接受等环节,但是要达成订立合同的必要程序是:一方向另一方发盘和另一方对该发盘作出接受。除另有约定外,国际货物买卖合同于对发盘的接受生效时即告订立。然而,在实际业务中,为了明确责任,便于履行,或使口头谈成的合同生效,通常还需当事人双方签署一份有一定格式的书面合同,例如,出口销售合同或售货确认书。

有关出口交易磋商和合同订立的详细内容参见本书模块三。

## 三、出口合同的履行

出口贸易合同签订后,买卖双方按合同规定,在享有各自权利的同时必须承担各自的义务。合同履行是实现买卖双方当事人各自的经济目的,实现货物和资金按约定方式转移的过程,既是经济行为,又是法律行为。因此,在出口合同履行时,出口企业必须遵循重合同、守信用的基本原则,严格按合同规定对外履行其本身应尽的义务。

出口合同履行程序的繁简取决于所使用的贸易术语和付款方式等。在我国的出口业务中,一般采用信用证、托收、汇付付款等方式。如果以 CIF 价格条件成交,并采用信用证付款为例,出口合同履行程序主要经过货(备货、申报检验)、证(催证、审证、改证)、船(租船、订舱、报关和保险)、款(制单结汇)等环节。

有关出口合同的履行的详细内容参见本书模块三项目二。

## 四、出口业务善后

出口企业如果采用信用证付款方式结算,只要按照信用证规定的条款完成发货任务,在相符交单的情况下,就可以安全取得货款,至此出口企业就完成了出口活动。但是,还有一些国内的善后手续需要办理,主要是出口退税工作。

# 任务二　进口货物贸易流程

和出口货物贸易业务程序一样,进口货物贸易的业务程序也分为:交易前准备、交易磋商、合同履行以及业务善后四个阶段。其具体工作内容有不少与出口贸易相同,如市场调研、寻找客户、建立业务关系、交易磋商、签订合同等。但是,由于所处地位各异,各阶段的某些业务内容有所不同,在本任务中,侧重介绍不同的地方。进口货物贸易的基本业务程序如图 2-2 所示。

## 一、进口交易前准备工作

进口交易前的准备工作包括两个方面:一方面,必须进行市场调研,如对预订购的商品的调研、对产品的国际市场价格的调研、对国际市场供应情况的调研、对客户资信情况的调研,在调研的基础上选择客户并与之建立业务关系;另一方面,进口商品有许多必要的手续需要办理,如取得进出口经营权、办理海关登记注册、申请进口配额、申请进口许可证、制定进口经营方案等等。

### (一)市场调研

在进口交易之前,进口商必须对国内外市场进行充分的调研,才能确保进口交易的顺利进行,并实现预期的经济收益和社会效益。因为,同国内贸易相比,进口贸易具有更大的风险性。在绝大多数情况下,进口商不仅承担着在国际市场上采购进口商品所面临的一系列风险,还承担着在国内市场上销售该产品的风险。

进口交易前的市场调研,是进口商在进口贸易准备工作中面临的首要任务,一般而言,应围绕着以下信息的获取来展开:其一,国内市场上该产品的需求情况和用户信息;其二,主要生产国和主要生产厂商的供应情况;其三,拟进口商品的国际市场价格水平和具体质量标准;其四,拟与之建立关系的客户的资信状况与业务经营能力;其五,与进口该产品相关的政策和管理规定等。

**1.国内市场调研**

开展进口贸易的最终目的是满足国内市场的需要。因此,进口商开展进口贸易前,首先要做好国内市场调研。进口商进行国内市场调研,主要是调研国内市场上拟进口产品的需求情况和用户信息,落实国内使用单位,同时还要对与进口该产品相关的国内政策和管理规定展开调研。

关注与跟踪进口政策和管理规定的调整与变化的最好方式是经常浏览各部委(主要是商务部、国家发展与改革委员会、财政部、海关总署、外汇管理局、国家质检总局等)和各地方行政管理部门、各行业协会、贸促会或商会的网站。另外要留意相关媒体的报道。

**2.国际市场调研**

由于商品产地、生产周期、产品销售周期、消费习惯和水平因素的影响,国际市场上我方欲购商品的供给状况也在不断变化。为保证我方进口货源充足和其他有利条件,有必要对世界各地的进口市场的供求状况作详细研究,以便做出最有利的抉择。

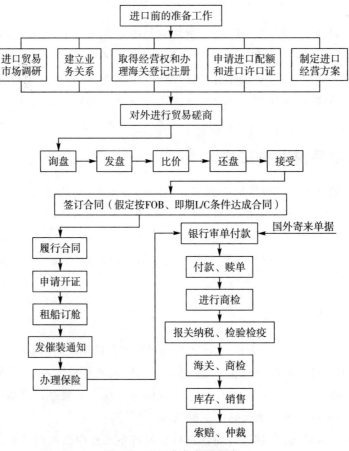

图2-2 进口货物贸易程序

一般而言,对拟进口商品国际市场情况的调研包括两个方面的内容:一是为选择供应国(地区)和供应商所作的调研;二是对拟购商品的国际市场价格走势及具体产品情况的调研。

对供应国(地区)的调研,重在考察该国(地区)的政治稳定性、经济发展水平、法律环境、与我国的政治与经济贸易关系及其供应商的情况等几个方面,最后选择那些与我国有友好贸易往来的、政治经济形势稳定、有较多能够满足我方产品需求的供应商的国家和地区进行交易。对供应商的调查重在考察其供应能力,即其商品质量的可靠性、正常供货的可靠性、价格的可靠性、售后服务的可靠性以及金融资信的可靠性等等。

此外,应广泛了解欲购商品市场的供销状况、价格动态和各国有关的进出口政策、法规措施和贸易习惯做法,根据进口商品的不同规格、不同技术条件和不同供应地区,进行分析比较,在贯彻国别地区政策的前提下,结合我方的购买意图,尽量安排在产品对路、货源充足、价格较低的国家(地区)市场进行采购。

## (二)建立业务关系

一笔具体的进口交易磋商通常是从进口商的一方向潜在的客户发函,建立业务关系开始,其后通过询盘、发盘、还盘、接受等磋商过程,最终达成交易。选择贸易伙伴直接关系着进口业务的成败,是交易前准备工作中至关重要的环节。进口商应通过各种途径从各个方面对国外供应商进行全面了解,从而选择最合适、成交可能性最大的客户,并与之建立业务关系。

进口商在开展市场调研时往往能同时取得一些潜在供应商或出口商的基本资料,也会有主动找上门来的供应商或出口商,以及客户介绍的供应商,但主要靠自己主动去寻找。

寻找潜在供应商有以下三种通用的方法:一是直接发布采购信息法;二是介绍法;三是网络搜寻法。进口贸易中网络搜寻法操作原理与出口贸易中相似,只是按查找购货商反向操作。这里介绍另外两种方法。

**1.直接发布采购信息法**

在目前的买方市场情况下,进口商直接发布采购信息,效果一般很好。直接发布采购信息,主动权在自己手里,能够与专业的国外厂商进行专业的沟通,避免了对不符合自己要求的企业进行解释说明,从而节约了时间,提高了效率。

直接发布采购信息可以通过如下方式:

(1)在自己的网站上发布采购信息。这需要进口商在Internet上建立自己的web站点。进口商可以为这些信息建立自己的搜索引擎,也可以向一些著名的公用搜索引擎网站提供自己的网站信息。

(2)在行业网站上发布进口采购信息。

(3)在国内外贸易门户网站或平台上发布进口采购信息。

**2.介绍法**

与国外供应商或出口商建立关系,通常可通过以下常用渠道:

(1)自我介绍。通过查阅国内外出版的企业名录、报纸杂志的广告、互联网等,以函电或发送资料的方式自我介绍,建立关系。

(2)请国外银行介绍供应商或出口商。

(3)请国内外的贸易促进机构或友好协会介绍关系,如我国的贸促会。

(4)请我驻外使馆商务处或外国驻华使馆介绍合作对象。一般来讲,我驻外使馆对当地主要厂商的经营范围、能力和资信较为了解和熟悉。

(5)通过参加国内外展览会、交易会建立关系。这类活动的优点是能和客户直接见面,联系的范围广。

(6)利用国内外的专业咨询公司介绍供应商或出口商。国内外都有许多专业咨询公司接受委托代办介绍客户,它们的业务关系中有各种类型的具有一定影响以及一定专业经验和能力的客户,请它们介绍客户,一般效果较好。

通过上面所述的各种方法寻找到潜在的交易对象的公司名称和联系方式后,就可以采用如下两种基本途径与之建立关系了:一是派出代表到供应商所在国接洽交易对象,直接进行面对面的联系;二是通过函电或发送资料的方式建立关系。其中,发建交函是最常用的一种方式,其操作与出口贸易相似。

### (三)办理进口相关手续

在进口贸易前,除进行前面所述的市场调研、与国外客户建立业务关系外,开展进口贸易还须办理许多必要的手续,如取得进出口经营权、办理海关注册登记手续(取得进出口经营权和办理海关注册登记手续参见出口贸易流程)、申请进口许可证、申请进口配额等。

**1. 我国对进口货物的管理**

根据管制程度的不同,我国的进口货物贸易管制分为禁止进口货物的管理、限制进口货物的管理、自由进口货物的管理(具体进口货物的管理以商务部发布的公告为准)。

对禁止进口的货物,国务院商务主管部门会同国务院其他有关部门制定、调整并公布禁止进口货物目录,海关依据国家相关法律、法规对禁止进口目录内的商品实施监督管理。对列入该目录的商品及其他明令禁止或停止进口的商品,任何企业不得经营进口。

对限制进口货物的管理,我国在《中华人民共和国货物进出口管理条例》中规定为:国家规定有数量限制的进口货物,实行配额管理;其他限制的进口货物实行许可证管理;实行关税配额管理的进口货物,对关税配额内的进口货物,按配额内税率缴纳关税,对关税配额外的进口货物,按配额外税率缴纳关税。自2005年起,根据加入世界贸易组织时的降税承诺及其具体安排,我国已经取消了对于进口产品的数量限制规定,对于限制进口货物只实行许可证件管理。目前,我国的配额管理主要针对部分限制进口货物,例如对羊毛、毛条、食糖、尿素、磷酸二铵、复合肥等实行进口关税配额;对部分货物(如原油、成品油、部分化肥等)的进口实行国有贸易管理;对钢材、天然橡胶、羊毛、腈纶、胶合板的进口实行进口指定经营管理。实行许可证管理的限制进口货物,进口经营者应当向国务院商务主管部门或者国务院有关部门提出申请。进口经营者凭进口许可证管理部门发放的进口许可证,向海关办理报关验放手续。

除上述国家禁止、限制进口货物外的其他货物,均属于自由进口范围。这类货物本身不属于国家限制进口的范围,但基于监测进口情况的需要,国家对部分属于自由进口的货物实行自动进口许可管理,对所有自由进口的技术实行进口技术合同登记管理。

**2. 进口许可证的申请**

如上所述,目前我国对于限制进口货物只实行许可证件管理,对部分属于自由进口的货物实行自动进口许可管理。因此,经营限制进口货物和部分属于自由进口的货物的经营者首先必须按规定申请进口许可证。

办理进口许可证的基本程序是:申请→审核、输入电脑→发证。

进口商领取进口许可证后,因故需要更改进口许可证时,应在有效期内填写《进口许可证更改申请表》进行申请。申请表连同原许可证第一、二联交原发证机关。更改进口商、收货单位、商品名称、规格和数量等内容,须重新申领进口许可证。

现在,我国企业也可以直接在网上申领进出口许可证。

### (四)制定进口经营方案

进口经营方案是指在对进口商品进行市场调研和成本核算的基础上为进口交易制定的经营方案以及为实施这种方案而采取的各种措施。进口经营方案的主要内容包括:进口交易对象的选择、进口商品的品质和数量、进口的时间、进口价格、支付方式及贸易方式的掌握等。一般只对大宗商品的进口制定一个完整的进口经营方案,对少量商品的进口,可以不制定书面的经营方案或制定一个简单的方案即可。需要注意的是,在执行方案的过程中,应注意经常检查方案的执行情况,定期总结经验,及时修订方案中不再适用的内容。

## 二、进口交易磋商

进口交易磋商的方式、程序与出口交易磋商基本相同,详见本书模块三。

## 三、进口合同的履行

进口贸易合同签订后,买卖双方按合同规定在享有各自权利的同时必须承担各自的义务。进口合同的履行使进口交易进入一个实质性的阶段,是合同当事人实现合同内容的具体行为。进口合同的履行是进口业务中的重要环节,它涉及进口商、银行、检验检疫机构、海关、运输、保险、有关政府机构等相关部门,只有各部门通力协作,合同履行才能顺利进行。若以FOB价格条件成交,以信用证方式结算货款的合同为例,买方履行合同的程序可以概括为证(申请、开立信用证)、船(租船订舱、保险)、款(审单付款)、货(报关、接货、检验)。如果按CFR或CPT条件并采用托收、电汇等方式签订进口合同,其履约过程则可免去开立、修改信用证和办理货物运输等环节;若属CIF或CIP合同,则又免去了办理货运保险环节。

## 四、进口业务善后

### (一)进口索赔

进口商提货后,如果发现货物品质、数量、包装等与合同规定不符,应及时获取商品检验部门开具的商检证书、残损证明以及货物的发票、装箱单、提单副本,在合理期限内向责任方提出索赔。

### (二)进口付汇

自2011年12月起,在江苏、山东、湖北、浙江(不含宁波)、福建(不含厦门)、大连、青岛地区进行外汇管理制度改革试点。试点地区外汇局根据企业贸易外汇收支合规性,将企业分为A、B、C三类。A类企业进口付汇单证简化,可凭进口报关单、合同或发票等任何一种能够证明交易真实性的单证在银行直接办理付汇。B类企业贸易外汇收支由银行实施电子数据核查。C类企业贸易外汇收支须经外汇局逐笔登记后办理。自2012年8月1日起扩大到全国范围。

**中国电子口岸**

中国电子口岸(http://www.chinaport.gov.cn/)是经国务院批准,由海关总署会同公安部、财政部、原铁道部、交通部、工业与信息化部、商务部、人民银行、税务总局、工商总局、质检总局、民航总局、国家外汇管理局、国家发改委和环境保护部等14个部委共同建设的跨部门、跨地区、跨行业的大通关统一信息平台。它依托国家电信公网,实现进出口相关管理部门间与大通关流程相关的数据共享和联网核查,实现工商、税务、海关、外汇、外贸、质检、公安、铁路、银行等部门以及进出口企业、加工贸易企业、外贸中介服务企业、外贸货主单位的联网,将进出口管理流信息、资金流信息、货物流信息存放在一个集中式的数据库中,随时提供国家各行政管理部门进行跨部门、跨行业、跨地区的数据交换和联网核查,并向企业提供报关申报、网上支付、外汇核销、出口退税等"一站式"电子政务服务。是一个集口岸通关执法管理及相关物流商务服务为一体的大通关统一信息平台。

电子口岸分为中国电子口岸和地方电子口岸两个层面。中国电子口岸建设由国家电子口岸建设指导委员会牵头,国家15个部门共同建设,主要承担国务院各有关部门间与大通关流程相关的数据共享和联网核查;地方电子口岸建设由各地方政府牵头,政府各部门和当地数据分中心共同建设,主要承担地方各有关部门、单位和企业大通关核心流程和相关物流商务服务信息平台的整合。地方电子口岸是中国电子口岸的延伸和补充。

# 项目三
# 国际货物买卖合同概述

## 任务一　国际货物买卖合同的内容

### 一、国际货物买卖合同的定义

国际货物买卖合同是指营业地处于不同国家(地区)的当事人之间所订立的,由一方提供货物并转移所有权,另一方支付价款的协议。国际货物买卖合同是各国经营进出口业务的企业开展货物交易最基本的手段。

### 二、国际货物买卖合同的特点

#### (一)国际货物买卖合同具有国际性

国际货物买卖合同与国内货物买卖的基本区别就在于其具有国际性。所谓"国际性"通常采用的衡量标准有:交易双方当事人的营业地处于不同的国家,或当事人具有不同的国籍,或订立合同的行为完成于不同的国家,或货物经由一国运往另一国。但究竟采用哪一种标准,各国均有不同的方法。按照我国的有关法律规定,国际性的标准则采用第一种情况,即交易双方当事人的营业地处于不同的国家。

确定一个货物买卖合同是否具有国际性,关键是要确定当事人的营业地。所谓"营业地",是指固定的、永久性的、独立进行营业的场所。代表处机构所在地的处所就不是《国际货物销售合同公约》意义上的"营业地",这些机构的法律地位实际上是代理关系中的代理人,它们是代表其本国公司进行活动的。因此,某国当事人和外国公司驻该国的常驻代表签订的货物买卖合同,仍然具有公约意义上的"国际性"。

根据国际性的特点,国际货物买卖合同相对比较复杂。首先,它会涉及国际公约、国际惯例和有关国家的法律;其次,它会受到有关国家政治、经济等条件的影响;最后,它还会受到运输、保险、关税等许多因素和相关程序的影响。

#### (二)国际货物买卖合同的标的物是货物

货物买卖合同的标的物是货物,但究竟什么是货物,或者货物是如何确定的,国际组织

对此也曾经过长期探讨。《国际货物销售合同公约》则采取了排除法,即将下列产品排除在该公约的适用范围之外:

(1)供私人、家属或家庭使用而进行的购买;

(2)经由拍卖方式进行的买卖;

(3)根据法律执行应进行的买卖;

(4)各种债券或者货币的买卖;

(5)船舶、气垫船或飞机的买卖;

(6)电力的买卖。

从这些规定可以看出,公约主要适用以商业为目的的有形的动产销售。在以上六种被排除的标的物中,有的是属于特殊贸易的标的物,这些特殊买卖要统一起来比较困难,如供私人、家人或家庭使用而购买的货物,属于消费品买卖。现在大多数国家都注意保护消费者的利益,制定有保护消费者的法律和产品责任法,而且都是强制性法律,为了避免法律冲突,《国际货物销售合同公约》将其排除在外。有的则不属于货物的范畴,如公债、股票、投资证券、流通票据等,电力在许多国家也不被列为货物的范畴。拍卖情况比较复杂,各国对拍卖也都定有自己的专门法律,由于拍卖一般要受拍卖发生地国家法律约束,因此,公约将拍卖留待拍卖发生地国家的法律去管辖。对于依执行令状或法律授权的买卖,与一般国际货物买卖有根本的差别,当事人之间无法洽谈合同的条款,买卖的方式和效力要受有关国家的特殊法律规则的支配。船舶、飞机等买卖要受各国国内法的拘束,难以统一,因此也都被排除在《国际货物销售合同公约》的适用范围之外。

### (三)国际货物买卖合同的性质为买卖

所谓"买卖合同",按照《英国货物买卖法》的规定,是指由卖方将货物的所有权转换给买方,以换取买方的金钱作为对价。这一特征是买卖合同与其他类型的合同如租赁合同、承揽合同等的重大区别。例如,在光船租赁合同中,出租人并不将船舶的所有权转移给承租人,承租人取得的是船舶的使用权而非所有权,而出租人取得的是租金而非价款。

## 三、国际货物买卖合同的内容

在实际业务中,当事人总是依据具体情况来订立合同条款的,因此,合同的具体内容是不尽相同的。但也有其基本相同的项目,这些基本项目是实现国际货物买卖的基本条件,是一项有效的国际货物买卖合同必须具备的内容。从法律角度可以把国际货物买卖合同的基本内容分成以下三个部分。

### (一)效力部分

指国际货物买卖合同的开头和结尾部分,它规定了合同的效力范围和有效条件。合同的开头也称"约首"、"首部"或"序言",通常载明合同的名称及编号;合同签订的日期、地点;

订约双方的名称;有时还载明据以订立合同的有关函电的日期及编号。这些内容在发生争议时可能会产生重大的法律后果。合同的结尾也叫"约尾",通常载明合同使用的文字及其效力、正本的份数、附件及其效力,以及双方当事人的签字等。

### (二)权利与义务部分

这一部分以条款的形式具体规定买卖双方在一项交易中的权利与义务,为合同的主要部分,所以亦称为"主体部分"或"本文部分"。具体包括以下四方面的基本内容:一是合同的标的,主要包括货物的品质、数量、包装等;二是货物的价格,主要包括价格的计量单位、单价金额、计价货币、标明达成交易的贸易术语、确定价格的方法、总值等;三是卖方的义务,主要包括交货、移交与货物有关的单据和转移货物所有权等;四是买方义务,主要包括支付货款和收货方面的内容。具体地说,本部分内容包含商品的品质条款、数量条款、包装条款、价格条款、运输条款、保险条款、支付条款等七个国际货物买卖合同的条款。

### (三)索赔与争议解决部分

这部分也可称为合同的安全保障部分,主要包括商品的检验,索赔、不可抗力、仲裁等条款以及其他有关的规定。

## 任务二　国际贸易法律、条约和惯例

### 一、各国有关国际贸易的法律

各国有关买卖法的形式和内容并不完全相同。在英美法系国家,没有民法和商法之分,英美法系国家既没有民法典,也没有商法典,这些国家的货物买卖法大都以单行法的形式出现。在英国,具有代表性的是1893年《货物买卖法》。在大陆法系国家,大都把买卖法纳入民法典,作为民法典的组成部分。尽管大陆法系和英美法系在货物买卖法的立法形式上有所不同,但是有一点是相同的,就是这些国家只有一种买卖法,它既适用于国内货物的买卖,也适用于国际货物买卖。

我国曾将国内货物买卖法和国际货物买卖法分别立法,制定了《经济合同法》和《涉外经济合同法》,但这种做法已不能适应社会主义市场经济的要求,因此,我国于1999年制定了统一的《合同法》。

### 二、国际贸易条约或协定

国际贸易条约或协定(International Treaty or Agreement)是缔约国之间为确定相互经济贸易关系所缔结的协议。它是缔约国之间开展经济贸易往来所必须遵守的准则。

由于各国的货物买卖法有所不同,发生法律冲突在所难免,这对于发展国际贸易是不利的。因此,统一调整国际货物买卖的法律规范一直是世界各国、各种贸易团体追求的目标。目前,比较有代表性的国际贸易条约或协定是国际统一私法协会制定的《关于国际货物销售的统一法公约》《关于国际货物销售合同成立的统一法公约》和联合国国际贸易法委员会制定的《联合国国际货物销售合同公约》。《联合国国际货物销售合同公约》,简称《公约》,是联合国国际贸易法委员会在《关于国际货物销售的统一法公约》和《关于国际货物销售合同成立的统一法公约》的基础上,经过十多年酝酿起草的,于1980年通过。截至2011年8月,已有76个国家加入了该公约,我国也加入了该公约。《公约》为不同经济、政治和法律制度的国家提供了平等的、统一的国际货物买卖规则,其已经成为了现代国际贸易法的核心。

中国缔结或者参加的国际条约构成我国法律的一部分,具有国家法的效力。国际条约优先于国家法,即当中国缔结或者参加的国际条约同中华人民共和国的法律有不同规定的,适用有关国际条约的规定,但我国声明保留的条款除外。

### 三、国际贸易惯例

国际贸易惯例(International Trade Custom),是指在国际贸易的长期实践中,在某一地区、某一行业逐渐形成的,为该地区或该行业所普遍认知、适用的商业做法或贸易习惯,作为确立当事人权利义务的规则对适用的当事人有约束力。现在的国际贸易惯例经过人们的整理、编纂,表现为书面的成文形式。某一组织、协会的标准合同文本,指导原则,业务规范,术语解释,都可以是国际贸易惯例。国际贸易惯例可以补充现有的法律不足,明确合同条款具体的含义,更好地确认当事人的意图和权利义务关系。同时,国际贸易惯例促进了国际贸易规则的统一,减少了当事人可能产生的分歧和争议,方便了国际贸易的进行。

国际贸易中的国际惯例很多,涉及不同的种类和方面。在贸易术语方面,有《2010年国际贸易术语解释通则》(INCOTERMS 2010)、《1932年华沙—牛津规则》(Warsaw-Oxford Rules 1932)和《美国1941年对外贸易定义修订本》(Revised American Foreign Trade Definition 1941);在结算方面,有《托收统一规则》(Uniform Rules for Collection,简称URC522)、《跟单信用证统一惯例》(Uniform Customs and Practice for Commercial Documentary Credits,简称UCP600);在国际货物运输方面,有《统一杂货租船合同》(Uniform General Charter)、《1991年联合国贸易和发展会议/国际商会多式联运单证规则》(UNCTAD/ICC Rules for Multimodal Transport Documents,1991)、海洋运输公司制定的提单条款;在保险方面,有伦敦保险协会《协会货物保险条款》(Institute Cargo Clause,简称I.C.C.)等。

### 四、国际贸易法律、条约和惯例的适用

调整国际货物买卖的主要法律是合同法。按照合同法契约自由的原则,当事人可以约定选择合同适用的法律。因此,在法律适用方面,无论是各国的国内立法还是国际公约,一般都规定,当事人可以约定选择合同适用的法律,只有在当事人没有约定的情况下,法院或者仲裁机构才会按照合同最密切联系原则,确定合同适用的法律。当事人选择适用的法律

一般应当是实体法。法院或者仲裁机构按最密切联系原则确定合同适用的法律也是实体法。合同当事人选择用于处理合同争议适用的法律,可以是国际公约、某国的国内法,也可以是国际惯例。由于合同内容的广泛,不同的问题可能有不同的适用规范。因此,在一个合同中,可以同时选择适用国际公约、国内法和国际贸易惯例。

国际贸易惯例、法律和国际公约之间的关系是什么?

在国际贸易中,法律适用涉及法律冲突、法律适用规范和法律适用限制等问题。

## (一)法律冲突

法律冲突是指由于两个或者两个以上国家的法律对同一涉外民事关系的规定不一致,用不同国家的法律处理同一涉外民事关系会出现不同的法律结果,从而引起的法律选用上的矛盾状态。

法律冲突的产生主要来自两方面的原因:一是国内法与外国法对同一种民事关系的调整规定不同;二是国内法在一定条件下承认外国法的域外效力。

## (二)法律适用规范

法律适用是指当面对法律冲突时,必须从不同国家的法律中选择一种法律来处理涉外民事关系,否则问题就得不到解决。

究竟适用哪一个国家的法律,这需要由法律适用规范(或称冲突规范)来解决。法律适用规范并不直接确定法律关系当事人的权利与义务,而只是指出某种涉外民事关系适用哪一国家的法律。根据法律适用规范的指示而找出的应适用的法律叫"准据法",它是用来处理具体涉外民事关系的特定国家的实体法。

国际贸易中的法律适用规范,一般采用以下几个基本原则。

**1. 意思自治原则**

意思自治原则指由双方当事人在订立合同时,共同选择某国法律作为解决与该合同有关的纠纷的依据。

**2. 客观标志原则**

客观标志原则指在合同当事人没有选择准据法的情况下,依据法律规定和合同的客观标志来确定合同的准据法。合同的客观标志主要有订约地、履约地、法院地或仲裁地、标的物所在地等。

**3. 最密切联系原则**

最密切联系原则指在当事人没有选择应适用的法律的情况下,法律不具体规定应适用的准据法,而只规定一个原则,即"最密切联系原则"。由法官依据这一原则,选择一个与合同联系最密切的法律予以适用。

我国涉外经济合同的法律适用原则包括意思自治原则、最密切联系原则、适用国际条约原则和适用国际惯例原则。

### (三)法律适用限制

**1. 公共秩序保留**

公共秩序保留(Reservation of Public Order)是指法院地国按照冲突规范本应适用外国法时,如果外国法的适用结果将违反国内公共秩序,就排除该外国法的适用。这就是国际私法上的公共秩序问题。

我国《民法通则》第150条规定,适用外国法或国际惯例不得违背我国的社会公共利益。日本《法例》第33条规定,适用外国法的,如果该外国法规定的适用违反公共秩序或善良风俗时,可以不适用之。

**2. 法律规避**

法律规避(Evasion of Law),又称"法律欺诈",是指国际民商事法律关系的当事人故意制造某种连接点以避开本应适用的对其不利的法律,从而使对自己有利的法律得以适用的一种行为。

法律规避的性质,涉及法律规避行为在法律上究竟是有效还是无效的问题。一种观点认为,法律规避行为是有效的;相反的观点认为,法律规避行为在法律上是无效的。

我国多数法律学者认为,法律规避既包括规避本国法也包括规避外国法。首先,规避本国强行法的行为一概无效。其次,对规避外国法是否有效的问题,要个案分析,区别对待。如果当事人规避外国法中合理正当的规定,应该认为规避无效;如果规避的是外国法中的不合理的规定,则不应否定该规避行为的效力。

**3. 反致、转致和间接反致**

(1)反致(Renvoi)指对于某一涉外民事案件,甲国法院根据本国的冲突规范援引乙国法,而依乙国的冲突规范却应适用甲国法;如果甲国法院适用了国内法(实体法),便构成"反致"。

例如,一个在日本有住所的中国公民,未留遗嘱而死亡,在中国遗留有动产。为此动产的继承,其亲属在日本法院起诉。根据日本的冲突规则,继承本应适用被继承人的本国法,即中国法,但中国的冲突规则却规定动产继承适用被继承人死亡时的住所地法,即日本法。如果日本法院适用了自己本国继承法判决了案件,就构成了反致。

(2)转致(Transmission)是指对于某一涉外民事案件,甲国法院根据本国的冲突规范援引乙国法,而依乙国的冲突规范却应适用丙国法,如果甲国法院适用了丙国法(实体法),便构成转致。

例如,一位住所设在意大利的丹麦公民,在葡萄牙去世并在葡萄牙留有遗产。根据法院地葡萄牙的国际私法的规定,继承适用被继承人死亡时的属人法,即丹麦法;而丹麦国际私法规定,继承应由被继承人死亡时的住所地法支配,即意大利法。如果葡萄牙法院最终适用了意大利法,则构成转致。

(3)间接反致(Indirect Remission)是指对于某一涉外民事案件,甲国法院根据本国的冲突规范援引乙国法,而依乙国的冲突规范却应适用丙国法,但丙国的冲突规范还是指定适用甲国法,如果甲国法院适用了本国法(实体法),便构成间接反致。

例如,一位阿根廷公民在英国设有住所,死于英国,在日本遗留有不动产,后因该项不动产继承问题在日本法院涉诉。根据日本国际私法关于继承适用被继承人死亡时的属人法的规定,本应适用阿根廷法;但阿根廷国际私法规定,不论遗产的种类和场所,继承适用死者最后住所地法,又指向英国法;而依英国的冲突规范却规定不动产继承应适用不动产所在地法即日本法。于是,日本法院接受这种间接反致,在处理该案时适用了本国的实体法。

**4. 外国法内容的查明**

外国法内容的查明又称"外国法内容的确定",是指法院在审理涉外民事案件时,根据本国冲突规范确定应适用的某外国法后,确定和证明该外国法对某种涉外民事关系有哪些具体规定的问题。

**(四)国际贸易惯例的适用**

国际贸易惯例是在国际贸易长期实践的基础上逐渐形成和发展起来的,是人们从事国际货物买卖活动的行为规范和应当遵守的准则,也是国际贸易法律的重要渊源之一。当买卖合同中作了与国际贸易惯例相抵触的规定,应本着法律优先于惯例的原则,在履行合同和处理争议时,应以买卖合同的规定为准。国际贸易惯例本身虽不是法律,它对合同当事人不具有强制性,但买卖双方如在合同中约定采用某种惯例,则该项惯例就具有强制性,买卖双方都应受其约束。

# 任务三 从事国际贸易实务的要求

## 一、从事国际贸易实务必备的条件

### (一)要有预见性、超前性以及良好的商业信誉

其一,从事国际贸易的人员首先要有扎实的经济理论知识,能了解生产与贸易之间的相互关系以及本国的变化趋势。其二,要有丰富的世界经济方面的知识,掌握世界各国经济政治变化的动态。其三,外贸公司要有良好的商业信誉,做到"重合同,守信用"。

### (二)要有扎实的专业知识

国际贸易是涉及不同国家、地区之间的交易活动,从事国际贸易必须具备扎实的专业知识,才能达到经营国际贸易的目的。

### (三)准确、灵通和大量的商业信息

由于经济、政治和自然灾害等因素,使国际市场变化多端,从事国际贸易的企业要想做出正确的决策,必须采取各种手段调查了解各国经济、政治等多方面的动向,迅速准确地收集商业信息,进行分析研究。

### (四)雄厚的资金

国际贸易多是大宗交易,要想经营得好,必须拥有雄厚的资金。直接经营进出口的制造商,固然需要有大量的资金以购置原料、机器和零件进行生产,就是一般专业进出口商,掌握商业机会,也需要有大量的资金。至于一般代理商,虽不需大量资金,但如资本过少,也难获得委托者的信赖。

### (五)完备的组织机构

国际贸易本身是一种复杂的商品交换活动,各种手续繁杂,牵涉面很广,只有组织严密、科学,才能取得显著的经营效果,达到预期的目的。

## 二、国际贸易实务从业人员的素质

### (一)严谨的工作作风

不管销售人员的内在动力如何,如果他们组织松散、凝聚力不强、工作不努力,他们就会难以满足客户越来越多的要求。优秀的销售人员总是善于制定详细、周密的工作计划,并且能在随后的工作中不折不扣地予以执行。

### (二)完成销售的能力

如果销售人员不能从客户那里获得订单,即使他的技巧再多、再好,那也是枉然。无法成交就谈不上完成销售。一般而言,优秀的销售人员总会想方设法来与客户达成共识,从而顺利签单。

为什么把严谨的工作作风放在首要位置?

### (三)建立关系的能力

在当今的关系型营销环境中,优秀的销售人员最需要注意的一点是:成为解决客户问题的能手和与客户发展关系的行家(未来的销售人员将不再是销售人员,而是客户的顾问),力求敏锐地把握客户的真实需求。

优秀的销售人员通常是这样的:他们全神贯注,很有耐心,细致周到,反应迅速,善于倾

听,十分真诚;他们能站在顾客的立场上,用客户的眼光来看问题。

### (四)掌握专业知识

**1. 市场营销**

国际贸易就是做买卖,故对买卖中了解需求、确定需求和满足需求的思想、战略、方法、途径等要有深入的研究。

**2. 外国语**

对外贸易具有跨国界、异国性和多国性的特点,相通的语言是贸易洽谈、商品宣传和贸易成交的必需媒介。业务人员不仅要掌握通用的语言,有时候还需要掌握目标市场的语言。靠别人翻译会丧失很多贸易机会,且不懂贸易的人翻译出来的文件也难以使用。

拿到了CET6证书就能从事国际贸易业务了吗?

**3. 外贸业务及相关知识**

包括本国对外贸易规章,货运、报关、检验等手续,各国关税制度以及非关税方面的规定,国际汇兑方面的知识,法律知识,保险知识,运输知识,财会、统计知识,WTO的相关规定和EDI方式等。

**4. 企业管理知识**

要对本企业有一个概括了解。如:企业的地位、战略、战术,定价策略,交货,付款方式等;企业是否具有增加生产的能力及应变的能力、控制质量的能力及维持信誉的能力;是否具备提供始终如一的质量和定时服务的能力;是否具有新产品设计能力。

**5. 产品知识**

这实际是商品学的具体化。要掌握所经营产品的尺寸、考察产品颜色是否被接受,零件是否在国外购买,每个单位包装是否有件数规定,怎样将货从仓库运到出口地,使用何种运输方式更利于成本的降低,装运体积多大对国外批发商最有利等。还应知道竞争者的产品特点、用途、使用方法、维修及售后服务等方面的情况。

**6. 客户知识**

如本企业或产品有多少客户,其特点、需求偏好、购买动机与习惯、客户的资信、所处的地点等。

**7. 法律知识**

如合同法(我国《合同法》就是根据《联合国国际货物销售合同公约》制定的)、反不正当竞争法、反倾销法、知识产权法等。

**8. 制度背景知识**

对产权安排、企业制度、商业习惯等需要了解。否则,会导致高额的交易费用,也将增加内部制度与外部制度的运行成本。

## 知识窗

### 外贸工作岗位及相关证书

在我国,国际贸易可以称为"进出口贸易",离不开组织货源、装运、收付款等事项。海关、出入境检验检疫局、税务局也少不了你的身影。职位包括外贸经理、外销员、外贸助理、跟单员、单证员、外贸会计等等,对外语能力要求比较高。随着国际贸易的发展,国际贸易的专业技术人员的缺口很大,岗位划分也越来越细,许多工作都要求持证上岗,现在我国的国际商务系列资格证书有:外销员证、报检员证、货代员证、单证员证、跟单员证等等。

---

## 小结

本模块从国际贸易的基本含义和相关概念入手,介绍了国际贸易实务的主要流程和对从业人员的要求。说明了进出口贸易的基本业务程序是国际贸易的运行过程,包括交易前的准备、交易磋商和签订合同、合同的履行等。同时,对国际市场调研和企业进入国际市场渠道的选择也做了初步的介绍。

## 思考训练

1. 什么是国际贸易,它和国内贸易有什么区别?
2. 国际贸易的基本概念有哪些?为什么在学习国际贸易实务之前要了解这些概念?
3. 国际贸易从业人员要具备什么样的素质和拥有什么样的知识结构?
4. 利用互联网,搜索本模块项目二中介绍的渠道网站,并了解这些网站的主要内容和主要功能。
5. 如果甲国某 A 公司在乙国设立了一个分公司 B;乙国 C 公司与 A 公司签订了一份来料加工合同,合同规定乙国 C 公司从 A 公司购买机器设备,从 B 公司购得原材料并加工为成品,由 B 公司负责将加工后的成品回购再转卖给 A 公司,由 A 公司在国际市场销售。这项涉外经贸活动中所包括的货物贸易是否具有"国际性"?

# 模块二　国际货物买卖合同条款

- 项目一　商品品质及合同品质条款
- 项目二　商品数量及合同数量条款
- 项目三　商品包装及合同包装条款
- 项目四　商品价格及合同价格条款
- 项目五　货物运输及合同运输条款
- 项目六　货物运输保险及合同保险条款
- 项目七　货款收付及合同支付条款
- 项目八　商品检验及合同检验条款
- 项目九　合同的索赔、不可抗力和仲裁条款

# 项目一
# 商品品质及合同品质条款

进出口贸易的核心是商品的品质。买卖任何一种有形的商品都要有其具体的名称,并表现为一定的品质。

商品的品质,也称为商品的"质量",是指商品的内在质量和外观形态的综合。品质的优劣,是决定商品使用效能和影响商品市场价格的重要因素,也是加强对外竞销的重要手段之一。

品名条款是进出口贸易合同中不可缺少的一项主要交易条件,若卖方交付的货物不符合约定的品名,买方有权提出损害赔偿要求,直至拒收货物或者撤销合同。

买卖双方洽谈交易时,必须就商品的品名和品质谈妥并在合同中具体订明。

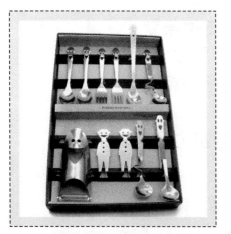

## 案例导入

**案情**：我国向英国出口一批大豆，合同规定水分最高为 14%，杂质不超过 2.5%。在成交前我方曾向买方寄过样品，订约后我方电告买方成交货物与样品相似，当货物运到英国后，买方提出货物与样品不符，并出示相应的检验证书证明货物的水分比样品高 7%，并以此要求我方赔偿 15000 英镑的损失。请问在此情况下，我方是否应该接受理赔？为什么？

**分析**：我方应该接受理赔。因为，我方在成交前向对方寄过样品，且订约后我方电告买方成交货物与样品相似，其行为已构成了双重保证。对方因而认为我方与其是以样品买卖为准。而最后所交货物与样品不符。我方的错误就在于采用了两种品质的表示方法。在国际贸易中，能以一种方法表示商品品质的，不必要用两种或两种以上方法表示商品的品质。表示品质的方法越多，给自己履行合同造成的限制也越多。

此案例主要涉及国际贸易买卖合同中的品质条款。在国际贸易中，外贸业务人员必须熟练掌握进出口商品的品质表示方法。在进行任务学习时，请思考另外还有哪些品质表示方法，在实践中如何运用才能最大限度地保护己方的利益？

## 项目目标

1. 了解出口合同中品名的意义和列明商品名称的方法。
2. 掌握国际货物买卖合同中品质条款的内容和意义。
3. 掌握规定商品品质的方法。
4. 掌握合同品质条款不同的规定方法和注意事项。

## 关键概念

品名（Name of Commodity）　　　　　　品质（Quality of Goods）

规格（Specification）　　　　　　　　　等级（Grade）

标准（Standard）　　　　　　　　　　　品牌或商标（Brand or Trade Mark）

产地名称（Name of Origin）　　　　　　凭样品成交（Sale by Sample）

说明书和图样（Description and Illustration）　对等样品（Counter Sample）

良好平均品质（Fair Average Quality，FAQ）

# 任务一　商品的名称

## 一、商品名称的定义

商品名称或品名(Name of Commodity)是指能使某种商品区别于其他商品的一种称呼或概念。在买卖合同中又称为"品名条款"。商品的品名在一定程度上体现了商品的自然属性、用途以及主要的性能特征。

在国际贸易中,看货成交的情况较少,交易双方商订合同时,往往很少见到具体商品,一般只是凭借对买卖的商品作必要的描述来确定交易的标的。因此,在合同中列明商品的名称就成为不可缺少的一项主要贸易条件,也是国际贸易的买卖合同中主要条款之一。

按照有关的法律和惯例,对交易标的物的描述,是构成商品说明(Description)的一个主要组成部分,也是买卖双方交接货物的一项基本依据,它关系到买卖双方的权利和义务。若卖方交付的货物不符合约定的品名或说明,买方有权提出损害赔偿要求,甚至可以拒收货物或撤销合同。由此可见,列明合同中的商品具体名称,具有重要的法律和实践意义。

## 二、列明商品名称的方法

国际货物买卖合同中的名称条款并无统一的格式,通常都在"商品名称"或"品名"的标题下,列明交易双方成交商品的名称,也可不加标题,只在合同的开头部分,列明交易双方同意的买卖某种商品的文句。品名条款的规定,往往取决于成交商品的品种和特点。就一般商品来说,有时只要列明商品的名称即可。但有的商品,往往具有不同的品种、等级和型号。因此,为了明确起见,也有把有关具体品种、等级或型号的概括性描述包括进去,作进一步限定;此外,有的甚至把商品的品质规格也包括进去,作更进一步限定,在此情况下,它就不单是品名条款,而是品名条款与品质条款的合并,如表4-1所示。

### (一)以其主要用途命名

这种方法在于突出其用途,便于消费者按其需要购买。如织布机、旅游鞋、杀虫剂等。

### (二)以其所使用的主要原料命名

这种方法能通过突出所使用的主要原材料反映出商品的质量。如羊毛衫、玻璃杯等。

### (三)以其主要成分命名

以商品所含的主要成分命名,可使消费者了解商品的有效内涵,有利于提高商品的身价。一般适用于以大众所熟知的名贵原材料制造的商品。如西洋参蜂皇浆、人参珍珠霜等。

### (四)以其外观造型命名

以商品的外观造型命名,有利于消费者从字义上了解该商品的特征。如喇叭裤、宝塔纱等。

### (五)以其褒义词命名

这种命名方法能突出商品的使用效能和特征,有利于促进消费者的购买欲望。如青春宝、太阳神口服液等。

### (六)以人物名字命名

即以著名的历史人物或传说中的人物命名,其目的在于引起消费者的注意和兴趣,如孔府家酒等。

### (七)以制作工艺命名

这种命名方法目的在于提高商品的威望,增强消费者对该商品的信任。如二锅头烧酒、精制油等。

表 4-1  合同中商品名称的规定示例

| Name of Commodity | Description of Commodity | Quantity | Unit price |
|---|---|---|---|
| Frozen Mudsnail Meat Boiled | L200-400    M400-600 | | |

## 三、规定名称条款的注意事项

### (一)必须明确具体

表达名称条款内容时,必须能确切反映交易标的物的特点,避免空泛、笼统的规定,以利合同的履行。

### (二)针对商品实际作出实事求是的规定

条款中规定的名称,必须是卖方能够供应而买方所需要的商品,凡做不到或不必要的描述性词句都不应列入,以免给履行合同带来困难。

在国际市场上,买卖双方能否以"西红柿"品名进行买卖?

### (三)尽可能使用国际上通用的名称

有些商品的名称各地叫法不一,为了避免误解应尽可能使用国际上通用的称呼,若使用地方性的名称,交易双方应首先就其含义取得共识,对于某些新商品的定名及其译名,应力求准确、易懂,并符合国际上的习惯称呼。

### (四)注意选用合适的名称

有些商品具有不同的名称。因而,存在着同一商品因名称不同而交付关税和班轮运费不一的现象,且其所受的进出口限制也不同。为了减低关税、方便进出口和节省运费开支,在确定合同的品名时,应当选用合适的商品名称。

【例】 我国出口苹果酒一批,该批酒的内外包装上均写的是"Cider Wine",而提交的出口单据上均用"Apple Jack",货到国外后遭海关扣留、罚款。可见在国际贸易中,正确使用商品的名称是非常重要的。

# 任务二 商品的品质

## 一、商品品质的重要性

商品的品质(Quality of Goods)是指商品的内在质量和外观形态的综合。前者涉及商品的物理性能、机械性能、化学成分和生物特征等自然属性;后者包括商品的外形、色泽、款式和透明度等外在属性。品质的优劣,是决定商品使用效能和影响商品市场价格的重要因素,也是加强对外竞销的重要手段之一。因此,必须加强对品质的全面管理,切实把好质量关。

合同中的品质条件是构成商品说明的重要组成部分,是买卖双方交接货物的依据。英国货物买卖法把品质条件作为合同的重要条件。《联合国国际货物销售合同公约》规定:卖方交付货物,必须符合约定的质量。如卖方交货不符合约定的品质条件,买方有权要求损害赔偿,也可以要求修理或交付替代货物,甚至拒收货物和撤销合同,这就进一步说明了品质的重要性。

## 二、对进出口商品质量的要求

### (一)对出口商品的质量要求

**1. 严把质量关,交货品质必须符合合同规定**

不断提高商品信誉,严格把守质量检验关,凡质量不过关的商品,绝不轻易出口。商品的质量必须具备产品应当具备的使用性能,符合在产品和包装上注明的用途、标准,符合产品的说明、实物样品等方式表明的质量状况。

若交货品质低于合同要求显然是违约行为。而若交货品质高于合同要求也有可能构成违约。原因有多方面,如:买方办理进口手续时可能会多交税,可能会使货物不能适应买方的使用目的,买方需重新加工后使用,从而会增加买方的额外费用。

**2. 积极进行品质和企业质量体系评价**

在国际市场上,用户不仅要对品质进行评价,而且还要对生产企业的质量体系进行评价。

ISO9000 系列标准是国际标准化组织为适应国际贸易发展的需要而制定的品质管理和品质保证标准。它为国际市场商品的生产企业质量体系评定提供了统一的标准,具有国际通行证的作用。它不仅有利于提高企业自身技术和管理素质,而且也有利于提高企业出口商品质量和发展对外贸易。

ISO14000 环境管理系列标准,其目的是为了通过在组织(公司、企业)内部建立和实施一个有效的环境管理体系,来规范组织的环境行为,控制和减少企业的生产经营活动对环境造成的破坏,鼓励和推动企业生产环保绿色产品,以满足社会对环境保护以及其他相关利益的需求。符合 ISO14000 系列标准的企业成为绿色企业,其生产的产品经认可可成为环保产品。

实施 ISO 的这两个一体化管理体系,有助于改善和提高我国企业和产品在国内外消费者、客户眼中的形象,降低经营及管理成本,使我国产品适应国际市场对于产品在质量上的新需求,提高我国产品的国际竞争能力。

**3. 针对不同市场和不同消费者的需求来确定出口商品质量**

要重视对不同目标市场、不同时期消费者需求的研究,把握不同层次消费需求的特点及变化方向,发展我国传统优势商品的品种、档次,提高这些商品的质量性能,同时开拓新的商品品种,使我国出口商品的质量具有较强的市场适应性、针对性和竞争性。

**4. 不断进行产品的更新换代**

凡质量不稳定或质量不过关的商品,不宜轻易出口,以免败坏名誉。即使质量较好的商品,也不能满足现状,要本着精益求精的精神不断改进,提高出口商品品质,加速更新换代,以赶上甚至影响世界的消费潮流,增强商品在国际市场上的竞争能力。

**5. 适应进口国的有关法令规定和要求**

各国对进口商品的质量都有某些法令规定和要求,凡质量不符合法令规定和要求的商品,一律不准进口。有的还要就地销毁,并由货主承担由此引起的各种费用。因此,我们应充分了解各国对进口商品的法令规定和管理制度,以便使我国商品能顺利地进入国际市场。

**6. 适应国外自然条件、季节变化和销售方式**

由于各国自然条件和季节变化、销售方式各异,商品在运输、装卸、存储和销售过程中,其质量可能起某种变化。因此,注意自然条件、季节变化和销售方式的差异,掌握商品在流通过程中的变化规律,使我国出口商品质量适应这些方面的不同要求,同时也有利于增强我国出口商品的竞争能力。

## (二)对进口商品质量的要求

进口商品质量优劣,直接关系到国内用户和消费者的切身利益,凡品质、规格不符合要求的商品,不应进口。对于国内建设、科学研究和人民生活急需的商品,进口时要货比三家,切实把好质量关,使其品质、规格不低于国内的实际需要。但是,也不应超越国内的实际需要,任意提高对进口商品品质、规格的要求,以免造成不应有的浪费。总之,对进口商品品质的要求,要从我国现阶段的实际需要出发,分别不同情况、实事求是地予以择定。

## 三、表示商品品质的方法

国际贸易中的商品种类繁多,品质各异。明确商品的品质,对关于品质的贸易纠纷,具有很重要的意义。交易磋商中,明确商品品质的关键在于选用表示品质的方法。表示品质的方法可以分为两大类:一类是用文字说明,另一类是以实物表示。

### (一)用文字说明表示商品品质的方法

文字说明表示方法也包括图样、照片等。用文字说明达成的交易称为"凭文字说明买卖"(Sales by Description)。具体方式有以下几种。

**1. 规格**

商品的规格(Specification)是指用于反映商品品质的若干主要指标,如商品的成分、含量、纯度、容量、性能、大小、长短、粗细等,如表 4-2 所示。

表 4-2　凭规格买卖示例

| 品名<br>Name of Commodity | 幅宽<br>Width | 长度<br>Length | 经纬密度<br>Density of Warp/Weft | 成　分<br>Composition |
|---|---|---|---|---|
| 大提花面料<br>Jacquard Fabrics | 126 英吋<br>126″ | 60 码/匹<br>60 yds/pc | 60S×40S 173×120 | 50%—竹纤维 50%—棉<br>50% Bamboo fibers　50% Cotton |

**2. 等级**

商品的等级(Grade)是指对同类商品按照规格中若干主要指标的差异,用文字、数字或符号来表示商品品质上差异的程度,如甲级、乙级、丙级、A 级、B 级、C 级等等,如表 4-3 所示。

表 4-3　凭等级买卖示例

| 品名<br>Name of Commodity | 货号<br>Art. No. | 规格<br>Specifications |
|---|---|---|
| 中国绿茶<br>Chinese Green Tea | 货号 41022<br>Art. No. 41022 | 特珍眉特级<br>Special Chunmee Special Grade |
| | 货号 9317<br>Art. No. 9317 | 特珍眉一级<br>Special Chunmee Grade 1 |
| | 货号 9307<br>Art. No. 9307 | 特珍眉二级<br>Special Chunmee Grade 2 |

同一类商品不同等级的划分,是长期生产与贸易实践的结果。等级不同,规格也就不同。买卖双方对交易商品的等级理解一致时,只需在合同中明确等级即可。但是,对于双方

不熟悉的等级内容,则最好明确每一等级的具体规格。

**3.标准**

商品的标准(Standard)是指由权威性的机构或组织颁布的、对某些可供交易的商品品质规定必须达到规格中若干主要指标的要求。权威性的机构或组织一般是标准化组织、政府机关、行业团体、商品交易所等。各国都有自己的标准,如英国的 BS、美国的 ANSI、法国的 NF、德国的 DIN 和日本的 JIS 等。另外,还有国际组织的标准,如国际标准化组织的 ISO 标准等。我国也有国家标准、行业标准、地方标准和企业标准。

【例】

1. Rifampicin in conformity with B. P. 1993

    利福平符合1993年版英国药典

2. Female mink overcoat Chinese standard body length 120×115cm

    母水貂皮长大衣　中国标准　胸围长 120×115 厘米

随着科学技术进步、生产力水平的提高,商品的标准不断地被修改或变动,同一组织颁布的某类商品的标准往往有不同年份的版本。版本不同,品质标准的内容也不相同,因此,在合同中援引标准时,应注明采用标准的版本名称及其年份。

另外,在国际贸易中,对于一些初级产品的交易及品质构成条件复杂的某些工业制成品的交易,由于长期形成的习惯或出口国家尚未对产品予以等级化或标准化,所以可采用以下方法说明其品质。

(1)良好平均品质(Fair Average Quality,FAQ)。一般是指中等货,它的具体解释和确定办法是:农产品的每个生产年度的中等货。有时候指某一季度或某一装船月份在装运地发运的同一种商品的"平均品质"。一般是从各批出运的货样中抽样,然后综合起来,取其平均水平作为良好平均品质的标准。这种解释一般由生产国在农产品收获后,经过对产品进行广泛的抽样,从而制定出该年度的"良好平均品质"的标准和样品并予以公布。

在我国出口的农副产品中,也有用 FAQ 来说明品质的。但我们所说的 FAQ 一般指"大路货",是和"精选货"(Selected)相对而言的,而且在合同中除了标明大路货之外,还标明具体的规格。

(2)上好可销品质(Good Merchantable Quality,GMQ)。这是指卖方所交货物品质只需保证为上好,适合于销售即可。在国际上,有些商品没有公认的规格和等级,如冷冻鱼虾等。由于这种标准含义笼统,履行时容易引起争议,所以不宜采用(如果发生争议,通常由同业公会以仲裁方式予以解决)。

**4.品牌或商标**

品牌或商标(Brand or Trade Mark)。"商标"(Trade Mark)是生产者或企业用来说明其生产或出售的商品的标志。它可由一个或几个具有特色的单词、字母、数字、图形或图片组成。"品牌"(Brand)是指工商企业给其制造或销售的商品所冠的名称。使用商标或品牌主要是与其他企业的同类商品区别,以利销售。一个牌号可用于一种产品,也可用于一个企业的所有产品。商品的品牌或商标不仅代表着一定的质量水平,而且能够诱发顾客的购买欲望,成为强有力的竞争优势。如:"联想"电脑、"雅戈尔"男式衬衫等,如图4-1所示。

**图 4-1 我国一些著名的出口商标或品牌**

当前,国际市场上行销的许许多多商品,尤其是日用消费品、加工食品、耐用消费品等都标有一定的商标或品牌。各种不同商标的商品都具有不同的特色,一些在国际上久负盛名的名牌产品,都因其品质优良稳定,具有一定的特色并能显示消费者的社会地位,其售价远远高出其他同类产品。这种现象特别是在消费水平较高,对品质要求严格的所谓"精致市场"(Sophisticated Market)表现得尤其突出,一些名牌产品的制造者为了维护商标的声誉,对产品都规定了严格的品质控制,以保证其产品品质达到一定的标准,因此,商标或品牌自身实际上是一种品质象征,人们在交易中可以只凭商标或品牌进行买卖,毋需对品质提出详细要求。但是,如果一种品牌的商品同时有许多种不同型号或规格,为了明确起见,就必须在规定品牌的同时,明确规定型号或规格。

**【例】**

1. MAXAM Brand Dental Cream

    美加净牌牙膏

2. White Rabbit Mint Creamy Candy

    大白兔清凉奶糖

从品牌或商标的作用可以看出维护品牌或商标声誉的重要意义。品牌或商标属于工业产权,各国都制定了有关法律加以保护。在国际贸易中,要注意有关国家的法律规定,以维护自己的品牌或商标权益。

在用品牌或商标来表示商品品质时,如果同一种品牌或商标的产品具有不同型号或规格,则合同中除了使用品牌或商标外,还必须订明型号或规格。

**5. 产地名称**

有些地区的产品,因产区自然条件、传统加工工艺等因素的影响,尤其是一些农副产品和土特产品,具有独特的风格和特色,而在国际市场上享有盛誉。对于这类商品的交易,可以采用产地名称(Name of Origin)来表示其独特的品质。如:法国香水、德国啤酒、我国国内的东北大米、四川榨菜、金华火腿、黄山毛峰和宣城宣纸等。这些标志不仅标注了特定商品的产地,更为重要的是对这些商品的特殊质量和品味提供了一定的保障。地理标志已被世界贸易组织正式列入知识产权保护的范畴。

【例】

1. Sichuan Preserved Vegetable

    四川榨菜

2. Chinese Northeast Soybean

    中国东北大豆

**6. 说明书和图样**

说明书和图样(Description and Illustration)。在国际贸易中,有些机器、电器、仪表、大型设备、交通工具等技术密集型产品,由于结构复杂、制作工艺不同,即使名称相同,但使用的材料、设计和制造技术的某些差别,也可能导致功能上的差异,所以无法用样品或简单的几个指标来反映其质量的全貌。对这类商品的品质,通常以说明书并附以图样和照片、设计、图纸、分析表及各种数据说明其具体性能和结构特点。按此方式进行交易,称为凭说明书和图样买卖。在采用时,除列入说明书的具体内容外,往往要订立卖方品质保证条款和技术服务条款。

### (二)以实物表示商品品质的方法

实物表示商品品质是指以作为交易对象的实际商品或以代表商品品质的样品来表示商品的质量。

**1. 看货买卖**

在国际贸易中,由于交易双方远离两地,交易洽谈多靠函电方式进行,买方到卖方所在地验看货物存在诸多不便,即使卖方有现货在手,买方也是由代理人代为验看货物,但看货时也无法逐件查验,所以采用"看货买卖"的方法不多见。这种做法,多用于寄售、拍卖和展卖业务中,尤其适用于具有独特性质的商品,如珠宝、首饰、字画以及特定工艺品等。

**2. 凭样品成交**

凭样品成交(Sale by Sample)。"样品"是指从一批商品中抽取出来的,或由生产部门、使用部门加工、设计出来的,足以反映和代表整批商品质量的少量实物,包括"参考样品"和"标准样品"。

凭样品成交是指买卖双方按约定的、足以代表实际商品的样品,作为交货品质依据的交易。根据提供样品方的不同,可分为以下三种:

(1)凭卖方样品买卖。"凭卖方样品"(Sale by Seller's Sample)买卖指以卖方样品作为交货品质的依据。样品由卖方向买方提交,让买方确认。在采用卖方样品成交中,要注意以下几个问题:

其一,卖方在选择提交给买方确认的样品时,要选择有代表性的样品。提交样品品质过高,日后大批量生产达不到样品的品质水平,就要承担违约责任;提交样品品质过低,不易成交,即使成交,价格也会被买方压低。

其二,在提交给买方样品(该样品称为"原样",或称"标准样")的同时,卖方应保留一个与原样品质完全一致的样品(该样品称为"留样"),以备成交后组织生产、处理交货品质纠纷时作核对用。卖方应在原样和留样上编制相同的号码,注明样品提交给买方的具体日期,以便日后联系,或在洽谈交易时作参考。对留样一定要妥善保管,以防日后交货发生品质纠纷时拿不出留样,而使卖方处于被动地位。

其三,严格区分参考样品和标准样品。

(2)凭买方样品买卖。买方样品买卖(Sale by Buyer's Sample)指以买方提供的样品磋商交易和订立合同,并以买方样品作为交货品质的依据。在我国也称为"来样成交"或"来样制作"。在采用买方样品成交中,要注意以下几个问题:

讨 论

标准样品和参考样品有何区别?

其一,卖方在对买方的来样确认前,要充分考虑按买方样品生产所需要的原材料、生产设备、生产技术和生产时间等方面,自己是否具备条件。如果只想成交,而不充分考虑自己的条件,日后交货困难,就要承担违约的责任。在实践中,卖方常常根据买方的来样制作一个样品提交给买方确认,该样品被称为"回样"(Return Sample),或被称为"对等样"(Counter Sample)。如果买方对回样确认,那么该回样就作为以后买卖双方交接货物的品质依据。这种根据来样制作回样作为确认样品,等于把"凭买方样品买卖"转变成"凭卖方样品买卖",从而尽可能地防止交货品质与样品品质不符的问题发生。

其二,成交中采用了买方样品,若对买方样品无法确定是否有工业产权等第三者权利问题时,则应该在合同中明确规定:若由买方来样引起的工业产权等第三者权利问题,则与卖方无关,一概由买方负责。

其三,卖方应注意对方的来样是否是反动的、黄色的、丑陋的式样和图案。

(3)凭对等样品买卖。凭对等样品买卖(Sale by Counter Sample)是指卖方根据买方提供的样品,加工复制出一个类似的样品提供买方确认,经确认后的样品,就是"对等样品"。

以样品表示品质的方法,只能酌情采用。凡能用科学的指标表示商品质量的,就不宜采用此法。在当前国际贸易中,单纯凭样品成交的情况不多。不论采用卖方样品还是采用买方样品成交,卖方交货品质必须与样品完全一致;否则,卖方就要承担违约责任。这是凭样品买卖的基本特点。因此,在某些产品不可能做到交货品质与样品品质完全一致的交易合同中,要规定一些弹性条款。如"品质与样品大致相同"(Quality to be about Equal to the Sample),或"品质与样品近似"(Quality to be Similar to the Sample)。另外,为了避免买卖双方发生品质争议,必要时还可使用封样(Sealed Sample),即由第三方或由公证机关(如商品检验机构)抽样,对样品采用铅封、火漆等各种方式加封,由第三方或公证机关留存一份备案,其余供当事人使用。有时,封样也可由出样人自封或买卖双方会同加封。

以上几种表示品质的方法，一般单独使用，也可根据实际情况或习惯混合使用。

## 四、合同中的品名和品质条款

### (一)合同中品质条款的内容

合同中品名和品质条款的内容，一般要写明货物的名称和具体质量。在凭样品买卖时，合同中除了要列明货物的名称外，还应订明凭以达成交易的样品的编号，必要时还要列出寄送和确定的日期。在凭文字说明买卖时，应针对不同交易的具体情况，在买卖合同中明确规定货物的名称、规格、等级、标准、牌名及商标或产地名称等内容。在以图样和说明书表示货物质量时，还应在合同中列明图样、说明书的名称、份数等内容。商品品种不同，表示品质的方法不一，因此，品名和品质条款的内容及其繁简应视商品特性而定。

【例】

1. Quality to be strictly as per sample submitted by seller on the 10th January, 2013. Sample Number: NT002 Plush Toy Bear. Size: 24″.

    质量应严格符合卖方于2013年1月10日提供的样品。样品号：NT002长毛绒玩具熊。尺码：24英寸。

2. Northeast Soybean. Moisture(max): 14％. Admixture(max)1％. Oil content (min)18％.

    东北大豆，水分最高14％，杂质最高1％，不完善粒最高7％，含油量最低18％。

3. Chinese Green Tea, Special Chunmee Special Grade Art. No. 41022.

    中国绿茶，特珍眉特级，货号41022。

4. Quality and technical data to be strictly in conformity with the description submitted by the seller.

    品质和技术数据必须与卖方所提供的产品说明书严格相符。

### (二)规定品名和品质条款时需注意的事项

**1. 对某些商品可规定一定的品质机动幅度**

合同中的品质规定应尽量明确、具体，不要笼统、含混。不宜用"大约"、"左右"、"合理误差"等用语，以免日后交货时由于双方对这些用语理解不一致而产生品质纠纷。但是，某些商品(如农副产品、手工艺品等)的品质规定如果过细、过死，日后很难做到交货品质与合同规定相符，则又会造成卖方违约。对这类商品的品质规定要用机动幅度，允许卖方所交货物的品质在一定范围内有差异。品质机动幅度的规定方法有以下几种：

(1)规定范围。规定范围是指对商品的某些品质指标规定允许有一定的差异范围。

【例】

1. Cotton Grey Shirting Width 41/42″

   棉坯布幅宽 41/42 英寸

2. B602 Tomato Paste 28/30 Concentration

   B602 番茄酱 28/30 浓缩度

(2)规定极限。规定极限是指对商品的某些品质指标规定允许有差异的上下极限,一般用最大、最高、最多(Maximum)或最小、最低、最少(Minimum)来表示。

【例】

1. White Rice, long-shaped, Broken Grain (max)25%, Admixture (max)0.25%, Moisture (max) 15%

   大米,长条形,裂面率(最大)25%,杂质(最大)0.25%,水分(最大)15%

2. Live Yellow Eel 75g and up per Piece

   活黄鳝  每条 75 克以上

(3)规定上下差异。规定上下差异是指对商品的某些品质指标规定允许上下变动的百分比。

【例】

1. Gray Duck Down 18%, allowing 1% more or less

   灰鸭毛,含绒量 18%,允许上下变动 1%

2. H120T Two-Axe Brand Blacksmith's Hammer 20lbs. allowing 5% more or less

   H120T 双斧牌铁锤,20 磅,允许上下变动 5%

(4)品质公差。品质公差是指国际上公认的、允许产品品质出现的误差。某些工业产品的品质指标出现一定的误差有时是难以避免的。如手表每天出现误差若干秒,这种误差是公认允许的。即使合同中没有规定,只要卖方交货品质在公差范围内,就不视作违约。但是,如果国际上对特定的指标并无公认的品质公差,或买卖双方对品质公差的理解不一致,就会产生纠纷。因此,在上述情况下,还是应在合同中订明一定幅度的公差。

**2. 用价格调整来控制交货品质的变化**

卖方交货品质在品质机动幅度允许范围内的变化,一般均按合同单价计价,不再另作调整。但是,对超出品质机动幅度外的品质变化,既可按违约处理,也可用在合同中规定价格调整的方法来处理,即在合同中订立品质增减价条款。

【例】 China Sesame Seed, Moisture (max)8%; Admixture (max)2%; Oil Content (wet basis ethyl ether extract)52% Basis. Should the 0il content of the goods actually shipped be 1% higher or lower, the price will be accordingly increased or decreased by 1%, and any fraction will be proportionally calculated.

中国芝麻,水分(提高)8%,杂质(最高)2%,含油量(湿态,乙醚浸出物)52%。如果实际装运货物的含油量每增加或下降1%,则价格相应增减1%,不足整数部分,按比例计算。

### 3. 正确运用品质的表示方法

品质表示方法有很多,究竟采用何种方法,应视商品特性而定。一般来说,凡能用某些指标说明其品质的商品,适于用规格、等级或标准的表示方法;对于难以规格化和标准化的商品,如工艺品等,则适于用样品的表示方法;对于品质好并具有较高知名度的品牌或商标的商品,适于用品牌或商标的表示方法;对于某些性能复杂的机器、电器和仪表,则适于用说明书和图样的表示方法;对于具有地方风味和特色的产品,则适于用产地名称的表示方法。

另外,要注意的是,如果在合同中使用多种品质表示方法,按照某些国家的贸易法和国际贸易惯例,则各种品质表示方法对交货品质都有要求一致的法律约束力。因此,对于卖方来说,凡能用一种方法表示品质的,一般就不宜用两种或两种以上的方法来表示。例如,既采用样品的方法,又采用规格的方法,则要求交货品质既要与样品一致,又要符合规格,往往会给卖方履约带来困难。

## ISO9000 和 ISO14000 简介

### 1. ISO9000

ISO9000 标准是国际标准化组织(ISO)在 1994 年提出的概念,是指由 ISO/TC176(国际标准化组织质量管理和质量保证技术委员会)制定的国际标准。ISO9001 用于证实组织具有提供满足顾客要求和适用法规要求的产品的能力,目的在于增加顾客满意度。随着商品经济的不断扩大和日益国际化,为提高产品的信誉,减少重复检验,削弱和消除贸易技术壁垒,维护生产者、经销者、用户和消费者各方权益,这个由第三认证方不受产销双方经济利益支配,公正、科学的标准,是各国对产品和企业进行质量评价和监督的通行证。

ISO 通过它的 2856 个技术机构开展技术活动。其中,技术委员会(简称 TC)共 185 个、分技术委员会(简称 SC)共 611 个、工作组(WG)2022 个、特别工作组 38 个。ISO 的 2856 个技术机构技术活动的成果(产品)是"国际标准"。ISO 现已制定出国际标准共 10300 多个,主要涉及各行各业各种产品(包括服务产品、知识产品等)的技术规范。ISO 制定出来的国际标准除了有规范的名称之外,还有编号,编号的格式是:ISO+标准号+[杠+分标准号]+冒号+发布年号(方括号中的内容可有可无)。例如:ISO8402:1987、ISO9000-1:1994 等,分别是某一个标准的编号。但是,"ISO9000"不是指一个标准,而是一族标准的统称。根据 ISO9000-1:1994 的定义:"'ISO9000 族'是由 ISO/TC176 制定的所有国际标准。"TC176 即 ISO 中第 176 个技术委员会,它成立于 1980

年,全称是"品质保证技术委员会",1987年又更名为"品质管理和品质保证技术委员会"。TC176专门负责制定品质管理和品质保证技术的标准。

TC176最早制定的一个标准是ISO8402:1986,名为《品质—术语》,于1986年6月15日正式发布。1987年3月,ISO又正式发布了ISO9000:1987、ISO9001:1987、ISO9002:1987、ISO9003:1987、ISO9004:1987共5个国际标准,与ISO8402:1986一起统称为"ISO9000系列标准"。此后,TC176又于1990年发布了1个标准;1991年发布了3个标准;1992年发布了1个标准;1993年发布了5个标准;1994年虽然没有另外发布标准,但是对前述"ISO9000系列标准"统一做了修改,分别改为ISO8402:1994、ISO9000-1:1994、ISO9001:1994、ISO9002:1994、ISO9003:1994、ISO9004-1:1994,并把TC176制定的标准定义为"ISO9000族";1995年,TC176又发布了1个标准,编号是ISO10013:1995。1995年至今,ISO9000族一共有17个标准。

2. ISO14000

1992年,在巴西里约热内卢召开的"环境与发展"大会上,183个国家和70多个国际组织出席会议。此次会议的召开,标志着全球寻求可持续发展的时代开始,同时使各国政府领导、科学家和公众认识到要实现可持续发展的目标,必须改变工业污染控制的战略,加强环境管理,建立清洁生产的新观念。通过企业和政府等社会组织的"自我决策、自我控制、自我管理"方式,把环境管理融于全面管理之中。

为此,国际标准化组织(ISO)于1993年6月成立了环境管理技术委员会,1996年9月正式颁布ISO14000标准——环境管理体系,以规范企业、政府等社会组织的环境行为,支持全球的环境保护工作。

ISO14000系列标准是一套科学化、系统化、规范化的管理标准、是由最高管理者承诺与支持的一个有组织、有计划、协调运作的管理活动。它通过有明确职责、义务的组织结构来贯彻落实,目的在于防止对环境的不利影响。环境管理体系是一项内部管理工具,旨在帮助组织实现自身设定的环境表现水平,并不断改进环境行为,以保证组织内部环境管理体系的不断完善和提高。它由环境管理体系(EMS)、环境行为评价(EPE)、生命周期评估(LCA)、环境管理(EM)、产品标准中的环境因素(EAPS)等部分组成。其标准号从14001至14100,共100个。

## 小 结

国际贸易合同中,商品的品名和品质是构成商品说明的重要组成部分,是买卖双方交接货物的基本依据。本项目主要介绍了商品的名称和品质的含义,规定商品名称时应注意的问题、商品品质的表示方法以及合同中的品质条款,同时还介绍了商品的品质公差和品质机动幅度的含义及规定方法。

## 案例

**[背景]**

我某出口公司与德国一家公司签订出口一批农产品的合同。其中,品质规格为:水分最高15%,杂质不超过3%,交货品质以中国商检局品质检验为最后依据。在成交前我方公司曾向对方寄送过样品,合同签订后又电告对方,确认成交货物与样品相似。货物装运前由中国商检局品质检验签发品质规格合格证书。货物运抵德国后,该外国公司提出:虽然有检验证书,但货物品质比样品差,卖方有责任交付与样品一致的货物,因此要求每公吨减价60英镑。

我公司以合同中并未规定凭样交货为由不同意减价。于是,德国公司请该国某检验公司检验,出具了所交货物平均品质比样品差7%的检验证明,并据此提出索赔要求。我方不服,提出该产品系农产品,不可能做到与样品完全相符,但不至于低7%。由于我方留存的样品遗失,无法证明,所以最终只好赔付一笔品质差价。

**[分析]**

1. 此例是一宗既凭品质规格交货,又凭样品买卖的交易。
2. 卖方成交前的寄样行为及订约后的"电告"都是合同的组成部分。
3. 根据商品特点正确选择表示品质的方法,能用一种表示就不要用两种,避免双重标准。
4. 既凭规格,又凭样品的交易,两个条件都要满足。
5. 样品的管理要严格。如"复样"、"留样"或"封样"的妥善保管,是日后重要的物证。

## 思考训练

**一、不定项选择题**

1. 卖方根据买方来样复制样品,寄送买方并经其确认的样品,被称为(   )。
   A. 复样     B. 回样     C. 原样     D. 确认样     E. 对等样品
2. 在国际贸易中,造型上有特殊要求或具有色香味方面特征的商品适合于(   )。
   A. 凭样品买卖   B. 凭规格买卖   C. 凭等级买卖   D. 凭产地名称买卖
3. 若合同规定有品质公差条款,则在公差范围内,买方(   )。
   A. 不得拒收货物              B. 可以拒收货物
   C. 可以要求调整价格          D. 可以拒收货物也可以要求调整价格
4. 大路货是指(   )。
   A. 适于商销   B. 上好可销品质   C. 质量劣等   D. 良好平均品质
5. 卖方交货是因采用GMQ标准而发生争议,通常的解决方式是(   )。
   A. 根据买方所在国法律解决    B. 根据卖方所在国法律解决
   C. 同业公会仲裁的方式解决    D. 国际法庭解决

6. 目前,我国出口的某些工艺品、服装、轻工业品等常用来表示品质的方法是(　　)。
   A. 凭样品买卖　　B. 凭规格买卖　　C. 凭等级买卖　　D. 凭产地名称买卖

7. 规定商品品名条款的注意事项有(　　)。
   A. 内容明确、具体　　　　　　　　B. 切忌空泛、笼统
   C. 不应有描述性的词句　　　　　　D. 尽可能使用国际通行的名称
   E. 不得选择方便进口的名称

8. 凭商标或牌号买卖,一般只适用于(　　)。
   A. 一些品质稳定的工业制成品　　　B. 经过科学加工的初级产品
   C. 机器、电器和仪表等技术密集产品　　D. 造型上有特殊要求的商品　　E. 精选货

9. 根据我国实际,品质增减价条款主要的规定方法有(　　)。
   A. 对机动幅度内的品质差异可根据交货时实际品质按规定予以增价和减价
   B. 只规定交货幅度的下限,对高于合同规定者,不予增价
   C. 对于在机动幅度范围内,按低劣的程度,采用不同的扣价办法
   D. 对于在机动幅度内的品质差异不予增加和减价
   E. 高于或低于机动幅度也不得拒收

10. 凭样品买卖时,如果合同中无其他规定,那么卖方所交货物(　　)。
    A. 可以与样品大致相同　　　　　B. 必须与样品完全一致
    C. 允许有合理公差　　　　　　　D. 允许在包装规格上有一定幅度的差异

## 二、案例分析

1. 出口合同规定的商品名称为"手工制造书写纸"(Handmade Writing Paper),买方收到货物后,经检验发现部分制造工序为机械操作,而我方提供的所有单据为手工制造,对方要求我方赔偿,而我方拒赔。主要理由是:

   (1)该商品的生产工序基本上是手工操作,而且关键工序完全采用手工。

   (2)该交易是经买方当面看样品成交的,且实际货物品质又与样品一致,因此,应认为所交货物与商品的品质一致。

   要求:试分析上述案例,判断责任在哪方,并说明理由。

2. 我某出口公司向外商出口一批苹果。合同及对方开来的信用证上均写的是三级品,但卖方交货时才发现三级苹果库存告罄,于是,该出口公司改以二级品交货,并在发票上加注:"二级苹果仍按三级计价不另收费"。请问:卖方这种做法是否妥当?为什么?

# 项目二
# 商品数量及合同数量条款

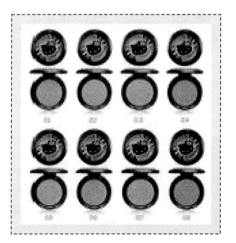

作为进出口贸易核心的商品,除了表现为一定的品名与品质外,还必须表现为一定的数量。

商品的数量是以一定的度量衡所表示的商品重量、个数、面积、长度、体积或容积等的量度。在国际贸易中,商品的数量是国际货物买卖合同中不可或缺的主要条件之一。合同中约定的交易数量是买卖双方交接货物的依据。

在订立数量条款时,关于计量单位、计量方法以及数量机动幅度等内容的规定必须明确具体,应避免使用含义笼统的字眼,以使买卖双方责任分明,防止在履约时发生纠纷。

正确掌握成交数量和订好合同中的数量条款具有十分重要的意义。买卖合同中的成交数量的确定,不仅关系到进出口任务的完成,而且还涉及对外政策和经营意图的贯彻,正确掌握成交数量,对促进交易的达成和争取有利的价格,也具有一定的作用。

## 案例导入

**案情**：某国贸易公司进口纯棉斜纹布，开立不可撤销信用证，且规定纯棉斜纹布为6种颜色，每种颜色各装若干码(均已明确具体码数)，共57940码。信用证金额及货物数量均有3%~6%增减幅度。信用证受益人发运货物，6种颜色共59611码，较信用证规定货物总数量多2.88%，符合3%增减幅度，但其中3种颜色的棉布数量超过3%增减幅度，遭到了开证行的拒付。请问：(1)开证行拒付理由是什么？(2)拒付是否成立？(3)有何依据？

**分析**：(1)单项货物超装。(2)信用证规定的增减幅度既适用于每一种颜色的货物，也适用于全部货物的总数量和总金额，拒付成立。(3)依据是：溢短装条款是指允许卖方在交货时，可根据合同的规定多交或少交一定的百分比。根据《UCP600》第30条a款规定："'约'或'大约'用于信用证金额或信用证规定的数量或单价时，应解释为允许有关金额或数量或单价有不超过10%的增减幅度。"若合同和信用证中未明确规定可否溢短装，则对于散装，可根据《UCP600》第30条b款："在信用证未以包装单位件数或货物自身件数的方式规定货物数量时，货物数量允许有5%的增减幅度，只要总支取金额不超过信用证金额。"如果信用证规定了货物详细的金额、数量、颜色、尺寸或其他细节，且信用证关于金额、数量的增减幅度并非限于具体某一项货物，则该增减幅度就必须既适用于部分货物又适用于全部货物。如果交来的单据都符合信用证规定的数量和增减幅度(注：是指每批货物和每一单项货物的单据都符合信用证规定的数量和增减幅度)，则货物总数量和总金额也将符合。

## 项目目标

1. 了解各国的度量衡制度。
2. 掌握国际贸易中常用的计量单位和计量方法。
3. 掌握溢短装条款的规定方法和UCP600的相关规定。
4. 掌握合同中数量条款的规定方法和注意事项。

## 关键概念

毛重(Gross Weight)　　　　　　净重(Net Weight)
以毛作净(Gross for Net)　　　　法定重量(Legal Weight)
溢短装条款(More or Less Clause)

# 任务一  计量单位和计量方法

商品的数量是以一定的度量衡所表示的商品重量、个数、面积、长度、体积或容积等的量度。在国际贸易中,商品的数量是国际货物买卖合同中不可或缺的主要条件之一,合同中约定的交易数量是买卖双方交接货物的依据。

## 一、约定商品数量的意义

国际贸易合同中的数量条款往往是仅次于品质条款的第2项条款,是买卖双方交接货物的依据。按《联合国国际货物销售合同公约》52条第2款规定:"如果卖方交付的货物大于合同规定的数量,则买方可以收取也可以拒绝收取多交部分的货物。如果买方收取多交部分货物的全部或一部分,则他必须按合同价格付款。如果卖方交货少于合同规定的数量,则卖方应该在规定的交货期届满前补交,但不得使买方遭受不合理的不便或承担不合理的开支。即便如此,买方也有保留要求卖方损害赔偿的权利。"英国《货物买卖法》第30条2款也规定:"如卖方交付买方货物的数量多于约定的数量时,买方可以只接受约定部分而拒收超过部分,也可以全部拒收。"

由于交易双方约定的数量是交接货物的依据,因此,正确掌握成交数量和订好合同中的数量条款,具有十分重要的意义。买卖合同中的成交数量的确定,不仅关系进出口任务的完成,而且还涉及对外政策和经营意图的贯彻。正确掌握成交数量,对促进交易的达成和争取有利的价格,也具有一定的作用。

## 二、商品的计量单位

### (一)计量单位与度量衡制度

由于各国度量衡制度有所不同(见表5-1),因此,在国际贸易中使用的计量单位存在着差异。通常采用的有:

**1. 公制(The Metric System)**

基本单位为千克和米。为欧洲大陆及世界大多数国家所采用。

**2. 国际单位制(The International System of Units)**

国际单位制是国际标准计量组织在公制基础上制定公布的。其基本单位包括千克、米、秒、摩尔、坎德拉、安培和卡等7种,是我国的法定计量单位。

**3. 英制(The British System)**

基本单位为磅和码。为英联邦国家所采用,而英国因加入欧盟,在一体化进程中已宣布放弃英制,采用公制。

**4. 美制(The U.S. System)**

基本单位和英制相同,为磅和码。但有个别派生单位不一致,如英制为长吨等于2200

磅,而美制为短吨等于2000磅。此外,容积单位加仑和蒲式耳,英美制名称相同,大小不同。

在我国,1984年2月27日国务院发布的《关于在我国统一实行法定计量单位的命令》和1986年颁布的《中华人民共和国计量法》明确规定,我国各行各业都要使用法定计量单位。我国的法定计量单位以国际单位制为基础,并考虑到国际组织和我国的实际情况,选定了部分非国际单位制单位,以此构成了我国的法定计量单位。目前,除个别领域外,一般不允许再使用非法定计量单位。我国出口商品,除照顾对方国家的贸易习惯约定采用公制、英制或美制计量单位外,应使用我国法定计量单位。我国进口机器设备和仪器等要使用法定计量单位;否则,一般不允许进口。如确有特殊需要,则必须经有关标准计量管理部门批准。

表5-1　度量衡制度名称及使用国家一览表

| 度量衡制度名称 | 采用国家或地区 |
| --- | --- |
| 公制 The Metric System | 东欧、拉美、东南亚、非洲等国采用 |
| 英制 The British System | 新西兰、澳大利亚等国采用 |
| 美制 The U.S. System | 北美国家采用 |
| 国际单位制 The International System of Units | 除美国、缅甸及利比里亚以外的大多数国家采用 |

## (二)常用的计量单位

国际贸易中的不同商品,需要采用不同的计量单位,通常使用的有下列几种。

### 1.按重量(Weight)计算

按重量计算是当今国际贸易中广为使用的一种。例如,许多农副产品、矿产品和工业制成品都按重量计量。按重量计量的单位有公吨、长吨、短吨、公斤、克、盎司等。常见的各种度量衡制度之间的换算有:1公吨(M/T)=1000KGS(公制);1长吨(L/T)=1016.05KGS(英制);1短吨(S/T)=907.2KGS(美制);1磅(Pound)=0.453597KG。

### 2.按数量(Number)计算

大多数工业制成品,尤其是日用消费品、轻工业品、机械产品以及土特产品,均习惯于按数量进行买卖,所使用的计量单位有件、双、套、打、卷、令、萝,以及个、台、组、张、袋、箱、桶和包等。

### 3.按长度(Length)计算

在金属绳索、丝绸、布匹等类商品的交易中,通常采用米、英尺、码等长度单位来计量。如:1英尺=0.3047999米;1码=0.9144027米。

### 4.按面积(Area)计算

在玻璃板、地毯等商品的交易中,一般习惯于以面积作为计量单位,常用的有平方米、平方尺、平方码等等。

### 5.按体积(Volume)计算

按体积成交的商品有限,仅适用于木材、天然气和化学气体等。属于这方面的计量单位有立方米、立方尺、立方码等等。

#### 6.按容积(Capacity)计算

各类谷物和液体货物,往往按容积计量,其中,美国以蒲式耳(Bushel)作为各种谷物的计量单位,但蒲式耳所代表的重量则因谷物不同而有差异。例如,每蒲式耳亚麻籽为56磅、燕麦为32磅、大豆和小麦为60磅。公升、加仑则用于酒类和油类商品的计量。

### (三)使用计量单位时应注意的问题

#### 1.拼写正确

公制计量单位的缩写词复数形式不加"s",如 10KG＝10kilograms,20M/T＝20metric tons;非公制计量单位的缩写词复数形式加或不加"s"都可,但以不加"s"为好,如 30lb＝30pounds;有些表示个数的计量单位用词不论是否缩写,其复数形式都不加"s",如20DOZ＝20dozen;有些表示个数的计量单位用词不论是否缩写,其复数形式都加"s",如 30PCS＝30pieces;50PKGS＝50packages。此外,公制计量单位缩写词后不加小圆点,非公制计量单位缩写词后可以加或不加小圆点。

#### 2.换算正确

尽管世界上绝大多数国家宣布采用国际单位制,但是英制和美制计量单位依旧有着巨大影响。因此,熟悉各国客商不同的交易习惯,掌握国际单位制和英制、美制之间的换算,仍有着重要的意义。除了前面的重量单位"吨"在不同度量衡制度下的含义不同外,英制蒲式耳与美制蒲式耳、英制加仑与美制加仑等所代表的含义也不同。

#### 3.熟悉各国的交易习惯

有些国家对某些商品的规定有习惯使用的或者法定的计量单位。以棉花为例,许多国家都习惯以"包"为计量单位,但是每包的含量各国解释不一:美国规定每包净重为480磅,巴西规定每包净重为396磅,埃及规定每包净重为730磅。

【例】                明确所采用的度量衡制度

外贸合同中的数量条款不仅要明确采用何种计量单位,还要明确使用何种度量衡制度。稍有不慎,就会给履约带来不必要的麻烦。曾有一个典型的出口合同就是因为数量条款中数量单位的一字之差,最后使卖方赔付了数千美元。某出口商在交易会上与国外客户洽商订立了出口1万公吨大米合同,价格为每公吨275美元。双方都明白数量单位的含义,但在卖方做合同时不慎将"公吨"简写为"吨",卖方以为"吨"就是指"公吨",但外商在开来的信用证中却明确指出数量条款中的"吨"是指"长吨"。1长吨合1.016公吨,合同数量条款中的"吨"如按"长吨"理解,则该合同项下,卖方应多付大米160余公吨。显然是被进口商钻了空子,给履约带来了不必要的麻烦。

## 三、计重方法

在国际贸易中,按重量计量的商品很多。根据一般商业习惯,通常计算重量的方法有下列几种:

## (一)毛重(Gross Weight)

凡商品本身重量加包装的重量称为"毛重"。这种计重办法一般适用于低值商品。

## (二)净重(Net Weight)

凡商品本身重量,即除去其包装物后的实际重量称为"净重",这是国际贸易中最常见的计重方法。不过,有些价值较低的农产品或其他商品,有时也采用"以毛作净"(Gross for Net)的办法计重。例如,蚕豆100公吨,单层麻袋包装以毛作净。所谓"以毛作净",实际上就是以毛重当作净重计价。

在采用净重计重时,对于如何计算包装重量,国际上有下列几种做法:

### 1.按实际皮重(Actual Tare 或 Real Tare)计算

实际皮重即指包装的实际重量,它是指对包装逐件衡量后所得的总和。

### 2.按平均皮重(Average Tare)计算

如果商品的包装材料、规格比较整齐划一,重量相差不大,就可以从整批货物中抽出一定的件数,称出其皮重,然后求出其平均重,再乘以总件数,即可求得整批货物的皮重。近年来,随着技术的发展和包装材料及规格的标准化,用平均皮重计算净重的做法已日益普遍。有人把它称为"标准皮重"(Standard Weight)。

### 3.按习惯皮重(Customary Tare)计算

有些商品,由于其所使用的包装材料和规格已比较定型,皮重已为市场所公认,因此,在计算其皮重时,就毋需对包装逐件过秤,按习惯上公认的皮重乘以总件数即可。

### 4.按约定皮重(Computed Tare)计算

即以买卖双方事先约定的包装重量作为计算的基础。

国际上有多种计算皮重的方法,究竟采用哪一种方法来求得净重,应根据商品的性质、所使用包装的特点、合同数量的多少以及交易习惯,由双方当事人事先在合同中订明,以免事后引起争议。

## (三)公量(Conditioned Weight)

国际贸易中的棉花、羊毛、生丝等商品有较强的吸湿性,其所含的水分受客观环境的影响较大,故其重量很不稳定。为了准确计算这类商品的重量,国际上通常采用按公量计算的办法,即以商品的干净重(指烘去商品水分后的重量)加上国际公定回潮率与干净重的乘积所得出的重量,即为公量。其计算公式有下列两种:

公量=商品干净量×(1+公定回潮率)

公量=商品净重×(1+公定回潮率)/(1+实际回潮率)

### (四)理论重量(Theoretical Weight)

对于某些按固定规格生产和买卖的商品,只要其规格一致,每件重量大体是相同的,一般就可以从其件数推算出总量。但是,这种计重方法是建立在每件货物重量相同基础上的,重量如有变化,其实际重量也会产生差异,因此,只能作为计重时的参考。

净净重和法定重量在什么情况下使用?

### (五)法定重量(Legal Weight)和实物净重(Net Net Weight)

按照一些国家海关法的规定,在征收从量税时,商品的重量是以法定重量计算的。"法定重量"是商品重量加上直接接触商品的包装物料,如销售包装等的重量。而除去这部分重量表示出来的纯商品的重量,则称为"实物净重"。

 知识窗

#### 注意"以毛作净"的理解

在签订数量条款时,需要注意的问题是对"以毛作净"的理解。净重是指货物的实际重量,毛重是指货物重量加包装的重量。对有些单位价值不高的商品经常采用按毛重计量的方法,即以毛重计算合同的价格,在实务中,此种方法称"以毛作净",如合同规定蚕豆100公吨,单层新麻袋包装,以毛作净。但在合同的数量条款中是否要写明以毛作净也是个极容易产生纠纷的问题。

我国某出口公司对外签订出口农产品合同200公吨,合同规定每25公斤新麻袋包装,付款方式为信用证。当出口公司凭证装运并办妥索汇手续时,却收到买方来电,称卖方所交货物扣除皮重后实际重量不足200公吨,要求按净重计算价格,退回因短量而多收取的货款。此案涉及的一个关键问题是对农产品等价值较低的货物出口时,按惯常的做法都是以毛作净。但如果在合同的数量条款中没有明确约定是否以毛作净,究竟应如何对待呢?关于这个问题,《联合国国际货物销售合同公约》第56条中已有明确规定,"如果价格是按货物重量规定的,如有疑问,则应按净重确定。"可见,上述案例中,我方虽然认为是以毛作净,但在合同中并没有明确落实到文字上。按国际惯例解释,应以净重计算。因而,我公司应退回短量而多收的货款。

# 任务二　合同中的数量条款

## 一、数量条款的基本内容

合同中的数量条款主要包括成交商品的数量和计量单位,有的还需要规定确定数量的方法。按照合同规定的数量条款交货是卖方的基本义务。为了保证卖方按"量"交货,数量条款的规定应该明确具体,特别是计量单位要统一,不应该使用含糊不清的计量单位。

由于某些商品,例如,粮食、食糖、化肥和矿砂等,因其本身的特性或受运输条件、包装条件等因素的限制,实际交货数量往往难以准确地按合同规定的数量交货。为了避免争议,顺利履行合同,可以在合同中约定交货数量的机动幅度或短溢装条款。

【例】
1. 中国大米1000公吨,麻袋装,以毛作净
   Chinese rice 1000M/T, Gunng-bag loaded, gross for net.
2. 中国东北大豆2000公吨,5%增减,由卖方选择,增减部分按合同价格结算
   Chinese North-East Soybean, 2000M/T, the sellers have the option to deliver 5% more or less of the quantity contracted, such excess or deficiency to be settled at contracted price.

## 二、数量的机动幅度条款

关于数量条款,还有一个重要问题,就是由于受某些出口商品自身特性和条件的影响或受包装和运输工具的限制,实际交货的数量往往与合同数量条款的规定不相符合。为避免争议,防范履约风险,买卖双方需在合同数量条款中规定交货数量的机动幅度。若合同中未规定溢短装条款或约量条款,也未规定允许分批装运,则即使卖方按时备妥货物,装船时由于舱位限制或在装船过程中出现临时突发情况,致使少量货物不能及时装船,所以会导致卖方最终承担数量条款的违约责任。

【例】　曾有1份向非洲出口煤油炉合同,数量为300箱,合同中没有规定溢短装条款,却又规定不得分批装运,买方开来的信用证也列入了上述条款,交货时由于仓容限制,卖方少装了3箱,所以开证行最终以交货数量与信用证规定不符为由拒绝付款。

另外,在数量条款中规定机动幅度,也是由于某些特定情况下合同总量与单位包装的关系。

【例】　如果1份出口合同的数量条款规定为2000公斤,按装船净重计算,又规定不允许分批装运,纸箱包装,每箱净重30公斤。在这样的数量条款约束下,卖方将势必违约,因为,如果卖方按2000公斤的合同总量交货,就不能按每箱净重30公斤的条件执行;

如果按每箱净重30公斤的规定执行,则总重量又一定不符合2000公斤的规定,除非合同数量条款中有机动幅度的规定,或允许卖方分批装运,否则卖方将无法执行该项合同。

合同中规定数量机动幅度,具体数量的伸缩大都由卖方决定(at Seller's Option),但如果由买方派船装运时,则规定由买方决定(at Buyer's Option)。在租船运输的情况下,如由买方负责,则数量机动幅度由买方和船方商定;如由卖方承担租船,则应由卖方和船方商定。

合同中的数量条款是买卖双方交接货物的数量依据,卖方必须严格按照合同规定的数量进行交货。为了避免争议,一般合同中都订立数量的机动幅度,方法一般如下:

### (一)溢短装条款(More or Less Clause)

"溢短装条款"是国际货物买卖合同中最常见的、规定数量机动幅度的条款,主要由3部分组成,即数量机动幅度的范围、溢短装的选择权和溢短装部分的作价办法。数量机动幅度的范围通常用百分比表示,例如,坯布20000米,卖方可溢短装5%。在机动幅度范围内,是多交货物还是少交货物,该选择权一般由卖方来决定。但在采用海洋运输的情况下,由于交货的数量与载货船舶的舱容有着非常密切的关系,因此溢短装的选择权应由安排货物运输的一方掌握。至于溢短装部分的作价办法,如果合同中没作相反的规定,一般按合同价格计算。但也有的合同规定按装船日或卸货日的市场价格计算,其目的是防止有权选择溢短装的一方为获取额外利益而有意多交或少交货物。

溢短装条款规定的意义是什么?

在以信用证支付方式成交时,按照国际商会《跟单信用证统一惯例》(UCP600)第30条的规定,在金额不超过信用证规定时,对于仅用度量衡制单位表示数量时,可有5%的增减幅度。如果在数量上加有"大约"一类的词语,则可有10%的增减幅度。但是,当信用证规定货物数量是以包装为单位或以个体计数时,此项伸缩幅度则不适用。这一规定的主要适用对象是大米、矿砂等散装货物以及以重量计价且货物包装后每件具体重量或数量不加注明,每包装单位也不作为计价单位的货物。在实务工作中,对于上述国际惯例的理解也经常出现偏差。

【例】 如有一出口合同规定出口某电器产品1000台,开来的信用证规定不允许分批装运,但在装运时发现有40台机器出现包装破裂等不同程度的损坏,临时更换已来不及。为了按期交货,出口商认为根据上述规定,如果少装40台实装960台也不会出现任何问题。但当卖方持单到银行议付时才恍然大悟,因该条款已明确指出货物数量如按包装单位或个体计数者,此项伸缩不适用。电器产品无疑是按个体计数产品,不能引用该项规定。所以,出口商对国际惯例应有一个全面的了解和掌握,不能只知其一,不知其二。

此外,信用证根据合同条款对货物的数量作了溢短装规定,但对信用证金额却没有作相应规定,这就导致了信用证项下数量与金额的规定不相匹配。在这种情况下,如果受益人溢装货物,则货物溢装部分的收汇没有信用证的保证。根据《跟单信用证统一惯例》(UCP600)第18条b款对商业发票的规定:"按照指定行事的被指定银行、保兑行(如有)或开证行可以接受金额超过信用证所允许金额的商业发票,倘若有关银行已兑付或已议付的金额没有超过信用证所允许的金额,则该银行的决定对各有关方均具有约束力。"这就是说,当出口方的发票金额超过信用证金额时,可能遭到银行的拒绝;即使银行接受了该发票,银行承担的付款责任也仅仅限于信用证规定金额,而不是发票金额。所以,溢装部分的货款没有信用证收汇的保证。对有溢短装条款,而金额未做相应规定的信用证,出口方在货物装运数量上受到限制,但是,当出口方预计货物数量不会超过信用证规定金额时,就不一定非得要求修改信用证,在发货时,控制好货物数量,不溢装货物就可以了。

溢短装下的货款总额=合同单价×实际交货数量(在数量机动范围内)

【例】 中国大同煤,10000公吨,上下浮动5%,由卖方决定溢短装,增减部分按合同价格计算。

Datong steam coal shipment,10000M/T with 5% more or less at seller's Option and at contracted price.

### (二)约量条款(about,circa,approximately)

约量条款是指在合同规定的交货数量前加上"约"(about,circa,approximate)等类似字样,表明货物数量为大约数量。目前,在国际贸易中,对于"约"、"大约"、"左右"、"近似"尚无统一的解释。

根据《跟单信用证统一惯例》(UCP600)第30条的规定,"约"或"大约"用于信用证金额或信用证规定的数量或单价时,应解释为允许对相关金额、数量或单价有不超过10%的增减幅度;只要信用证没有以包装单位或件数的方式规定货物数量,以及支取的总金额不超过信用证金额,货物数量允许有不超过5%的增减幅度。

讨 论
使用溢短装条款和约量有何不同?除此之外,还有其他表示数量机动幅度的方法吗?

但是应该注意的是,不同行业、不同国家可能有不同的理解,履行起来极易引起纠纷,所以我国很少采用。如果采用,则必须由买卖双方就这种约量作出必要的约定,即在合同中明确规定溢短装的百分比。

### 三、规定数量条款时应注意的事项

#### (一)正确掌握成交货物的数量

**1.对出口商品数量的掌握**

(1)国外市场的供求情况。要正确运用市场供求变化规律,按照国外市场实际需要合理确定成交量,以保证我国出口商品有较好的利润。对于我主销市场和常年稳定供货的地区与客商,应经常保持一定的成交量,防止因成交量过小或供应不及时,使国外竞争者乘虚而入,使我们失去原来的市场和客户。

(2)国内货源情况。在有生产能力和货源充足的情况下,可适当扩大成交量。反之,则不应盲目成交,以免给生产企业和履行合同带来困难。

(3)国际市场的价格动态。当价格看跌时,应多成交,快脱手;价格看涨时,不宜急于大量成交,应争取在有利时机出售。

(4)国外客户的资信状况和经营能力。对资信情况不了解和资信欠佳客户,不宜轻易签订成交数量较大的合同,对小客户要适当控制成交数量,而大客户成交数量过小,将缺少吸引力。总之,要根据客户的具体情况确定适当的成交数量。

**2. 对进口商品数量的掌握**

(1)国内的实际需要。应根据实际需要确定成交量,以免盲目成交。

(2)国内的支付能力。当国内有需要时,可适当扩大进口商品数量。

(3)市场行情的变化。当行情对我有利时,可适当扩大成交数量,反之则应适当控制成交数量。

### (二)数量条款的各项内容应明确、具体、完整

为了便于履行合同和避免引起争议,进出口合同中的数量条款应当明确具体。例如,在规定商品成交数量时,应一并规定该商品的计量单位。对按重量计算的商品,还应规定计算重量的具体方法,如"安徽大米1000公吨,麻袋装,以毛作净"。对于某些商品如果需要规定数量机动幅度,则数量机动幅度多少,由谁来掌握这一机动幅度,以及溢短装部分如何作价,都应在合同条款中具体订明。

此外,在进出口合同中,一般不宜采用"大约"、"近似"、"左右"等带伸缩性的字眼来说明,成交数量只是一个约量。由于各国和各行业对该类词语的解释不一,容易引起争议。为了明确责任和便于履行合同,某些难以准确地按约定数量交货的商品,特别是大宗商品,可在买卖合同中具体规定数量机动幅度。

### (三)合理规定数量机动幅度

在国际货物买卖中,有些商品是可以精确计量的(如药品、生丝、金银等)。但是,像粮食、矿砂、化肥和食糖等大宗商品交易中,由于受商品本身特性、货源变化、船舱容量、包装等条件以及计量工具的限制,所以在交货时准确计算数量有时存在一定的困难。为了便于顺利履行合同,防止发生争议,买卖双方通常都要在合同中订立数量的机动幅度条款,允许卖方交货数量可以在一定范围内灵活掌握。为了订好数量机动幅度条款,则要注意下面几点:

**1. 数量机动幅度的大小要适当**

数量机动幅度的大小通常以百分比表示,如3%或5%不等。究竟百分比多大合适,应

视商品的特性、行业或贸易习惯、运输方式等因素而定。数量机动幅度可酌情作出各种不同的规定。其中，一种是只对合同数量规定一个百分比的机动幅度，而对每批分运的具体幅度不作规定，在这种情况下，只要卖方交货总量在规定的机动幅度范围内，就算按合同数量交了货；另一种是除规定合同数量总的机动幅度外，还规定每批分运数量的机动幅度。在这种情况下，卖方总的交货量，就受上述总机动幅度的约束，而不能只按每批分运数量的机动幅度交货，这就要求卖方根据过去累计的交货量，计算出最后一批应交的数量。此外，有的买卖合同，除规定一个具体的机动幅度(3%)外，还规定一个追加的机动幅度(2%)。在这种情况下，总的机动幅度应理解为5%。

**2. 机动幅度选择权的规定要合理**

在合同规定有机动幅度的条件下，行使这种机动幅度的选择权就显得尤为重要。一般来说，由履行交货的一方，也就是由卖方行使。但是，如果涉及海洋运输，则交货量的多少与承载货物的船只的舱容关系非常密切，在租用船只时，就得跟船方商定。所以，在这种情况下，交货机动幅度一般是由负责安排船只一方(如FOB的买方)选择，或是干脆由船长根据舱容和装载情况作出选择。总之，机动幅度选择权可以根据不同的情况，由卖方行使，也可以由买方行使，或由船方行使。为了明确起见，最好是在合同中作出明确合理的规定。

此外，当成交某些价格波动剧烈的大宗商品时，为了防止卖方或买方利用数量机动幅度条款，根据自身的利益故意增加或减少装船数量，也可以在机动幅度条款中写明：此项机动幅度条款只是为了适应船舶实际装载量的需要时才使用。

**3. 溢短装数量的计价方法要公平合理**

目前，对机动幅度范围内超出或低于合同数量的多装或少装部分，一般是按合同价格结算，这是比较常见的做法。但是，数量上的溢短装在一定条件下关系买卖双方的利益。在按合同价格计价的条件下，交货时市价下跌，多装对卖方有利；但若市价上升，多装却对买方有利。为了防止有权选择多装或少装的一方当事人利用行市的变化，有意多装或少装以获取合同以外的好处，也可在合同中规定，多装或少装的部分，不按合同价格计价，而按装船时或货到时的市价计算，以体现公平、合理的原则。如双方对装船时或货到时的市价不能达成协议，则可交由仲裁解决。

国际贸易中的争议涉及合同的各项条款，数量条款的各项规定也是经常引起纠纷和索赔的主要内容，只有在签约时，把握好条款的各个方面，才能防范与杜绝风险，消除履约隐患。

# 小 结

合同中的数量条款包括商品数量的计量单位、计量方法和溢短装条款。本项目介绍了国际贸易中通常使用的度量衡制度有：公制、国际单位制、英制和美制。溢短装条款是指在合同中的数量条款明确规定可以增减的百分比，即卖方可以多交或少交合同数量的一定百分比，包括：货物数量大小比例的确定、溢短装选择权的决定、溢短装数量的计价方法等。

## 案例 1

[背景]

　　某粮油食品进出口公司出口一批驴肉到日本。合同规定,该批货物共 25 公吨,装 1500 箱,每箱净重 16.6 千克。如按规定装货,则总重量应为 24.9 公吨,余下 100 千克可以不再补交。当货物运抵日本港口后,日本海关人员在抽查该批货物时,发现每箱净重不是 16.6 千克而是 20 千克,即每箱多装了 3.4 千克。

　　因此,该批货物实际装了 30 公吨,但在所有单据上都注明了 24.9 公吨。议付货款时也按 24.9 公吨计算,白送 5.1 公吨驴肉给客户。此外,由于货物单据上的净重与实际重量不符,所以日本海关还认为我方少报重量有帮助客户逃税的嫌疑,向我方提出意见。经我方解释,才未予深究。但多装的 5.1 公吨驴肉,不再退还,也不补付货款。本案说明了什么问题?

[分析]

　　世界上许多国家的海关对货物进口都实行严格的监管,如进口商申报进口货物的数量与到货数量不符,则进口商必然受到询查;如到货数量超过报关数量,就有走私舞弊之嫌,海关不仅可以扣留或没收货物,还可追究进口商的刑事责任。

　　本案中,由于我方的失误,所以不仅给自己造成损失还给进口商带来麻烦。

## 案例 2

[背景]

　　我某出口公司与匈牙利商人订立了一份出口水果合同,支付方式为货到验收后付款。但货到经买方验收后发现水果总重量缺少 10%,而且每个水果的重量也低于合同规定,匈牙利商人既拒绝付款,也拒绝提货。后来水果全部腐烂,匈牙利海关向中方收取仓储费和处理水果费用 5 万美元。我出口公司陷于被动。从本案中,我们可以吸取什么教训?

[分析]

　　商品的数量是国际货物买卖合同中不可缺少的主要条件之一。按照某些国家的法律规定,卖方交货数量必须与合同规定相符,否则买方有权提出索赔,甚至拒收货物。此案中显然我方陷于被动,但仍可据理力争,挽回损失。其一,应查明短量是属于正常途耗还是我方违约没有交足合同规定数量。其二,如属我方违约,则应分清是属于根本性违约还是非根本性违约,如不属根本性违约,匈方无权退货和拒付货款,只能要求减价或赔偿损失;如属根本性违约,匈方可退货,但应妥善保管货物,对鲜活商品可代为转售,尽量减轻损失。《联合国国际货物销售合同公约》(以下简称《公约》)第 86 条第 1 款明确规定:"如果买方已收到货物,但打算行使合同或本公约任何权利,把货物退回,他必须按情况采取合理措施,以保全货物,他有权保有这些货物,直至卖方把他所付的合理费用偿还给他为止"。而匈方未尽到妥善保管和减轻损失的义务,须对此承担责任。因此,我公司可与匈牙利商人就商品的损失及支出的费用进行交涉,尽可能挽回损失。

## 案 例

### 一、不定项选择题

1. "以毛作净"实际上就是（　　）。
   A. 以净重作为计价的基础　　　　B. 按毛重计算重量作为计价的基础
   C. 按理论重量作为计价的基础　　D. 按法定重量作为计价的基础

2. 我国目前使用最多的计量方法是（　　）。
   A. 按数量计算　　B. 按重量计算　　C. 按长度计算　　D. 按体积计算

3. 在国际贸易中,大宗农副产品、矿产品及部分工业制成品常用计量方法是（　　）。
   A. 按面积计算　　B. 按长度计算　　C. 按重量计算　　D. 按容积计算

4. 在国际贸易中,木材、天然气和化学气体常用的计量单位是（　　）。
   A. 按重量计算　　B. 按面积计算　　C. 按体积计算　　D. 按容积计算

5. 在国际贸易中,酒类、汽油等液体商品常用的计量单位是（　　）。
   A. 按重量计算　　B. 按面积计算　　C. 按体积计算　　D. 按容积计算

6. 在国际贸易中,一些贵重金属如黄金、白银的常用的计量单位是（　　）。
   A. 克拉　　　　B. 盎司　　　　C. 长吨　　　　D. 公担

7. 在国际贸易中,最常见的计重方法是（　　）。
   A. 净重　　　　B. 毛重　　　　C. 公量　　　　D. 法定重量

8. 根据《跟单信用证统一惯例》(UCP600)规定,合同中使用"大约"、"近似"等约量字眼,可解释为交货数量的增减幅度为（　　）。
   A. 不超过5%　　B. 不超过10%　　C. 不超过15%　　D. 由卖方自行决定

9. 采用FOB术语成交,数量的机动幅度一般由（　　）。
   A. 买方和船方共同协商予以确定　　B. 卖方和船方共同协商予以确定
   C. 卖方单独确定　　　　　　　　　D. 船方单独确定

10. 采用CIF和CFR术语成交,数量的机动幅度一般由（　　）。
    A. 买方和船方共同协商予以确定　　B. 卖方和船方共同协商予以确定
    C. 卖方单独确定　　　　　　　　　D. 船方单独确定

11. 在国际贸易中,通常采用的度量衡制度有（　　）。
    A. 英制　　　　B. 美制　　　　C. 国际单位制　　D. 公制

12. 溢短装数量的计价方法包括（　　）。
    A. 按合同价格结算　　　　B. 按装船日的行市计算　　C. 由卖方自行决定
    D. 按货物到目的地时的世界市场价格计算　　E. 由仲裁机构解决

### 二、案例分析

1. 中国某公司从国外进口某农产品,合同数量为1万公吨,允许溢短装5%,而外商装船时共装运了1.2万公吨,对多装的0.2万公吨,我方应如何处理?

2.我国某出口公司与俄罗斯进行一笔黄豆出口交易,合同中的数量条款规定如下:每袋黄豆净重100千克,共1000袋,合计100公吨,但货物运抵俄罗斯后,经俄罗斯海关检查发现每袋黄豆净重94千克,1000袋,合计94公吨。当时市场黄豆价格下跌,俄罗斯以单货不符为由,提出降价5%的要求,否则拒收。请问,俄罗斯的要求是否合理?我方应采取什么补救措施?

 附 件

**常用计量单位名称及缩写一览表**

| 计量单位种类 | 中文名称 | 英文名称 | 缩写 | 适用商品 |
| --- | --- | --- | --- | --- |
| 重量单位<br>(Weight) | 公吨 | Metric Ton | m. t. | 农副产品、矿产品及部分工业制成品。如大米、谷物、羊毛、煤等。 |
| | 长吨 | Long Ton | l. t. | |
| | 短吨 | Short Ton | sh. t. | |
| | 公斤 | Kilogram | kg | |
| | 克 | Gram | g | |
| | 盎司 | Ounce | OZ | |
| | 磅 | Pound | lb | |
| 数量单位<br>(Number) | 件 | Piece | pc | 日用工业制成品及杂货类商品。如文具、成衣、车辆、活牲畜等。 |
| | 双 | Pair | | |
| | 套 | Set | | |
| | 袋 | Bag | | |
| | 包 | Bale | | |
| | 打 | Dozen | doz | |
| 长度单位<br>(Length) | 米 | Metre | m | 布匹、电线、电缆、绳索、胶管等。 |
| | 码 | Yard | yd | |
| | 英尺 | Foot | ft | |
| | 厘米 | Centimetre | cm | |
| | 英寸 | Inch | in | |
| 面积单位<br>(Area) | 平方米 | Square Metre | sq. m | 皮制商品、部分装潢材料。如皮革、地板、玻璃、地砖、地毯等。 |
| | 平方码 | Square Yard | sq. yd | |
| | 平方尺 | Square Foot | sq. ft | |
| | 平方英寸 | Square Inch | sq. in | |
| 体积单位<br>(Volume) | 立方米 | Cubic Metre | cbm/$m^3$ | 木材、沙石、化学气体等。 |
| | 立方尺 | Cubic Foot | cu. ft/$ft^3$ | |
| | 立方码 | Cubic Yard | cu. yd/$yd^3$ | |
| | 立方英寸 | Cubic Inch | cu. in/$in^3$ | |
| 容积单位<br>(Capacity) | 蒲式耳 | Bushel | bu | 部分谷物、流体。如啤酒、汽油、液化气等。 |
| | 升 | Litre | l | |
| | 加仑 | Gallon | gal | |
| | 毫升 | Millilitre | ml | |

# 项目三
# 商品包装及合同包装条款

　　包装是指按一定的技术方法,采用一定的包装容器、材料及辅助物包裹货物。在现代化的商品生产中,商品对包装的依赖性已越来越明显,包装本身的商品性也不断增强。可以说,商品包装已经成为实现商品生产、流通、销售乃至消费良性循环目标的重要因素之一。

　　在国际市场上,包装好坏关系货物售价的高低、销路的畅滞,也关系一个国家及其产品的声誉。

　　在国际贸易中,包装还是货物说明的重要组成部分,包装条件是买卖合同中的一项主要交易条件,提供约定的或通用的商品包装是卖方的主要义务之一。有些国家的法律规定,如卖方未按约定或行业习惯包装交货,就构成违约,买方有权拒收货物。

## 案例导入

**案情**：英国穆尔公司以 CIF 伦敦的条件，从兰陀公司购买 300 箱澳大利亚水果罐头。合同的包装条款规定："箱装，每箱 30 听。"卖方所交货物中有 150 箱为每箱 30 听装，其余 150 箱为每箱 24 听，买方拒收。卖方争辩说，"每箱 30 听"字样并非合同的重要部分，不论是 24 听还是 30 听，其品质均与合同相符，因此，买方应接受。

**分析**：有些国家把买卖分为两类，一类叫凭样品买卖，另一类叫凭说明买卖。后者所包括的范围很广，不仅涉及商品品质方面的问题，而且包括数量，甚至包括合同中有关装运期、包装和货物花式搭配方面的陈述。按照英国买卖法的规定，凡合同中一切有关货物"说明"的事项都是合同的要件，如有违反，买方有权拒收货物，并可以提出索赔。本案例中，英国法认为，包装是属于"说明"的组成部分，属于要件，卖方违背合同要件，买方有理由拒收全部货物，也可以接受合乎规定部分，拒收不合规定部分，并提出损害赔偿。

## 项目目标

1. 了解合同中包装条款的基本内容，以及标准化运输标志的含义与使用。
2. 领会包装条款在合同中的重要地位和意义。
3. 掌握运输包装的种类，以及指示性标志、警告性标志的含义。
4. 了解销售包装的基本内容和国际贸易中中性包装和定牌、无牌的含义。
5. 熟悉包装在国际商品销售的重要作用。

## 关键概念

运输包装（Transport Package）　　运输标志（Shipping Mark）
指示性标志（Indication Mark）　　警示性标志（Warning Mark）
销售包装（Sales Package）　　集合运输包装（Muster Packing）
托盘（Pallet）　　集装箱（Container）

国际贸易中的货物，大多需经长途的运输，辗转搬运。如果包装不坚固、耐航，则极易导致损坏或遗失。由于各地气候不同，装卸工人搬运操作技术水准不一致，所以适合于甲地的包装，不一定适宜于乙地。尤其中途须转运者，其包装较不需转运者更需坚硬。海洋运输比陆上运输或航空运输易遭偷窃、受潮，其包装尤宜要求牢固。节省包装费用固属重要，但商品本身的安全更为重要。

在国际贸易中，包装还是货物说明的重要组成部分，包装条件是买卖合同中的一项主要交易条件,提供约定或通用的商品包装是卖方的主要义务之一。有些国家的法律规定,如卖方未按约定或行业习惯包装交货,就构成违约,买方有权拒收货物。

# 任务一　商品包装的种类

包装是指按一定的技术方法,采用一定的包装容器、材料及辅助物包裹货物。在国际市场上,包装好坏关系货物售价的高低、销路的畅滞,也关系一个国家及其产品的声誉。

在国际贸易中,除少数商品因本身特点不需要包装外,大多数商品都需要有一定的包装。需要包装的商品称为"包装货",不需要包装的商品称为"散装货"(Bulk Cargo)或"裸装货"(Nude Cargo)。

## 一、商品包装的重要性

商品包装是商品生产的继续。凡需要包装的商品,只有通过包装,才算完成生产过程,商品才能进入流通领域和消费领域。这是因为,包装是保护商品在流通过程中质量完好和数量完整的重要措施,有些商品甚至根本离不开包装,它与包装成为不可分割的统一体。

经过适当包装的商品,不仅便于运输、装卸、搬运、储存、保管、清点、陈列和携带,而且不易丢失或被盗,为各方面提供了便利。

在当前国际市场竞争十分激烈的情况下,许多国家都把改进包装作为加强对外竞销的重要手段之一。因为,良好的包装,不仅可以保护商品,而且还能宣传美化商品,提高商品身价,吸引顾客,扩大销路,增加售价,并在一定程度上体现出口国家的科技、文化艺术水平。

包装如此重要,生产企业和销售部门应共同搞好包装工作,使我国出口商品的包装符合科学、经济、牢固、美观、适销的要求。

而一般所谓"包装不良"(Insufficient Packing),是指包装不够坚固。出口商自承运人取得载有"外观情况良好"(in Apparent Good Order and Condition)的清洁提单后,原则上出口商的责任已经终止了,但货物跌坏或损坏如起因于包装不良,则出口商仍不能免责。因为,一般提单都明文规定承运人对于包装不良所致的损失,不负赔偿责任,因此,合同的买方通常都不能自承运人获得赔偿。另外,买方即使持一切险保单,也无法自保险公司获得赔偿,因为,保险公司承保的是货物在运输期间因承保危险所致的损失,而包装不良,并非其所承保的危险,是货物交运前早已存在的瑕疵。买方既然无法自承运人或保险公司获取赔偿,必转向卖方请求赔偿。

有些国家对于包装常加以硬性规定,例如,有些国家规定内包装容器(Interior Packing Container),除作为包装之用外,尚可作价再行出售或充作其他用途者,将另课征关税。

在法律上,商品如未按买方的指示或贸易习惯包装,买方有权拒收货物。因此,卖方交付买方的货物,应依约包装。同时,还要注意进出口货物的包装必须符合承运人的承运规定,否则承运人将拒绝承运或征收高昂运费。

## 二、商品包装的作用

有些产品可能有几个包装,如牙膏除装有牙膏的牙膏袋外常常还有纸盒,纸盒外还要套上纸板箱以便运输和搬动。商品包装主要有四种作用。

### (一)容纳作用

容纳作用是商品包装最基本的作用。许多商品本身没有一定的集合形态(如液体、气体和粉状商品),没有包装就无法运输和销售。包装的容纳不仅有利于商品的流通和销售,而且还能提高商品的价值。对于一般结构的商品,包装的容纳增加了商品的保护层,有利于商品质量稳定;对于食品、药品、化妆品、消毒品、卫生用品等商品,包装的容纳还能保证商品卫生;对于复杂结构的商品,包装的容纳能使其外形整齐划一,便于组合成大型包装;对于质地疏松的商品,包装的容纳结合合理压缩,可充分利用包装容积,节约包装费用,节省储运空间。集合化功能是容纳的延伸,它是指包装能把许多个体或个别的包装物统一集合起来,化零为整,化分散为集中,这种集合的容纳不仅有利于商品运输,同时也可以减少流通费用。

### (二)保护作用

保护作用是商品包装最重要的作用。商品在运输、储存和销售过程中,会受到各种因素的影响,可能发生物理、机械、化学、生物等变化,造成商品损失、损耗。例如,运输、装卸过程中的颠簸、冲击、震动、碰撞、跌落以及储存过程中的堆码承重,可能造成包装破损和商品变形、损伤、失散等;流通和储存过程中外界温度、湿度、光线、气体等条件的变化,可能造成商品干裂、脱水潮解、溶化、腐烂、氧化、变色、老化、锈蚀等质量变化;微生物、害虫侵入会导致商品的霉烂、变质、虫蛀等。因此,必须依据不同的商品形态、特征、运输环境、销售环境等,选择适当的包装材料,设计或采用合理的包装技术,赋予包装充分的保护功能,保护内装商品的安全。对危险货物采用特殊包装,还要注意防止它对周围环境及人和生物的伤害。

### (三)提供便利

商品包装的便利功能是指包装为商品从生产领域向流通领域和消费领域转移提供的方便。其内容主要包括:方便运输、方便装卸、方便储存、方便分发、方便销售、方便识别、方便携带、方便启闭、方便使用、方便回收、方便处理等。便利功能使商品与物流各环节具有广泛的适应性,使物流操作快捷、准确、可靠、便利。

### (四)促销作用

包装(特别是销售包装),是无声的推销员,在商品和消费者之间起媒介作用,通过美化商品和宣传商品,使商品具有吸引消费者的魅力,引起消费者对商品的购买欲,从而促进销售。包装的促销作用是因为包装具有传达信息功能、表现商品功能和美化商品功能。

传达信息功能主要通过包装上的文字说明,向消费者介绍商品的名称、品牌、产地、特性、规格、用途、使用方法、价格、注意事项等,起到宣传商品、指导消费的作用。

包装的表现功能主要是依靠包装上的图案、照片及开窗包装、透明包装所显露的商品实物,把商品的外貌表达给消费者,使消费者在感性认识的基础上加深对商品的了解程度,刺激消费者的购买欲望并导致购买行为。包装的装潢造型等艺术装饰性内容对商品起到加强、突出、美化的作用,造型独特别致的容器、印刷精美的装饰,不但能促使商品销售,同时还可以作为艺术鉴赏品收藏。

## 三、商品包装的分类

根据包装在流通过程中所起作用的不同,可分为运输包装(即外包装)和销售包装(即内包装)两种类型。前者的主要作用在于保护商品和防止出现货损货差,后者除了起保护商品的作用外,还具有促销的功能。

### (一)按是否加包装分类

**1. 散装货物(Bulk Cargo, Cargo in Bulk)**

所谓"散装货",是指未加任何包装、直接付运直至销售的货物,通常适用于不需要包装便可直接进入流通领域,或不容易包装或不值得包装的货物,例如煤炭、矿砂、粮食等。

**2. 裸装货物(Nodded Cargo)**

裸装是指将商品略加捆扎或以其自身进行捆扎。裸装方式适用于一些形态上自然成件,能抵抗外界影响,或品质稳定、难以包装的货物,如钢材、木材、橡胶、车辆等。

**3. 包装货物(Packed Cargo)**

包装货物是指需加包装的货物。

### (二)按包装作用分类

**1. 运输包装**

运输包装,又称为"外包装"或"大包装"。主要保护进出口商品在长时间、远距离、多环节的运输过程中不被损坏和散失,方便进出口商品的搬运、装卸、储存和运输。国际贸易商品的运输包装比国内贸易商品的运输包装要求更高,其一,必须适应商品的特性;其二,必须适应各种不同的运输方式的要求;其三,必须考虑有关国家的法律规定和客户的要求;其四,要便于各环节有关人员进行操作;其五,在保证包装牢固的前提下节省费用。

(1)单件运输包装。指货物在运输过程中作为一个计件单位的包装。如纸箱(Carton)、木箱(Wooden Case)、包(Bale)、袋(Bag)、桶(Drum)。

①箱。凡价值较高,容易受损的商品,如丝绸、服装、工艺品、轻工业品等大都用箱装。有木箱、纸箱、夹板箱和钙塑箱之分。根据不同商品的特点、买方的要求及进口国家对包装材料的有关规定选择使用。为节约木材资源和便于处理废弃包装用品,目前趋向以纸箱取

代木箱。一般箱内还衬用防潮纸或塑料薄膜,有时还衬用锌箔或锡箔。

②捆包。凡质地蓬松而品质不会因紧压而受损坏的商品,如羽毛、羊毛、棉花、布匹、生丝等,可以先机压打包,压缩体积,然后再以棉布、麻布包裹,外加箍铁皮。这种方式称为"捆包"。

③袋。有些农产品及化学原料等粒状或粉状商品常用袋装。袋的材料通常是棉质、麻质,还有纸质和塑料的。近年来,为加强包装牢度,多采用纸塑复合、多层塑料复合和编织袋等。

④桶。液体、半液体以及粉状、粒状等商品可用桶装。桶有木桶、金属桶和塑料桶等。此外,还有篓、筐和毵、坛、瓶罐等等。

(2)集合运输包装。集合运输包装又称"成组化运输包装",是指将一定数量的单件运输包装组合成一件大包装或装入一个大的包装容器内,以便更有效地保护商品,提高装卸效率和节省运输费用。在国际贸易中,常见的集合运输包装有托盘、集装箱、集装包和集装袋。

①托盘(Pallet):用于集装、堆放、搬运和运输的放置作为单元负荷的货物和制品的水平平台装置。一般用木材、金属、纤维板制作,便于装卸、搬运单元物资和小数量的物资。如图6-1所示。

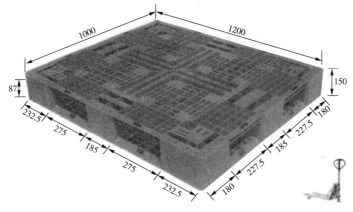

图 6-1 托盘示例

②集装袋(Flexible Intermediate Bulk Containers,FIBC):集装袋是一种柔性运输包装容器,又称"吨装袋"、"太空袋"等,常用的有1~4公吨,最大的达到13公吨,如图6-2所示,它是集装单元器具的一种,配以起重机或叉车,就可以实现集装单元化运输。其广泛用于食品、医药、化工、矿产品等粉状、颗粒、块状物品的运输包装。

图 6-2 集装包示例

③集装箱(Container):所谓"集装箱",又称"货柜",是指具有一定强度、刚度和规格专供周转使用的大型装货容器。使用集装箱转运货物,可直接在发货人的仓库装货,运到收货人的仓库卸货,中途更换车、船时,无须将货物从箱内取出换装。通常以 20 英尺集装箱为一个标准单位,通称"TEU",如图 6-3 所示。常见的集装箱型号有以下 3 种:

外尺寸为 20 英尺×8 英尺×8 英尺 6 寸,简称"20 尺货柜";40 英尺×8 英尺×8 英尺 6 寸,简称"40 尺货柜";近年较多使用的 40 英尺×8 英尺×9 英尺 6 寸,简称"40 尺高柜"。具体规格如下:

第一,20 尺柜(20′GP:20 feet general purpose):内容积为 5.69 米×2.13 米×2.18 米,配货毛重一般为 17.5 公吨,体积为 24~26 立方米;

第二,40 尺柜(40′GP:40 feet general purpose):内容积为 11.8 米×2.13 米×2.18 米,配货毛重一般为 22 公吨,体积为 54 立方米;

第三,40 尺高柜(40′HQ:40 feet HIGH CUBE):内容积为 11.8 米×2.13 米×2.72 米,配货毛重一般为 22 公吨,体积为 68 立方米。

图 6-3 集装箱示例

每个集装箱箱体上都有一个 11 位的编号,这就是集装箱箱号,前 4 位是字母称为"抬头",后 7 位是数字。此编号是唯一的。4 个英文字母,前 3 个字母是箱主(船公司、租箱公司)代码,比如,中远是 CBH、中海是 CCL、弘信是 TGH,任何一个集装箱第 4 个英文字母都是 U(U 代表集装箱),后面的数字是集装箱的编号。通常 1 和 9 开头的集装箱是特种箱,数字 4、7、8 开头的是大柜,2、3 开头的是小柜。最后一个数字是集装箱的识别码。

**2.销售包装**

销售包装又称"内包装"或"小包装"。在销售包装上都印有图案及文字说明,这些图案及文字,称为"装潢",是销售包装的重要组成部分。销售包装除了保护商品外,还具有美化商品、宣传推广、便于销售和使用等作用。由于国际市场上竞争激烈,所以出口货物的销售包装显得日益重要。

(1)销售包装的种类。根据商品的特性和形状,销售包装可采用不同的包装材料和造型结构、式样。主要有以下几种:

①挂式包装。可在商店货架上悬挂展示的包装,也就是带有吊钩、吊带、挂孔等装置的包装。

②堆叠式包装。这种包装是指包装品顶部和底部设计有吻合装置,使商品能稳定上下堆叠。其优点是便于摆放陈列,节省货位。

③便携式包装。在包装上设计有提手装置,以便携带。

④易开包装。要求有严密封口的销售包装,标有特定的开启部位,易于打开。如易拉罐、易开盒等。

⑤喷雾包装。在气密性容器内,当打开阀门或按钮时,内包装物由于推进产生的压力能喷射出来的包装。如:香水、空气清洁剂等。

⑥配套包装。对于搭配成交的商品,则装在同一容器内销售。

⑦礼包包装。为了显示礼品的名贵和包装的美观,采用专作礼品用的包装。

⑧复用包装。具备多种用途的包装,也就是除了包装出售的商品外,还可用于存放其他商品或用作观赏。

此外,衬垫物也是包装的重要组成部分,不容忽视。它的作用是防震、防碎、防潮、防锈等。衬垫物一般用纸屑、纸条、防潮纸和各种塑料衬垫物。应该注意的是,我国出口包装不准用报纸之类作衬垫物;有些国家不准用稻草、干草、棉絮等作为衬垫物。

(2)销售包装的装潢及文字说明。在设计、制作销售包装时,包括以下几种:

①文字说明。通常包括商品名称、品牌、数量、规格、成分构成与使用说明等内容。

②装潢画面。销售包装装潢,通常包括图案与色彩。装潢应美观大方,富于艺术吸引力,并突出商品的特性。同时,还应适应进口国的民族习惯、风俗与爱好。特别是一些民族禁忌要全面了解,以使装潢促进商

品销售(见表6-1)。通常文字说明与装潢画面是紧密结合、和谐统一、彼此补充的,以达到树立产品和企业形象,促进销售的目的。另外,还应注意有关国际检验管理的特殊规定,如语种使用的规定:有些国家明文规定进出口品的文字说明使用本国文字,有些国家则使用英文等。

③其他包装要件:包括说明书(Instruction Booklet)、吊卡(Card)、商标(Logo)、标贴(Label)、不干胶(Sticker)等。

表6-1 一些国家对图案及色彩的喜恶情况

| 国家 | 喜爱图案 | 厌恶图案 | 国家 | 喜爱颜色 | 厌恶颜色 |
| --- | --- | --- | --- | --- | --- |
| 英国 | | 象、山羊 | 英国 | | 红色 |
| 法国 | | 黑桃 | 法国 | | 墨绿色 |
| 意大利 | | 菊花 | 意大利 | 绿色 | |
| 美国 | | 熊 | 瑞典 | 绿色 | |
| 日本 | 鸭子、龟 | 荷花、狐狸 | 日本 | 黑色 | 绿色 |
| 东南亚国家 | 象 | | 东南亚国家 | 绿色 | 黄色 |
| 南美一些国家 | 猫头鹰 | | 巴西、秘鲁 | | 紫黄色 |
| 伊斯兰教国家 | | | 北非伊斯兰教国家 | 绿色 | 蓝色 |

(3)商品条形码。商品条形码是指由一组规则排列的条、空及其对应字符组成的标识,用以表示一定商品信息的符号。其中"条"为深色、"空"为纳色,用于条形码识读设备的扫描识读。其对应字符由一组阿拉伯数字组成,供人们直接识读或通过键盘向计算机输入数据使用。这一组条、空和相应的字符所表示的信息是相同的。

世界上常用的码制有 EAN 条形码、UPC 条形码、二五条形码、交叉二五条形码、库德巴条形码、三九条形码和 128 条形码等,而商品上最常使用的就是 EAN 商品条形码。

EAN 商品条形码亦称"通用商品条形码",由国际物品编码协会制定,通用于世界各地,是目前国际上使用最广泛的一种商品条形码。我国在国内推行使用的也是这种商品条形码。EAN 商品条形码分为 EAN-13(标准版)和 EAN-8(缩短版)两种,如图 6-4 所示。

图 6-4　条形码示例

EAN-13 通用商品条形码一般由前缀部分、制造厂商代码、商品代码和校验码组成。商品条形码中的前缀码是用来标识国家或地区的代码,赋码权是国际物品编码协会。如 00~09 代表美国、加拿大,45、49 代表日本。69 代表中国大陆,471 代表我国台湾地区,489 代表香港特区。制造厂商代码的赋权是各个国家或地区的物品编码组织,我国由国家物品编码中心赋予制造厂商代码。商品代码则是用来标识商品的代码,赋码权由产品生产企业自己行使,生产企业按照规定条件自己决定在自己的何种商品上使用哪些阿拉伯数字为商品条形码。商品条形码最后用 1 位校验码来校验商品条形码中左起第 1~12 数字代码的正确性。

# 任务二　包装标志

包装标志是指在运输包装上用文字、图形和数字制作的特定记号和说明事项。其作用是便于识别货物,便于运输、检验、仓储和海关等有关部门的工作,也便于收货人处理货物。包装标志按其用途可分为运输标志、指示性标志和警告性标志。

## 一、运输标志

运输标志(Shipping Mark),习惯上称为"唛头",其作用是在装卸、运输、保管过程中,让有关部门便于识别货物,防止错发错运。

### (一)运输标志的构成

传统的运输标志一般由三部分组成:

**1. 收货人标志**

一般为自己设计的图形和收货人或发货人的代号。

**2. 目的港（地）**

如果货物要中途转运，则应印上转运港（地），如"London Via HongKong"，表示经香港转运到伦敦。

**3. 件号标志**

对每件货物编号后印在包装上，如 No.2-800，表示该批货物总共 800 件，该件货物是第 2 件。

随着电子交换数据（EDI）技术的发展，国际贸易正在走向"无纸贸易"。为了方便单据的传输，国际标准化组织（ISO）制定了"标准运输标志"，向全世界推荐使用。该标志取消了传统的图形，规定使用 4 行文字，每行不超过 17 个字母（包括数字和符号）。每行的内容分别代表：收货人或买方名称的英文缩写字母或简称；参考号（如运单号、订单号、发票号、合同号、信用证号等）；目的港（地）；件号。如图 6-5 所示。

图 6-5 标准运输标志示例

在刷制运输标志时，应注意标志必须刷在外包装的显著位置，并用不褪色的颜料刷写，不要加上任何广告性的宣传文字或图案。由于运输标志是识别货物的标志，所以其图形、文字、数字包括标点符号必须正确。索汇用的提单、发票等单据上的运输标志应与外包装上的运输标志相同。

## （二）运输标志的作用

运输标志（唛头）的主要作用有 4 点。

**1. 配合承运商的规定**

有了唛头，在搬运货物时便于识别，可避免误装误码误卸。船公司所签发的提单，条款中往往记载唛头中未包括目的港，如字体过小，运送人对于漏装误卸可不负责任。

**2. 便于制作单证，节省时间、费用**

货物包装刷有唛头，卖方制作单证可简化。就买方而言，也容易从单证上明了货物的内容。

**3. 配合海关规定**

有了唛头可知道货物的生产国家。而有些国家的海关，对于包装上未标明原产地的货物，则不准进口。

**4. 保护商业机密**

唛头是以图形或字母代替文字，多不记明受货人的全名，所以就出口商而言，可使同业竞争者不易探知买主,而保护了商业秘密。

## 二、指示性标志

指示性标志是根据商品的特性,对容易破碎、损坏、变质的商品,用简单醒目的图形或文字作出的标志。它提醒有关人员在装卸、搬运、操作、储存过程中加以注意,如"此端向上"、"易碎,小心搬运"等,如图6-6所示。

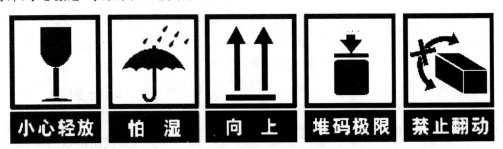

图6-6 指示性标志示例

为了统一各国的运输包装标志的图形和文字,一些国际组织,如ISO、国际航空运输协会(IATA)和国际铁路货运协会(RID)分别制定了包装储运的指示性标志,并建议各会员国予以采纳。我国有国家标准,所用图形与国际上通用的基本一致。

## 三、警告性标志

警告性标志又称"危险货物包装标志",凡在运输包装内装有爆炸品、烯物品、有毒物品、腐蚀物品、氧化剂和放射性物资等危险货物时,都必须在运输包装上标明用于各种危险品的标志,以示警告,使装卸、运输和保管人员按货物特性采取相应的防护措施,以保护物资和人身的安全。它是由文字和特定的图案所组成的。

除我国颁布的《危险货物包装标志》外,联合国政府间海事协商组织也规定了一套《国际海运危险品标志》(如图6-7)。这套规定在国际上已有许多国家采用,有的国家进口危险品时要求在运输包装上标明该组织规定的危险品标志,否则,不准靠岸卸货。因此,在我国危险货物的运输包装上,也标明了我国和国际上所规定的危险品标志。

图6-7 联合国危险货物标志示例

除上述包装标志外,运输包装上一般还印有品名、毛重、净重、尺码、生产厂商和制造国等情况,如图 6-8 所示。

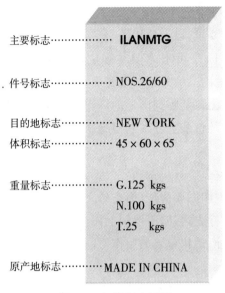

图 6-8　运输标志示例

## 四、选用出口商品包装时应注意的问题

为了保证长途运输中的货物不受外界影响安全到达,需要有科学合理的运输包装。一般来说,国际贸易商品的运输包装的要求比国内贸易商品的运输包装的要求更高。因此,我们选用出口商品包装时应体现下列要求:

### (一)包装的选用原则

**1. 科学经济**

科学经济的设计制作可以缩小包装体积,减少包装费用,降低货物成本。

**2. 牢固**

牢固的设计制作可以保持货物的完好无损。

**3. 美观适销**

美观适销的设计制作可以吸引顾客前来购买,满足消费者的需求。

### (二)选用包装应当注意的问题

**1. 包装体积的核算及与运输的配合**

不同的包装方式都有一个与运输载体相配合的问题。在国际货物运输中,由于采用纸箱包装的货物占很大比重,因此,纸箱包装设计制作及其与运输的配合就尤为重要。一般要考虑纸箱体积的确定以及纸箱包装与运输配合。

在实际业务中,集装箱装载数量与包装容器的长、宽、高之组合及各边是否受固定装放

限制有极大关系。有些包装尺寸受产品特性、客户要求、打包机设备固定的限制;有些包装箱尺寸可配合集装箱的规格、最大限度地装满集装箱。

**2. 必须按照有关规定办理**

我国对运输包装标志的要求,以及使用的文字、符号和图形,已在我国颁布的《包装储运指示标志》和《危险货物包装标志》中作了具体规定,应当按照国家标准执行。此外,联合国海事协商组织规定,在出口危险品的外包装上要刷写《国际海运危险品标记》,目前已有许多国家照此执行。为了防止我出口货物到国外港口产生不准靠卸和增加移泊或改港绕航等问题,出口危险品时,应同时在外包装上分别刷写我国和国际海运危险品规章规定的两套危险品标志。

**3. 包装标志要简明清晰**

包装标志选用文字要少,图案要清楚,标志的文字、字母及数字号码的大小要适当,使人看了一目了然。除了必要的标志之外,不要加上任何广告性质的宣传文字或图案,以免和标志混杂起来,难以辨认。另外,销售包装的制作要刷制物品条码。

**4. 涂刷标志的部位要适当**

所有包装标志都应涂刷在装卸搬运时容易看得见的部位。如箱形包装,应将标志刷在箱的四周,不宜刷在底、盖部位;桶形包装,标志应刷在桶盖或桶身上;袋、捆包装,其标志应位于明显的一面,或拴以吊牌。凡制作标志的颜料,都应具有耐温、耐晒、耐摩擦的性能,以免标志发生褪色和脱落等现象。

**5. 必须适应商品的特性**

每种商品都有自己的特性,例如,水泥怕潮湿,玻璃制品容易破碎,流体货物容易渗漏和流失等,这就要求运输包装应具有防潮、防震、防漏和防毒等良好的性能。同时,包装的设计要求要便于各环节人员的操作。

**6. 必须适应各种不同运输方式的要求**

不同运输方式对运输包装的要求不同。例如,海运包装要求牢固,并具有防止挤压和碰撞的功能;铁路运输包装要求具有不怕震动的功能;航空运输包装要求轻便且体积不宜过大。

**7. 必须考虑有关国家的法律规定和客户的要求**

包装容器必须由国家出入境检验检疫局检验许可方能制作和投入使用,而选择包装材料及填充物要注意国外的规定。例如,有些国家禁止使用柳藤、稻草之类的材料做包装用料(因恐将病虫害带进去);有些国家对包装标志和每件包装的重量有特殊的规定和要求。此外,如客户就运输包装提出某些特定的要求时,也应根据需要和可能予以考虑。

# 任务三　定牌、无牌、中性包装和包装条款

## 一、定牌

定牌是指卖方按要求在出售的商品或包装上使用买方指定的商标或牌号。卖方同意采用定牌,是为了利用买方的经营能力、企业商誉或品牌声誉,以提高商品售价和销售量。但有时也要注意买方利用定牌来排挤卖方的同类商品的销售,从而影响其市场份额和品牌的树立。

当前,世界许多国家的超级市场、大百货公司和专业商店,对其经营出售的商品,都要在商品或包装上标有本商店使用的商标或品牌,以扩大本店知名度和显示该商品的身价。许多国家的出口厂商,为了利用买主的经营能力及其商业信誉和名牌声誉,以提高商品售价和扩大销路,也愿意接受定牌生产。

在我国出口贸易中,如外商订货量较大,且需求比较稳定,为了适应买方销售的需要和有利于扩大出口,我们也可接受定牌生产,具体做法有下列几种:

其一,在定牌生产的商品和/或包装上,只用外商所指定的商标或品牌,而不标明生产国别和出口厂商名称,这属于采用定牌中性包装的做法。

其二,在定牌生产的商品和/或包装上,标明我国的商标或品牌,同时也加注国外商号名称或表示其商号的标记。

其三,在定牌生产的商品和/或包装上,采用买方所指定的商标或品牌的同时,在其商标或品牌下标示"中国制造"字样。

## 二、无牌

无牌是指卖方应买方要求在其出售的商品和包装上免除任何商标和牌号的做法。它主要适用于一些原材料、半成品或低价值的商品,如供印染的棉坯布、供加工成服装的呢绒或绸缎等。对于这类商品,买方要求无牌,主要是为了减少加工生产的费用,降低成本和售价。

无论是定牌还是无牌,如果没有特殊说明,一般都要标出制造国和生产厂商。在我国出口商品和包装上均须标明中国制造字样。

## 三、中性包装

中性包装是指在商品上和内外包装上不注明生产国别、地名和厂商名称,也不标明原有的商标或牌号的包装。中性包装包括定牌中性和无牌中性两种。

定牌中性是指在商品包装上使用买方指定的商标或牌号,但不注明生产国别和厂商。无牌中性是指在商品的包装上,既不使用任何商标或牌号,又不注明生产国别。

采用中性包装，是为了适应某些特殊需要，如绕过关税壁垒、转口贸易等以扩大出口。但此种做法也屡遭非议。所以，在实际业务中，需谨慎从事。

## 四、合同中的包装条款

买卖双方签订合同时，对商品的包装方式、运输标志及包装费的负担等，一般都要作出具体规定。如果对货物的包装没有特殊规定，则卖方应使用本国用于出口货物的包装发货，这种包装应适应货物在运输过程中进行正常装卸搬运的要求，并应照顾到可能的转船和较长运输时间及所采用的运输方式。如果货物的包装与合同的规定与行业惯例不符，买方可以拒收货物。按照某些国家的法律规定，货物的包装通常是构成货物说明的组成部分。例如，如果买方订购的是1磅或2磅的瓶装果酱，那么卖方供应5磅或10磅装的果酱就算违约，买方就有权拒收货物。如合同要求货物按规定的方式包装，但却与其他货物混杂在一起，买方可以拒收整批货物，也可以只拒收违反规定包装的那一部分。

合同中的包装条款（Packing Clause）的内容，应根据商品的性能、特点及所采用的运输方式而定。不同的运输方式和不同的商品，其包装条款的规定也不相同。在签订合同时，一般都有包装条款，如出口水泥合同条款中规定，用5层水泥纸袋包装，每包50公斤。但有些简单的包装条款，也可以和数量条款合并，如"中国东北大豆2000公吨，单层麻袋包装"。

合同中的包装条款包括"包装"和"运输标志"两项。其中，"包装"主要规定包装方式、包装材料、包装规格、包装费用的负担等内容。包装条款的条文，要求明确具体，一般应包括包装的用料、尺寸（大小）、每件的重量（数量）、填充物料和加固设备等。

【例】

1. 木箱装，每箱20打，每打用塑料袋包装。

   In wooden cases of 20 dozens, each dozen in a polybag.

2. 铁桶装，每桶净重100公斤。

   In iron drums of 100 kgs net each.

3. 纸箱装，每箱10匹，每匹40码。

   In cartons containing 10 pcs. of 40 yds. each.

4. 单层新麻袋，每袋约50公斤。

   In new single gunny bags of about 50 kgs each.

## 五、制定包装条款应注意的问题

在制定包装条款时应注意以下问题：

第一，根据商品特点和运输方式的要求明确规定包装材料、方式和规格。例如，"木箱包装，每箱50个纸盒，每盒1打"。对于需要根据花色或尺寸的不同而搭配装箱的商品，买卖双方在条款中应约定搭配方式及搭配量。

第二,明确包装由谁供应和包装费由谁负担。包装由谁供应,通常有三种做法:一是由卖方供应包装,包装连同商品一块交付买方;二是由卖方供应包装,但交货后,卖方将原包装收回,此时,关于原包装返回给卖方的运费由谁负担也应具体规定;三是由买方供应包装或包装材料,此时,应明确规定买方提供包装或包装材料的时间,以及由于包装或包装材料未能及时提供而影响发运时买卖双方所负担的责任。

关于包装费用,一般包括在货价内,不另计收。但如果买方要求特殊包装,则由此产生的超出正常包装费用的部分,应由买方承担,这时合同中应确定每件包装的价格及买方支付包装费用的办法。在少数特殊情况下,也可由买方提供包装,这时合同中应作较详细的规定,说明买方将包装运交卖方的方法和时间。

第三,明确运输标志由哪一方设计确定。按照国际惯例,运输标志一般由卖方设计确定。但在有些情况下买方要求指定运输标志时,买卖双方须在包装条款中对买方提供运输标志的时间作出规定。若买方逾期尚未指定,则卖方可以自行决定。此外,有些国家对进口商品的运输包装所使用的唛头和标记有严格规定,此时卖方应向买方取得详细指示,从而保证合同的顺利履行。如果由卖方按习惯制作,则合同中只需注明"唛头由卖方决定"(Shipping Mark at Seller's Option)。如果由买方指定,则应在合同中规定买方指定唛头的时限,并订明超过时限卖方可自行决定。

上述说明的是具体规定包装条款的方法。但在实际业务中,有时也对包装条款做笼统规定。例如,使用"适合海运包装"(Seaworthy Packing)和"习惯包装"(Customary Packing)之类的术语。但此类术语含义模糊,无统一解释,容易引起争议,应避免采用。

按照某些国家法律和惯例的规定,采用笼统方法规定合同中的包装条款时,商品的包装至少要符合以下几个默示条件:能防止货物受损、变质、适合商品的特性;能防止货物散失、短损和被盗,有足够的牢固性;方便运输、搬运及堆积;便于识别和寻找;便于买方提货或验货;符合进口国家海关规定。如果商品包装不能满足上述默示条件,则买方可以依据一定的法律向卖方提出索赔。但是,由于各国法律的有关规定并不统一,因此,笼统规定包装条款容易引起争议。除非买卖双方事先已对此予以明确,或在长期的业务往来中取得一致认识,一般不宜采用。

## OEM

OEM 即原始设备生产商,英文全称 Original Equipment Manufacturer。基本含义为定牌加工,俗称"贴牌"。通俗来说,就是别人提供牌子,你来生产,然后贴他的牌子卖。

OEM 的特征是:技术在外,资本在外,市场在外,只有生产在内。

**美国对木质包装材料要求**

美国海关边境保护局 2006 年 7 月 5 日全面执行于 2005 年 9 月 16 日生效的木质材料包装规例,所有以有关木质材料为包装(包括装货托板、装货箱、盒子、货垫、木块、垫木等)的货品均受影响(豁免除外)。

处理及标记规定:国际货物所使用的木质包装材料必须经过加热处理,最低木心温度为摄氏 56 度,最少需处理 30 分钟,或以甲基溴进行熏蒸约 16 小时。

此外,木质包装材料必须加上国际植物保护公约标记,以及国际标准化组织 ISO 的双字母国家编码,显示处理木质包装材料的国家。标记又必须包括由国家植物保护机构向负责公司分配的独有号码,确保木质包装材料已经适当处理。

**出口商品包装用料禁忌**

稻草:美国严禁稻草类包装物进口;英国、澳大利亚、新西兰、菲律宾、塞浦路斯等国也有相应规定。

棉花:埃及等产棉国禁止棉花类包装进入本国境内。

竹片、木材:日本拒绝竹片类包装入境;美国、加拿大、澳大利亚要求木制包装必须经过熏蒸、防腐等处理才能入境,否则按要求进行销毁处理。

纸箱:德国要求纸箱表面不能上蜡、上油,也不能涂塑料、纸箱上的印刷必须用水溶性颜料,不能用油溶性油墨。

麻袋与二手袋:澳大利亚、新西兰禁止二手袋入境,菲律宾要求麻袋入境前必须经过熏蒸处理。

---

## 小 结

货物包装是商品的盛载物、保护物与宣传物,包括运输包装和销售包装。它不仅具有保护商品的性能,而且拥有宣传、美化商品的魅力。包装标志主要包括运输标志、指示性和警告性标志及其他标志等。包装条款是进出口合同中的重要交易条件,主要包括包装材料、包装方式、包装件数、包装标志及包装费用负担等内容,订立时应统筹考虑双方利益与要求,从而制定明确、具体、完整、周密的包装条款。

## 案 例

[背景]

国内 A 公司与国外客户 B 公司在 2001 年 1 月份下了 1×20′集装箱产品 P2(货号 934),此集装箱的货物中,客户有 2 种规格,每一规格有 2 种不同的包装,卖给 2 个不同的最终用户,意味着 4 种不同样式的产品包装。每种包装的产品 100 箱,共计 400 箱。唛头如下:

STL-953　　　　　　QTY.：PCS（每箱多少支）
ITEM NO.934　　　　G.W.：KGS（毛重）
C/NO.　　　　　　　N.W.：KGS（净重）
MADE IN CHINA　　 MEAS.：CM：

　　A公司以为工厂会在正唛上按照箱子的流水号来编,因此,A公司在下订单时没有注明在正唛的"C/NO.1-"后按照流水号来编写具体的箱号,结果工厂没有在正唛上按照箱子的流水号来编写,而产品货号又全部一样。货物到达目的港后,客户无法区分货物。该客户不得不一箱箱打开包装找货,浪费了客户人工费,造成了很严重的损失。客户提出索赔,A公司相应给予客户赔款。此客户从此断绝了与A公司的贸易往来。

[分析]
　　1.A公司在给工厂下订单时,在生产清单上若需工厂填写的内容,需要在英文旁边注明中文,因为,很多工厂的英文水平一般,要考虑到工厂的具体情况。
　　2.在给工厂下订单时需考虑到客户的具体要求,站在客户的立场上考虑收到货如何区分货物的问题。如有特殊的要求,除了在生产清单上注明以外,还要和工厂在电话里特别强调,以防工厂对A公司具体要求没有注意到,造成生产的货物不符合要求,延误交货期。
　　3.对于工厂较多的订单在给工厂唛头最好编为第1个工厂C/NO.1-(1,2,3……);第2个工厂C/NO.2-(1,2,3……);第3个工厂C/NO.3-(1,2,3……);依此类推……若工厂数很少,则箱数确认的情况可以按照流水号编箱号,如下例子,共75箱货3个工厂。
　　第一个工厂为：10箱,那么箱号就是C/NO.1-(1,2,3,……,10)
　　第二个工厂为：20箱,那么箱号就是C/NO.11-(12,13,……,30)
　　第三个工厂为：35箱,那么箱号就是C/NO.31-(32,33,……,75)
　　4.A公司要求质检人员验货时,对箱号进行核实,以防工厂误填。

## 思考训练

**一、不定项选择题**

1.按照国际惯例,如果合同中没有相关规定,则运输标志一般由(　　)提供。
　　A.开证行　　　　B.卖方　　　　C.买方　　　　D.船方
2.定牌中性包装是指(　　)。
　　A.在商品本身及其包装上使用买方指定的商标/牌号,但不表明产地
　　B.在商品本身及其包装上使用买方指定的商标/牌号,也表明产地
　　C.在商品本身及其包装上不使用买方指定的商标/牌号,也不表明产地
　　D.在商品本身及其包装上不使用买方指定的商标/牌号,但表明产地
3.运输标志的作用是(　　)。
　　A.便于识别货物　　B.方便运输　　C.易于计数　　D.防止错发错运

E. 促进销售

4. 运输包装从方式上看,可以分为( )。

　　A. 混杂包装　　　B. 单件包装　　　C. 集合运输包装　　D. 中性包装

　　E. 标牌包装

5. 按国际惯例,包装费用( )。

　　A. 不应包括在货物价格之内,并在合同中列示

　　B. 应包括在货物价格之内,但必须在合同中另外列示

　　C. 包括在货物价格之内,一般不在合同中另外列示

　　D. 不应包括在货物价格之内,也不必在合同中列示

6. 运输包装和销售包装的分类,是按( )。

　　A. 包装的目的来划分的　　　　　　B. 包装的形式来划分的

　　C. 包装所使用的材料来划分的　　　D. 包装在流通过程中的作用来划分的

7. 包装标志按其用途,可分为( )。

　　A. 运输标志　　　B. 指示性标志　　C. 警告性标志　　D. 识别标志

　　E. 条形码标志

8. 条码标志主要用于商品的( )上。

　　A. 销售包装　　　　　　　　　　　B. 运输包装

　　C. 销售包装和运输包装　　　　　　D. 任何包装

9. 国际货物买卖合同中的包装条款,主要包括( )。

　　A. 包装材料　　　B. 包装方式　　　C. 包装费用　　　D. 运输标志

10. 集合运输包装可以分为( )。

　　A. 集装袋　　B. 集装包　　C. 集装箱　　D. 托盘　　E. 桶装

## 二、判断题

1. 运输包装上的标志就是指运输标志,也就是通常所说的唛头。　　　　　　( )

2. 包装费用通常在单价以外另行计价。　　　　　　　　　　　　　　　　　( )

3. 包装条款"木箱装,然后装托盘"是正确的。　　　　　　　　　　　　　　( )

4. 国际上通用的条形码有两类:UPC 和 EAN。其中,UPC 码是目前国际公认的物品编码标识系统。　　　　　　　　　　　　　　　　　　　　　　　　　　　　　　( )

5. 包装由卖方决定,买方不得要求使用特殊包装。　　　　　　　　　　　　( )

6. 运输标志、指示性标志和警告性标志都是刷在商品的外包装上的。　　　　( )

7. 对于警告性标志,各国一般都有统一规定。但我国出口危险品货物除印刷我国的危险品标志外,还应标明国际上规定的危险品标志。　　　　　　　　　　　　　　( )

8. 进出口商品包装上的包装标志,都要在运输单据上表明。　　　　　　　　( )

9. 采用定牌出口商品时,除非买卖双方另有规定,一般都应在商品包装上注明"中国制造"字样。　　　　　　　　　　　　　　　　　　　　　　　　　　　　　　( )

10.指示性标志用图形或文字表示。                                    (    )

三、计算题

1.1位新西兰客商前来购买童车,他看中我某公司货号为173的款式,约定纸箱包装,每箱装2辆,纸箱尺码80×50×42立方厘米,请计算1个40英尺货柜可装多少箱。

2.有一中东客商向我询购安全皮鞋,要求5层瓦楞纸箱包装,每箱装12双,每双装一纸盒,纸盒尺寸为380×240×103立方毫米,试计算纸箱外径尺寸。

四、案例分析

1.国内某贸易公司向俄罗斯出口大豆,合同中规定数量为1000公吨,用麻袋装。出口方在装运中由于麻袋数量不足,有100公吨的货物改用了塑料袋装。试分析,若进口方收到货后发现这一情况,应如何处理?

2.某外商欲购我方"菊花"牌电钻,但要求改用"鲨鱼"牌商标,并在包装上不得注明"Made in China"字样,问我方是否可以接受?应注意什么问题?

3.在荷兰某一超级市场上有黄色竹制罐装的茶叶1批,罐的一面刻有中文"中国茶叶"4字,另一面刻有我国古装仕女图,看上去精致美观颇富民族特点,但国外消费者少有问津,问其原因何在?

4.某口岸过去出口手绢是12打1包,后改为5打1包,而后又改为1打1盒,进而又改为半打、5条、3条1盒,结果销售大增,问这是什么道理?

5.我出口某种化工原料,共500公吨。合同与来证均规定为麻袋装。但我到装船发货时发现麻袋装的货物只够450公吨,剩下的50公吨便以塑料袋装的同样货物充抵,问这有无问题?

6.2003年3月初,山东某乡镇企业与A国的M贸易公司签订了1份出口烤花生的合同。合同规定出口数量为40吨,采用纸箱装,每箱装10袋,每袋450克。合同规定,付款方式为即期信用证,交货时间为当年的4月30日前,目的港为A国S港。由于M贸易公司对货物的内包装袋不太满意,认为太粗糙、图案不很理想,所以签约时决定使用自己的包装袋。因此,在合同的包装条款中附带了一句:内包装由A方提供。

合同签订后,中方遂抓紧时间组织加工,同时催促A方抓紧运送包装袋。中方于4月15日将货物加工完毕,只等A方包装袋到位,但A方包装袋始终未到。中方多次催促之后,A方提供的内包装终于在4月24日到货。中方立即组织装袋打包,但货物终于没能赶上28号的船期,中方于28日致电A方公司,指出由于A方公司内包装袋的迟交,导致了中方公司不能按时交货,因此,要求将交货期改为5月15日之前。

29日,对方回电说:"由于贵方延迟交货已成事实,所以我方不同意贵方迟交系由我方造成的说法。但我方考虑到贵方的实际困难,要求中方公司在价格上减让10%,否则拒绝改期交货。"中方加工厂在接到对方的电函后,与对方交涉,对方作出让步,同意交货期改为5月15日之前,中方价格减让了8%。考虑到货物迟交已经形成事实,而且货物已经准备就绪,市场行情不断看跌,没有别的选择,只好同意了对方的要求。试分析发生纠纷的原因。

**五、操作题**

我北方某公司的丹麦客商 Codan Co,. Ltd 签订 1 份儿童服装合同,共计 2500 件,合约号为 95BF01DK03,价格条件 CIF 哥本哈根。根据以上资料制作 1 个标准唛头。

# 项目四
# 商品价格及合同价格条款

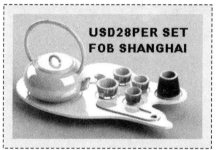

在国际贸易中,如何确定进出口商品价格和规定合同中的价格条款,是交易双方最为关心的一个重要问题。

买卖双方在洽商交易和订立合同时,都非常重视商品的作价问题,他们在讨价还价方面往往需要花费很多时间。有时候洽商交易当中出现僵局,甚至导致洽谈失败,也往往是因为在价格方面达不成协议。价格条款便成为买卖合同中的核心条款,买卖双方在其他条款上的利害与得失,一般也会在商品价格上体现出来。

在我国进出口业务中,要正确掌握进出口商品价格,掌握国际商会《INCOTERM2010》中各种价格术语的含义和使用方法,合理运用各种行之有效的作价办法,核算好进出口商品的成本,切实订好买卖合同中的价格条款。

## 案例导入

**案情:** 中国某粮油进出口公司 A 与欧洲某国一商业机构 B 签订出口大米 1000 公吨的合同。该合同规定:规格为水分最高 20%,杂质最高为 1%,以中国商品检验局的检验证明为最后依据;单价为每公吨 550 美元,FOB 上海,麻袋装,每袋净重 50 千克,买方须于 2010 年 4 月派船只接运货物。但是,B 并没有按期派船前来接运,其一直延误了数月才派船来华接货,当大米运到目的地后,买方 B 发现大米生虫。于是,委托当地检验机构进行了检验,并签发了虫害证明,买方 B 据此向卖方 A 提出索赔 20% 货款的损失赔偿。当 A 接到对方的索赔后,不仅拒赔,而且要求对方 B 支付延误时期而发生的 A 方支付的大米仓储保管费及其他费用。另外,保存在中国商品检验局的检验货样至争议发生后仍然完好,未生虫害。问:(1)A 要求 B 支付延误时期的大米仓储保管费及其他费用能否成立?(2)B 的索赔要求能否成立?

**分析:**(1)能够成立,因为按 FOB 条件,由买方指定船只并订立运输合同,如果买方指定的船只不能在规定日期到达,则应由买方负担一切由此而产生的额外费用。在本案中,B 并没有按期派船前来接运,造成逾期提货,违反了双方之间的合同约定,应当对延误时期 A 方支付的大米仓储保管费及其他费用负责。(2)不能成立,因为按 FOB 条件,买方承担货物自装运港装船以后的一切风险。卖方 A 只能保证大米在交货时的品质,对运输途中所引起的大米品质变化不属卖方责任,而且合同规定:以中国商检局的检验证明为最后依据,而保存在中国商品检验局的检验货样至争议发生后仍然完好,未发生虫害,因此,可以肯定卖方 A 交货时的品质是完好的。

## 项目目标

1. 了解国际贸易惯例的含义。
2. 掌握国际商会《2010 年国际贸易术语通则》的 11 种贸易术语的含义、特点。
3. 了解进出口商品作价的基本原则,以及佣金、折扣的计算。
4. 掌握商品价格构成和商品对外报价,以及主要贸易术语的价格换算、盈亏核算。
5. 掌握买卖合同中价格条款的规定方法。

## 关键概念

国际贸易惯例 (International Trade Common Practice)

贸易术语 (Trade Terms)　　　　　装运港船上交货 (FOB)

成本加运费 (CFR)　　　　　　　成本加保险费加运费 (CIF)

货交承运人 (FCA)　　　　　　　换汇成本 (Swap Cost)

运费付至(CPT)　　　　　　　　运费保险费付至(CIP)
佣金（Commission）　　　　　　折扣（Discount）
净价（Net Price）

# 任务一　国际贸易术语概述

在国际货物买卖中，交易双方相距甚远，其所交易的商品，通常需要经过长途运输。在货物运输、交接过程中，需要办理进出口清关手续，安排运输与保险，支付各项税捐和运杂费用。货物在装卸、运输过程中，还可能遭受自然灾害、意外事故和其他各种外来风险。有关上述事项由谁承办，费用由谁负担，风险如何划分，买卖双方在磋商交易签订合同时，必须予以明确。为了简化手续，缩短交易过程，并便于双方当事人成交，买卖双方便采用某种专门的用语来概括地表明各自的权利与义务。这种用来表示交易双方责任、费用与风险划分的专门用语，称为"贸易术语"(Trade Terms)，它来源于国际贸易惯例，是在国际贸易长期实践的基础上逐渐产生的。

贸易术语具有两重性，一方面表示交货条件，另一方面表示价格构成因素，特别是货价中所包含的从属费用，每种贸易术语有其特定的含义。在国际货物买卖中，交货地点不同，卖方承担的风险、责任和费用也不相同。如果双方约定，在出口国内的商品产地交货，卖方只需按约定的时间和地点将货物备妥，买方则应自行安排运输工具将货物从交货地点运往最终目的地，并承担期间的一切风险、责任和费用。按这样条件成交，货价自然很低。反之，如果采取在进口国内的约定地点交货的贸易术语成交，则卖方要承担在指定目的地将货物实际交给买方之前的一切风险，并且要负责办理货物从产地到目的地的运输、保险以及通关过境的手续，提交规定的单据，同时还要承担与之相关的费用，货价自然也要高得多。可见，贸易术语首先直接关系到商品的价格构成，也关系到双方风险、责任、义务划分，这也是许多人将贸易术语称为"价格术语"(Price Terms)的原因。

## 一、贸易术语的含义与作用

### (一)贸易术语的含义

贸易术语是国际贸易合同中构成价格条款的重要组成部分。在对外报价和签订合同时，涉及价格问题，它都是不可缺少的内容。国际贸易中，买卖双方所承担的义务，会影响到商品的价格。在长期的国际贸易实践中，逐渐形成了把某些和价格密切相关的贸易条件与价格直接联系在一起，形成了若干种报价的模式。每一模式都规定了买卖双方在某些贸易条件中所承担的义务。

贸易术语又称"价格术语"或"交货条件"。它是用简短的概念或英文缩写字母来表示商品的价格构成，说明交货地点，确定买卖双方的责任、费用、风险划分等问题的专门用语。简单地说,它是用特定的3个英文字母确定买卖双方在交接货物过程中应尽的责任和义务。

"责任"是指因交货地点不同而产生的租船订舱、装货、卸货、投保、申请进出口许可证、报关等项事宜;"费用"是指因货物的移动而产生的运杂费、保险费、仓储费等;"风险"是指由于各种原因导致货物被盗、串味、锈蚀、货物的灭失等风险。

贸易术语所表示的贸易条件,主要分两个方面:其一,说明商品的价格构成,是否包括成本以外的主要从属费用,即运费和保险;其二,确定交货条件,即说明买卖双方在交接货物方面彼此所承担的责任、费用和风险的划分。

国际贸易术语所包含的内容和意义是什么?怎么使用?

贸易术语是国际贸易中表示价格的必不可少的内容。在报价中使用贸易术语,明确了双方在货物交接方面各自应承担的责任、费用和风险,说明了商品的价格构成。从而简化了交易磋商的手续,缩短了成交时间。由于规定贸易术语的国际惯例对买卖双方应该承担的义务作了完整而确切的解释,因而避免了由于对合同条款的理解不一致,在履约中可能产生的某些争议。

### (二)贸易术语的作用

贸易术语在国际贸易中起着积极的作用,主要表现在下列几个方面:

**1.有利于买卖双方洽商交易和订立合同**

由于每种贸易术语都有其特定的含义,而且一些国际组织对各种贸易术语也作了统一的解释与规定,这些解释与规定,在国际上被广为接受,并成为奉行的做法或行为模式。因此,买卖双方只须商定按何种贸易术语成交,即可明确彼此在交接货物方面所应承担的责任、费用和风险,这就简化了交易手续,缩短了洽商交易的时间,从而有利于买卖双方迅速达成交易和订立合同。

**2.有利于买卖双方核算价格和成本**

由于贸易术语表示价格构成因素,所以买卖双方确定成交价格时,必须要考虑采用的贸易术语包含哪些费用,如运费、保险费、装卸费、关税、增值税和其他费用。这就有利于买卖双方进行比价和加强成本核算。

**3.有利于解决履行当中的争议**

买卖双方商订合同时,如对合同条款考虑欠周,使某些事项规定不明确或不完备,致使履约当中产生的争议不能依据合同的规定解决,在此情况下,可以援引有关贸易术语的一般解释来处理。因为,贸易术语的一般解释,已成为国际惯例,并被国际贸易界从业人员和法律界人士所理解和接受,从而成为了国际贸易中公认的一种类似行为规范的准则。

贸易术语促进了国际贸易的发展,着重解决以下5个问题:

(1)卖方在什么地方,以什么方式办理交货。

(2)货物发生损坏或灭失的风险何时由卖方转移给买方。

(3)由谁负责办理货物运输、保险以及通关过境手续。

(4)由谁承担办理上述事项时所需的各种费用。

(5)买卖双方需要交接哪些有关的单据。

通过国际贸易术语的运用,可简化双方交易手续,缩短交易过程,明确双方风险、责任、义务、费用划分及交易价格构成等问题。

## 二、国际贸易惯例的性质

国际货物买卖合同的当事人分居不同国家,而不同国家的有关法律规定往往并不一致。这样,一旦发生纠纷或争议,究竟按哪个国家法律处理就会成为问题。为便于国际交往,各国法律一般都对此作出规定。可是,各国的规定又不尽相同。因此,国际贸易买卖合同的订立和履行,还应当按国际贸易惯例办事。国际贸易惯例就是在国际贸易实践中逐渐形成的一些有较为明确固定内容的贸易习惯和一般做法。它不同于法律,只有在当事人承认并在实际业务中采用时才对当事人有约束力。其具体内容也可由当事人在采用时加以补充或更改。目前,对我国进出口业务关系最大、使用最多的是有关贸易术语和跟单信用证的惯例。此外,双方当事人之间形成的习惯做法,对双方当事人也具有约束力。

国际商会、国际法协会等国际组织以及美国一些著名商业团体经过长期努力,分别制定了解释国际贸易术语的规则。这些规则在国际上被广泛采用,因而形成一般的国际贸易惯例。

习惯做法与贸易惯例是有区别的。国际贸易业务中反复实践的习惯做法只有经国际组织加以编撰与解释才成为国际贸易惯例。

其一,惯例本身不是法律,它对贸易双方不具有强制性,故买卖双方有权在合同中作出与某项惯例不符的规定。

其二,国际贸易惯例对贸易实践仍具有重要的指导作用。一方面,如果双方都同意采用某种惯例来约束该项交易,并在合同中作出明确规定,那么这项约定的惯例就具有了强制性。另一方面,如果双方对某一问题没有作出明确规定,也未注明该合同适用某项惯例,在合同执行中发生争议时,受理该争议案件的司法和仲裁机构也往往会引用某一国际贸易惯例进行判决或裁决。

## 三、有关贸易术语的国际贸易惯例

### (一)《1932年华沙—牛津规则》

它是国际法协会专门为解释CIF合同而制定的。国际法协会于1928年在波兰首都华沙开会,制定了关于CIF买卖合同的统一规则,称之为《1928年华沙规则》共包括22条。

在1930年的纽约会议、1931年的巴黎会议和1932年的牛津会议上,将此规则修订为

21条,并更名为《1932年华沙－牛津规则》,沿用至今。

## (二)《1990年美国对外贸易定义修订本》

《美国对外贸易定义》是由美国几个商业团体制定的。它最早是于1919年在纽约举行的全美贸易会议上制定的,原称为《美国出口报价及其缩写条例》。后来于1941年在美国第27届全国对外贸易会议上对该条例做了修订,命名为《1941年美国对外贸易定义修订本》(Revised American Foreign Trade Definitions 1941)。这一修订本经美国商会、美国进口商协会和全国对外贸易协会所组成的联合委员会通过,由全国对外贸易协会予以公布。后又于1990年再次修订,称为《1990年美国对外贸易定义修订本》(Revised American Foreign Trade Definitions 1990)。此修正本所解释的贸易术语共有6种,其中,FOB术语又分为6种,所以实际上其所解释的贸易术语共有11种。

该修正本以美国贸易中习惯的FOB合同条件为基础,对6种贸易术语做了解释:

**1. 产地交货(Ex Point of Origin)**

如工厂、矿山、农场、仓库交货等,按此术语,卖方必须在限定期限内在约定地点将货物置于买方控制之下。

**2. 在运输工具上交货(FOB)**

此术语又分为6种类型:

(1)指定启运地交货(FOB…named inland carrier named inland point of departure)。

(2)在内陆指定的启运地的指定内陆运输工具上交货,运费预付到指定的出口地点(FOB…named inland carrier at named inland point of departure,freight prepaid to…named point of exportation)。

(3)指定内陆启运工具上交货,并扣除指定地点的运费(FOB…named inland carrier at named inland point of departure,freight allowed to…named point)。

(4)在指定出口地点的指定内陆运输工具上交货(FOB…named inland carrier at named point of exportation)。

(5)指定装运港船上交货(FOB…vessel…named port of shipment)。

(6)进口国指定内陆地点交货(FOB…named inland point in country of importation)。

**3. 船边交货(FAS,Free alongside)**

它指定装运港船边交货。卖方负责将货物交到装运港买方所指定的海轮船边,船上吊钩所及之处;或交到买方指定的码头。

**4. 成本加运费(指定目的地)(C&F…named point of destination)**

卖方报价包括将货物运到指定目的地的运输费用在内。

**5. 成本加保险费、运费(指定目的地)(CIF…named point of destination)**

报价包括货物的成本、海运保险费用和将货物运至目的地的运输费用。

#### 6. 目的港码头交货(Ex Dock…named port of importation)

卖方报价包括货物成本和将货物运到指定进口港码头所需的全部附加费用,并交纳进口税。

《美国对外贸易定义修正本》在美洲地区采用较为广泛,有较大影响。由于它对贸易术语的解释在个别方面与其他惯例解释有所不同,因此,在对美洲贸易时应特别注意。近年来,在美洲用国际商会的解释通则,逐渐取代美国定义修正本的趋向也越来越明显。

### (三)《2010年国际贸易术语解释通则》

《2010年国际贸易术语解释通则》(International Rules for the Interpretation of Trade Terms 2010,缩写 INCOTERMS 2010)是国际商会根据国际货物贸易的发展,对《2000年国际贸易术语解释通则》的修订,2010年9月27日公布,于2011年1月1日实施。《Incoterms 2010》的修改考虑了目前世界上免税区的增加,电子通讯的普遍使用以及货物运输安全性的提高,赋予电子单据与书面单据同样的效力,增加对出口国安检的义务分配,要求双方明确交货位置,将承运人定义为缔约承运人,这些都在很大程度上反映了国际货物贸易的实践要求,并进一步与《联合国国际货物销售合同公约》及《鹿特丹规则》衔接。新的国际贸易术语解释通则必将进一步促进国际货物贸易的发展,并有助于解决国际货物贸易中的纠纷。

#### 1.《2010年国际贸易术语解释通则》中贸易术语的种类

《2010年国际贸易术语解释通则》共有11种贸易术语,按照所适用的运输方式划分为2大类。

第1类:适用于任何运输方式的术语有7种,即 EXW、FCA、CPT、CIP、DAT、DAP、DDP。

| | |
|---|---|
| EXW(Ex Works) | 工厂交货 |
| FCA(Free Carrier) | 货交承运人 |
| CPT(Carriage Paid to) | 运费付至目的地 |
| CIP(Carriage and Insurance Paid to) | 运费/保险费付至目的地 |
| DAT(Delivered at Terminal) | 目的地或目的港的集散站交货 |
| DAP(Delivered at Place) | 目的地交货 |
| DDP(Delivered Duty Paid) | 完税后交货 |

第2类:适用于水上运输方式的术语有4种,即 FAS、FOB、CFR、CIF。

| | |
|---|---|
| FAS(Free Alongside Ship) | 装运港船边交货 |
| FOB(Free on Board) | 装运港船上交货 |
| CFR(Cost and Freight) | 成本加运费 |
| CIF(Cost Insurance and Freight) | 成本、保险费加运费 |

## 2. 相对于 INCOTERMS2000，INCOTERMS 2010 的主要变化

（1）术语分类的调整：由原来的 E、F、C、D 4 组分为适用于任何运输方式和水上运输方式。

（2）贸易术语的数量由原来的 13 种变为 11 种（见表 7-1）。

（3）《INCOTERMS 2010》删去了《INCOTERMS 2000》4 个术语：DAF（Delivered at Frontier）边境交货、DES（Delivered Ex Ship）目的港船上交货、DEQ（Delivered Ex Quay）目的港码头交货、DDU（Delivered Duty Unpaid）未完税交货。新增了 2 个术语：DAT（Delivered at Terminal）在指定目的地或目的港的集散站交货、DAP（Delivered at Place）在指定目的地交货。即用 DAP 取代了 DAF、DES 和 DDU 等 3 个术语，DAT 取代了 DEQ，且扩展至适用于一切运输方式。

（4）修订后的《INCOTERMS 2010》取消了"船舷"的概念，卖方承担货物装上船为止的一切风险，买方承担货物自装运港装上船后的一切风险。在 FAS、FOB、CFR 和 CIF 等术语中加入了货物在运输期间被多次买卖（连环贸易）的责任义务的划分。考虑到对于一些大的区域贸易集团内部贸易的特点，规定《INCOTERMS 2010》不仅适用于国际销售合同，也适用于国内销售合同。

表 7-1 《INCOTERMS 2010》各种贸易术语买卖双方的基本义务分类

| 卖方（Seller） | 买方（Buyer） |
| --- | --- |
| A1 卖方的一般义务（General Obligations of the Seller） | B1 买方的一般义务（General Obligations of the Buyer） |
| A2 许可证，其他许可，安全清关和其他手续（Licences, Authorizations, Security Clearances and other Formalities） | B2 许可证，其他许可，安全清关和其他手续（Licences, Authorizations, Security Clearances and other Formalities） |
| A3 运输与保险合同（Contracts of Carriage and Insurance） | B3 运输与保险合同（Contracts of Carriage and Insurance） |
| A4 交货（Delivery） | B4 收货（Taking Delivery） |
| A5 风险转移（Transfer of Risks） | B5 风险转移（Transfer of Risks） |
| A6 费用分摊（Allocation of Costs） | B6 费用分摊（Allocation of Costs） |
| A7 通知买方（Notice to the Buyer） | B7 通知卖方（Notice to the Seller） |
| A8 交付单据（Delivery Document） | B8 交货证明（Delivery Proof of Delivery） |
| A9 核对—包装—标记（Checking-packaging-marking） | B9 货物检验（Inspection of Goods） |
| A10 信息协助和相关费用（Assistance with Information and Related Costs） | B10 信息协助和相关费用（Assistance with Information and Related Costs） |

### 国际商会与中国国际商会

国际商会（The International Chamber of Commerce, ICC）成立于 1919 年，发展至今已拥有来自 130 多个国家的成员公司和协会，是全球唯一代表所有企业的权威代言机构。

国际商会以贸易为促进和平、繁荣的强大力量,推行一种开放的国际贸易、投资体系和市场经济。由于国际商会的成员公司和协会本身从事于国际商业活动,因此,它所制定用以规范国际商业合作的规章,如《托收统一规则》、《跟单信用证统一惯例》、《国际商会2010国际贸易术语解释通则》等被广泛地应用于国际贸易中,并成为国际贸易不可缺少的一部分,国际商会属下的国际仲裁法庭是全球最高的仲裁机构,它为解决国际贸易争议起着重大的作用。

中国国际商会(China Chamber of International Commerce,简称CCOIC)是由设立于中国、从事国际性商业活动的企业及与之相关的组织组成的全国性社会团体,其业务主管单位是中国国际贸易促进委员会(贸促会)。中国国际商会同时作为国际商会在中国的成员委员会,在开展与国际商会有关业务时,使用国际商会中国国家委员会的名称(ICC China)。

# 任务二 《2010年国际贸易术语解释通则》中的贸易术语

## 一、适用于水上运输方式的术语

### (一)FOB,Free on Board(…named port of shipment);装运港船上交货(……指定装运港)

**1. 含义**

当货物在指定装运港装到船上时,卖方即完成交货,买方从该时刻起承担货物灭失或损坏的一切风险。本术语适用于水上运输方式,是常用贸易术语之一。

按FOB成交,由买方负责派船接运货物,卖方在合同规定的装运港和规定的期限内,将货物装上买方指派的船只,并及时通知买方,货物在装船后,风险即由卖方转移至买方。

**2. 义务**

(1)卖方基本义务。

①在合同规定的时间和装运港,将合同规定的货物交到买方指派的船上,并及时通知买方。

②承担货物装到船上之前的一切费用和风险。

③自负风险和费用,取得出口许可证或其他官方批准证件,并且办理货物出口所需的一切海关手续。

④提交商业发票和证明卖方已按规定交货的清洁单据,或具有同等作用的电子信息。

(2)买方基本义务。

①订立从指定装运港口运输货物的合同,支付运费,并将船名、装货地点和要求交货的

时间及时通知卖方。

②根据买卖合同的规定受领货物并支付货款。

③承担货物装上船之后所发生的一切费用(详见"FOB价格变形")和风险。

④自负风险和费用,取得进口许可证或其他官方证件,并办理货物进口所需的海关手续。

**3. 注意事项**

(1)装船费用负担问题。由于国际上对装船的概念解释不一,因而产生买卖双方对装船有关费用(主要是理舱费和平舱费)由谁来负担的问题。为了更明确有关装船费用负担问题,买卖双方往往在FOB价格术语后面加列一些附加条件,从而产生了以下几种"FOB价格变形"。

①FOB LINER TERMS(班轮条件)。这一变形的含义是指装船的有关费用按照班轮的做法办理,就是说,卖方不负担这些费用,而是由买方承担。

②FOB UNDER TACKLE(吊钩下交货)。这一变形的含义是指卖方仅负责将货物交到买方指派船只的吊钩所及之处,即吊装开始的其他各项装船费用均由买方负担。

③FOB STOWED(理舱费在内)。这一变形的含义是指卖方负责将货物装入船舱,并负担包括理舱费在内的装船费用。

④FOB TRIMMED(平舱费在内)。这一变形的含义是指卖方负责将货物装入船舱,并负担包括平舱费在内的装船费用。

在许多标准合同中,为表明由卖方承担包括理舱费和平舱费在内的各项装船费用,常采用FOBST(FOB STOWED AND TRIMMED)来表示。

上述几种FOB价格变形,只是用以明确有关装船费用的负担问题,并未改变FOB的性质。

(2)租船订舱问题。在采用FOB贸易术语时,卖方可接受买方的委托,代为租船货订舱和投保。但这纯属代办性质,运费、保险费和风险仍由买方承担。如果卖方尽到努力仍然租不到船或订不到舱时,则卖方概不负责,买方无权撤销合同或向卖方索赔。

(3)个别国家对FOB价格术语的不同解释问题。美国、加拿大和一些拉美国家较多采用《1990年美国对外贸易定义修订本》的解释,该定义将FOB分为6种类型,其中仅第5种"FOB VESSEL…. NAMED PORT OF SHIPMENT"装运港船上交货(指定装运港)与《2010通则》中对FOB的解释基本相似,但不完全一致。在使用这一贸易术语时,必须注意在FOB与装运港之间加上"VESSEL"(船舶)字样,否则卖方仅负责在出口国内陆地运输工具上交货,而不是在装运港船上交货。例如,在进口合同中价格条件若规定为"FOB NEW YORK",而不是定为"FOB VESSEL NEW YORK",按照美国的解释,卖方仅负责在纽约城内某地点交货。只有订明"FOB VESSEL NEW YORK",卖方才负责将货物交到纽约港口的船上。因此,与美国、加拿大做交易一定要明确相关问题,避免争议。

## (二)CIF,Cost,Insurance and Freight(…named port of destination);成本加保险费、运费(……指定目的港)

### 1. 含义

卖方在合同规定的装运港和规定的期限内,将货物装上船,并及时通知买方,当货物在装运港装到船上后即完成交货;卖方必须支付将货物运至指定目的港所需的运费,并负责办理从装运港到目的港的货运保险,支付保险费。

货物在装到船上后,风险即由卖方转移至买方,交货后货物灭失或损坏的风险以及由于各种事件造成的任何额外费用即由卖方转移到买方,以上与FOB下卖方承担的义务是相同的。不同的是,CIF下,与船方订立运输合同的责任和费用改由卖方承担,卖方要负责租船定舱,支付到指定目的港的运费,并办理从装运港至目的港的货运保险,负担保险费。

### 2. 义务

(1)卖方基本义务。

①签订从指定装运港承运货物的合同。在合同规定的时间和港口,将合同要求的货物装上船并支付至目的港的运费,装船后须及时通知买方。

②承担货物装到船上之前的一切费用和风险。

③按照买卖合同的约定,自负费用办理水上运输保险。

④自负风险和费用,取得出口许可证或其他官方批准证件,并办理货物出口所需的一切海关手续。

⑤提交商业发票,在目的港提货所用的运输单据或具有同等作用的电子信息,并且自费向买方提供保险单据。

(2)买方基本义务。

①接受卖方提供的有关单据,受领货物,并按合同规定支付货款。

②承担货物装到船上之后的一切风险。

③自负风险和费用,取得进口许可证或其他官方证件,并且办理货物进口所需的海关手续。

### 3. 注意事项

(1)保险险别问题。在CIF条件下,保险应由卖方负责办理,但对应投保的具体险别,各国的惯例解释不一。因此,买卖双方应根据商品的特点和需要,在合同中具体订明。如果合同中未作具体规定,卖方只须投保最低的险别。卖方实质上是为买方利益办理的投保手续。因此,投保何种险别,双方应尽量商量确定。

(2)租船订舱问题。根据对CIF贸易术语的一般解释,卖方应按通常的条件及惯驶的航线,租用通常类型的船舶。除非买卖双方另有约定,对于买方提出的关于限制载运要求,卖方均有权拒绝。但在外贸实践中,为发展出口业务,考虑到某些国家的规定,如买方有要求,在能办到而又不额外增加费用的情况下,也可考虑接受。

(3)卸货费用的负担问题。对此各国港口有不同的惯例,有的港口规定由船方负担,有的港口规定由收货人负担。一般来讲,如使用班轮运输,班轮管装管卸,卸货费已包括在运费之内。大宗货物的运输要租用不定期轮船,故买卖双方应明确卸货费用由何方负担并在合同中订明,以免日后发生纠纷。明确卸货费用由谁负担的方法是在 CIF 贸易术语后面加列各种附加条件,这样,就形成了如下几种"CIF 价格变形":

①CIF LINER TERMS(班轮条件)。这一变形是指卸货费用按照班轮的做法来办,即买方不负担卸货费,而由卖方或船方负担。

②CIF LANDED(卸至码头)。这一变形是指由卖方承担将货物卸至码头上的各项有关费用,包括驳船费和码头费。

③CIF EX TACKLE(吊钩下交接)。这一变形是指卖方负责将货物从船舱起吊卸到船舶吊钩所及之处(码头上或驳船上)的费用。在船舶不能靠岸的情况下,租用驳船费用和货物从驳船卸至岸上的费用,概由买方负担。

④CIF EX SHIP'S HOLD(CIF 舱底交接)。按此条件成交,货物运达目的港在船上办理交接后,自船舱底起吊直至卸到码头的卸货费用,均由买方负担。

(4) 象征性交货问题。象征性交货(Symbolic Delivery)是针对实际交货(Physical Delivery)而言的。前者指卖方只要按期在约定地点完成装运,并向买方提交合同规定的包括物权凭证在内的有关单证,就算完成了交货义务,无须保证到货。后者则指卖方

讨 论
为什么不能把CIF价格称为"到岸价"?

要在规定的时间和地点,将符合合同规定的货物提交给买方或其指定人,而不能以交单代替交货。但是,如果卖方提交的单据不符合要求,即使货物完好无损地到达目的地,则买方仍有权拒付货款。

CIF 术语的象征性交货性质,要求卖方必须保证所提交的单据完全符合合同的要求。否则,将无法顺利地收回货款。但是,必须指出,按 CIF 术语成交,卖方履行其交单义务只是得到买方付款的前提条件。除此之外,卖方还要履行交货义务。如果所交货物与合同规定不符,只要买方能证明货物的缺陷在装船前就已经存在,而且这种缺陷在正常检验中很难发现,那么买方即使已经付款,只要未超过索赔期,仍然可以根据合同的规定向卖方提出索赔。

# (三) CFR, Cost and Freight(…named port of destination);成本加运费(……指定目的港)

## 1.含义

卖方必须支付将货物运至指定目的港所需的运费,当货物在装运港装到船上后时,卖方即完成交货,交货后货物灭失或损坏的风险,以及由于各种事件造成的任何额外费用,均由卖方转移至买方承担。

**2.义务**

(1)卖方基本义务。

①签订从指定装运港将货物运往约定目的港的合同;在买卖合同规定的时间和港口,将合同要求的货物装上船并支付至目的港的运费;装船后及时通知买方。

②承担货物在装运港装到船上之前的一切费用和风险。

③自负风险和费用,取得出口许可证和其他官方证件,办理货物出口所需的一切海关手续。

④提交商业发票,及自费向买方提供为买方在目的港提货所用的通常的运输单据,或具有同等作用的电子信息。

(2)买方基本义务。

①接受卖方提供的有关单据,受领货物,并按合同规定支付货款。

②承担货物在装运港装到船上以后的一切风险。

③自负风险和费用,取得进口许可证或其他官方证件,并且办理货物进口所需的海关手续,支付关税及其他有关费用。

**3.注意事项**

(1)装船通知的重要性。CFR条件下,根据国际贸易惯例的解释和有些国家的法律规定,卖方在货物装船后必须及时向买方发出装船通知,以便买方及时办理保险手续,防止漏保。对此,买卖双方往往还要在合同中做出明确规定,如果卖方不及时发出装船通知,致使买方未能投保,卖方要承担货物在运输途中的风险。英国《1893年货物买卖法》(1979年修订本)中规定:"如果卖方未向买方发出装船通知,以便买方对货物办理保险,那么,货物在海运途中的风险被视为由卖方负担。"就是说,如果货物在运输途中遭到损坏或灭失,由于卖方未发出装船通知使买方漏保,那么卖方就不能以风险在船舷转移为由免除责任。

(2)CFR的价格变形。按CFR术语成交,如货物是使用班轮运输,运费由CFR合同的卖方支付,在目的港的卸货费用实际上由卖方负担。大宗商品通常采用租船运输,如果船方按不负担装卸费用条件出租船舶,故卸货费究竟由何方负担,买卖双方应在合同中订明。为了明确责任,可在CFR术语后加列表明卸货费由谁负担的具体条件:

①CFR Liner Terms (CFR班轮条件),这是指卸货费按班轮办法处理,即买方不负担卸货费。

②CFR Landed (CFR卸到岸上),这是指由卖方负担卸货费,其中包括驳运费在内。

③CFR EX Tackle (CFR吊钩下交货),这是指卖方负责将货物从船舱吊起卸到船舶吊钩所及之处(码头上或驳船上)的费用。在船舶不能靠岸的情况下,租用驳船的费用和货物从驳船卸到岸上的费用,概由买方负担。

④CFR Ex Ship's Hold (CFR舱底交货),这是指货物运到目的港后,由买方自行启舱,并负担货物从舱底卸到码头的费用。应当指出,在CFR术语的附加条件,只是为了明确卸货费由何方负担,其交货地点和风险划分的界线,并无任何改变。

CFR与CIF的不同之处,仅在于CFR的价格构成因素中不包括保险费,故卖方不必代办保险,而由买方自行投保并支付保险费。除此之外,买卖双方所负的责任、费用和风险,以及货物所有权的转移,都是完全相同的。因此,有人称CFR是CIF的一种变形。

## （四）FAS，Free Alongside Ship（…named port of shipment）；船边交货（……指定装运港）或装运港船边交货

**1. 含义**

卖方在指定的装运港将货物交到船边，即完成交货，买方从该时刻起承担货物灭失或损坏的一切风险。适用于水上运输方式。

卖方要在约定的时间内将合同规定的货物交到指定的装运港买方所指派的船只的船边，在船边完成交货义务。买卖双方负担的风险和费用均以船边为界。如果买方所派的船只不能靠岸，卖方则要负责用驳船把货物运至船边，仍在船边交货。

**2. 义务**

（1）卖方基本义务。

①在合同规定的时间和装运港口，将合同规定的货物交到买方所派的船只旁边，并及时通知买方。

②承担货物交至装运港船边的一切风险和费用。

③自负风险和费用，取得出口许可证或其他官方证件，并办理货物的出口清关手续。

④提交商业发票或有同等作用的电子信息，并且自负费用提供通常的交货证明。

（2）买方基本义务。

①自负费用订立是从指定装运港口运输货物的合同，并将船名、装货地点和要求交货的时间及时通知卖方。

②在合同规定的时间、指定的装运港船边受领货物，并按合同规定支付货款。

③承担受领货物之后所发生的一切风险和费用。

④自负风险和费用，取得进口许可证或其他官方证件，办理货物的进口和必要时从他国过境时所需的一切海关手续。

## 二、适用于任何运输方式的术语

### （一）FCA，Free Carrier（…named place）；货交承运人（……指定地点）

**1. 含义**

卖方将货物在指定地点交给买方指定的承运人，并办理了出口清关手续，即完成交货。"承运人"是指在运输合同中承担履行铁路、公路、航空、海洋、内河运输或多式运输，或办理取得上述运输履行的人。因此，承运人既可以是实际承运人，也可以是缔约承运人，后者不一定自行履行运输义务，但他承担承运人的责任，联系实际的承运人，并向买方承担承运责任。

**2. 义务**

（1）卖方基本义务。

①在合同规定的时间、地点，将合同规定的货物置于买方指定的承运人控制下，并及时通知买方。

②承担将货物交给承运人控制之前的一切费用和风险。
③自负风险和费用,取得出口许可证或其他官方批准证件,并办理货物出口所需的一切海关手续。
④提交商业发票或具有同等作用的电子信息,并自费提供通常的交货凭证。
(2)买方基本义务。
①签订从指定地点承运货物的合同,支付有关的运费,并将承运人名称及有关情况及时通知卖方。
②根据买卖合同的规定受领货物并支付货款。
③承担受领货物之后所发生的一切费用和风险。
④自负风险和费用,取得进口许可证或其他官方证件,并且办理货物进口所需的海关手续。

3.注意事项

(1)关于承运人和交货地点,《INCOTERMS 2010》中规定:交货地点的选择直接影响到装卸货物的责任划分问题。如果双方约定的交货地点是在卖方所在地,卖方负责把货物装上买方安排的承运人所提供的运输工具即可;如果交货地点是在其他地方,卖方就要将货物运交给承运人,在自己所提供的运输工具上完成交货义务,而无须负责卸货。

(2)FCA条件下风险的转移以货交承运人为界。

(3)有关责任和费用的划分问题。无论在何处交货,卖方都要自负风险和费用办理出口手续。

## (二)CIP,Carrige and Insurance Paid to(…named place of destination);运费、保险费付至(……指定目的地)

**1.含义**

卖方负责订立将货物运到指定目的地的运输合同并支付运费,同时办理货运保险,支付保险费,卖方在合同规定的装运期内将货物交给承运人处置即完成交货义务,交货后货物灭失或损坏的风险,以及由于各种事件造成的任何费用,由卖方转移至买方承担。

**2.义务**

(1)卖方基本义务。
①订立将货物运往指定目的地的运输合同,并支付有关运费。
②在合同规定的时间、地点,将合同规定的货物置于承运人的控制之下,并及时通知买方。
③承担将货物交给承运人控制之前的风险。
④按照买卖合同的约定,自负费用投保货物运输险。
⑤自负风险和费用,取得出口许可证或其他官方批准证件,并办理货物出口所需的一切海关手续,支付关税及其他有关费用。
⑥提交商业发票,在约定目的地提货所需的通常的运输单据或具有同等作用的电子信息,并且自费向买方提供保险单据。

(2)买方基本义务。

①接受卖方提供的有关单据,受领货物,并按合同规定支付货款。

②承担自货物在约定地点交给承运人控制之后的风险。

③自负风险和费用,取得进口许可证或其他官方证件,并且办理货物进口所需的海关手续,支付关税及其他有关费用。

### (三)CPT,Carriage Paid to(…named place of destination);运费付至(……指定目的地)

**1.含义**

卖方将货物交付给由其指定的承运人,并支付将货物运到指定目的地所需的运费,即完成交货。交货后货物灭失或损坏的风险,以及由于各种事件造成的任何费用,由卖方转移至买方承担。

**2.义务**

(1)卖方基本义务。

①订立将货物运往指定目的地的运输合同,并支付有关运费。

②在合同规定的时间、地点,将合同规定的货物置于承运人控制之下,并及时通知买方。

③承担将货物交给承运人控制之前的风险。

④自负风险和费用,取得出口许可证或其他官方批准证件,并办理货物出口所需的一切海关手续,支付关税及其他有关费用。

⑤提交商业发票和自费向买方提供在约定目的地所需的通常的运输单据,或具有同等作用的电子信息。

(2)买方基本义务。

①接受卖方提供的有关单据,受领货物,并按合同规定支付货款。

②承担自货物在约定交货地点交给承运人控制之后的风险。

③自负风险和费用,取得进口许可证或其他官方证件,并且办理货物进口所需的海关手续,支付关税及其他有关费用。

### (四)EXW,Ex Works(…named place);工厂交货(……指定地点)

**1.含义**

卖方在其所在地或其他指定的地点(如工场、工厂或仓库)将货物交给买方处置时,即完成交货。EXW代表了在商品的产地或所在地交货条件,按这一术语成交时,卖方要在规定的时间和约定的交货地点将合同规定的货物准备好,由买方自己安排运输工具到交货地点接受货物,并承担一切风险、责任和费用将货物从交货地点运到目的地。由此可见,采用EXW条件成交时,卖方承担的风险、责任以及费用都是最小的,对买方来说,成交价格最低。

**2.义务**

(1)卖方基本义务。

①在合同规定的时间、地点,将合同要求的货物置于买方的处置之下。

②承担将货物交给买方处置之前的一切风险和费用。

③提交商业发票或有同等作用的电子信息。

(2)买方基本义务。

①在合同规定的时间、地点,受领卖方提交的货物,并按合同规定支付货款。

②承担受领货物之后的一切风险和费用。

③自负风险和费用,取得出口许可证和进口许可证或其他官方证件,并负责办理货物的出口和进口所需的一切海关手续。

### (五)DDP,Delivered Duty Paid(…named place of destination);完税后交货(……指定目的地)

**1. 含义**

卖方在指定目的地办理进口清关手续,将在交货运输工具上尚未卸下的货物交与买方,即完成交货。卖方负责将货物从启运地一直运到合同规定的进口国内的指定目的地,把货物实际交到买方手中,才算完成交货。DDP是卖方承担风险、责任和费用最大的一种术语。卖方要承担交货前的一切风险、责任和费用,包括办理货物出口和进口的清关手续以及支付关税、捐税和其他费用。

**2. 义务**

(1)卖方基本义务。

①订立将货物运到进口国内约定目的地的运输合同,并支付运费。

②在合同中规定的交货期内,在双方约定的进口国内交货地点,将合同规定的货物置于买方处置之下。

③承担在指定目的地约定地点将货物置于买方处置之前的风险和费用。

④自负风险和费用取得货物出口和进口许可证或其他官方证件,办理货物的出口和进口所需的一切海关手续,支付关税及其他有关费用。

⑤提交商业发票和在目的地提取货物所需要的运输单据,或有相同作用的电子信息。

(2)买方基本义务。

①接受卖方提供的有关单据或电子单据,并在目的地约定地点受领货物,按合同规定支付货款。

②承担在目的地约定地点受领货物之后的一切风险和费用。

③根据卖方的请求,并由卖方承担风险和费用的情况下,给予卖方一切协助,使其取得货物进口所需要的进口许可证或其他官方证件。

### (六)DAP(Delivered at Place)目的地交货

DAP取代了《INCOTERMS 2000》的DAF、DES和DDU三个术语,指卖方在指定的目的地交货,只需做好卸货准备无须卸货即完成交货。该术语适用于一切运输方式,目的地可以是港口,也可以是陆地的地名。卖方应承担将货物运至指定的目的地的一切风险和费用(进口费用除外)。

### (七)DAT(Delivered at Terminal)目的地或目的港的集散站交货

DAT 取代了《INCOTERMS 2000》的 DEQ,指卖方在指定的目的地或目的港的集散站卸货后,将货物交给买方处置即完成交货。同时,卖方应承担将货物运至指定的目的地或目的港的集散站的一切风险和费用(进口费用除外)。

# 任务三 国际贸易术语的使用

## 一、对贸易术语的分析

《2010 年国际贸易术语解释通则》中,各种术语下卖方与买方所负的责任、风险和费用是不同的,但在某些方面又有共同之处。在 11 个贸易术语中应用最为广泛的是 FOB、CFR 和 CIF,随着运输方式的改革与发展,FCA、CPT 和 CIP 也逐渐得到广泛的应用。因此,我们必须熟悉这些价格术语的含义和内容,掌握它们的用法。

### (一)FOB、CFR 和 CIF

FOB、CFR 和 CIF 3 种贸易术语是国际贸易中最常用的,就买卖双方的义务来说,很多方面是相同的,不同之处就在于租船订舱、支付运费、办理保险、支付保险费这几方面的责任。下面将以上 3 种术语间的异同点归纳如下,见表 7-2。

表 7-2　FOB、CFR、CIF 异同点一览表

| 异同点 | | 卖　方 | 买　方 |
|---|---|---|---|
| 相同点 | | 1.1. 装货,充分通知 | 1.1. 接货 |
| | | 2.2. 出口手续,提供证件 | 2.2. 进口手续,提供证件 |
| | | 3.3. 交单 | 3.3. 受单、付款 |
| | | 4.4. 都是装运港船上交货,风险、费用划分一致 | |
| | | 5.5. 交货性质相同,都是凭单交货、凭单付款 | |
| | | 6.6. 都适合于海洋运输和内河运输 | |
| 不同点 | FOB | | 租船订舱、支付运费(F)<br>办理保险、支付保险费(I) |
| | CFR | 租船订舱、支付运费(F) | 办理保险、支付保险费(I) |
| | CIF | 租船订舱、支付运费(F)<br>办理保险、支付保险费(I) | |

## (二) FCA、CPT 和 CIP

随着运输业的发展,原来主要用于海运的 FOB、CFR、CIF 已无法适应新形势发展的需要,因而相应出现了 FCA、CPT、CIP 3 种可适用于任何运输方式的贸易术语。后 3 种与前 3 种在很多方面有相似之处,但又有其不同的特点,其主要区别如下,见表 7-3。

表 7-3　FOB、CFR、CIF 与 FCA、CPT、CIP 的主要区别一览表

| 比较内容 | FCA、CPT、CIP | FOB、CFR、CIF |
| --- | --- | --- |
| 运输方式 | 任何运输方式 | 海运和内河运输 |
| 承运人 | 船公司、铁路局、航空公司、多式联运经营人 | 船公司 |
| 交货地点 | 卖方处所承运人提供的运输工具上,铁路、公路、航空、内河、海洋运输承运人或多式联运承运人的运输站或其他收货点 | 装运港 |
| 风险转移界限 | 货交承运人 | 装运港船上 |
| 装卸费用负担（程租船） | 由支付运费的一方承担 | 使用贸易术语变形来明确装卸费用由何方负担 |
| 运输单据 | 海运提单、铁路运单、航空运单、多式联运单据 | 海运提单 |
| 运费负担 | 从出口国指定地点到进口国指定地点的各种运输方式的运费 | 从装运港到目的港的海运运费 |
| 保险内容 | 各种运输方式下货物的保险 | 海洋运输货物的保险 |

# 二、有关贸易术语的使用问题

## (一)"交货"(Delivery)

《2010 年国际贸易术语解释通则》中按交货性质不同,把 11 种贸易术语分为实际性交货和象征性交货两大类。

实际交货的贸易术语是卖方必须在合同指定地点把货物交由买方控制,才算是完成交货任务。在此条件下,装运单据不能代替货物,卖方必须在指定地点把卖出的实物交给买方,EXW、FAS、DDP、DAP 和 DAT 5 种贸易术语均属此类。

象征性交货的贸易术语有一个共同特点,即凭单交货、凭单付款。采用这类贸易术语时,卖方只要在合同规定的时间和地点,将货物装上运往指定目的地的运载工具,取得合同规定的装运单据并提交给买方,就算完成了交货义务,哪怕是交给第一承运人,仍算是完成了交货,买方应在收到装运单据时付款。也就是说,买方凭单付款而不是凭实际交货付款,尽管实际上买方购买的是货物,但在形式上,买方购买的是单据,只要卖方按照货物买卖合同的规定提交齐全、正确、及时的单据,买方就必须付款赎单。所谓"齐全",是指卖方必须提交提单、商检证书、发票和 CIF 术语的保险单或合同规定的其他单证。所谓"正确",是指这

些单据同货物买卖合同条款规定相符,商品的名称、质量、数量、装运港、提单日期、商检证书日期、保险单日期均无差错。所谓"及时",是指卖方装船完毕取得提单后就必须在合理时间内将单据交付买方,或在信用证规定的交单期内交付。

如果卖方提交的单据不及时、不齐全,或者单据内容与货物买卖合同的规定不相符,即使所交货物质好、量足、准时,买方也可以拒不付款赎单。FCA、FOB、CFR、CIF、CPT 和 CIP 6 种贸易术语即属象征性交货的贸易术语。

### (二)"所有权"转移

所有权是对财产享有占有、使用和处理的权利。所有权的转移是指此项权利何时由卖方转给买方。在实际交货的情况下,卖方在将货物交与买方之前,仍拥有货物的所有权,同时承担货物的全部风险。一旦将货物交与买方并取得货款,就不再拥有所有权,也不再承担货物的风险,买方则自取得货物之时起承担风险。显然,实际交货,所有权与风险同步转移。在象征性交货情况下,卖方在装运港装船取得海运提单后,根据不同支付方式要求,将代表货物所有权的凭证海运提单直接或间接交给买方。因此,在象征性交货的贸易术语中,所有权的转移和风险转移是不一致的,风险转移在先,所有权转移在后。

### (三)贸易术语与合同条款的关系

贸易术语与合同条款的关系主要涉及合同的性质问题。在国际贸易合同中采用了某种贸易术语,一般情况下要求合同的其他条款的解释内容同该术语的解释内容相一致,这时,人们便用所采用的术语名称来确定合同的性质和名称。如贸易合同中采用了 CIF 贸易术语,合同的其他条款又与 CIF 一致,那么这个合同就是 CIF 合同。

### (四)贸易术语对商品价格的影响

在进出口贸易中采用不同的贸易术语签订合同,会使相同商品的价格发生变化。一般来说,卖方责任、费用和风险较大的贸易术语,商品的售价就高;反之,售价就低。可见,卖方商品的售价高低与其所承担的责任、费用和风险的大小成正比。买方所处地位与卖方恰好相反,商品购价高低与其所承担的责任、费用和风险的大小成反比。如 EXW 术语卖方只能按商品成本和利润定价;DDP 术语,卖方在商品成本和利润外,必须把运费、保险费、海关关税以及各种手续费折合成货币,加在商品的售价之内。所以,前者商品售价低,后者商品售价高。同样道理,EXW 买方购价低,DDP,买方购价高。

贸易术语之所以影响商品的价格,是因为不同贸易术语下的不同责任、费用和风险都可归结为货币,表现为成本之外的广义的业务费用,这些费用常常与货值相当,有时高达货值的数倍。这样一来,在未解释责任、费用和风险的归属之前,根本无法确定商品的价格。因此,只有确定了贸易术语,才能谈论商品的价格构成。

### (五)贸易术语的选择

贸易术语多种多样,在进出口贸易实际业务中究竟采用哪一种,要视具体情况而定。在我国的出口贸易中,我们尽量选择我方承担责任、费用和风险较大的贸易术语,因为这些贸易术语的商品售价中包含了运费、保险费,以及较高的业务费开支。同时,采用这些术语,由我方负责租船订舱,可以做到船货衔接,避免在买方派船的情况下我们必须在装运期之前运抵码头候装的仓租费和候装期间的风险,还可避免买方所派船舶已进港候装而我方货物尚未运抵码头需向船方支付船期损失费用。从国家和民族利益方面来考虑,由我方公司负责运输、保险,有利于我国航运、保险事业的发展,还可以用人民币进行运费、保险费结算,节省外汇开支。

# 任务四　价格的掌握

在国际货物买卖中,如何确定进出口商品价格和规定合同中的价格条款,是交易双方最为关心的一个问题。在实际业务中,正确掌握进出口商品价格,合理采用各种作价办法,选用有利的计价货币,适当运用与价格有关的佣金和折扣,订好合同中的价格条款,对体现对外政策、提高外贸经济效益,都具有十分重要的意义。

## 一、货物的价格表述

货物的价格,通常是指单位商品的价格,简称单价(Unit Price)。包括四项内容:货币名称、单价金额、计量单位、贸易术语。例:USD1000/doz CIF London. 即:USD(货币名称)、1000(单价金额)、Doz(计量单位)、CIF London(贸易术语)。

## 二、进出口货物的作价原则和考虑因素

我国进出口商品的作价原则是:在贯彻平等互利的原则下,根据国际市场价格水平,结合国别(地区)政策,并按照我们的购销意图确定适当的价格。由于价格构成因素不同,影响价格变化的因素也多种多样。在确定进出口商品价格时,必须充分考虑影响价格的种种因素,并注意同一商品在不同情况下应有合理的差价。

为了正确掌握我国进出口商品价格,除应遵循上述作价原则外,还必须考虑下列因素。

### (一)商品的质量和档次

在国际市场上,一般都贯彻按质论价的原则,即好货好价,次货次价。品质的优劣,档次的高低,包装装潢的好坏,式样的新旧,商标、品牌的知名度等,都影响商品的价格。

### (二)运输距离

国际货物买卖,一般都要通过长途运输。运输距离的远近,影响运费和保险费的开支,

从而影响商品的价格。因此,确定商品价格时,必须核算运输成本,做好比价工作,以体现地区差价。

### (三)交货地点和交货条件

在国际贸易中,由于交货地点和交货条件不同,买卖双方承担的责任、费用和风险有别,在确定进出口商品价格时,必须考虑这些因素。

### (四)季节性需求的变化

在国际市场上,某些节令性商品,如果赶在节令前到货,抢行应市,即能卖上好价。过了节令的商品,其售价往往很低,甚至以低于成本的"跳楼价"出售。因此,应充分利用季节性需求的变化,切实掌握好季节性差价,争取按对我有利的价格成交。

### (五)成交数量

按国际贸易的习惯做法,成交量的大小影响价格。即成交量大时,在价格上应给予适当优惠,或者采用数量折扣的办法。那种不论成交量多少,都采取同一个价格成交的做法是不当的,我们应当掌握好数量方面的差价。

### (六)支付条件和汇率变动的风险

支付条件是否有利和汇率变动风险的大小,都会影响商品的价格。例如,同一商品在其他交易条件相同的情况下,采取预付货款和凭信用证付款方式下,其价格应当有所区别。同时,确定商品价格时,一般应争取采用对自身有利的货币成交,如采用不利的货币成交时,应当把汇率变动的风险考虑到货价中去,即适当提高出售价格或压低购买价格。

此外,商品的特性、交货期的远近、市场消费习惯和消费者偏好等因素,对确定价格也有不同程度的影响,我们必须在调查研究的基础上通盘考虑,权衡得失,确定适当的价格。

## 三、进出口商品的作价办法

在国际货物买卖中,作价的方法多种多样,我们可以根据不同情况,分别采取下列作价办法。

### (一)固定价格

在合同中规定固定价格是一种常规做法。它具有明确、具体、肯定和便于核算的特点。我国进出口合同绝大部分都是在双方协商一致的基础上,明确地规定具体价格,这也是国际上常见的做法。而且,按照各国法律的规定,合同价格一经确定,就必须严格执行,任何一方都不得擅自更改。

不过,由于西方国家商品市场行情的多变性,价格涨跌不定,因此,在国际货物买卖合同中规定固定价格,就意味着买卖双方要承担从订约到交货付款以至转售时价格变动的风险。如果行市变动过于剧烈,这种做法还可能影响合同的顺利执行。如一些不守信用的商人很可能为逃避巨额损失而寻找各种借口撕毁合同。为了减少价格风险,在采用固定价格时,首先,必须对影响商品供需的各种因素进行仔细的研究,并在此基础上,对价格的前景作出判断,以此作为决定合同价格的依据;其次,对客户的资信进行了解和研究,慎重选择订约的对象;最后,为了减少风险,促成交易,提高合同的履约率,在合同价格的规定方面,也日益采取一些变通做法。

### (二)非固定价格

从我国进出口合同的实际做法看,非固定价格,即一般业务上所说的"活价",大体上可分为以下几种:

**1. 只规定作价方式,具体价格留待以后确定**

这种规定又可分为下列2种:一是在价格条款中明确规定定价时间和定价方法。例如"在装船月份前50天,参照当地及国际市场价格水平,协商议定正式价格";或"按提单日期的国际市场价格计算"。二是只规定作价时间,如"由双方在××年×月×日协商确定价格"。这种方式由于未就作价方式做出规定,容易给合同带来较大的不稳定性,双方可能因缺乏明确的作价标准,而在商定价格时,各执己见,相持不下,导致合同无法执行。因此,这种方式一般只应于双方有长期交往,已形成比较固定的交易习惯的合同。

**2. 暂定价**

即在合同中先订立一个初步价格,作为开立信用证和初步付款的依据,待双方确定最后价格后再进行最后清算。

**3. 部分固定价格,部分非固定**

有时为了照顾双方的利益,解决双方在采用固定价格或非固定价格方面的分歧,也可采用部分固定价格,部分非固定价格的做法,或是分批作价的办法,交货期近的价格在订约时固定下来,余者在交货前一定期限内作价。

## 四、计价货币的选择

### (一)计价货币

计价货币(Money of Account)是指合同中规定的用来计算价格的货币(见表7-5)。如合同中的价格是用一种双方当事人约定的货币(如美元)来表示的,没有规定用其他货币支付,则合同中规定的货币,既是计价货币,又是支付货币(Money of Payment)。

在一般的国际货物买卖合同中,价格都表现为一定量的特定货币(如每公吨为300美元),通常不再规定支付货币。根据国际贸易的特点,用来计价的货币,可以是出口国家货币,也可以是进口国家货币或双方同意的第三国货币,由买卖双方协商确定。由于世界各国的货币价值并不是一成不变的,特别是在世界许多国家普遍实行浮动汇率的条件下,通常被用来计价的各种主要货币的市值更是严重不稳。国际货物买卖通常的交货期都比较长,从订约到履行合同,往往需要有一个过程。在此期间,计价货币的市值是要发生变化的,甚至会出现大幅度的起伏,其结果必然直接影响进出口双方的经济利益。因此,如何选择合同的计价货币就具有重大的经济意义,是买卖双方在确定价格时必须注意的问题。

除双方国家订有贸易协定和支付协定,而交易本身又属于上述协定的交易,必须按规定的货币进行清算外,一般进出口合同都是采用可兑换的、国际上通用的或双方同意的支付手段进行计价和支付。但是,目前这些货币的软硬程度并不相同,发展趋势也不一致。因此,具体到某一笔交易,都必须在深入调查研究的基础上,尽可能争取把发展趋势对我方有利的货币作为计价货币。从理论上说,对于出口交易,采用硬币计价比较有利;而进口合同却用软币计价比较合算。但在实际业务中,以什么货币作为计价货币,还应视双方的交易习惯、经营意图以及价格而定。如果为达成交易而不得不采用对我方不利的货币,则可设法用下述两种办法补救:一是根据该种货币今后可能的变动幅度,相应调整对外报价;二是在可能条件下,争取订立保值条款,以避免计价货币汇率变动的风险。

### (二)计价货币的汇率折算

汇率是用一个国家的货币折算成另一个国家的货币的比率(见表7-4)。汇率的标价有直接标价与间接标价两种方法,我国采用直接标价法,即用本国货币来表示外国货币的价格(外币是常数,本币是变量)。

表7-4 中国银行2013年3月26日人民币远期外汇牌价(每100外币兑换人民币)

| | | 美元 | 欧元 | 日元 | 港元 | 英镑 | 瑞郎 | 澳元 | 加元 |
|---|---|---|---|---|---|---|---|---|---|
| 七天 | 买入 | 619.36 | 795.14 | 6.5576 | 79.69 | 938.58 | 651.83 | 646.55 | 605.72 |
| | 卖出 | 623.48 | 803.69 | 6.6257 | 80.42 | 947.40 | 658.02 | 652.92 | 611.12 |
| 一个月 | 买入 | 620.04 | 796.27 | 6.5675 | 79.79 | 939.50 | 652.59 | 645.95 | 605.96 |
| | 卖出 | 624.38 | 804.90 | 6.6351 | 80.55 | 948.67 | 659.25 | 652.76 | 611.79 |
| 三个月 | 买入 | 622.14 | 799.37 | 6.5920 | 80.09 | 942.49 | 655.32 | 645.32 | 607.27 |
| | 卖出 | 626.52 | 807.94 | 6.6606 | 80.84 | 951.58 | 661.96 | 652.07 | 613.04 |
| 六个月 | 买入 | 624.58 | 803.50 | 6.6274 | 80.55 | 946.34 | 659.23 | 643.48 | 608.69 |
| | 卖出 | 629.46 | 811.96 | 6.6945 | 81.21 | 955.34 | 665.73 | 650.09 | 614.34 |
| 九个月 | 买入 | 626.81 | 807.28 | 6.6616 | 80.82 | 949.84 | 662.87 | 641.53 | 609.89 |
| | 卖出 | 632.20 | 815.91 | 6.7287 | 81.56 | 959.13 | 669.58 | 648.21 | 615.64 |
| 十二个月 | 买入 | 629.15 | 811.25 | 6.6979 | 81.17 | 953.83 | 666.69 | 639.73 | 611.17 |
| | 卖出 | 634.84 | 819.90 | 6.7652 | 81.91 | 962.98 | 673.46 | 646.43 | 616.92 |

资料来源:中国银行网站。

出口结汇是银行付出本国货币,买入外汇,用买入价;进口付汇是银行买入本国货币,卖出外汇,用卖出价。

**1. 将本币折成外币用买入价**

外币＝本币÷汇率(买入价)/100

【例】 某公司出口一批服装,价值人民币 40000 元,客户要求以美元报价。当时,外汇汇率为买入价 100 美元＝727.21 元,卖出价 100 美元＝729.69 元,那么,对外美元报价应为 40000÷(727.21/100)＝5500.47 美元

**2. 将外币折成本币用卖出价**

本币＝外币×汇率(卖出价)/100

【例】 某公司进口一批价值 5500.47 美元的货物,当时外汇汇率为买入价 100 美元＝727.21 元,卖出价 100 美元＝729.69 元,那么,付汇时需向银行支付人民币 5500.47×(729.69/100)＝40136.38 元。

**3. 一种外币折成另一种外币**

按照银行外汇牌价(用买价则都用买价)将两种外币都折成人民币,然后间接地算出两种外币的兑换率。

【例】 某出口商品,对外报价每公吨 300 英镑 CIF 纽约。国外客户要求改为美元报价。当日外汇牌价为:100 英镑＝618.54 元(买入价)/621.65 元(卖出价);100 美元＝371.27 元(买入价)/373.14 元(卖出价)。则 1 英镑＝618.54 元/371.27 元＝1.666 美元。因此,对外价格可以改报为:500 美元 CIF 纽约(300×1.666＝499.80 美元)。

表 7-5 出口交易中常用的计价货币

| 国家或地区 | 货币名称 | 简写 |
| --- | --- | --- |
| 中国 | 人民币元 | RenMinbi Yuan | ¥(CNY) |
| 香港(地区) | 港元 | Hongkong Dollar | HK$(HKD) |
| 英国 | 英镑 | Pound Sterling | £ $ Stg(GBP) |
| 美国 | 美元 | United State Dollars | US$(USD) |
| 日本 | 日元 | Japanese Yen | J¥(JPY) |
| 加拿大 | 加拿大元 | Canadian Dollar | Can$(CAD) |
| 澳大利亚 | 澳大利亚元 | Australian Dollar | A$(AUD) |
| 新加坡 | 新加坡元 | Singapore Dollar | S$(SGD) |
| 欧元区 | 欧元 | EURO | €(EUR) |

## 五、佣金

### (一)佣金的含义

在国际贸易中,有些交易是通过中间代理商进行的。因中间商介绍生意或代买代卖而向其支付一定的酬金,此项酬金叫"佣金"。凡在合同价格条款中,明确规定佣金的百分比,叫作"明佣"。不标明佣金的百分比,甚至连佣金字样也不标示出来,由双方当事人另行约定,这种暗中约定佣金的做法叫"暗佣"。此外,佣金还有另外一种形式"累积佣金",指出口公司对包销、代理客户签订合约,规定在一定时间内销售一定数量(金额)的商品后,按累计额支付给包销、代理客户的佣金。包含有佣金的价格,在业务中通常称为"含佣价"。

佣金直接关系到商品的价格,货价中是否包括佣金和佣金比例的大小,都影响商品的价格。显然,含佣价比净价要高。正确运用佣金,有利于调动中间商的积极性和扩大贸易。

### (二)佣金的规定方法

其一,在商品价格中包括佣金时,通常应以文字来说明。例如"每公吨 200 美元 CIF 旧金山包括 2％佣金"(USD200 PER MT CIF San Francisco including 2％ commission)。

其二,也可以在贸易术语上加注佣金的缩写英文字母"C"和佣金的百分比来表示。例如:"每公吨 200 美元 CIFC2％旧金山"(USD200 PER MT CIFC2 San Francisco)。

其三,商品价格中所包含的佣金除用百分比表示外,也可以用绝对数来表示。例如:"每公吨付佣金 25 美元。"

如中间商为了从买卖双方获取"双头佣金"或为了逃税,有时要求在合同中不规定佣金,而另按双方暗中达成的协议支付。佣金的规定应合理,其比率一般掌握在 1％至 5％之间,不宜偏高。

### (三)佣金的计算与支付方法

在国际贸易中,计算佣金的方法不一,有的按成交金额约定的百分比计算,也有的按成交商品的数量来计算,即按每一单位数量收取若干佣金计算。

在我国进出口业务中,计算方法也不一致,按成交金额和成交商品的数量计算的都有。在按成交金额计算时,有的以发票总金额作为计算佣金的基数;有的则以 FOB 总值为基数来计算佣金;如按 CIF 成交,而以 FOB 值为基数计算佣金时,则应从 CIF 价中减去运费和保险费,求出 FOB 值,然后以 FOB 值乘以佣金率,即得出佣金额。

关于计算佣金的共识如下:

单位货物佣金额＝含佣价×佣金率

净价＝含佣价－单位货物佣金额

上述公式也可写成:

含佣价＝净价/(1－佣金率)

佣金的支付一般有两种做法：

一种是由中间代理商直接从货价中扣除佣金；另一种是在委托人收清货款之后，再按事先约定的期限和佣金比率，另行付给中间代理商。在支付佣金时，应防止错付、漏付和重付等事故发生。

## 六、折扣

### (一) 折扣的含义

"折扣"是指卖方按原价给予买方一定百分比的减让，即在价格上给予适当的优惠。国际贸易中使用的折扣，名目很多，除一般折扣外，还有为扩大销售而使用的数量折扣，为实现某种特殊目的而给予的特别折扣以及年终回扣等。凡在价格条款中明确规定折扣率的，叫"明扣"。折扣直接关系到商品的价格，货价中是否包括折扣和折扣率的大小都影响商品价格，折扣率越高，则价格越低。

### (二) 折扣的规定方法

在国际贸易中，折扣通常在规定价格条款时，用文字明确表示出来。

其一，例如，"CIF 伦敦每公吨 200 美元，折扣 3%"(USD200 per MT CIF London including 3% discount)，此例也可以这样表示"CIF 伦敦每公吨 200 美元，减 3% 折扣"( USD 200 per MT CIF London less 3% discount)。

价格条款中不明示折扣率的"暗扣"是否可以接受？

其二，折扣也可以用绝对数来表示。例如，每公吨折扣 6 美元。

在实际业务中，也可以用 CIFD 或 CIFR 来表示 CIF 价格中包含折扣。这里的 D 和 R 是 Discount 和 Rebate 的缩写。鉴于贸易术语中加注的 D 或 R 含义不清，可能引起误解，故最好不使用此缩写语。

### (三) 折扣的计算与支付方法

折扣通常是以成交额或发票金额为基础计算出来的。

单位货物折扣额＝原价(或含折扣价)×折扣率

卖方实际净收入＝原价－单位货物折扣额

折扣一般是在买方支付货款时预先予以扣除。也有的折扣金额不直接从货价中扣除，而按暗中达成的协议另行支付给买方，这种做法通常在给暗扣或回扣时采用。

## 七、国际货物买卖合同中的价格条款

### (一)计量单位

单价条款中的计量单位应与数量条款中的计量单位相一致。如果数量条款中的计量单位为"M/T",则单价条款中的计量单位也应用"M/T",而不应用"L/T"或"S/T"。

### (二)单价及总金额

单价中涉及的计价数量单位、计价货币、装卸地名称等必须书写正确、清楚,以利合同的履行;总金额是单价和数量的乘积。

### (三)计价货币

尽量使用可以自由兑换、汇率比较稳定的货币,出口时争取使用汇率向上浮的货币,即"硬币";进口时争取使用汇率呈下降趋势的货币,即"软币",必要时可以加订汇率保值条款。

### (四)选用适当的贸易术语

在考虑有利于本国经济发展及企业的经营意图的情况下,出口尽量使用 CIF(或 CIP)价,进口使用 FOB(或 FCA)价。

【例】

1. 每公吨 5000 美元 CIF 香港(US$5000 per metric ton CIF Hong Kong)。
2. 每打 200 美元 CFRC3％纽约(US$200 per dozen CFRC3％ New York)。
3. 每台 600 欧元 FOB 上海减 3％折扣(EUR600 per set FOB Shanghai less 3％ discount)。
4. 500 M/T, gross for net, 6％ more Or less. Unit Price: US$1000 per metric ton CIF Singapore. Total Price: US$500000。

# 任务五　进出口商品的价格核算

## 一、进出口商品的价格构成

### (一)成本(Cost)

出口货物的成本主要是指采购成本。它是贸易商向供货商采购商品的价格,也称"进货成本"。

## (二)费用(Expenses/Charges)

**1. 包装费(Packing Charges)**

通常包括在进货成本中,如有特殊要求,则须另加。

**2. 仓储费(Warehousing Charges)**

提前采购或另外存仓的费用。

**3. 国内运输费(Inland Transport Charges)**

装货前的内陆运输费用,如卡车、内河运输费、路桥费、过境费及装卸费等。

**4. 认证费(Certification Charges)**

办理出口许可、配额、产地证及其他证明所支付的费用。

**5. 港区港杂费(Port Charges)**

货物装运前在港区码头支付的费用。

**6. 商检费(Inspection Charges)**

出口商检机构检验货物的费用。

**7. 捐税(Duties and Taxes)**

国家对出口商品征收、代收或退还的有关税费,有出口关税、增值税等。

**8. 垫款利息(Interest)**

出口商买进卖出期间垫付资金支付的利息。

**9. 业务费用(Operating Charges)**

出口商经营过程中发生的有关费用,也称"经营管理费",如通讯费、交通费、接待费等。出口商还可根据商品、经营、市场等情况确定一个费用率,这个比率为 5%～15% 不等,一般是在进货成本基础上核定。定额费用 = 进货价 × 费用定额率。

**10. 银行费用(Banking Charges)**

出口商委托银行向外商收取货款、进行资信调查等支出的费用。

**11. 出口运费(Freight Charges)**

出口商支付的海运、陆运、空运及多式联运费用。

**12. 保险费(Insurance Premium)**

出口商购买货运保险或信用保险支付的费用。

**13. 佣金(Commission)**

出口商向中间商支付的报酬。

## (三)预期利润(Expected Profit)

在出口交易中,利润对于出口商是极为重要的,因此,它是价格构成中必不可少的。

## 二、出口货物的价格核算

### (一)成本核算

我国实行出口退税制度,采取对出口商品中的增值税全额退还或按一定比例退还的做法,即将含税成本中的税收部分按照出口退税比例予以扣除,得出实际成本。

【例】 某公司出口玻璃杯,每套进货成本人民币 90 元(包括 17% 的增值税),退税率为 8%,实际成本核算如下:

计算公式:实际成本＝进货成本－退税金额

退税金额＝进货成本/(1＋增值税率)×退税率＝90/(1＋17%)×8%＝6.15(元)

实际成本:90－6.15＝83.85(元)

玻璃杯的实际成本为每套人民币 83.85 元。

### (二)运费核算

在使用班轮运输时,根据是否装入集装箱可以分为件杂货与集装箱货:

**1.件杂货运费**

基本费用＋附加运费。附加运费一般以基本运费的一定比率计收。

**2.集装箱货运费**

件杂货基本费率＋附加费(拼箱);包箱费率＋附加费(整箱)。

### (三)保险费核算

在采用 CIF 或 CIP 术语时要计算保险费:

保险费＝保险金额×保险费率

保险金额＝CIF(CIP)价×(1＋投保加成率)

投保加成率一般是 10%,保险金额以 CIF(CIP)货价或发票金额为基础计算。

### (四)佣金核算

佣金是付给中间商的报酬,佣金的计算通常以发票金额作为基础。

### (五)利润核算

采用利润率核算利润时,一般是以某一成本或某一销售价格为基数。下面分别举例说明:

【例】 某公司实际成本为人民币 180 元,利润率为 15%,试计算价格和利润额。

1.以实际成本为依据:

销售价格＝实际成本＋利润额＝实际成本＋实际成本×利润率

＝180＋180×15%＝207(元)

利润＝实际成本×利润率＝180×15％＝27(元)

**2. 以销售价格为依据:**

销售价格＝实际成本＋利润额＝实际成本＋销售价格×利润率

等式两边移项得:

销售价格－销售价格×利润率＝实际成本

销售价格×(1－利润率)＝实际成本

销售价格＝实际成本/(1－利润率)＝180/(1－15％)＝211.77(元)

利润＝销售价格×利润率＝211.77×15％＝31.77(元)

可见,计算利润的依据不同,销售价格和利润额也不一样。

### (六)盈亏核算

在国际贸易中,盈亏核算的指标主要有两个:

**1. 换汇成本**

换汇成本是出口商品获得每一单位外币的成本,即出口净收入1单位外币所耗费的人民币数额。换汇成本高于外汇牌价,出口为亏损;反之则为盈利。公式为:

换汇成本＝出口总成本(人民币)/出口销售外汇净收入(美元)

出口总成本是指实际成本加上出口前的一切费用和税金。出口销售外汇净收入是指出口商品按FOB价出售所得外汇收入。

**2. 出口盈(亏)额**

出口盈(亏)额是指出口销售人民币净收入与出口总成本的差额,净收入大于总成本为盈利;反之为亏损。公式为:

出口盈(亏)额＝(出口销售外汇净收入×外汇买入价)－出口总成本

【例】 某企业出口布拖鞋36000双,出口价每双0.60美元CIF温哥华,CIF总价21600美元,其中,海运费3400美元,保险费160美元。进货成本每双人民币4元,共计人民币144000元(含17％增值税),出口退税率14％,费用定额率12％。当时银行美元买入价为1美元＝8.27元人民币。布拖鞋换汇成本、盈利额及出口盈利率的计算如下。

换汇成本＝出口总成本/出口销售外汇净收入(美元)

＝{进货成本－[进货成本/(1＋增值税率)×退税率]＋(进货成本×12％)}/(出口销售外汇收入－运费－保险费)

＝{144000－[144000/(1＋17％)×14％]＋(144000×12％)}/(21600－3400－160)

＝(144000－144000/1.17×0.14＋17280)/18040

＝144049.23/18040

＝7.985元/美元

布拖鞋换汇成本低于外汇牌价,盈利。

出口盈利额＝出口销售外汇净收入×外汇买入价－出口总成本
　　　　＝USD18040×8.27－144049.23＝CNY5141.57

布拖鞋出口盈利共计人民币5141.57元。

出口盈利率＝(盈利额/出口总成本)×100％＝(5141.57/144049.23)×100％＝3.57％

布拖鞋的出口盈利率为3.57％。

### 三、出口报价核算

了解出口价格各要素核算方法及要点后，我们就可以着手进行出口报价的核算了。所谓"出口报价"是出口商向国外客户出售某商品报出的价格。在计算价格时，首先需要明确价格的构成，即所报价格将由哪些部分组成，其次则需要清楚了解各组成部分的计算方法，也就是出口成本、各项费用以及利润的计算依据，最后将各部分加以合理的汇总即可。

实际业务中，经常报FOB、CIF和CFR价，这3种价格核算分别为：

#### (一)FOB价格的核算

FOB价＝出口成本＋预期利润＝实际购货成本＋单位产品国内总费用＋预期利润额

或：

FOB价＝实际购货成本＋单位产品国内总费用＋预期利润额＋佣金

#### (二)CIF价格核算

CIF价＝出口成本＋出口运费＋运输保险＋预期利润额　　　或：

CIF价＝实际购货成本＋单位产品国内总费用＋单位产品出口运费＋运输保险费＋预期利润额＋佣金

#### (三)CFR价格核算

CFR价＝出口成本＋出口运费＋预期利润额　　　或：

CFR价＝实际购货成本＋单位产品国内总费用＋单位产品出口运费＋预期利润额＋佣金

【例】 某食品进出口公司收到阿根廷客人求购17公吨冷冻水产品(计一个20英尺集装箱)的询盘，经了解该级别水产品每公吨的进货价格为5600元人民币(含增值税17％)；出口包装费每公吨500元；该批货物国内运杂费计1200元；出口商检费300元；报关费100元；港区港杂费950元；其他各种费用共计1500元。该食品进出口公司向银行贷款的年利率为8％；预计垫款时间2个月；银行手续费率为0.5％(按成交价格计)，出口冷冻水产的退税率为3％；海洋运费从装运港青岛至布宜诺斯艾利斯(Buenos Aires)一个20英尺冷冻集装箱的包箱费率是2200美元，用户要求按成交价的110％投保，保险费率0.85％；阿根廷客人要求在报价中包括3％的佣金，若该食品进出口公司的预期利润是10％(以成交金额计)，人民币对美元汇率为8.25∶1，试报出每公吨水产品出口的 FOB,CFR 和 CIF 价格。为保持数据的相对准确性,运算过程保留四位小数,最终报价保留两位小数。

实际购货成本＝购货价格－出口退税额
　　　　　　＝购货成本×(1＋17%－退税率)÷(1＋17%)
　　　　　　＝5600×(1＋17%－3%)÷(1＋17%)
　　　　　　＝5600×1.14÷1.17＝5456.4103(元/公吨)

费用：

国内费用＝500＋(1200＋300＋100＋950＋1500)÷17＋5600×8%÷6
　　　　＝812.902(元/公吨)(注：贷款利息通常根据进货成本来核算)

银行手续费＝报价×0.5%

客户佣金＝报价×3%

出口运费＝2200÷17＝129.4118(美元)＝1067.6473(元)

出口保费＝CIF 价×110%×0.85%

利润＝报价×10%

(一)FOB 报价

FOBC3＝实际购货成本＋国内费用＋佣金＋银行手续费＋预期利润
　　　＝5456.4103＋812.902＋报价×3%＋报价×0.5%＋报价×10%

FOBC3＝(5456.4103＋812.902)÷(1－3%－0.5%－10%)÷8.25
　　　＝6269.3123÷0.865÷8.25＝878.52(美元/公吨)

(二)CFR 报价

CFRC3＝实际购货成本＋国内费用＋出口运费＋佣金＋银行手续费＋预期利润
　　　＝5456.4103＋812.902＋1067.6471＋报价×3%＋报价×0.5%＋报价×10%

CFRC3＝(5456.4103＋812.902＋1067.6471)÷(1－3%－0.5%－10%)÷8.25
　　　＝7336.9594÷0.865÷8.25＝1028.13(美元/公吨)

(三)CIF 报价

CIFC3＝实际购货成本＋国内费用＋出口运费＋佣金＋银行手续费＋出口保险费
　　　　＋预期利润
　　　＝5456.4103＋812.902＋1067.6471＋报价×3%＋报价×0.5%＋报价×110%×0.85%＋报价×10%

CIFC3＝(5456.4103＋812.902＋1067.6471)÷(1－3%－0.5%－110%×0.85%－10%)÷8.25＝7336.9594÷0.85565÷8.25＝1039.36(美元/公吨)

通过以上计算,17 公吨冷冻水产品的出口报价如下：

　　USD878.52 PER METRIC TON FOBC3QINGDAO
　　USD1028.13 PER METRIC TON CFRC3BUENOS AIRES
　　USD1039.36 PER METRIC TON CIFC3BUENOS AIRES

综合以上案例,我们把常见的 6 种贸易术语的价格构成用表 7-6 来说明。

表 7-6  常见 6 种贸易术语进出口商品价格构成一览表

| 价格构成 | | | | 具体说明 |
|---|---|---|---|---|
| CIF/<br>CIP | CFR/<br>CPT | FOB/<br>FCA | 出口成本 | 商品本身成本 | 包括 3 种类型:生产成本、加工成本、采购成本(进货成本) |
| | | | | 国内费用 | 包装费 |
| | | | | | 仓储费、港区杂费等 |
| | | | | | 国内运输费(仓至码头、车站、机场、集装箱运输站/堆场) |
| | | | | | 拼箱费(如货物不够装一个整箱) |
| | | | | | 证件费(领事签证费、产地证费、许可证费、保管费等) |
| | | | | | 商检费 |
| | | | | | 银行费用(贴现利息、手续费等) |
| | | | | | 贷款利息 |
| | | | | | 业务费/经营管理费(工资、交通费、接待费、广告费等) |
| | | | | | 邮电费(电报、电话、电传、传真、电子邮件、邮政等) |
| | | | | | 报关费 |
| | | | 预期利润 | | |
| | | 国外运费 | | | 自装运港(地)至目的港(地)的运输费用 |
| | 国外保险费 | | | | 货物运输保险费 |

## 四、出口还价核算

在进出口业务中,作为一个出口商,在对外报价后十分愿意收到肯定的回复。然而,交易中很少碰上不还价的对手,在激烈的市场竞争环境中,讨价还价常常是交易磋商中的主旋律。在进出口交易中,无论出口商还是进口商,在收到对方的报价后立即接受成交,即一锤定音的情况都很少见。那么,在收到对方还价后,进行还价核算,以便对还价作出合理反应,进行再还价。出口商可以采取以下几种对策。

### (一)努力说服客户接受原价,不作让步

追求利润是买卖双方经营的目标,利润太低,出口商自然不太愿意,但利润太高也会吓跑客户,失去成交的机会。因此,要详细了解客户的需求和市场的竞争状况,谨慎地采取这一对策。

### (二)减少公司的利润以满足客户的降价要求

这虽然是最直接和最简便的方法,但它牺牲的是出口商自身的利润,因而往往是出口商最不愿意采取的对策。

## (三)降低采购成本

采购成本在价格构成中占比例最大,通过降低供货价格来调整报价,达到降低报价目的则显得很重要。当然,降低采购价格不能一相情愿,而需要经过同供货商艰苦的谈判。

## (四)减少运输费用和保险费支出

目前,经营外运和保险的公司较多,竞争激烈,经营灵活。通过谈判,运费和保险费也是可以调整的。另外,增加数量,也可摊薄出口成本,使价格下降。

总而言之,无论采用什么对策,正确的还价核算都是必要的。

在出口还价核算时,出口商首先考虑的是在客户还价后,自己是否还有利润,利润是多少。计算利润额时可考虑以单一商品利润或一个品种、一个集装箱或整个订单的利润额为基础,即单价法和总价法。总价法比较直观且比较精确。除了计算利润额以外,有时出口商还会进行利润率的核算。核算利润率的主要目的是为了对经过还价后的利润和报价利润率进行比照。

下面我们以上列出口报价的案例(阿根廷客人求购水产品),来分析出口还价核算过程:

当该食品进出口公司向阿根廷客人报出冷冻水产品的价格后,随即收到阿根廷客人的还价,每公吨CIF布宜诺斯艾利斯的接受价是990美元,其中包括3%的佣金,请根据还价计算:

(1)如果接受还价,该食品进出口公司每出口1公吨冷冻水产品可以获利多少元人民币?总利润额为多少?利润率为百分之几?(精确至元)

(2)如果该食品进出口公司10%的利润率不得减少,在其他国内费用保持不变的情况下,公司能够接受的供货价格应为每公吨多少元人民币?

有关数据如下:

报价数量:17公吨(计1个20英尺集装箱)。

购货价格:每公吨5600元人民币(含增值税17%),出口退税率为3%。

国内费用:运杂费共计1200元,出口包装费每公吨500元,出口商检费共300元,报关费共100元,港区港杂费共950元,其他各种费用共计1500元。贷款年利率为8%,垫款时间2个月。银行手续费率为5‰(按成交价格计)。

出口运费:2200美元

保　　险:按CIF价格的110%投保,保险费率0.85%。

佣　　金:3%

预期利润:10%(以成交金额计)

汇　　率:8.25元人民币兑换1美元

报价如下:

实际购货成本 $=5600-5600\div(1+17\%)\times 3\%$

$\qquad\qquad\qquad =5600-143.5897=5456.4103$(元/公吨)

国内费用＝500＋(1200＋300＋100＋950＋1500)÷17＋5600×8％÷6
＝812.9020(元/公吨)(注:贷款利息通常根据采购成本来计算)

银行手续费＝报价×0.5％

客户佣金＝报价×3％

出口运费＝2200×8.25÷17＝1067.6470(元)

出口保费＝CIF报价×110％×0.85％

利润＝报价×10％

CIFC3报价＝1039.36(美元/公吨)

还价核算:

(1)按照客户提出的价格990美元CIFC3 BUENOS AIRES,食品进出口公司可望获取的利润额:

＝销售收入－实际购货成本－国内费用－出口运费－银行手续费－保险费－佣金
＝990×8.25－5456.4103－812.902－1067.6471－990×8.25×(0.5％＋110％×0.85％＋3％)
＝830.5407－362.2286＝468.3121＝468(元/公吨)

总利润额＝468×17＝7956(元)

利润率＝468÷8167.5×100％＝5.73％

(2)如果该食品进出口公司10％的销售利润保持不变的话,则每公吨冷冻水产品的国内采购价格＝销售收入－销售利润－保险费－佣金－银行费用－国内费用－出口运费＋退税收入

这里要注意的是:

国内费用中的银行利息为"采购价格×8％÷6";而退税收入则为"采购价格÷(1＋17％)×3％"。

＝[990×8.25×(1－10％－1.1×0.85％－3％－0.5％)－738.2353－1067.6470]÷[1＋(8％÷6)－(3％÷1.17)]
＝5182.639÷0.98769＝5247.23＝5247(元/公吨)

# 五、常用三种贸易术语之间的换算

## (一)FOB价换算成其他价格

1. FOB＋运费(F)＝CFR价
2. FOB＋运费(F)/(1－投保加成×保险费率)＝CIF价

## (二)CFR价换算成其他价格

1. CFR－运费(F)＝FOB价

2. CFR/(1－投保加成×保险费率)＝CIF 价

### (三)CIF 价换算成其他价格

1. CIF 价×(1－投保加成×保险费率)－运费＝FOB 价
2. CIF 价×(1－投保加成×保险费率)＝CFR 价

【例】 我国某贸易公司向英国商人出售某商品一批,报价是每件 235 英镑 CIF 伦敦,货物运输保险是按发票全额加一成投保一切险和战争险,两者的保险费费率合计为 0.7％。但是,英国商人要求改报 CFR 伦敦价,试问,在不影响收汇额的前提下,正确的 CFR 价应报多少?

解:根据计算公式:CIF 价＝CFR 价/(1－投保加成×保险费费率)

将已知数据代入公式,有:

235＝CFR 价÷(1－110％×0.7％)

CFR 价＝235×(1－110％×0.7％)

＝233.19(英镑)

那么改报后的价格为每件 233.19 英镑 CFR 伦敦。

## 小 结

价格问题是国际货物买卖双方共同关心的核心问题之一。

贸易术语是指用一个简短的概念或英文缩写字母表明商品的价格构成、买卖双方应承担的责任、支付的费用及风险的转移界限等问题的专门术语。随着国际贸易和交通运输的发展,贸易术语已经成为统一各国对外贸易实践的认识、规范贸易方法的重要工具。因此学习和研究贸易术语,尤其是《2010 年国际贸易术语解释通则》中的 11 个贸易术语显得尤为重要。

合同中价格条款反映了交易双方的利益关系。买卖双方为了顺利达成交易,都要从各自的情况出发,根据使用不同的贸易术语,认真核算价格,预算盈亏。在此基础上,正确掌握价格和使用不同的作价方法,灵活运用佣金与折扣,结合经营意图,在平等互利的基础上确定合同中的价格条款。

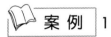
案 例 1

[背景]

某外贸公司按 CIF 伦敦向英商出售一批核桃仁,由于该商品季节性较强,双方在合同中规定:买方须于 9 月底前将信用证开到卖方,卖方保证运货船只不得迟于 12 月 1 日抵达目的港。如货轮迟于 12 月 1 日抵达目的港,买方有权撤销合同;如货款已收,卖方须将货款退还买方。试问:这一合同的性质是否还属于 CIF 合同?

[分析]

在国际贸易中,确定合同的性质是至关重要的。采用什么样的贸易术语,即属于什么样的合同性质。因为贸易术语本身就规定了买卖双方的有关责任、费用和风险界限的划分。但若合同的其他条款又规定了与这种贸易术语完全不同或有抵触的条款,那么有关这一贸易术语的惯例解释就完全不适用于该合同,甚至被认为无效。确定合同的性质不能单纯看它所使用的价格术语,还要看该合同的全部内容是否与所使用价格术语的主要含义相符。具体到本案的合同内容而言,在 CIF 价格术语下竟限定"到货日期",这就与 CIF 价格术语所赋予的风险界限划分的本意相悖。按 CIF 性质而言,是装运港交货,货物装上船后的一切风险均由买方负责。如果限定"到货日期"岂不是要卖方承担装上船后的一切风险?其次 CIF 是"单据买卖",只要卖方提供齐全、正确的货运单据,买方也不能拒收单据,拒付货款。而该合同竟规定:如运货船只不能如期到达目的港,买方将收回货款。由此看来,该合同在一些主要条款上已与 CIF 价格术语的本意相抵触。尽管名义上是按 CIF 成交,但实质上并不是 CIF 合同。故业务人员应通过现象看本质,注意到这些问题。

## 案 例 2

### FOB、CFR、CIF 3 种价格术语的对外报价核算

[背景]

吉信贸易公司收到爱尔兰公司求购 6000 双牛料面革腰高 6 英寸军靴(一个 40 英尺集装箱)的询盘,经了解每双军靴的进货成本人民币 90 元(含增值税 17%),进货总价:90×6000=540000 元;出口包装费每双 3 元,国内运杂费共计 12000 元,出口商检费 350 元,报关费 150 元,港区港杂费 900 元,其他各种费用共计 1500 元。吉信公司向银行贷款的年利率为 8%,预计垫款 2 个月,银行手续费率为 0.5%(按成交价计),出口军靴的退税率为 14%,海运费:大连—都柏林,1 个 40 英尺集装箱的包箱费是 3800 美元,客户要求按成交价的 110% 投保,保险费率为 0.85%,并在价格中包括 3% 佣金。若吉信公司的预期利润为成交金额的 10%,人民币对美元的汇率为 8.25∶1,试报每双军靴的 FOB、CFR、CIF 价格。

[分析]

1. FOB、CFR 和 CIF 3 种价格的基本构成

FOB:成本+国内费用+预期利润

CFR:成本+国内费用+出口运费+预期利润

CIF:成本+国内费用+出口运费+出口保险费+预期利润

2. 核算成本

实际成本=进货成本−退税金额(退税金额=进货成本/(1+增值税率)×退税率)

=90−90/(1+17%)×14%=79.2308(元/双)

3. 核算费用

(1)国内费用＝包装费＋(运杂费＋商检费＋报关费＋港区港杂费＋其他费用)＋进货总价×贷款利率/12×贷款月份(注:贷款利息通常以进货成本为基础)

＝3×6000＋(12000＋350＋150＋900＋1500)＋540000×8%/12×2

＝18000＋14900＋7200＝40100(元)

单位货物所摊费用＝40100元/6000双＝6.683(元/双)

(2)银行手续费＝报价×0.5%

(3)客户佣金＝报价×3%

(4)出口运费＝3800/6000×8.25＝5.2247(元/双)

(5)出口保险费＝报价×110%×0.85%

4. 核算利润(利润＝报价×10%)

5.3 种贸易术语报价核算过程

(1)FOBC3 报价的核算。

FOBC3 报价＝实际成本＋国内费用＋客户佣金＋银行手续费＋预期利润

＝79.230＋6.6833＋FOBC3 报价×3%＋FOBC3 报价×0.5%＋FOBC3 报价×10%

＝85.9141＋FOBC3 报价×(13.5%)

等式两边移项得:

FOBC3 报价－FOBC3 报价×13.5%＝85.9141

FOBC3 报价＝99.3227 元

折成美元:FOBC3＝99.3227/8.25 元＝12.04(美元/双)

(2)CFRC3 报价的核算。

CFR3 报价＝实际成本＋国内费用＋出口运费＋客户佣金＋银行手续费＋预期利润

＝79.2308＋6.6933＋5.2247＋CFRC3 报价×3%＋CFRC3 报价×0.5%＋CFRC3 报价×10%

等式两边移项并计算得

CFRC3 报价＝105.3628(元)

折成美元:CFRC3＝105.3628/8.25＝12.77(美元/双)

(3)CIFC3 报价的核算。

CIFC3 报价＝实际成本＋国内费用＋出口运费＋客户佣金＋银行手续费＋出口保险费＋预期利润

＝79.2308＋6.6833＋5.2247＋CIFC3×3%＋CIFC3×0.5%＋CIFC3×110%×0.85%＋CIFC3×10%

等式两边移项得:

CIFC3 报价＝106.5079(元)

折成美元：CIFC3＝106.507/8.25＝12.91(美元)

6.3 种价格对外报价

(1)USD12.04/pair FOBC3 Dalian

(2)USD12.77/pair CFRC3 Dalian

(3)USD12.91/pair CIFC3 Dalian

## 思考训练

### 一、单选题

1.《2010年国际贸易术语解释通则》中,卖方承担义务最小的术语是(　　)。
   A. FAS　　　　B. FOB　　　　C. DAT　　　　D. EXW

2.《2010年国际贸易术语解释通则》中,卖方承担义务最大的术语是(　　)。
   A. CIF　　　　B. CIP　　　　C. DDP　　　　D. DAP

3. 买方自费办理货物出口结关手续的术语是(　　)。
   A. FAS　　　　B. FOB　　　　C. FCA　　　　D. EXW

4. 以货物交给承运人的时间和地点作为买卖双方风险和责任、费用划分界限的术语是(　　)。
   A. EXW　　　B. FAS　　　　C. FOB　　　　D. FCA

5. 根据《2010年国际贸易术语解释通则》,若以CFR条件成交,买卖双方风险划分是以(　　)为界。
   A. 货物交给承运人保管　　　　B. 货物交给收货人
   C. 货物在装运港装上船　　　　D. 货物在目的港卸下船

6. CIF合同项下的货物在装船后因承运人过失被火焚毁,该损失应由(　　)。
   A. 卖方承担　　　　　　　　　B. 卖方负责向保险公司索赔
   C. 买方负责向保险公司索赔　　D. 承运人承担

7. 按CFR贸易术语成交的国际货物买卖,应由(　　)。
   A. 卖方负责租船定舱并办理海上保险
   B. 买方负责租船定舱并办理海上保险
   C. 卖方负责租船定舱,买方负责办理海上保险
   D. 买方负责租船定舱,卖方负责办理海上保险

9. 某公司与美国一家公司以CFR EX SHIP'S HOLD的条件成交了一笔生意,按照国际惯例,这批货物在目的港的卸货费用应当由:
   A. 买方来承担　　B. 卖方来承担　　C. 船方来承担　　D. 港务部门来承担

10. 我外贸公司按FOB条件从国外进口一批散装化肥,采用程租船运输,如买方不愿意负担装船费用,应在合同中规定使用:

A. FOB Liner terms  B. FOB under tackle
C. FOB Trimmed  D. FOB Stowed

11. 我方以每箱 100 美元 CIF 纽约出口货物 100 箱,实际交货 105 箱。我方应该收回的货款为( )。
   A.10000 美元  B.10500 美元  C.9500 美元  D.双方再协商

12. 我方向国外出口某商品 50 公吨,每公吨 300 美元,合同规定数量可增减 10%。国外开来信用证金额为 15000 美元,数量约 50 公吨。卖方在交货时,市场价格呈下跌趋势,我方应交货( )。
   A.45 公吨  B.50 公吨  C.55 公吨  D.60 公吨

13. 按惯例,若买卖合同未对溢短装部分的作价方法作出具体规定,则溢短装部分的价格应( )。
   A.按合同价格计算  B.按装运时某种市价计算
   C.按到货时某种市价计算  D.再约定一个价格

14. 在其他条件不变的情况下,进口商应选择下列哪种货币计价( )。
   A.有上浮趋势的货币  B.有下浮趋势的货币
   C.币值大幅度上下波动的货币  D.本国货币

15. 我某公司出口某种商品,对外报价为每箱 USD120 FOBC2% 上海,外商要求改报 CFRC3% 伦敦,问:我方在不影响自身利益的情况下,改报价应为( )美元。(设运费每箱 USD10)
   A.131.55  B.122.50  C.145.45  D.120.60

16. 已知 A 商品 CIF 香港价格为每公吨 1000 港元,现港商要求改报 CIFC5% 香港,并保持卖方的收入不变,应报价( )港元。
   A.1042  B.1050  C.1052.6  D.1033

17. 我某公司向外商报价每公吨 CIF 香港 1000 美元,而外商来电要求改报 CFR 香港含 5% 佣金价。在保证我方外汇净收入不变的情况下,我方应报价( )美元。(注:设保险费率合计为 0.85%,投保加成率为 10%)
   A.1758.67  B.1540.20  C.1056.84  D.1042.79

18. 我某进出口公司对德国企业报价为每公吨 8000 欧元 CFR 汉堡,而德商来电要求改报为 CIF 汉堡价,保险加成为 110%,保险费率合计为 1%,我方同意照办,则我方报价应改为( )欧元。(计算结果保留两位小数)
   A.8088.98  B.7908.24  C.9053.06  D.6324.78

19. 我某公司出口某种商品,对外报价为每箱 USD120 FOB 上海,外商要求改报 CIF 伦敦。问我方改报价应为( )美元(设运费每箱 USD20,保险费率为 0.5%,卖方按 CIF 价的 110% 投保)。
   A.120  B.140.77  C.134.3  D.150.23

## 二、多选题

1. 国际贸易术语是以不同的交货地点为标准,用简短的概念或英文缩写的字母表示的术语。它可以明确表示(　　)。
   A. 商品的价格构成　　　　　　　B. 货物风险的划分
   C. 买卖双方在交易中的权利义务　　D. 买卖双方在交易中的费用分担

2. 可适用于任何运输方式的贸易术语是(　　)。
   A. FCA　　　　B. CPT　　　　C. CIP　　　　D. DDP

3. 只适用于水上运输方式的贸易术语是(　　)。
   A. FOB　　　　B. FAS　　　　C. CFR　　　　D. CIF

4. 风险划分以货交第一承运人为界,并适用于任何运输方式的贸易术语(　　)。
   A. FOB　　　　B. CPT　　　　C. CIF　　　　D. CIP

5. 属于象征性交货的贸易术语是(　　)。
   A. FOB　　　　B. DDP　　　　C. CFR　　　　D. CIF

## 三、判断题

1. 以 CIF 条件成交的合同,当货物在运输途中受损后,卖方有权凭符合合同规定的全套单据向买方索取货款,而且事后买方没有索赔权。　　(　　)

2. 在下列条件成交的合同中:CIF 东京、FOB 上海、DES 雅加达、CFR 伦敦,只有 FOB 上海不属装运合同。　　(　　)

3. 按照 CFR 条件成交的合同双方,风险与费用的划分点均在装运港船上。　　(　　)

4. CFR Liner Terms 的含义是 CFR 班轮条件,买方不负担卸货费用。　　(　　)

5. 买卖双方按 CIF Liner Terms 条件成交,卖方发运的货物必须采用班轮装运。
   　　(　　)

6. 商业上常将 CIF 称作"到岸价",也就是说,按 CIF 条件成交,卖方要承担货物运达目的港之前的一切风险、责任和费用。　　(　　)

## 四、计算题

1. 某出口公司与西欧某中间商达成一笔交易,合同规定我方出口某商品 25000 千克,每千克 15 美元,CFRC2% 汉堡。海运运费为每千克 0.15 美元。出口收汇后出口公司向国外中间商汇付佣金。计算:(1)该出口公司向中国银行购买支付佣金的美元共需多少人民币? (2)该出口公司的外汇净收入为多少美元?(按当时中国银行牌价:100 美元=826.49/828.97 人民币元)

2. 我向西欧某客商推销某商品,发盘价格为每公吨 1150 英镑 CFR 西欧某港口,对方复电要求改按 FOB 中国口岸定价,并给予 2% 佣金。查自中国口岸至西欧某港口的运费为每公吨 170 英镑,我方如要保持外汇收入不变,改按买方要求条件报价,应为何价?

3. 我某外贸公司出售一批货物至伦敦,出口总价为 5 万美元 CIFC5% 伦敦,以中国口岸到伦敦的运费和保险费占 10%。这批货物的国内购进价为人民币 351000 元(含增值税

17％),该外贸公司的费用定额率为 5％,退税率为 9％,结汇时银行外汇买入价为 1 美元折合人民币 8.27 元。试计算这笔出口交易的换汇成本和盈亏率。

4. 某出口公司对外报某商品每打 12 港元 CFRC5 香港,港商要求改按 CIFC5 香港报价,问我应报多少港元?

5. 设我某出口商品在 1 美元兑人民币 8.7127 元时,每打 FOB 价为 13.84 美元。现美元上浮至人民币 8.7368 元。问我按美元出口价格应否下调?如欲下调,应调至多少美元便可保持原人民币收入不变?

### 五、案例分析

1. 新疆某公司和日本客商洽谈一项出口合同,计划货物由乌鲁木齐运往横滨,我方不愿承担从乌鲁木齐至出口港天津新港的货物风险,日本客商坚持由自己办理运输,则采用何种贸易术语可使双方都满意?

2. 我某公司按每公吨 242 美元 FOB Vessel New York 进口 200 公吨钢材,我方如期开出 48400 美元的信用证,但美商来电要求增加信用证金额至 50000 美元,不然,有关出口捐税及签证费用应由我另行电汇,试分析美方此举是否合理?

3. 某公司以 FOB 条件出口一批冻鸭。合同签订后接到买方来电,称租船较为困难,委托我方代为办理租船,有关费用由买方负担。为了方便合同履行,我方接受了对方的要求。但时至装运期我方在规定装运港无法租到合适的船,且买方又不同意改变装运港。因此,到装运期满时货仍未装船,买方因销售季节即将结束便来函以我方未按期履行交货义务为由撤销合同。试问:我方应如何处理?

4. 我某公司按 CIF 条件向欧洲某国进口商出口一批草编制品,向中国人民保险公司投保了一切险,并规定了用信用证方式支付。我出口公司在规定的期限、指定的我国某港口装船完毕,船公司签发了提单,然后去中国银行议付款项。第二天,出口公司接到客户来电,称装货的海轮在海上失火,草编制品全部烧毁,客户要求我公司出面向中国人民保险公司提出索赔,否则要求我公司退回全部货款。问:对客户的要求我公司该如何处理?为什么?

5. 我某进出口公司向新加坡某贸易公司出口香料 15 公吨,对外报价为每公吨 2500 美元 FOB 湛江,装运期为 10 月份,集装箱运输。我方 10 月 16 日收到买方的催运通知,为及时装船,公司业务员于 10 月 17 日将货物存于湛江码头仓库,不料货物因当夜仓库发生火灾而全部灭失,以致货物损失由我方承担。问:该笔业务中,我方的做法有何不当之处?

# 项目五
# 货物运输及合同运输条款

国际货物运输是国际贸易实务的一个重要组成部分,具有线长面广、环节多、时间性强、情况复杂、风险较大等特点。为了按时、按质、按量完成国际货物的运输任务,买卖双方在订立国际货物买卖合同时,都需要合理选定运输方式,并订好各项装运条款,运用好有关装运单据。

从事国际贸易的人员必须熟悉和掌握有关国际货物运输的基本知识,才能在磋商交易和签订合同时充分考虑运输方面的问题,使合同中的运输条款订得完整、明确、合理和切实可行,从而保证商品的顺利交接。

当前国际贸易运输方式主要采用的是海洋运输。

## 案例导入

**案情**：A 进出口公司于 5 月 23 日接到一张国外开来信用证，信用证规定受益人为 A 进出口公司（卖方），申请人为 B 贸易有限公司（买方）。信用证对装运期和议付有效期条款规定："装运必须不得早于 2012 年 5 月 31 日，议付有效期规定为最迟不得晚于 6 月 30 日。"A 公司认为信用证装运期太紧，23 日收到信用证，31 日装运就到期。所以有关人员即于 5 月 26 日按装运期 5 月 31 日通知储运部安排装运。储运部根据信用证分析单上的 5 月 31 日装运期即向货运代理公司配船。A 公司经各方努力，终于 5 月 30 日装运完毕，并取得 5 月 30 日签发的提单。6 月 2 日备齐所有单据向开证行交单。6 月 16 日开证行来电提出："提单记载 5 月 30 日装运货物，不符合信用证规定的装运期限。不同意接受单据。"请问开证行的理由是否成立？

**分析**：信用证规定的是"装运必须不得早于 2012 年 5 月 31 日，议付有效期规定为最迟不得晚于 6 月 30 日"，即装运期与议付有效期都是在 6 月 1 日至 6 月 30 日之间，而卖方却于 31 日以前装运，所以不符合信用证要求。一般信用证对装运期习惯规定为：最迟装运期某月某日，或不得晚于某月某日装（…not later than…）。有关审证人员没有认真地审查信用证条款，误解信用证装运期的规定。

外贸业务人员必须熟练掌握进出口商品的运输条款。在学习时，请思考国际贸易中可供选择的运输方式有哪些？在实践中如何正确运用运输条款才能确保货物安全准确地交付给接货方？

## 项目目标

1. 掌握常用货运单据的性质、作用以及买卖双方交付货物的相关问题。
2. 能够合理选用货物运输方式，掌握货运方式（特别是海洋运输）的操作程序。
3. 了解常用货运单据的性质和作用。
4. 熟练运用和填制装运条款的内容。

## 关键概念

班轮运输（Liner Shipping）　　　　　租船运输（Charter）
分批装运（Partial Shipment）　　　　转运（Transshipment）
滞期费（Demurrage）　　　　　　　　速遣费（Dispatch Money）
海运提单（Bill of Lading）
国际铁路联运（International Rail Transport）
国际多式联运（International Multimodal Transport）

# 任务一　国际贸易运输方式

国际货物运输是国际贸易中必不可少的一个环节。为了按时、按质、按量地完成国际货物的运输任务，买卖双方在订立国际货物买卖合同时，都需要合理选定运输方式。选择合适的运输方式，对买卖双方都是一个重要问题，它不仅关系到货物的安全和费用高低，还关系到货物运输速度快慢及货物销售和使用等问题。因此，在选择运输方式时，一定要根据货物的特点、数量、运输距离、风险程度、运输能力、装卸地点、气候等因素以及国际间政治形势、运输技术等情况进行综合考虑。

国际货物运输方式包括海洋运输、铁路运输、航空运输、公路运输、邮包运输、管道运输、大陆桥运输以及由各种运输方式组合而成的国际多式联运等。

## 一、海洋运输

海洋运输，是指利用海轮在各国港口之间，通过一定的航区和航线进行货物运输的一种方式。海上运输历史悠久，由于国际贸易是在世界范围内进行的，地理分布和地理条件决定了海上运输的重要作用和地位。目前，在国际货物运输中，运用最广泛的运输方式是海洋运输，大约占国际贸易货运量的80%左右。海洋运输之所以被广泛应用，是因为它充分利用天然海水资源条件，具有运载量大、通过能力强、运费低、不受道路限制等优点。我国进出口货运总量的80%～90%是通过海上运输进行的。

### (一)海洋运输的特点

**1.运量大**

如超级大油轮达60万吨级，其载重量相当于火车车皮13500个，散装干货船最大的达30万吨级，一般杂货轮也有5～6万吨。

**2.通过能力强**

海运航道四通八达，如因政治、经济贸易条件恶化，可随时改选最有利的航线。

**3.运费低**

由于运量大、航程远，分摊于每公吨的里程费用的成本就低，一般是铁路运费的1/5，公路汽车运费的1/10，航空运费的1/30。

**4.航速低**

一般货轮每小时最大航速仅35海里，因此使用海洋运输所花的运输时间就较长，而且受气候等自然条件影响，航期也不容易准确。

**5.风险较大**

商船航行海上，往往会遇到暴风巨浪等自然灾害或触礁、搁浅等意外事故。

由于海运运量大和费用低的突出优点，尽管它存在航速低、风险大的不足，但仍在国际贸易货运中占有十分重要的地位。

### (二)海洋运输船舶的经营方式

根据海洋运输船舶的经营方式的不同,海洋运输主要可以分为班轮运输和租船运输。

**1. 班轮运输**

(1)班轮运输的含义。班轮运输,又称"定期船运输",是指在一定航线上,按照事先预定的船期和事先规定的运价进行海上货物运输的船舶运营方式。

(2)班轮运输的特点。

①四固定:固定的船期表(见图8-1)、固定的航线、固定的港口、固定的运费率;

②船方负责配载装卸,装卸费包含在运费中,货方不再另付装卸费,船货双方也不计算滞期费和速遣费;

③船、货双方的权利、义务与责任豁免,以船方签发的提单条款为依据;

④班轮承运货物的品种、数量比较灵活,货运质量较有保证,且一般采取在码头仓库交接货物,故为货主提供了较便利的条件。

## BIGHT EXPRESS--AAA1

| Vessel Name | KOTA LAMBANG | Vessel Name | OOCL NORFOLK |
|---|---|---|---|
| Vessel/Vovage | LMB/072 | Vessel/Vovage | ONF/025 |
| Port | Arr--Dep | Port | Arr--Dep |
| Brisbane | 26--27 Apr | Singapore | 27--29 Apr |
| Svdnev | 30--01 May | Brisbane | 10--11 May |
| Melbourne | 03--05 May | | |
| Fremantle | 10--11 May | | |
| Singapore | 17--20 May | | |

图 8-1　OOCL 公司 2013 年 5 月份部分船期表截图

资料来源:东方海外网站。

**2. 租船运输**

(1)租船运输的含义。租船运输,又称"不定期船运输",是指承租人向出租人租赁船舶用于运输货物的海上运输方式。

(2)租船运输的特点。

①没有固定的船期表、航线和港口。承租人与船方完全是按照双方签订的租船合同来组织运输;

②租金相对较低,因为它比较适合于大宗的散货运输,这类货物的特点通常是批量大、

附加值低、包装相对简单；

③租船合同界定了承租人与船方双方之间的责任、权利和义务；

④租船运输提单的性质完全不同，这种提单因受租船合同的制约，银行通常不会接受，除非信用证另有规定；

⑤预定舱位的方法不同，它一般是以提供整船或大部分舱位为主。

比较而言，租船运输灵活、经济、运量大，在国际海上货运总量中，租船运输量约占 4/5，显示了它在国际海上运输业务中的重要地位。

(3)租船运输的方式。

①定程租船(Voyage Charter)，通常称之为"程租船"，指由船舶所有人负责提供船舶，在指定港口之间进行一个航次或数个航次，承运指定货物的租船运输。

定程租船就其租赁方式的不同可分为：单程租船、来回航次租船、连续航次租船和连续往返航程租船等形式。

②定期租船(Time Charter)，通常称之为"期租船"，指由船舶所有人将船舶出租给承租人，供其使用一定时期的租船运输。承租人也可将此期租船充作班轮或程租船使用。

程租船与期租船的区别主要表现在：

第一，程租船是按航程租用船舶，而期租船是按期限租用船舶。

第二，程租船的船方直接负责船舶的日常经营管理，船东除了负责船舶的航行、驾驶和管理外，还应对货物运输负责；而期租船的船方，只对船舶的日常维护、修理、船员工资与给养和机器的正常运转负责，而船舶的营运调度、货物运输、船舶在租期内的营运管理的日常开支，都由承租方负责。

第三，程租船的租金或运费，一般按所装运的货物数量计算；而期租船的租金一般按租期长短以每月每公吨若干金额计算。

第四，采用程租船时要规定装卸时间期限和装卸率，用来计算滞期费和速遣费；而采用期租船，承、租双方一般不规定装卸率和滞期费、速遣费。

③光船租船(Bare Boat Charter)是船舶所有人将船舶出租给承租人使用一个时期，但船舶所有人所提供的船舶是一艘空船，承租人自己要任命船长、船员，负责船员的给养和船舶营运管理所需的一切费用。

④航次期租(Time Charter on Trip Base)是以完成一个航次运输为目的，按完成航次所花的时间，按约定的租金率计算租金的方式。

目前，我国的外贸企业使用较多的租船方式是定程租船。

班轮运输和租船运输的主要区别体现在以下四个方面：

第一，运输的货物不同。班轮运输运载的货物一般是杂件货；而租船运输运载的货物绝大多数是大宗货物(通常也称为"散货"或"散装货")。

第二，货主的数量不同。同样一艘船，若是采取班轮运输，货主数量非常多；而采用租船运输时，货主通常只有一家或少数几家。

第三,是否使用集装箱。班轮运输大多会使用集装箱来运输;而租船运输则相对较少地使用集装箱。

第四,运载货物的量化单位不同。班轮运输中集装箱是用"标箱"来表示;而租船运输一般用"公吨"来表示。

(4)租船时应注意的问题。

①承租人在租船前须了解货物贸易合同中的有关运输条款。

②租船人要弄清装卸港口泊位的水深,等泊时间,装卸港口的作业时间,港口作业的费用、习惯等。

③租船人应选择船龄较小、质量较好的船舶,一般不租船龄在15年以上的超龄船。

④租船人要考虑船东的信誉和财务情况,特别是在船运市场不景气的时候,更要提高警惕。

⑤租船人要了解船运行市,争取最有利的成交价格。

### (三)海上货物运输费用

海上货物运输费用,依海运船舶的不同营运方式,主要分为班轮运费、程租船运输费用和期租船租金三种。

**1.班轮运输费用**

(1)班轮运费构成。通常承运人都把班轮运输应收的运输费用分为基本运费和附加运费两个部分。基本运费是对任何商品都要计收的运费;附加运费则是视不同情况而加收的运费。

①基本运费(Basic Freight Rate)。班论运输中,常将航线上固定挂靠的港口称为"基本港",为在基本港口之间运输而制定的运价称为"基本运费率",它是计算班轮运费的基础。

②附加费(Surcharges or Additional)。为了保持在一定时期内基本费率的稳定,又能正确反映出各港的各种货物的航运成本,班轮公司在基本费率之外,为了弥补损失,又规定了各种额外加收的费用。主要有:

第一,燃油附加费(Bunker Adjustment Factor 缩写 B. A. F.)。在燃油价格突然上涨时加收。

第二,货币贬值附加费(Currency Adjustment Factor 缩写 C. A. F.)。在货币贬值时,船方为实际收入不致减少,按基本运价的一定百分比加收的附加费。

第三,转船附加费(Transshipment Surcharge)。凡运往非基本港的货物,需转船运往目的港,船方收取的附加费。

第四,直航附加费(Direct Additional)。当运往非基本港的货物达到一定的货量,船公司可安排直航该港而不转船时所加收的附加费。

第五,超重附加费(Heavy Lift Additional)、超长附加费(Long Length Additional)和超大附加费(Surcharge of Bulky Cargo)。当一件货物的毛重或长度或体积超过或达到运价未规定的数值时加收的附加费。

第六,港口附加费(Port Additional or Port Surcharge)。有些港口由于设备条件差或装卸效率低或其他原因,船公司加收的附加费。

第七,港口拥挤附加费(Port Congestion Surcharge)。有些港口由于拥挤,导致船舶停泊时间延长而加收的附加费。

第八,选港附加费(Optional Surcharge)。货方托运时不能确定具体卸港,要求在预先提出的两个或两个以上港口中选择一个港口卸货,船方加收的附加费。

第九,变更卸货港附加费(Additional for Alteration of Destination Charge)。货主要求改变货物原来规定的卸货港,在有关当局(如海关)准许、船方又同意的情况下,所加收的附加费。

第十,绕航附加费(Deviation Surcharge)。正常航道受阻不能通行,船舶必须绕道才能将货物运至目的港时,船方所加收的附加费。

(2)班轮运费的计收标准。班轮运费的计收标准是指计算运费时使用的单位。常见的有如下8种:

①按货物实际重量计收运费,称为"重量吨"(Weight Ton),运价表内用"W"表示。

②按货物的体积或容积计收,称为"尺码吨"(Measurement Ton),运价表中用"M"表示。

③按重量或体积从高计收,即由船公司选择其中收费较高的一种作为计费标准,运价表中用"W/M"表示。

④按商品价格计收,称为"从价运费",运价表内用"Ad. Val."(拉丁文 ad valorem,意为"从价")表示。

⑤按货物的重量或体积或从价计收,即在重量吨、尺码吨和从价运费中选择最高的一种标准计收,在运价表内用"W/M 或 Ad. Val."表示。

⑥按货物的重量或体积,再加上从价运费计算,即先按货物重量吨或尺码吨中较高者计算,然后加收一定比例的从价运费,在班轮运价表中用"W/M plus Ad. Val."表示。

⑦按照货物的个数或件数计收,如卡车按辆、活牲畜按头计收。

⑧由货主和船公司议定,又称"议定运价"。这种方法通常在承运粮食、矿石、煤炭等农副产品和矿产品时选用。议定运价一般较低,在班轮运价表中用"Open"表示。

(3)班轮运费的计算方法。

①计算公式。

班轮运费由两大部分构成,即班轮基本运费和附加运费,班轮运费的计算公式为:

班轮运费=基本运费+附加运费

=基本运费率×运费吨+基本运费率×$\sum$附加费率×运费吨

=基本运费率×(1+$\sum$附加费率)×运费吨

其中,$\sum$附加费率为附加费率之和。

【例】 设由上海运往纽约的服装100箱,每箱体积为0.09m³,毛重为12KG,计收标准为W/M,去美国东海岸每运费吨为60美元,另收燃油附加费20%,港口附加费10%。问该批服装的运费为多少?

解:W＝12×100÷1000＝1.2(运费吨)
　　M＝0.09×100＝9.0(运费吨)
因为 M＞W,所以采用 M 计费
班轮运费＝基本运费率×(1＋∑附加费率)×运费吨
　　　　＝60×(1＋20%＋10%)×9＝702(美元)
答:该批服装的运费为702美元。

② 计算步骤。

第一,根据托运单查明所装运商品的装运港和目的港所属的航线。注意目的港或卸货港是否属于航线上的基本港;货物是否需要转船或要求直达。如果是选卸货时,则选卸港有几个,是否属于基本港。

第二,根据商品的名称,从商品分级表中查明所属等级,并确定其应采用的计算标准。

第三,查找所属航线的等级费率表,找出该等级商品的基本运费率。

第四,查出各项应收附加费的计算办法和费率。

第五,列式计算。

**2.程租船运输费用**

程租船运输费用主要包括程租船运费和装卸费。此外,还有速遣费、滞期费等。

(1)程租船运费。程租船运费是指货物从装运港至目的港的海上运费。程租船运费的计算方式与支付时间需由租船人与船东在所签订的程租船合同中明确规定。

其计算方式主要有两种:一种是按签订运费率(Rate of Freight),即规定每单位重量或单位体积的运费额,同时,还要规定是按装船时的货物重量(Taken Quantity)还是按卸船时的货物重量(Delivered Quantity)来计算运费的方法;另一种是整船包价(Lump Sum Freight),即规定一笔整船运费,船东保证船舶能提供的载货重量和容积,不管租方实际装货多少,一律照整船包价付。

(2)程租船的装卸费。租船运输情况下,有关货物的装卸费用由租船人和船东协商确定后在程租船合同中作出具体规定。具体做法主要有以下4种:

①船方负担装货费和卸货费,又可称为"班轮条件"(Liner Terms;Berth Terms)。即装卸费用采用班轮运输的做法,将货物的装卸费用包括在程租船运费内。

②船方管装不管卸(FO, Free Out)。即船方负担装货费,但不负担卸货费。

③船方管卸不管装(FI, Free In)。即船方负担卸货费,而不负担装货费。

④船方装和卸均不管(FIO, Free In and Out)。即船方既不负担装货费,也不负担卸货费,这种条件一般适用于散装货。采用这一方法时,必要时还需明确规定理舱费和平舱费由谁负担,如规定由租方负担,则称为"船方不管装卸、理舱和平舱"(FIOST, Free In and Out, Stowed and Trimmed)条款。

**3.期租船租金**

在期租船情况下,租船人为了租用船舶付给船舶所有人的代价称为"租金"。租金率取决于船舶的装载能力和租期的长短,通常的规定为按照每月每载重吨若干金额或整船每天若干金额计费。承租人必须按规定的金额支付租金。一般来说,如租金没有在到期日付到船舶所有人指定的收款银行,则船舶所有人有权收回船舶。

### (四)出口装运流程

在备妥货物和落实信用证后,如是 CIF、CIP 或 CFR、CPT 合同,出口商应做好租船订舱、报关与装运等工作。下面以 CIF 贸易术语为例,介绍出口方组织出口装运的程序,基本流程见图 8-2。

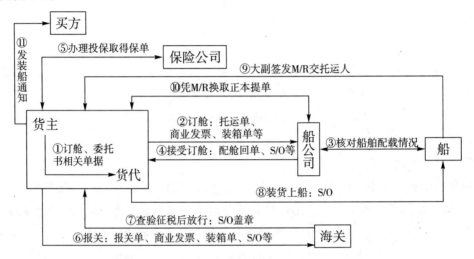

图 8-2 货物装运流程

**1. 租船订舱**

在 CIF 或 CFR 条件下,租船订舱是卖方的主要职责之一。如出口货物数量较大,需要整船装运的,则要对外办理租船手续;如出口货物数量不大,无须整船装运的,可洽订班轮或租订部分舱位运输。

出口商(在此环节又称"托运人")应根据合同规定的装运期、货源情况以及船公司或其代理定期编制的船期表来安排订舱事宜。出口商既可以直接找船公司或船公司的代理人(以下称承运人)洽订舱位(适宜大宗商品),也可以委托货运代理公司(以下称货代公司)代其洽订舱位。在实际业务中,出口商通常委托货代公司代为办理货物运输。下面以此做法为例,介绍租船订舱过程。

(1)出口商委托货代公司为其办理订舱出运业务时,需填写并向货代公司提供订舱委托书。该委托书是双方之间委托代理关系的证明文件。另外,还需向货代公司提供商业发票、装箱单及其他单证。

(2)货代公司接受代理后,缮制托运单、装货单、配舱回单、收货单等,一式数份,分别用于货主、货代和船公司留底。之后货代公司持托运单等向承运人办理货物订舱手续。船公司若接受订舱,则在托运单的几联单据上编制提单号码,填上船名、航次并签字,表示确认托运人的订舱,并签发装货单(Shipping Order,S/O)。装货单又称"关单",俗称"下货纸",是船公司或其代理在接受托运人的托运申请后签发给托运人或货运代理人的单证。其作用有3个方面:其一,确认承运货物的证明,一经签发,运输合同即告成立;其二,通知托运人货物已配妥××航次××船及装货日期,让其备货装船,另作为通知船长接受该批货物装船的命令;其三,便于托运人向海关办理出口申报手续,海关凭以验放货物。订妥舱位后,托运人或其代理应在规定的时间内将出口货物装箱并发运到港区内指定的仓库或货场,以便于装船工作的进行。

在上述租船订舱工作完成之后,托运人可凭装货单等办理投保、报关手续。

**2. 投保**

凡是按 CIF 价格成交的出口合同,在配舱就绪以及确定船名、航次和装运日期后,出口商应于货物运离仓库或其他储存处所前,按出口合同和信用证的规定向保险公司办理货物运输保险。出口商品的投保手续通常都是逐笔办理的,其基本程序如下:

(1)申请投保。出口商或其代理人申请投保时,需按保险公司规定的格式逐笔填写"投保单"。所填内容应与信用证或合同中的有关规定一致,而且所申报的情况必须属实。投保单一般一式两份,经保险公司审核签署后,一份由保险公司留存,作为开立保险单据的依据,另一份交出口企业作为已接受承保的凭证。出口商应按与进口方约定的险别为出口货物投保,如果买方未规定险别,则需投保平安险。

(2)缴纳保险费,领取保险单。出口企业收到保险公司签署的"投保单"后,即按规定缴纳保险费,然后领取保险公司签发的保险单据。

被保险货物到达目的地后,如发生承保责任范围内的损失,可由国外收货人凭保险单等有关凭证向保险公司或其代理人索赔。

**3. 报关**

出口货物交付装运前,必须经过海关清关(Customs Clearance)。清关,或称"通关",通常需经5个环节:出口申报、审核单证、查验货物、办理征税、清关放行。

我国《海关法》对出口货物的申报(报关)资格、时间、单证、内容等方面,均作有明确规定:

(1)申报资格。必须是经海关审核准予注册的专业报关企业、代理报关企业和自理报关企业。

(2)申报时间。出口货物的报关时限是在装货24小时以前(海关特准的除外)。

(3)申报单证。指出口货物报关单、与出口货物直接相关的商业和货运单证,以及国家有关法律、法规规定实行特殊管制的证件等。

是不是每票货物的出口都需要经过海关的查验呢?

如果出口企业凭据出口货运代理委托书委托货运代理代为订舱并安排装运货物出口,一般也包括委托代办出口报关手续。在此情况下,货运代理既是货运代理企业也是代理报关企业。货代接受出口企业的委托后,在安排运送货物至集装箱堆场的同时,应及时准备好各项报关单证。报关所需单证,除出口货物报关单外,通常有:商业发票、装箱单(大宗散装货及单一品种且包装内容一致的件装货物,不需装箱单)、装货单(S/O)等。此外,还有国家有关法律、法规规定实行特殊管制的证件,如配额证明、出口许可证、出境货物通关单等。

出口集装箱货物进入集装箱堆场后,货运代理作为报关单位,应及时向海关递交出口货物报关单,随附上述其他报关单证。报关员向海关递交报关单,即意味着清关(通关)工作正式开始。报关单位及其报关员必须承担相应的法律和经济责任。

海关接受出口申报后,应对报关员所递交的所有单证进行审核。如果所审核的单证符合国家法律、法规规定,所交验的单证齐全、无误,则海关随即着手对出口货物进行查验。当海关查验货物认为情况正常时,由海关根据我国《关税条例》和《海关税则》规定征收出口税。出口企业或其代理在向海关按规定税率缴清税款或提供适当担保后,海关方可签章放行。在放行前,海关派专人负责审查该批货物的全部报关单证及查验货物记录,并签署认可,然后在装货单(在海运情况下)上盖放行章,货方才能凭该装货单(S/O)要求船方装运出境。

**4. 装运**

海关放行后,托运人或其代理即可凭盖有海关放行章的装货单,与有关的港务部门和理货人联系,核查已发至码头的货物并做好装船准备工作,待轮船到达后,凭装货单装船。在装船的过程中,尤其是在不采用集装箱运输的情况下,托运人或其货运代理必须亲临现场,如发现货物短少、包装破损、污染等情况,应设法补齐、换货、修理或更换包装。

货物装船后,由承运船舶的船长或大副或其委托人向托运人或其货运代理签发收货单。收货单也称"大副收据"(Mate's Receipt),它是船方表示已收到货物并已将货物装船的收据。托运人或其货运代理持收货单向船公司交付运输费用后,即可换取已装船提单。

为了便于进口方及时收货和付款,托运人或其代理应在货物装船后,及时向买方发出"装船通知"(Shipping Advice)。装船通知的内容包括信用证或销售确认书号码、品名、重量(数量)、金额、船名、起航日期等,以便对方办理进口报关、接货手续和付款赎单。如出口交易使用 FOB、CFR 条件,出口方务必及时向进口方发出装船通知,以便对方办理保险。

## 二、航空运输、铁路运输

### (一)航空货物运输(Air Transportation)

**1. 航空运输方式**

航空运输是一种现代化的运输方式,一般有班机运输、包机运输、集中托运和航空快递4种。班机运输方式是利用定期的航班运送货物;包机运输方式是一个发货人或几个发货人包租整架飞机或部分来运送货物;集中托运则是指航空货运代理接受委托,将多个发货人单独的货物拼装后组成一个整批,集中向航空公司托运;航空快递是指航空快递经营者将出口货物从发件人所在地通过自身或代理的网络送达国外收件人的快运方式。

**2. 航空货物运输的特点**

国际航空货物运输虽然起步较晚,但发展极为迅速,这是与它所具备的许多特点分不开

的,这种运输方式与其他运输方式相比,具有以下特点:

(1)运送速度快。现代喷气运输机一般时速都在900英里左右。航空线路不受地面条件限制,一般可在两点间直线飞行,航程比地面短得多,而且运程越远,快速的特点就越显著。

(2)安全准确。航空运输管理制度比较完善,货物的破损率低,可保证运输质量,如使用空运集装箱,则更为安全。飞机航行有一定的班期,可保证按时到达。

(3)手续简便。航空运输为了体现其快捷便利的特点,为托运人提供了简便的托运手续,也可以由货运代理人上门取货并为其办理一切运输手续。

(4)节省包装、保险、利息和储存等费用。航空运输速度快,商品在途时间短、周期快,存货可相对减少,资金可迅速收回。

(5)航空运输的运量小、运价较高。航空运输方式单边运量较小,因而运费相对较高。但由于其速度快、安全、货损小等优点突出,可适当弥补运费高的缺陷。

**3.航空货物运价**

航空货物运价主要有4类:

(1)一般货物运价(General Cargo Rate,GCR)。

(2)特种货物运价或指定商品运价(Special Cargo Rate or Special Commodity Rate,SCR)。

(3)货物的等级运价(Class Cargo Rate,CCR)。

(4)集装箱货物运价(Unitized Consignments Rate,UCR)。

**国际航空运输公约**

1.1929年10月12日,德、意、日、美、法等国在波兰首都华沙签订了《统一国际航空运输某些规则的公约》(Convention for the Unification of Certain Rules Relating to International Transportation by Air),简称"华沙公约"(The Warsaw Convention)。我国于1958年10月18日正式加入该公约。

2.1955年9月28日,缔约国在荷兰海牙对《华沙公约》进行了修改,定名为《修改1929年10月12日在华沙签订的＜统一国际航空运输某些规则的公约＞的议定书》(Protocol to Amend the Convention for the Unification of Certain Rules Relating to International Carriage by Air Signed at Warsaw),简称《海牙议定书》(The Hague Protocol),该议定书于1963年8月1日起生效,我国于1975年加入。

**(二)铁路运输(Railway Transportation)**

**1.铁路货物运输方式**

中国对外贸易货物使用的铁路运输可分为国际铁路货物联运和对中国港澳地区的铁路

运输两个部分。

（1）国际铁路货物联运。国际铁路货物联运是指两个或两个以上不同国家的铁路当局联合起来，使用一份统一的国际货运单据，由铁路部门负责经过两国或者两国以上铁路的全程运送，并且在由一国铁路当局向另一国移交货物时，不需要发货人和收货人参加的运输方式。

国际铁路货物联运通常是基于有关国际条约进行的，主要是欧洲大陆主要国家间制定的《国际铁路货物运送公约》和由中国、蒙古、朝鲜、越南、前苏联、前东欧各国签订的《国际铁路货物联运协定》以及铁路合作组织制定的《统一过境运价规程》。中国的国际铁路货物联运主要是通过铁路合作组织在1951年缔结的《国际铁路货物联运协定》来进行的。

（2）对中国港澳台地区的铁路运输。对港铁路运输由内地段运输和港九段运输两部分组成，是一种特殊租车方式的两票运输。对港铁路运输实际上是两段铁路运输的联运，一般由外运公司以联运承运人的身份签发从起运地至香港的承运货物收据，对货物全程运输负责，并作为出口人收汇和中国香港收货人提货的凭证。

到中国澳门地区的货物运输没有铁路直通，内地省份货运至澳门的，都要先办理国内段铁路运输，经广州转运至澳门。

**2. 铁路货物运输的特点**

铁路是国民经济的大动脉，铁路运输是现代化运输业的主要运输方式之一，它与其他运输方式相比较，具有以下主要特点：

（1）准确性和连续性强。铁路运输几乎不受气候影响，一年四季可以不分昼夜地进行定期、有规律、准确的运转。

（2）速度比较快。铁路货运速度每昼夜可达几百公里，一般货车可达 100 km/h 左右，远远高于海上运输。

（3）运输量比较大。一列货物列车一般能运送 3000～5000 吨货物，远远高于航空运输和汽车运输。

（4）运输成本较低。铁路运输费用仅为汽车运输费用的几分之一至十几分之一，运输耗油约是汽车运输的二十分之一。

（5）铁路运输安全可靠，风险远比海上运输小。

（6）初期投资大。铁路运输需要铺设轨道、建造桥梁和隧道，建路工程艰巨复杂，要消耗大量钢材、木材，占用土地。其初期投资大大超过其他运输方式。

另外，铁路运输由运输、机务、车辆、工务、电务等业务部门组成，要具备较强的准确性和连贯性，各业务部门之间必须协调一致，这就要求在运输指挥方面实行统筹安排，统一领导。

## 三、公路、内河、邮政和管道的运输

**1. 公路运输（Road Transportation）**

国际公路运输指使用汽车作为运输工具，完成国与国之间的短途货运。它是陆上的两种基本运输方式之一,公路运输不仅可以直接承担跨国货物运输,而且是车站、港口和机场集散进出口货物的重要手段,在我国对外贸易中占有重要地位。我国和许多国家有公路相通,同这些国家的进出口货物,可以经由国境的公路运输来完成。此外,内地对香港和澳门的部分货物进出境运输大多也是通过公路运输完成的。

公路货物运输与其他运输方式相比较,具有以下特点:

(1)机动灵活、简捷方便、应急性强,能深入到其他运输工具到达不了的地方。

(2)适应点多、面广、零星、季节性强的货物运输。

(3)运距短、单程货多。

(4)汽车投资少、收效快。

(5)港口集散可争分夺秒,突击抢运任务。

(6)是空运班机、船舶、铁路衔接运输不可缺少的运输形式。

(7)随着公路现代化、车辆大型化,公路运输是实现集装箱在一定距离内"门到门"运输的、最好的运输方式。

(8)汽车的载重量小,车辆运输时震动较大,易造成货损事故,费用和成本也比海上运输和铁路运输高。

**2. 内河运输(Inland Waterway Transportation)**

内河运输是水上运输的一个组成部分。它利用内河货船、拖船、驳船等通过国家间江湖河川等天然或人工水道,在国家间运送货物和旅客的一种运输方式,也用于内陆驳船与海洋运输的连接。

内河运输是内陆腹地和沿海地区的纽带,也是边疆地区与邻国边境河流的连接线,在现代化的运输中起着重要的辅助作用。

**3. 国际邮政运输(International Parcel Post Transport)**

国际邮政运输是国际贸易运输不可缺少的渠道。国际上,各国邮政之间订有协定和公约,通过这些协定和公约,使邮件包裹的传递畅通无阻、四通八达,形成全球性的邮政运输网。

国际邮政是在国与国之间进行的,一般需要经过两个或两个以上国家的邮政局和两种或两种以上不同运输方式的联合作业才能完成。但从邮政托运人角度来说,它只要向邮政局照章办理一次托运,一次付清足额邮资,并取得一张包裹收据(Parcel Post Receipt),全部手续即告完备。至于邮件运送、交接、保管、传递等一切事宜均由各国邮政局负责办理。邮件运抵目的地,收件人即可凭邮政局的到件通知和收据向邮政局提取邮件。所以,国际邮政运输就其性质而言,是一种国际多式联合运输性质。

各国邮政局密布于本国各地,邮件一般可在当地就近向邮政局办理,邮件到达目的地后,收件人也可在当地就近的邮政局提取邮件。所以,邮政运输基本上可以说是"门到门"运输,它为邮件托运人和收件人提供了极大的方便。

国际邮政运输手续简便,费用不高,特别适用于重量轻、体积小的商品运输,如精密仪器、机器零件、金银首饰、药品以及各种样品和零星物品等。近年来,随着国际特快专递的迅速发展,国际贸易中的重要文件、单证、票据等,都借助于这种特快专递方式来完成交接,国际邮政运输显得越来越重要。

**4. 管道运输(Pipeline Transportation)**

国际管道运输是一种集运输通道和运输工具合而为一的、特殊的运输方式。它是货物在管道内借助高压气泵的压力输往目的地的运输。它主要适用于运输液体和气体货物,也可以输送矿砂、碎煤等物品。它在欧美发达国家以及石油输出国组织的石油运输方面起到了非常重要的作用。

与其他运输方式相比,管道运输具有如下优点:
(1)不受地面气候影响,可以连续作业;
(2)运输的货物无须包装,可节省包装费用;
(3)货物在管道内移动,货损、货差较小;
(4)单向运输,无回空运输问题。

 知识窗

**全球性快递公司**

迄今为止,在 200 多个国家和地区拥有网络并开展大规模业务的全球性快递公司共有 6 家,包括 DHL、FedEX、UPS、TNT、OCS 和 EMS。

## 四、集装箱运输和联合运输

### (一)集装箱运输(Container Transportation)

普通散件杂货运输长期以来存在装卸及运输效率低、时间长等问题,货损、货差严重,货运质量受影响,货运手续繁杂,工作效率较低,因此,对货主、船公司及港口的经济效益产生极为不利的负面影响。而集装箱运输具有"安全、迅速、简便、价廉"的特点,有利于减少运输环节,可以通过综合利用铁路、公路、水路和航空等各种运输方式,进行多式联运,实现"门到门"运输。因此,它是一种先进的现代化运输方式。

**1. 集装箱运输的含义**

集装箱运输是指以集装箱这种大型容器为载体,将货物集合组装成集装单元,以便在现代流通领域内运用大型装卸机械和大型载运车辆进行装卸、搬运作业和完成运输任务,从而更好地实现货物"门到门"运输的一种高效率、高效益的新型运输方式。

集装箱,是具有一定强度、刚度和规格,专供周转使用的大型装货容器。使用集装箱转运货物,可直接在发货人的仓库装货,运到收货人的仓库卸货,中途更换车、船时,无须将货物从箱内取出换装。

**2. 集装箱的类型**

按所装货物种类分,有杂货集装箱、散货集装箱、液体货集装箱、冷藏箱集装箱等;按制造材料分,有木集装箱、钢集装箱、铝合金集装箱、玻璃钢集装箱、不锈钢集装箱等;按结构分,有折叠式集装箱、固定式集装箱等,在固定式集装箱中还可分密闭集装箱、开顶集装箱、板架集装箱等;按总重分,有30吨集装箱、20吨集装箱、10吨集装箱、5吨集装箱、2.5吨集装箱等。

**3. 集装箱装箱方式**

由于集装箱是一种新的现代化运输方式,所以它与传统的货物运输有很多不同,做法也不一样。目前,国际上对集装箱运输没有一个行之有效并被普遍接受的统一做法,但在处理集装箱具体业务中,各国大体上做法近似。

根据集装箱货物装箱数量和方式可分为整箱和拼箱两种。

(1)整箱(Full Container Load,FCL),是指货方自行将货物装满整箱以后,以箱为单位托运的集装箱。这种情况通常在货主有足够货源装载一个或数个整箱时采用,除有些大的货主自己置备集装箱外,一般都是向承运人或集装箱租赁公司租用。空箱运到工厂或仓

集装箱堆场和集装箱货运站区别是什么?

库后,在海关人员的监管下,货主把货装入箱内、加锁、铅封后交承运人并取得站场收据,最后凭收据换取提单或运单。货到目的地(港)后,收货人可以直接从目的地(港)集装箱堆(Container Yard,CY)提走货物。

(2)拼箱(Less Than Container Load,LCL),是指承运人(或代理人)接受货主托运的数量不足整箱的小票货运后,根据货物性质和目的地进行分类整理。把去同一目的地的货物集中到一定数量拼装入箱。由于一个箱内有不同货主的货拼装在一起,所以叫"拼箱"。通常在货主托运数量不足装满整箱时采用。拼箱货的分类、整理、集中、装箱(拆箱)、交货等工作均在承运人码头集装箱货运站(Container Freight Station,CFS)或内陆集装箱转运站进行。

**4. 集装箱运输的交接方式**

(1)按集装箱装箱方式划分。

①整箱交,整箱接(FCL/FCL)。即货主在工厂或仓库把装满货物的集装箱整箱交给承

运人,收货人在目的地以整箱接货。即承运人以整箱为单位负责交货,货物的装箱和拆箱均由货方负责。

②拼箱交,拆箱接(LCL/LCL)。即货主将不足整箱的零星小票货物送到集装箱货运站或内陆转运站交给承运人,由承运人负责拼箱和装箱。货到目的地集装箱货运站或内陆转运站后,由承运人负责拆箱后交给收货人。货物的装箱和拆箱均由承运人负责。

③整箱交,拆箱接(FCL/LCL)。即货主在工厂或仓库把装满货物的集装箱整箱交给承运人,货到目的地的集装箱货运站或内陆转运站后,由承运人负责拆箱后交给收货人。

④拼箱交,整箱接(LCL/FCL)。即货主将不足整箱的零星小票货物送到集装箱货运站或内陆转运站交给承运人,由承运人负责拼箱和装箱。货到目的地后,承运人以整箱为单位负责交货,收货人以整箱接货。

(2)按集装箱交接地点划分。

①门到门。在整个运输过程中,完全是集装箱运输,并无货物运输,适宜于整箱交,整箱接。

②门到场站。从门到场站为集装箱运输,从场站到门是货物运输,适宜于整箱交,拆箱接。

③场站到门。由门至场站为货物运输,由场站至门是集装箱运输,适宜于拼箱交,整箱接。

④场站到场站。除中间一段为集装箱运输外,两端的内陆运输均为货物运输,适宜于拼箱交,拼箱接。

进出口实务中,具体应用为:门到门(Door/Door)、门到场(Door/CY)、门到站(Door/CFS)、场到门(CY/Door)、场到场(CY/CY)、场到站(CY/CFS)、站到门(CFS/Door)、站到场(CFS/CY)、站到站(CFS/CFS)。其中,"门"指发货人或收货人工厂或仓库;"场"指港口的集装箱堆场;"站"指港口的集装箱货运站。

**5.集装箱海运运费**

目前,集装箱货物海上运价体系较内陆运价成熟。基本上分为两大类。

一类是按件杂货运费计算方法,即以每运费吨为单位(俗称散货价)。以件杂货基本费率加附加费,其中,基本费率参照传统件杂货运价,以运费吨为计算单位,多数航线上采用等级费率;附加费除传统件杂货所收的常规附加费外,还要加收一些与集装箱货物运输有关的附加费。

另一类是以每个集装箱为计费单位(俗称包箱价)。包箱费率(Box Rate)视船公司和航线等不同因素而有所不同。常见的包箱费率有以下3种表现形式:

(1)FAK包箱费率(Freight for All Kinds)。即对每一集装箱不细分箱内货类,不计货量统一收取的运价。

(2)FCS包箱费率(Freight for Class)。按不同货物等级制定的包箱费率。在这种费率下,拼箱货运费计算与传统运输一样,根据货物名称查得等级,计算标准,然后去套相应的费率,乘以运费吨,即得运费。

(3)FCB包箱费率(Freight for Class 或 Basis)。这是按不同货物等级或货类以及计算标准制订的费率。

**6. 集装箱进出口货运程序**

(1)订舱。发货人或货物托运人根据贸易合同或信用证有关条款的规定,在货物托运前一定的时间,填制订舱单,并向船公司或其代理人,或其他运输经营人申请订舱。

(2)接受托运申请。船公司或其代理人,或其他运输经营人在决定是否接受发货人的托运申请时,首先应考虑其航线、港口、船舶、运输条件等能否满足发货人的要求。在接收托运申请后,应着手编制订舱清单,然后分送集装箱码头堆场、集装箱货运站,据此安排空箱及办理货运交接。

(3)发放空箱。集装箱货运的空箱由发货人到集装箱码头堆场领取,拼箱货运的空箱则由集装箱货运站负责领取。

(4)拼箱货装箱。发货人将不足一整箱的货物交集装箱货运站,由货运站根据订舱清单的资料,核对场站收据装箱。

(5)整箱货交接。由发货人自行负责装箱并加海关封志的整箱货运至集装箱码头堆场,码头堆场根据订舱清单,核对场站收据及装箱单验收货物。

(6)集装箱的交接签证。集装箱码头堆场在验收货物和集装箱后,即在场站收据上签字,并将签署的场站收据交还给发货人,据此换取提单。

(7)换取提单。发货人凭经签署的场站收据,向船公司或其代理公司换取提单,并据此向银行结汇。如果信用证规定需要已装船提单,则应在集装箱装船后,才能换取已装船提单。

(8)装船。集装箱码头根据待装的货箱情况,制定出装船计划,待船舶停泊后即行装船。

(9)海上运输。海上承运人对装船的集装箱负有安全运输、保管、照料的责任,并依据集装箱提单条款划分与货主之间的责任、权利、义务。

(10)卸船。集装箱码头根据装船港承运人代理寄来的有关货运单证制定卸船计划,待船舶泊港后即卸船。

(11)整箱货交付。如内陆运输由收货人自己负责安排,集装箱码头堆场根据收货人出具的提货单将货箱交收货人。

(12)拼箱货交付。集装箱货运站在掏箱后,根据收货人出具的提货单将货物交收货人。

(13)空箱回运。收货人和集装箱货运站在掏箱完毕后,应及时将空箱回运至集装箱码头堆场。

## (二)国际多式联运

**1. 国际多式联运概念和特点**

国际多式联运(International Multimodal Transport)又称"国际联合运输",是指按照多

式联运合同,至少以两种不同的运输方式,由多式联运经营人将货物从一国境内的接管地点运至另一国境内指定交付地点的货物运输。多式联运是利用集装箱进行联运的、新的运输组织方式。它通过采用海、陆、空等两种以上的运输手段,完成国家间的连贯货物运输,从而打破了过去海、铁、公、空等单一运输方式互不连贯的传统做法。

**2. 国际多式联运必须具备的条件**

国际多式联运是以集装箱装载形式把各种运输方式连贯起来进行国际运输的一种新型运输方式。按照《联合国国际多式联运公约》的解释,国际多式联运必须具备以下五个条件:

(1)必须具有一份多式联运合同。该运输合同是多式联运经营人与托运人之间权利、义务、责任与豁免的合同关系和运输性质的确定,也是区别多式联运与一般货物运输方式的主要依据。

(2)必须使用一份全程多式联运单证(Multimodal Transport Document,简称M.T.D)。该单证应满足不同运输方式的需要,并按单一运费率计收全程运费。我国现在使用的是多式联运提单(Combined Transport Bill,简称 C. T. B/L),该单据既是物权凭证,也是有价证券。

(3)必须是至少两种不同运输方式的连续运输。

(4)必须是国家间的货物运输。

(5)必须由一个多式联运经营人对货物运输的全程负责。该多式联运经营人不仅是订立多式联运合同的当事人,也是多式联运单证的签发人。当然,在多式联运经营人履行多式联运合同所规定的运输责任的同时,可将全部或部分运输委托他人(分承运人)完成,并订立分运合同。但分运合同的承运人与托运人之间不存在任何合同关系。

由此可见,国际多式联运的主要特点是,由多式联运经营人对托运人签订一个运输合同,统一组织全程运输,实行运输全程一次托运,一单到底,一次收费,统一理赔和全程负责。它是一种以方便托运人和货主为目的的先进货物运输组织形式。这种运输方式具有四个优点:责任统一、手续简便、降低运营成本、加速货运周转。

国际商会"UCP600"取消了多式联运经营人的身份,多式联运单证必须在表面上显示承运人名称,并由承运人或承运人具名代理人或代表(或船长或船长的具名代理人或代表)签署。承运人、船长或代理人的任何签字必须分别标明承运人、船长或代理人身份,代理人的签字必须显示其是否作为承运人或船长的代理人或代表签署提单。

国际货运代理人在从事货运服务中,其法律地位一般情况下分为代理人和当事人两种。国际货运代理人以客户的名义从事代理行为时,其法律地位为代理人。国际货运代理人以自己的名义为客户提供运输服务并签发提单时,其法律地位为当事人,即承运人。

## (三)大陆桥运输(Land Bridge Transport)

大陆桥运输是采用集装箱专列,把大陆当作连接两端海运的桥梁,使之与集装箱船结合起来的一种运输方式。目前,世界上最重要的三条大陆桥运输链有:西伯利亚大陆桥(俄罗斯的东方港——西伯利亚——黑海、波罗的海沿岸——大西洋沿岸）；北美大陆桥（美国西海岸到美国东海岸或墨西哥湾的铁路及公路集装箱连贯运输系统），北美大陆桥具体又分为美国西海岸——美国东海岸和美国西海岸——墨西哥湾两条线路；新亚欧大陆桥（我国连云港——阿拉山口——哈萨克斯坦——荷兰鹿特丹——大西洋沿岸）。

## 五、货运代理的合理选择

海上货物运输是国际运输的主要方式，国际贸易中约有90％的货物是以海上运输方式承运的。海上货物运输不但包括流程和一系列单证手续办理等内容，而且涉及与运输法律有关系的当事方，国际货运代理人（简称"货代"）便是其中一方。就货代而言，重要的是能够辨别有关航运的各种手续，以提供给货主良好的航运服务。作为货主，适当选择货运代理，意味着选择了熟知航运业务的适当海运人和适合贸易合同的运输方式。

### （一）货运代理须熟知海运地理方面的常识

其一，作为国际货运代理人，由于船舶进出不同国家，故应熟知世界地理及航线、港口所处位置、转运地及其内陆集散地。其二，货代还应了解货物的流向、国际贸易的模式及其发展趋势等。

### （二）货运代理应熟知不同类型的运输方式对货物的适用性

世界航运市场存在四种运输方式：班轮运输、租船运输、无船承运人运输和多式联运。班轮运输的特点是定时间、定航线、定港口顺序和定费率。租船运输即不定期运输，指不设固定的航线和时间表，按照航运市场供求关系，可以在任何航线上从事营运业务，运价可协商，适合于大宗散货承运。无船承运人是指从事定期营运的承运人，但并不拥有或经营海上运输所需的船舶，无船承运人相对于实际托运人是承运人身份，但相对于实际承运人又是托运人的身份。对于货主或托运人，选择适当的运输方式，决定于货运代理是否精于以下几个方面业务：

**1. 运输服务的定期性**

若货物需要以固定的间隔时间运输出去，则宜选择挂靠固定港口、固定费率、严格按船期表航行的班轮。

**2. 运输速度**

当托运人为了满足某种货物在规定日期内运到的需求，会注重考虑运输速度的问题。只要能满足其要求，就不会考虑费用的高低。

**3. 运输费用**

当运输时间和运输速度不是托运人或货主考虑的主要因素时，运价就成为最重要的因素了。

**4. 运输可靠性**

选择货运所要托付的船公司前应考察其实力信誉，以减少因海事欺诈而成为受害者的可能性。

**5. 经营状况和责任**

有的船舶所有人表面上对船舶享有所有权，而事实上他将船舶抵押给了银行，并通过与银行的经营合同而成为经营人。这就会给将来货物运输纠纷诉诸法院时的货主利益带来负面影响。

### (三) 货运代理应了解不同类型的船舶对货主货物的适应性

作为货运代理人，必须了解船舶特征，如船舶登记国和吨位、总登记吨（GRT）、净登记吨（NRT）、散装容、包装容、总载重吨（DWT）、载重线、船级等方面的知识。较佳的货运代理还应了解几种货船类型，如班轮、半集装箱船、半托盘船、散货船、滚装船及全集装箱船等。

第三代集装箱船具有2000-3000TEU的载箱能力，能够通过巴拿马运河，故又称"巴拿马型船舶"。第四代及有更大载箱能力的船舶，不适于通过巴拿马运河，常被称为"超霸型船舶"。

### (四) 货运代理应熟知航运法规

除应了解《海牙规则》、《威斯比规则》、《汉堡规则》以外，还应适当了解货物出口地或目的港国家的海运法规，港口操作习惯等。同时，货运代理应熟练填制海上货物运输的单证，并确保单证制作的正确、清晰和及时。

### (五) 货运代理应懂得海关手续和港口作业流程

在进出口贸易中，清关是货运代理的一项传统职能。在货运代理与海关当局及客户的双重关系中，对于货运代理的法律地位，尽管各国的规定不尽相同，但海关代理的身份通常是由政府授权的。客户（即货主）应考虑货代作为海关代理的身份，在其履行职责的过程中，是否具有保护客户和海关当局双方责任的能力。是否具备离港手续、保税贮存、内陆结关等的代理能力和港口程序的运作能力。此外，货运代理所能提供的较低运费率也是应考虑的重要因素。当然，对货运代理的考察，还应注意资信等其他一些因素。选择一流货运代理对货主完成贸易合同是十分重要的。

 知识窗

**无船承运人和货代的区别**

我国2002年1月1日正式颁布实施的《中华人民共和国国际海运条例》对无船承运下了定义："无船承运是指无船承运业务的经营者以承运人的身份接受托运人的货

载,签发自己的提单或其他运输单证,向托运人收取运费,通过国际船舶运输经营者完成国际海上货物运输,承担承运人责任的海上运输经营活动。"

货代是国际货运代理的简称,指受进出口货物收货人、发货人或其代理人的委托,以委托人名义或自己名义,为委托人办理国际货物运输及相关业务并收取代理费或佣金的行为。《中国国际货运代理管理规定》对国际货运代理的定义是:接受进出口货物收货人、发货人的委托,以委托人的名义,为委托人办理国际货物运输及相关业务并收取服务报酬的行业。国际货运代理行业在国际货运市场上处于货主与承运人之间,接受货主委托,代办租船、订舱、配载、缮制有关证件、报关、报验、保险、集装箱运输、拆装箱、签发提单、结算运杂费,乃至交单议付和结汇。

从海上运输的发展来看,无船承运人(NVOCC:NON－VESSEL OPERATING COMMON CARRIER)与国际货运代理人有着非常密切的关系。无船承运人是在国际货运代理人从运输合同的中介演变至运输合同主体的过程中产生的,无船承运人是货运代理业务的延伸和发展。但两者之间又存在着根本的区别。

从两者与托运人及收货人的关系来看,无船承运人与托运人是承托关系,与收货人是提单签发人与持有人的关系。托运人订舱时,无船承运人根据自己的运价本向托运人报价,以托运人的身份向船公司洽订舱位,安排货物的运输。待货物装船后,收到船公司签发的海运提单的同时,无船承运人签发自己的提单给托运人。货物抵达目的港后,收货人凭其所持有的无船承运人签发的正本提单到无船承运人代理的营业所办理提货手续。而在此之前,无船承运人的代理机构已经从实际承运的船公司处收取了该货物。无船承运业务涉及两套提单的流转:无船承运人自己的提单(HOUSE B/L)和船公司的提单(MASTER B/L)。无船承运人接受托运人的订舱,办理货物托运手续,并接管货物,应托运人的要求签发 HOUSE B/L,提单关系人是托运人和实际收货人。同时,以自己的名义向船公司订舱,通过船公司的班轮实际承载该货物,得到船公司签发的 MASTER B/L,提单关系人是无船承运人及其目的港的代理。国际货运代理人与托运人是被委托方与委托方的关系,而他与收货人则不存在任何关系。

除此之外,无船承运人与国际货运代理人关于相关费用的计收方面也有所不同。无船承运人因其双重身份,即相对于托运人来说是契约承运人,相对于实际承运人来说是托运人,可以在业务中收取运费或赚取差价;而国际货运代理人由于其代理人的身份,所以只能向委托方收取佣金。而运费差额通常是远远高于佣金的。这也是许多国际货运代理人介入无船承运领域的重要原因。

## 任务二 合同的运输条款

国际货物买卖合同中,买卖双方必须就交货时间、装运地和目的地、能否分批装运、转运等问题商妥,并在合同中具体订明。明确、合理地规定装运条款,是保证进出口合同顺利履行的重要条件。

交货是指卖方自愿将其对货物的所有权转移给买方的行为。装运是指卖方将货物交给承运人以运往目的地的行为。

交货时间(Time of Delivery),一是指卖方将符合合同要求的货物交付给买方或承运人并同时将货物风险转移给买方的最后期限,这里是指在"象征性交货"方式下的"交货";二是指卖方实际把合同货物交给买方控制的最后期限(同时,货物的风险责任也在交付货物时连同货物所有权一起转移给买方)。这里是在"实际交货"方式下的"交货"。《联合国国际货物销售合同公约》规定:卖方必须在约定的日期或一段时间内交付货物,如提前交货,买方有权要求损害赔偿和/或拒收货物。

装运时间(Time of Shipment)又称"装运期",是指卖方将合同规定的货物装上运输工具或交给承运人的期限。在象征性交货方式下,例如在 FOB、CFR、CIF、FCA、CPT 以及 CIP 等贸易术语下,"装运期"也可以叫作"交货期"。

交货地点是指卖方按买卖合同规定将货物交付给买方或承运人的地点。

# 一、装运时间

## (一)装运时间的规定方法

### 1. 规定明确、具体的装运时间

装运时间可分为规定一段时间和规定最后期限两种。例如,"7 月份装运"(Shipment during July)、"7/8/9 月份装运(Shipment during July/Aug./Sep.);又如,"装运期不迟于 7 月 31 日"(Shipment not later than July 31st)、"9 月底或以前装运"(Shipment at or before the end of Sep.)。此种规定方法明确、具体,使用较广。

### 2. 规定收到信用证后若干天装运

如售货合同中规定:"收到信用证后 30 天内装运"(Shipment within 30 days after receipt of L/C)。为防止买方不按时开证,一般还规定:"买方必须不迟于某月某日将信用证开到卖方"(The relevant L/C must reach the seller not later than …)的限制性条款。对某些进口管制较严的国家或地区,或专为买方制造的特定商品,或对买方资信不够了解,为防止买方不及时开立信用证,可采用此种规定方法。

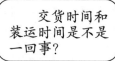

交货时间和装运时间是不是一回事?

## (二)规定装运时间应注意的问题

买卖合同中的装运时间的规定要明确具体,装运期限应当适度;应注意货源情况、商品的性质和特点以及交货的季节性;另外,还应结合交货港、目的港的特殊季节因素进行考虑。

## 二、装运港(地)和目的港(地)

装运港(Port of Shipment)是指货物起始装运的港口。对于 FOB 合同,装运港为合同要件。目的港(Port of Destination)是指最终卸货的港口,对于 CIF、CFR 合同,目的港为合同要件。在国际贸易中,装运港(地)一般由卖方提出,经买方同意后确认;目的港(地)一般由买方提出,经卖方同意后确认。

### (一)装运港和目的港的规定方法

在买卖合同中,装运港和目的港的规定方法有以下几种:

**1. 在一般情况下,装运港和目的港分别规定一个**

如装运港:上海(Port of Shipment:Shanghai),目的港:伦敦 (Port of Destination:London)。

**2. 有时按实际业务的需要,也可分别规定两个或两个以上的装运港或目的港**

如装运港:新港/上海(Xingang/Shanghai);大连/青岛/上海 (Dalian/Qingdao/Shanghai)。目的港:伦敦/利物浦(London/Liverpool)。

**3. 在磋商交易时,如明确规定装运港或目的港有困难,可以用选择港(Optional Ports)办法**

规定选择港有两种方式:一种是在两个或两个以上港口中选择一个,如 CIF 伦敦选择港汉堡或鹿特丹(CIF London, Optional Hamburg/Rotterdam),或者 CIF 伦敦/汉堡/鹿特丹(CIF London/Hamburg/Rotterdam);另一种是笼统规定某一航区为装运港或目的港,如"欧洲主要港口(EMP)",即最后交货选择欧洲的一个主要港口为目的港。

### (二)确定国内外装运港(地)和目的港(地)的注意事项

**1. 规定国内装运港(地)或目的港(地)应注意的问题**

在出口业务中,对国内装运港的规定,一般以接近货源地的对外贸易港口为宜,同时考虑港口和国内运输的条件和费用水平。

**2. 规定国外装运港和目的港应注意的问题**

(1)对国外装运港或目的港的规定,应力求具体明确。

(2)不能接受内陆城市为装运港或目的港的条件。

(3)必须注意装卸港的具体条件。

(4)应注意国外港口有无重名问题。为了避免港口重名的情况,建议在港口后面加上国家的名称。

(5)如采用选择港口规定,要注意各选择港口不宜太多,一般不超过三个,而且必须在同一航区、同一航线上。同时,在合同中应明确规定:如所选目的港要增加运费、附加费,应由买方负担,同时要规定买方宣布最后目的港的时间。

总之,买卖双方在确定装运港时,通常都是从本身利益和实际需要出发,根据产销和运输等因素考虑的。为了使装运港和目的港条款订得合理,我们必须从多方面加以考虑,特别是国外港口很多、情况复杂,在确定国外装运港和目的港时,更应格外谨慎。

## 三、分批装运和转运

### (一)分批装运

**1.分批装运的含义及适用场合**

分批装运又称"分期装运",是一个合同项下的货物先后分若干期或若干次装运。在国际贸易中,分批装运主要是因为某份买卖合同的货物数量较大,买卖双方都认为有必要根据交货的数量、运输的条件以及销售市场的容量等因素,来合理确定分期分批装运及每次装运的具体数量和时间。凡数量较大,或受货源、运输条件、市场销售、资金的条件所限,有必要分期、分批装运,并在买卖合同中规定分批装运条款。如为减少提货手续、节省费用,在进口业务中要求国外出口人一次装运货物的,则应在进口合同中规定不准分批装运条款。

**2.分批装运的规定方法**

根据国际商会《UCP600》规定,除非信用证作相反规定,可准许分批装运。但是,如果信用证规定不准分批装运,则卖方就无权分批装运。为防止误解,如需要分批装运的出口交易,应在买卖合同中对允许分批装运(Partial Shipment to be Allowed)作出明确规定。规定允许分批装运的方法主要有两种:一是原则规定允许分批装运,对于分批的时间、批次和数量均不作规定;二是在规定分批装运条款时,具体列出分批的期限和数量。

**《UCP600》对分批装运的规定**

《UCP600》规定:"运输单据上已注明是使用同一运输工具装运并经同一路线运输,即使运输单据上注明的装运日期不同或装货港、接受监督地或发货地点不同,只要运输单据注明是同一目的地,将不视为分批装运。"因此,货物在同一船舶、同一航次的多次装运,即使运输单据注明装运日期及表明不同装运港口或起运地,也不算作分批装运。

### (二)转运

**1.转运的含义及适用场合**

转运(Transshipment)是指自装货港或发货地或接受监督地到卸货港或目的地的运输过程中,货物从一运输工具卸下,再装上同一运输方式的另一运输工具,或在不同运输方式运输情况下,货物从一种运输工具卸下,再装上另一种运输工具的行为。货物在中途转运,容易受损和散失,延迟到达目的地的时间,但在无直达运输工具的情况下,转运就不可避免。因此,就有必要在买卖合同中规定是否允许转运,有时还要规定在何地何时以何种方式转运的条款。

**2. 转运的规定方法**

随着运输工具的不断改进和大型化集装箱船、滚装船、母子船的不断涌现,以及各种新的运输方式广泛运用,转运在实际业务中几乎已成为经常发生的现象,并成为能被各国贸易界人士接受的事实。按国际商会《跟单信用证统一惯例》(UCP600)对转运的规定,装于海运中集装箱、装在滚装船上的拖车、母子船上的驳船项下的转运不被视作转运;海运以外的其他各种运输方式下的转运,也均不被视作转运。此规定在各种运输单据的条款中明确表明:即使信用证不准转运,只要有关运输单据包括全程运输,银行就可接受表明转运或将予转运的运输单据,简言之,按此规定,信用证中如规定禁止转运,仅是指海运港至港非集装箱货物运输的转运。如果信用证中未明确规定是否允许转运,则根据《UCP600》规定,视为允许。

## 四、装运通知

装运通知(Shipping Advice)也叫"装船通知",指的是出口商在货物装船后发给进口方的、包括货物详细装运情况的通知。其目的在于让进口商做好接货的准备。如果成交条件为 FOB/FCA、CFR/CPT 等,则还需要向进口国保险公司发出该通知,以便其为进口商办理货物保险手续。装运通知应按合同或信用证规定的时间发出,该通知传真副本(Copy of Fax)常作为向银行交单议付的单据之一;在进口方派船接货的交易条件下,进口商为了使船、货衔接得当也会向出口方发出有关通知;通知无统一格式,内容一定要符合合同或者信用证的规定。

## 五、装卸时间、装卸率、滞期费和速遣费

在实际业务中,负责装卸货物的不一定是租船人,而是买卖合同的一方当事人,如 FOB 合同的租船人是买方,而装货由卖方负责;反之,CIF 合同的租船人是卖方,而卸货由买方负责。因此,负责租船的一方为了促使对方及时完成装卸任务,在买卖合同中也要求规定装卸时间、装卸率和滞期、速遣条款,上述条款通常只在程租船运输方式下才出现,所以在买卖合同中要作明确规定。

### (一)装卸时间

程租船运输情况下,装卸时间(Lay Time)的长短影响到船舶的使用周期和在港费用,直接关系到船方利益。因此,在程租船合同中,除需规定装卸货时间外,还需规定一种奖励处罚措施,以督促租船人实现快装快卸。

装卸时间也称"装卸期限",是指租船人承诺在一定期限内完成装卸作业,它是程租船合同的一项重要内容。装卸期限可用若干日表示;也可用装卸率表示(即平均每天装卸若干吨)。此外,还要规定哪些时间应算为工作日,哪些时间除外。装卸时间的计算,通常有以下几种:

**1. 按日(Days)或连续日或时(Running or Consecutive Day or Hours)计算**

这是指时间连续满 24 小时就算一日或连续日,即便是星期日、节假日或雪雨日也不扣

除。这对租船人十分不利。

**2. 按工作日(Working Days)计算**

这是指按港口习惯属于正常工作的日子,周日和节假日除外。

**3. 按晴天工作日(Weather Working Days)计算**

这是指既是工作日,又是适宜装卸的天气才计算为装卸时间。所谓适宜装卸,应视货物的性质以及在不良天气下装卸是否对货物质量有影响而定。

**4. 按连续 24 小时晴天工作日(Weather Working Days of Consecutive 24 Hours)计算**

这种条款和晴天工作日相同,但明确了在天气适宜装卸工作日内时钟连续走 24 小时算一个工作日。工作日通常要订明星期日、节假日除外(Sundays and Holidays Excepted)。

### (二)装卸率

装卸率(Load/Discharge Rate),是指每日装卸货物的数量。装卸率的具体确定,一般应按照港口习惯的正常装卸速度,掌握实事求是的原则。装卸率的高低,关系到完成装卸任务的时间和运费水平,装卸率规定过高或过低都不合适。

### (三)滞期费和速遣费

在规定的装卸期限内,如果租船人未能完成装卸作业,为了弥补船方的损失,对超过的时间,租船人应向船方支付一定的罚款,这种罚款称为"滞期费"(Demurrage)或"延滞费"。反之,如果租船人在规定的装卸期限内,提前完成装卸作业而节省了时间,则船方要向租船人支付一定的奖金,这种奖金称为"速遣费"(Dispatch Money)。后者一般为前者的1/2。

## 任务三　运输单据

运输单据(Transport Documents)是国际贸易的基本单据之一,是指托运人将货物移交给承运人办理装运时,由承运人签发给托运人的书面文书,代表了运输中的货物已经付运的证明。运输单据按运输方式不同,可分为海运提单(Marine Bill of Lading)、航空运单(Airway Bill)、铁路运单(Railway Bill)、邮包收据(Parcel Post Receipt)和联合运输单据(Multimodal Transport Document)等。在国际货物运输中,尽管空运、铁路运输发展很快,但目前国际贸易运输仍以海洋货运为主。这里着重介绍海运提单。

**关于提单的国际公约**

由于提单的利害关系人常分属于不同国籍,提单的签发地或起运港和目的港又分处于不同的国家,而提单又是由各船公司根据本国有关法规自行制定的,其格式、内容和词句并不完全相同,一旦发生争议或涉及诉讼,就会产生提单的法律效力和适用法规的问题,因此,统一各国有关提单的法规,一直是各国追求的目标。当前,已经生效并在统一各国有关提单的法规方面起着重要作用的国际公约有三个:

1. 海牙规则(Hague Rules)

海牙规则的全称是《统一提单若干法律规定的国际公约》(International Convention for the Unification of Certain Rules of Law Relating to Bill of Lading),1924年8月25日由26个国家在布鲁塞尔签订,1931年6月2日生效。由于公约草案是1921年在海牙通过的,因此定名为"海牙规则"。目前,包括欧美许多国家在内的50多个国家都先后加入了这个公约。1936年,美国政府以这一公约作为国内立法的基础制定了1936年美国海上货物运输法。海牙规则使得海上货物运输中有关提单的法律得以统一,在促进海运事业发展、推动国际贸易发展方面发挥了积极作用,是最重要的和目前仍被普遍使用的国际公约。我国于1981年承认该公约。

海牙规则的特点是较多地维护了承运人的利益,在风险分担上很不均衡,因而引起了作为主要货主国的第三世界国家的不满,纷纷要求修改海牙规则,建立航运新秩序。

2. 维斯比规则(Visby Rules)

在第三世界国家的强烈要求下,修改海牙规则的意见已被北欧国家和英国等航运发达国家所接受,但他们认为不能急于求成(以免引起混乱),主张折中各方意见,只对海牙规则中明显不合理或不明确的条款作局部的修订和补充,维斯比规则就是在此基础上产生的。所以维斯比规则也称为"海牙——维斯比规则"(Hague—Visby Rules),它的全称是《关于修订统一提单若干法律规定的国际公约的议定书》(Protocol to Amend the International Convention for the Unification of Certain Rules of Law Relating to Bill of Lading),或简称为"1968年布鲁塞尔议定书"(The 1968 Brussels Protocol),1968年2月23日在布鲁塞尔通过,于1977年6月生效。目前已有英、法、丹麦、挪威、新加坡、瑞典等20多个国家和地区参加了这一公约。

3. 汉堡规则(Hamburg Rules)

汉堡规则是指《1978年联合国海上货物运输公约》(United Nations Convention of the Carriage of Goods by Sea,1978)。1976年由联合国贸易法律委员会草拟,1978年经联合国在汉堡主持召开有71个国家参加的全权代表会议上审议通过。汉堡规则可以说是在第三世界国家的反复斗争下,经过各国代表多次磋商,并在某些方面作出妥协后通过的。汉堡规则全面修改了海牙规则,其内容在较大程度上加重了承运人的责任,保护了货方的利益,代表了第三世界发展中国家意愿,这个公约已于1992年生效。但因签字国为埃及,尼日利亚等非主要航运货运国,对国际海运业影响不是很大。

# 一、海运提单

## (一)海运提单的含义

海运提单(Marine Bill of Lading),简称"提单"(B/L),是由船长或承运人或其代理人签发的,证明收到特定的货物(或已装船),将约定的货物运至特定的目的地,并交付于收货人或提单持有人的物权凭证,也是承运人和托运人之间运输合同的证明。

## (二)海运提单的作用和关系人

**1. 海运提单的作用**

(1)海运提单是承运人或其代理人签发的货物收据(Receipt for the Goods),确认承运人已经按海运提单所列内容收到货物。

(2)海运提单是托运人和承运人之间运输契约(Contract)的证明。

(3)海运提单是物权凭证(Document of Title)。提单的持有人对提单上所载明的货物拥有所有权,并可以经过背书进行抵押、转让,受法律保护。

**2. 海运提单的关系人**

(1)海运提单的基本关系人包括承运人(Carrier)和托运人(Shipper)两个方面。承运人(Carrier)亦称"船方",可能是船舶的所有人(即船东)或者是租船人。

托运人(Shipper)亦称"货方",可以是发货人,也可以是收货人。

(2)海运提单的其他当事人主要包括收货人和被通知人。

①收货人(Consignee),提单的抬头人、受让人(被背书人)、持有人或记名提单载明的特定人。收货人有在目的地港凭提单向承运人要求提货的权利。

②被通知人(Notify Party),是收货人的代理人,不是提单的当事人。空白抬头提单注明被通知人,便于承运人在货到目的港时,通知办理报关提货手续。在信用证方式下,被通知人往往是开证申请人(即买方),但因信用证是由银行开出的,在其未赎单付款前,只能作为被通知人负责照顾货物的依据,而没有所有权。

(3)如果提单发生转让,则会出现受让人、持有人等提单当事人。

①受让人(Transferee),是经过背书转让接受提单的人,也是提单的持有人。受让人有向承运人要求提货的权利,但也承担了托运人在运输合约上的义务。

②持有人(Holder),是经过正当手续持有提单的人。例如,不记名提单可经过记名背书或者空白背书转让,经过交付的受让人,可以凭提单领取货物。

## (三)海运提单的主要内容及种类

**1. 提单的主要内容**

由于海运提单具有收据、合约、物权凭证三种作用,牵涉到托运人、承运人、收货人等关系人的责任和权益,所以内容比较多,但其本身仍可分为正面记载和背面印就条款两个部分,即固定部分和可变部分。固定部分是指提单背面的运输契约,这部分一般不作更改;可变部分是指海运提单正面的内容。

(1)海运提单正面记载的主要内容有:写明"Bill of Lading"(提单)字样;船舶的名称及航次号;托运人(即出口商)名称及地址;承运人(即船公司)名称及地址;收货人货物名称、重量、件数、包装和唛头;起运港名称及地点;目的港名称及地点;运费条款,可注明"Freight Prepaid"(运费预付)或"Freight to Collect"(运费到付),也可以注明"Freight Paid as Arranged"(运费按约定条件照付);提单号码与份数;提单签发日期和地点、船主或其代理人(轮船公司)签字等内容。

(2)海运提单背面印就内容。提单背面的印就条款是作为确定承运人和托运人之间、承运人和收货人及提单持有人之间的权利和义务的主要依据。印就条款的主要内容有:适用法律条款;承运人的责任条款;承运人的免责条款;变更航线条款;危险品条款;交货条款;承运人和收货人应共同负担海上风险以及船舶相撞所遭受的损失;索赔条款等。

**2. 海运提单的种类**

海运提单种类多种多样,各家船公司出的提单不尽相同,但是大致可分为以下几种:

(1)根据货物是否装船分为"已装船提单"和"备运提单"。已装船提单(On Board B/L),是指轮船公司将货物已经装上指定船舶并经船长签收后才签发的提单。提单上载明货物"已由某轮装运"的字样和装运日期。

备运海运提单(Received for Shipment B/L),是指承运人在收到托运货物,等待装船期间,向托运人签发的提单。待运的货物一旦装运后,在备运提单上加"已装船"字样,这样备运提单就成了"已装船提单"。

(2)根据承运方式分为"直达提单"、"转船提单"和"联运提单"。直达提单(Direct B/L),是指同一船舶将货物直接从起运港运达目的港的提单。这种提单船方责任明确,权利和义务易于处理。

转船提单(Tansshipment B/L),是指从起运港载货的船舶不直接驶往托运货物的目的港,须在其他港口换船转运,并由签发提单的轮船公司负责代办转运手续的海运提单。

联运提单(Through B/L),联运提单用于"海陆、海河、海海"联运。第一承运人在货物起运港签发运往最终目的地的提单,并收取全程运费。货物到达转运港后,由第一承运人代货主将货物交与下一程航运的承运人,再运往目的港。各程承运人的责任,只限于其本身经营船舶所完成的运输。

(3)根据货物表面状况有无附加批注,分为"清洁提单"和"不清洁提单"。清洁提单(Clean B/L),是指提单上并无承运人或其代理人附加条款,或对货物的外表状况或包装不作任何批注。

不清洁提单(Unclean B/L),是指有承运人的批注或附加条款,表示货物或其包装有疵瑕状态的提单。例如,提单上批有:"Some Rusty"(有生锈)或"One Case Broken,Content

Exposed"(有一箱破损,内装货物暴露)等文字。

(4)根据收货人抬头,分为"记名提单"、"不记名提单"和"指示提单"。

①记名提单(Straight B/L),在收货人栏内需列明特定收货人名称,货物只能交给提单上的收货人,此种提单不能背书转让。

②不记名提单(Bearer B/L),收货人栏内不需列明任何收货人,只写明"货交提单持有人",或不填写任何内容的提单。谁持有提单,谁就可凭以提货,船方交货是凭单不凭人。

③指示提单(Order B/L),收货人栏内填写"凭指定"或"凭某人指定"字样,此种提单经过背书才能转让。这种提单有利于资金周转,故在业务中使用较多。

指示提单主要有凭指定和凭托运人指定(此种提单发货人背书转让前,物权仍归发货人),凭开证申请人指定和凭开证行指定等情况。提单的抬头决定着物权的归属。

指示提单的背书有"空白背书"和"记名背书"之分。空白背书是由背书人(提单转让人)在提单背面签章,但不注明被背书人的名称;记名背书除了背书人签章外,还要注明被背书人的名称,如再行转让可再加背书。目前业务中使用最多的是凭指定并经空白背书的提单,习惯上称其为"空白抬头、空白背书"提单。

(5)根据轮船公司经营方式不同,分为"班轮提单"和"租船提单"。班轮提单(Liner B/L or Regular Line B/L)有固定航线。按照规定时间,停靠规定港口而航行的船舶叫作"班轮",货物由班轮承运而签发的提单叫作"班轮提单"。班轮公司租给托运人的不是整船而是部分舱位,所以托运货物多少船方都可接受。班轮公司将预先规定的船期表(Sailing Schedule)印发给各地货主或登报招揽承运业务。班轮装运货物,船方负责装船、理舱、卸货,装卸费用计算在班轮费之内。班轮提单船方的责任是以提单印就的条款为依据。

租船提单(Chart Party B/L),是指承运人根据租船合同而签发的提单。在这种提单上注明"一切条款、条件和免责事项按某年某月某日的租船合同"或批注"根据×××租船合同开立"字样。这种合同受租船合同条款的约束。

(6)根据提单内容的繁简,可分为"全式提单"和"略式提单"。全式提单(Long Form B/L),是指提单背面列有承运人和托运人权利、义务的详细提单。

略式提单(Short Form B/L),又称"简式提单",是指省略提单背面条款,只列出提单正面必须记载事项的提单。

(7)根据提单的使用效力,可分为"正本提单"和"副本提单"。正本提单(Original B/L),是指提单上有承运人、船长或其代理人签名盖章的提单。这种提单上必须标明"正本"字样,它在法律上和商业上都公认有效。收货人在目的港提货必须使用正本提单。

副本提单(Copy B/L),是指提单上没有承运人、船长或其代理人签名盖章的提单。副本提单一般都表明"Copy"或者"Non-negotiable"字样,仅供工作上参考使用。

(8)在实际业务中经常遇到的其他提单还包括：

①集装箱提单（Container B/L），指采用集装箱运输时签发的提单。

②舱面提单（On Deck B/L），又称"甲板货提单"，是指注明了货物载于甲板上的提单。除非在提单中明确订明，承运人对舱面货的损失或灭失不负责任，所以进口商一般不接受舱面提单。

③过期提单（Stale B/L），是指晚于规定的交单日期或晚于货物到达目的港的提单。前者期限为21天（即提单签发日后21天才向银行提交，银行可拒收）；后者一般在订立相关条款后银行可接受，这种过期提单有时候在近洋运输的时候使用。

④倒签提单（Antedated B/L），指提单上的出单日期早于装船实际完成日期的提单。这是一种不合法提单。

⑤预借提单（Advanced B/L），指承运人应托运人的要求，在货物实际装船之前签发给托运人的提单。造成这种状况的原因可能是船舶未能按期到港受载和托运人未能按时备妥货物，出具这样提单的承运人要承担一定的风险。

倒签提单与预借提单的根本区别在于其签署行为实施的时间是在货物装船以后，而预借提单是在货物实际装船以前。

### 海运单

海运单，是指证明海上货物运输合同和货物已经由承运人接管或装船，以及承运人保证据以将货物交付给单证上注明的收货人的一种不可转让的单证。

因为海运单不是物权凭证，不能向银行押款，也不可转让，所以也称"不可转让海运单"。由于海运单使用起来能简化买方的提货手续，减少假提单的诈骗现象，降低承运人的风险，所以近年来较为常见。

## 二、铁路运输单据

铁路运输分为国际铁路联运和通往港澳的国内铁路运输，分别使用国际铁路货物联运单和承运货物收据。

### （一）国际铁路货物联运单

国际铁路货物联运单据（International Through Railway Bill）是国际联运中铁路承运人和托运人之间的运输协议，是明确双方权利和义务的书面凭证，对收、发货人和铁路部门都具有法律约束力。该运单为发送国铁路和发货人之间缔结的运输合同。运单签发，即表示承运人已收到货物并受理托运，整车货物一般在装车完毕，始发站在货物运单上加盖承运日期戳,即为承运。国际铁路货物联运的单据主要是铁路运单正本和副本。铁路运单正本随货物自始发站运至终点站,最后在终点站由收货人付清运杂费用后,连同货物由终点站交收货人,是铁路同收货人交接货物、核收运杂费用的依据。运单副本由铁路始发站签发给发货人作为货物已经交运的凭证和凭以向银行办理货款结算的主要单据。

### (二)承运货物收据

内地通过国内铁路运往港澳地区出口货物一般都委托中国对外贸易运输公司承办,货物装车发运后,由外运公司签发一份承运货物收据给托运人,托运人以此作为索汇凭证。承运货物收据既是承运人出具的货物收据,也是承运人与托运人签署的运输契约。

## 三、航空运单和多式联运单据

### (一)航空运单

**1. 航空运单的性质和作用**

航空运单(Airway Bill)是承运人与托运人之间签订的运输契约,也是承运人或其代理人签发的货物收据。航空运单不仅应有承运人或其代理人签字,还必须有托运人签字。航空运单与铁路运单一样,不是物权凭证,不能凭以提取货物,必须作成记名抬头,不能背书转让。

航空运单的作用主要有以下几个方面:

(1)航空运单是发货人与航空承运人之间的运输合同。它不仅证明航空运输合同的存在,而且它本身就是发货人与航空运输承运人之间缔结的货物运输合同,在双方共同签署后产生效力,并在货物到达目的地交付给运单上所记载的收货人后失效。

(2)航空运单是承运人签发的已接收货物的证明,也是货物收据。在发货人将货物发运后,承运人或其代理人就会将其中一份交给发货人,作为已经接收货物的证明。除非另外注明,它是承运人收到货物并在良好条件下装运的证明。

(3)航空运单是承运人据以核收运费的账单。航空运单分别记载着属于收货人负担的费用,属于应支付给承运人的费用和应支付给代理人的费用,并详细列明费用的种类。

(4)航空运单是报关单证之一。在货物到达目的地机场进行进口报关时,航空运单也通常是海关查验放行的基本单证。

(5)航空运单同时可作为保险证书。如果承运人承办保险或发货人要求承运人代办保险,则航空运单也可用来作为保险证书。

(6)航空运单是承运人内部业务的依据。航空运单随货同行,证明了货物的身份。运单上载有有关该票货物发送、转运、交付的事项,承运人会据此对货物的运输做出相应安排。

航空运单正本一式三份,分别交托运人、航空公司并随机带交收货人,副本若干份由航空公司按规定分发。

**2.航空运单的种类**

航空运单主要分为两大类：

(1)航空主运单。凡由航空运输公司签发的航空运单就称为"主运单"。它是航空运输公司据以办理货物运输和交付的依据，是航空公司和托运人订立的运输合同，每一批航空运输的货物都有自己相对应的航空主运单(MAWB,Master Air Waybill)。

(2)航空分运单。集中托运人在办理集中托运业务时签发的航空运单被称作"航空分运单"。在集中托运的情况下，除了航空运输公司签发主运单外，集中托运人还要签发航空分运单(HAWB,House Air Waybill)。

航空分运单作为集中托运人与托运人之间的货物运输合同，合同双方分别为货主 A、B 和集中托运人；而航空主运单作为航空运输公司与集中托运人之间的货物运输合同，当事人则为集中托运人和航空运输公司。货主与航空运输公司没有直接的契约关系。

### (二)多式联运单据

多式联运单据(Multimodal Transport Document)是由承运人或其代理人签发，其作用与海运提单相似，既是货物收据也是运输契约的证明。在单据作成指示抬头或不记名抬头时，可作为物权凭证，经背书可以转让。

多式联运单据表面上和联运提单相仿，但联运提单承运人只对自己执行的一段负责，而多式联运承运人则对全程负责。联运提单由船公司签发，包括海洋运输在内的全程运输，多式联运单据由多式联运承运人签发，也包括全程运输，但多种运输方式中，可以不包含海洋运输。

### 小 结

国际贸易运输条款的主要内容包括：交货和装运条件、国际运输方式和国际货运单据等。交货时间、装卸港、是否分批装运和转运，也是处理运输业务纠纷中特别要注意的内容。

根据使用的运输工具的不同，国际货物运输主要可分为国际海洋运输、国际铁路运输、国际公路运输、国际航空运输、国际邮政运输、国际管道运输等传统的运输方式，以及国际集装箱运输、国际多式联运等新型的运输方式。

国际海洋运输是最重要的运输方式。它分为班轮运输和租船运输。班轮运输是目前主要的运输方式。

国际集装箱运输中的装箱方式主要有整箱装和拼箱装。

海运提单是具有物权凭证的单据，在填写和制作海运提单时，要特别注意提单中相关栏目的填写方式和技巧。

**[背景]**

我方某公司按 CFR 条件、凭不可撤销即期信用证以集装箱出口成衣 350 箱,装运条件是 CY to CY。货物交运后,我方取得清洁装船提单,提单上注明"Shippers Load and Count"。在信用证规定的有效期内,我方及时办理了议付结汇手续。20 天后,接对方来函称:经有关船方、海关、保险公司、公证行会同对到货开箱检验,发现其中有 20 箱包装严重破损,每箱均有短少,共缺成衣 512 件。各有关方均证明集装箱完好无损。为此,对方要求我方赔偿短缺的损失,并承担全部检验费用 2500 美元。

问:试分析对方的要求是否合理,为什么?

**[分析]**

对方的要求是合理的。本案中,装运条件为:CY to CY,指整箱装运、整箱交货,即货物由出口方自行装箱、自行封箱后将整箱货物运至集装箱堆场。箱内货物的情况如何,船方概不负责。货物运抵目的港后,由集装箱堆场负责将整箱货物交给收货人,并由收货人开箱验货。本案中,经有关船方、海关、保险公司、公证行会同对到货开箱检验,发现其中有 20 箱包装严重破损,每箱均有短少,共缺成衣 512 件,各有关方均证明集装箱完好无损,说明货物包装破损和数量的短少是由于装箱时的疏忽造成的,因而,我方不能推卸责任。

### 思考训练

**一、不定项选择题**

1. 班轮运输的运费应该包括(    )。
   A. 装卸费,不计滞期费、速遣费      B. 装卸费,但计滞期费、速遣费
   C. 卸货费和应计滞期费,不计速遣费   D. 卸货费和速遣费,不计滞期费

2. 当贸易术语采用 CIF 时,海运提单对运费的表示应为(    )。
   A. Freight　Prepaid       B. Freight Collect
   C. Freight　Prepayable    D. Freight Unpaid

3. 国际多式联合运输是以至少两种不同的运输方式将货物从一国境内接受货物的地点运至另一国境内指定交付货物的地点的运输,它由(    )。
   A. 一个联运经营人负责货物的全程运输,运费按全程费率一次计收
   B. 一个联运经营人负责货物的全程运输,运费按不同运输方式分别计收
   C. 全程运输方式的经营人负责货物的全程运输,运费按全程费率一次计收
   D. 多种运输方式,分别经营,分别计费

4. 班轮运输的特点是(    )。
   A. 定线、定港、定期和相对稳定的运费费率

B. 由船方负责对货物的装卸,运费中包括装卸费,不规定滞期、速遣条款

C. 承运货物的品种、数量较为灵活

D. 双方权利、义务、责任豁免以船公司签发的提单的有关规定为依据

5. 装运期的规定办法通常有(　　)。

　　A. 明确规定具体装运期限　　　　B. 规定在收到信用证后若干天

　　C. 规定在某一天装运完毕　　　　D. 笼统规定近期装运

6. 在定程租船方式下,我国对装卸费的收取采用较为普遍的办法是(　　)。

　　A. 船方不负担装卸费　　　　　　B. 船方负担装卸费

　　C. 船方只负担装货费,而不负担卸货费　　D. 船方只负担卸货费,而不负担装货费

7. 按提单对货物表面状况有无不良批注,可分为(　　)。

　　A. 清洁提单　　B. 不清洁提单　　C. 记名提单　　D. 不记名提单

8. 在进出口业务中,能够作为物权凭证的运输单据有(　　)。

　　A. 铁路运单　　B. 海运提单　　C. 航空运单　　D. 邮包收据

9. 在业务中,出口商完成装运后,凭(　　)向船公司换取正式提单。

　　A. 发货单　　B. 收货单　　C. 大副收据　　D. 商业发票

10. 必须经背书才能进行转让的提单是(　　)。

　　A. 记名提单　　B. 不记名提单　　C. 指示提单　　D. 海运单

二、判断题

1. 海运提单如有三份正本,则凭其中任何一份即可在卸货港向船公司或船代理提货。
(　　)

2. 如合同中规定装运条款为"2013年7/8月份装运",那么我出口公司必须将货物于7月、8月两个月内,每月各装一批。(　　)

3. 凡装在同一航次、同一条船上的货物,即使装运时间和装运地点不同,也不视为分批装运。(　　)

4. 记名提单比不记名提单风险大,故很少使用。(　　)

5. 国际铁路货物联运的提单副本,可以作为发货人据以结算货款的凭证。(　　)

6. 按惯例,速遣费通常为滞期费的一半。(　　)

7. 根据《跟单信用证统一惯例》(UCP600)的规定,如果信用证中没有明确规定是否允许分批装运及转船,应理解为允许。(　　)

8. 记名提单和指示提单同样可以背书转让。(　　)

9. 清洁提单是指不载有任何批注的提单。(　　)

10. 在航空运输中,收货人提货凭航空公司的提货通知单。(　　)

三、计算题

1. 上海运往肯尼亚蒙巴萨港口"门锁"一批计100箱,每箱体积为20厘米×30厘米×40厘米,毛重为25千克。当时燃油附加费为30%,蒙巴萨港口拥挤附加费为10%。门锁属于

小五金类,计收标准是 W/M,等级为 10 级,基本运费为每运费吨 443.00 港元,请计算应付运费是多少?

2.某公司出口箱装货物一批,报价为每箱 35 美元 CFR 利物浦,英国商人要求改报 FOB 价。已知,该批货物体积每箱长 45 厘米、宽 40 厘米、高 25 厘米,每箱毛重 35 千克,商品计费标准为 W/M,每运费吨基本运费率为 120 美元,并加收燃油附加费 20%,货币附加费 10%。我方应报价多少?

### 四、案例分析

1.我某公司向非洲出口某商品 15000 箱,合同规定 1～6 月按月等量装运,每月 2500 箱,凭不可撤销即期信用证付款,客户按时开来信用证,证上总金额与总数量均与合同相符,但装运条款规定为"最迟装运期 6 月 30 日,分数批装运"。我方 1 月份装出 3000 箱、2 月份装出 4000 箱、3 月份装出 8000 箱,客户发现后向我方提出异议。你认为我方这样做是否可以?为什么?

2.我国对澳大利亚出口 1000 公吨大豆,国外开来信用证规定:不允许分批装运。结果我们在规定的期限内分别在大连、新港各装 500 公吨于同一航次的同一船上,提单也注明了不同的装运地和不同的装船日期。请问:这是否违约?银行能否议讨?

3.D 进出口公司与香港一客户签订了总额为 1925 万美元的箱式鸿运扇出口合同。2012 年 3 月初,该公司收到 Kwangtung Provinceal Bank, Hongkong Branch 开来的信用证,证中规定装运港 Hubei,目的港 Hongkong。3 月 25 日该公司将货物出运,随后向当地中国银行交单议付。不料,开证行于 4 月 8 日来电提出以下单证不符点:

提单:没有注明承运人名称;没有注明实际装运港。

保险单上注明的装运港为武汉(湖北),然而提单上的装运港却为湖北。

进出口公司接到开证行上述拒受单据的通知后,经核查单据留底,发现开证行所述情况部分属实。L/C 规定装运港为"湖北",业务员认为湖北并非港口,货物装船后即指示船公司出具装运港为"武汉"的提单,单证科审单时发现单证不符,随即通知船公司更改,但疏忽了保单的更改,以致出现提单的装运港为"湖北",保险单的装运港为"武汉(湖北)"的单单不一致、单证不一致的情况。至于提单上无承运人名称一说,D 公司认为不存在此问题。因为,D 公司所使用的提单是中国对外贸易运输总公司印制的,提单上既有中国对外贸易运输总公司的名称,又印有该公司标志,只是在船长签章一栏处由中国外运金陵公司签章。

进出口公司经研究,以下述理由向开证行提出反驳意见:

(1)湖北系省名而非港口名,武汉是湖北省的一个市,乃本批货物的实际装运港。但按你方 L/C 的要求,我方提单上的装运港仍为"湖北",保险单上装运港虽为武汉,但也注明了"湖北"字样。因此我们认为,我们的做法是符合单证一致的原则的。

(2)我们提供的提单是注明有承运人名称的提单,即提单上印有承运人"中国对外贸易运输总公司"。"中国外运金陵公司"作为中国对外贸易运输总公司的子公司,代表总公司在提单船长一栏处签章是完全可以的。按照《UCP600》的规定:"如果信用证要求港至港装运的提单,除非信用证中另有规定,银行将接受表面上看来注有承运人的名字的提单……"

据此,我们认为我们提供的单据已符合 L/C 要求,不存在不符点,请尽速付款。

进出口公司向开证行提出如上意见后,开证行对提单上未表示承运人名称仍然不同意接受,提出理由如下:

你方海运提单表示承运人名称的问题,我们认为你方做法不符合国际惯例。按《UCP600》第 20 条 a 款(i)项的规定:如果信用证要求港至港装运的提单,除非信用证另有规定,银行将接受表面上看来注有承运人名字的提单,但任何承运人或船长的签署或证实必须表明其为承运人或船长。承运人或船长的代理人的签署或证实也必须表明被代理方,如承运人或船长的名字及资格。中国外运金陵公司在签章时并未表明其为承运人或代理人及代理何方。根据这一规定,我行已再次与开证申请人联系,开证申请人仍然不同意接受该海运提单。

最后,我方被迫同意客户的意见将 L/C 改为 D/P60 天付款条件收取货款,承担了潜在的风险和利息损失。

试分析双方纠纷产生的原因,并评价其结果。

4. 我某外贸公司出口货物一批,以信用证方式成交,买方来证规定:"Shipment: not later than 31 May 2012, Expiration date: 15 June 2012"。又规定"This credit is subject to UCP600"。该外贸公司 5 月 10 日将货物全部装船,提单签发日为 5 月 10 日,当受益人于 6 月 8 日交单议付时,却遭到议付行拒付,为什么?

5. 我某公司与英商按 CIF 伦敦签约,出口瓷器 1 万件,合同与信用证均规定"装运期 3～4 月份,每月装运 5000 件,允许转船"。我方于 3 月 30 日将 5000 件装上"万泉河"轮,取得 3 月 30 日的提单,又在 4 月 2 日将余下的 5000 件装上"风庆轮",取得 4 月 2 日的提单,两轮均在香港转船,转船后两批货均由"曲兰西克"一轮运至目的港。请问:(1)本例做法是否属分批装运? 为什么?(2)卖方能否安全收汇? 为什么?

提单样本

| Shipper | | B/L NO: PIL130564E |
|---|---|---|
| ANHUI TOPSINSELL TEXTILE CO.,LTD. ROOM 1601,LAND INVESTMENT PLAZA,200 WESTCHANG JIANGROAD,HEFEI,ANHUI,CHINA. | | **PIL** PACIFIC INTERNATION LINES (PTE) LTD. (Incorporated in Singapore) COMBINED TRANSPORT BILL OF LADING |
| Consignee | | Received in apparent good order and condition except as otherwise noted the total number of container or other packages or units enumerated below for transportation from the place of receipt to the place of delivery subject to the terms hereof. One of the signed Bills of Lading must be surrendered duly endorsed in exchange for the Goods or delivery order. On presentation of this document (duly) Endorsed to the Carrier by or on behalf of the Holder, the rights and liabilities arising in accordance with the terms hereof shall (without prejudice to any rule of common law or statute rendering them binding on the Merchant) become binding in all respects between the Carrier and the Holder as though the contract evidenced hereby had been made between them. |
| TO THE ORDER OF IFIC BANK LTD.MOTIJHEEL BRANCH,125/A,MOTIJHEEL C/A.,DHAKA,BANGLADESH | | |
| Notify Party | | |
| DEUMLAMY GARMENTS LTD.(TEX.DIV) H.O:176,SHANTINAGAR,DHAKA.FAC:ZARUN KONABARI,GAZIPUR,BANGLADESH. | | SEE TERMS ON ORIGINAL B/L |
| Vessel and Voyage Number | Port of Loading | Port of Discharge |
| GUANG HANG / V.312 | SHANGHAI CHINA | CHITTAGONG, BANGLADESH |
| Place of Receipt | Place of Delivery | Number of Original Bs/L |
| | | THREE |
| PARTICULARS AS DECLARED BY SHIPPER – CARRIER NOT RESPONSIBLE | | |
| Container Nos/Seal Nos. Marks and/Numbers | No. of Container / Packages / Description of Goods | Gross Weight (Kilos) | Measurement (cu-metres) |
| STYLE#: BALE NO.: COLOUR: DYE LOT: YARDAGE: MADE IN CHINA | FABRICS FOR 100 PCT EXPORT ORIENTED READYMADE GARMENTS 627 BALES CLEAN "SHIPPED ON BOARD" BY VESSEL L/C NO.ILC0796080506218 LCA NO.IFICB/ID-67904 H.S.CODE NO.5208.1100 TO 5209.5900 THE ISSUING BANK'S DOCUMENTARY CREDIT NUMBER ILC0796080506218 AND AD REFERENCE NUMBER 079608050187 | 11458.00 | 20CBM |
| FREIGHT & CHARGES FREIGHT PREPAID | Number of Containers/Packages (in words) | | |
| | SIX HUNDRED TWENTY SEVEN BALES ONLY | | |
| | Shipped on Board Date: MAR.15, 2013 | | |
| | Place and Date of Issue: SHANGHAI,CHINA. MAR.15, 2013 | | |
| | In Witness Whereof this number of Original Bills of Lading stated Above all of the tenor and date one of which being accomplished the others to stand void. | | |
| | **PACIFIC INTERNATION LINES (PTE) LTD.** JACKY TONY **AS CARRIER** for **PACIFIC INTERNATIONAL LINES (PTE) LTD** as Carrier | | |

# 项目六
# 货物运输保险及合同保险条款

货物在国际运输过程中,可能因遇到自然灾害或意外事故而遭受损失,为了转嫁货物在运输过程中的损失,需要办理货物运输保险,这是同自然灾害和意外事故作斗争的一种经济措施。

货物通过投保运输险,将不定的损失变为固定的费用,在货物遭到承保范围内的损失时,可以从保险公司及时得到经济上的补偿,这不仅有利于进出口企业加强经济核算,也有利于进出口企业保持正常营业,从而有效地促进国际贸易的发展。

由于国际货物运输方式有海洋运输、陆上运输、航空运输和邮包运输,因此,国际货物运输保险也相应地分为海运货物保险、陆运货物保险、空运货物保险和邮包运输保险。

## 案例导入

**案情：** 某轮载货后，在航行途中不慎发生搁浅，事后反复开倒车，强行起浮，但船上轮机受损且船底划破，致使海水渗入货舱，造成货物部分损失。接着该船行驶至邻近的一个港口船坞修理，暂时卸下大部分货物，前后花费了10天时间，增加支出各项费用（包括员工工资）。当船修复后装上原货启航后不久，A舱起火，船长下令对该舱灌水灭火。A舱原载文具用品、茶叶等，灭火后发现文具用品一部分被焚毁，另一部分文具用品和全部茶叶被水浸湿。试分别说明以上各项损失的性质，并指出在投保CIC（1981.1.1条款）何种险别的情况下，保险公司才负责赔偿？

**分析：**（1）属于单独海损的有：搁浅造成的损失；A舱被焚毁的一部分文具用品。因为该损失是由于风险本身所导致的。属于共同海损的有：强行起浮所造成的轮机受损以及船底划破而产生的修理费以及船员工资等费用；A舱被水浸湿的另一部分文具用品和全部茶叶。因为该损失是由于为了大家的利益而采取的对抗风险的人为措施所导致的。（2）投保CIC（1981.1.1条款）的平安险，保险公司就负责赔偿，因为平安险承保共同海损；对于本案中的单独海损，是由于搁浅和失火意外事故导致的，意外事故导致的部分损失属于平安险承保范围。

## 项目目标

1. 了解保险的基本原则。
2. 掌握海上货物运输保险承保的范围。
3. 掌握我国海洋货物运输保险条款。
4. 了解英国伦敦保险业协会海运货物条款。
5. 学会操作货运保险基本业务以及订立买卖合同的保险条款。

全部损失（Total Loss）　　　　　　　部分损失（Partial Loss）
单独海损（Particular Average）　　　共同海损（General Average）
平安险（Free from Particular Average）　水渍险（With Particular Average）
一般附加险（General Additional Risks）　一切险（All Risks）
特殊附加险（Special Additional Risks）　保险金额（Insured Amount）
保险费（Insurance Premium）　　　　保险单（Insurance Policy）

# 任务一 保险概述

## 一、保险和国际货物运输保险的含义

保险(Insurance)是指投保人根据合同约定,向保险人支付保险费,保险人对于合同约定的可能发生的事故因其发生所造成的损失承担赔偿责任。在国际贸易中,货物从卖方到买方必须经过长途运输和多次装船、储存等环节。在这个过程中,容易因自然灾害或其他外来因素遭受损失,货主为了在货物受损后能获得经济补偿,就必须对货物进行投保,因此,保险是国际贸易活动中不可缺少的组成部分。

国际货物运输保险,是指保险人与被保险人双方约定由被保险人将国际运输中的货物作为保险标的物向保险人投保,当保险标的物遭到意外损失时,保险人按照保险单的规定给予被保险人经济赔偿的一种补偿性措施。

## 二、保险在国际贸易中的意义

货物运输保险对国际贸易有许多积极意义。首先,通过货物的运输保险,可以促进我国对外贸易和航运事业的发展,并增进我国同世界各国保险、贸易和航运界的友好关系。其次,对外贸易货物通过保险,将不定的损失变为固定的费用,在货物遭受意外损失时,可以从保险公司及时得到经济上的补偿。这不仅有利于对外贸易和外汇的有效使用,而且有利于外贸企业和有关单位实行经济核算。最后,通过对外贸易货物的运输保险,便于发现货损的原因和规律,及时总结经验,采取有效措施,共同做好预防货损工作。

国际贸易货物的运输保险属于财产保险的范畴,通常作为交易条件之一,由买卖双方在合同中商定。为了有效办理货物的运输保险,并使买卖合同中的保险条款规定合理,我们必须深入了解和认真研究有关货运保险方面的问题。

## 三、保险的基本原则

保险的基本原则是投保人(被保险人)和保险人签订保险合同、履行各自义务,以及办理索赔和理赔工作必须遵守的原则。保险的基本原则有:保险利益原则、最大诚信原则、补偿原则、代位追偿原则、近因原则等。

### (一)保险利益原则

保险利益(Insurance Interest)又称"可保利益",不是仅指投保人或被保险人对保险标的所享有的经济利益,而是泛指投保人或被保险人对保险标的所享有的权利或承担的义务。保险利益具有合法性、可确定性、价值性。它是各国保险法和国际保险实践普遍遵循的一项基本原则。

## (二)最大诚实信原则

最大诚实信原则(Utmost Good Faith)也是各国保险法和国际保险实践所普遍要求的一项基本原则。要求投保人在订立保险合同时须履行主动声明、如实声明、不违反保证三项义务,投保人或被保险人违反此项原则的法律后果是保险合同不成立,即使订立了保险合同,保险人也可主张解除合同。

**讨 论**
保险利益原则是如何防范道德风险的?

## (三)损失补偿原则

损失补偿原则(Principle of Indemnity)是指当保险事故发生并导致被保险人经济损失时,保险人给予被保险人的经济赔偿数额,足以弥补其因保险事故所造成的经济损失。这一原则包含两层含义:一是被保险人因保险事故造成的经济损失,依保险合同,在一定条件下有权获得全部的、充分的补偿;二是保险人对被保险人的赔偿数额,仅以被保险人的保险标的遭受的实际损失为限,即赔偿恰好可以使保险标的在经济上恢复到受损以前的状态。

## (四)代位求偿原则

代位求偿(Subrogation)是指当保险标的遭受保险事故损失而依法应由第三者承担赔偿责任时,保险人在支付了保险赔款后,在赔偿金额的限度内相应取得对第三者的索赔权利。代位求偿的实现要求保险标的的损失是由于保险责任事故引起的,而保险事故是由第三方的责任引起,保险人必须在履行了赔偿责任之后才能取得代位求偿权。

## (五)近因原则

近因原则(Proximate Cause)是指判断风险事故与保险标的损害或之间的因果关系,从而确定保险赔偿或给付责任的一项基本原则。近因是指在风险和损害之间,导致损害发生的最直接、最有效、起决定作用的原因,而不是指时间上或空间上最近的原因。基本含义是:在风险与保险标的的损害关系中,如果近因属于被保风险,保险人应负赔偿责任;如果近因属于除外风险或未保风险,则保险人不负赔偿责任。近因一般是指直接原因和主要原因,不包括间接原因和次要原因。

**世界上著名的保险公司**

1. 劳合社(Lloyd's of London)

劳合社曾被英国女王伊丽莎白二世誉为"英国人的骄傲"。劳合社位于英国伦敦金融城,目前已成为世界保险行业中名气最大、信誉最隆、资金最厚、历史最久、赚钱最多的保险公司,每年承保的保费约78亿英镑(合105亿美元),占整个伦敦保险市场总保费的50%以上。

2. 安联集团(Allianz)

欧洲最大的保险集团,同时也是世界领先的综合性保险集团和资产管理集团之一,总部设在德国慕尼黑。安联集团是一个世界领先的保险和金融服务供应商。安联集团在全球范围内向客户提供全方位的优质服务,服务业务涵盖财产和人身意外伤害保险,人寿保险和健康保险,资产管理和银行业务等领域。安联于1890年始创于德国柏林。1954年,安联总部迁至慕尼黑。在80和90年代,许多德国以外的著名保险公司纷纷加盟安联集团,其中包括意大利的RAS、英国的Cornhill、美国的Fireman's Fund和瑞士保险集团ELVIA。1998年初,安联又成功收购了世界第六大综合保险公司——法国AGF保险集团。作为世界最大的投资者之一,安联集团拥有西门子、巴斯夫、大众汽车等世界著名工业集团的股份,同时也投资于德意志银行、德累斯登银行等著名金融机构。

3. 苏黎世金融服务集团(Zurich)

苏黎世金融服务集团是以保险为核心业务的金融服务机构,其全球网络的分支机构和办事处遍布北美、欧洲、亚太、拉丁美洲和其他市场。苏黎世金融服务集团始建于1872年,总部设于瑞士苏黎世。现有雇员约60,000人,所服务的客户遍布在170多个国家和地区。

4. 罗便士保险公估集团公司(GAB Robins)

罗便士保险公估集团创建于1871年,总部设在美国,是世界上历史悠久的公估公司之一。2004年初,罗便士集团正式在中国成立独资子公司,这亦是国内领先外资保险公估公司。罗便士为各国保险公司提供客观、公正的理算服务,在全球金融保险业享有盛誉,在国内外保险公估市场的占有率也名列前茅。

# 任务二 海洋货物运输保险承保范围

## 一、海洋货物运输保险的承保范围

海洋货物运输保险是指以海上运输的货物作为保险标的的保险。海洋货物运输保险的承保范围包括承保的风险、承保的损失和承保的费用三方面。

### (一)风险

保险风险是指尚未发生的、能使保险对象遭受损害的危险或事故,如自然灾害、意外事故或事件等,被视为保险风险的事件具有可能性和偶然性。海洋货物运输保险承保的风险,可以归结为海上风险和外来风险两大类。

**1. 海上风险**

海上风险(Perils of Sea)又叫"海难",是指船舶及货物在海洋运输过程中发生的附随海上运输所发生的风险,它包括自然灾害和意外事故。

(1)自然灾害。自然灾害(Natural Calamities)是指由不以人的意志为转移的自然界力量所引起的灾害。如暴风雨、雷电、海啸、地震、火山爆发、洪水等。

(2)意外事故。意外事故(Fortuitous Accidents)是指由于偶然的或非意料中的意外原因所造成的事故。如船舶搁浅、触礁、沉没、碰撞、失火、爆炸等。

**2. 外来风险**

外来风险(Extraneous Risks)是指除自然灾害和意外事故以外的其他外来原因造成的风险,它不包括由货物自然属性或内在缺陷所造成的必然损失。外来风险可分为一般外来风险和特殊外来风险。

(1)一般外来风险。一般外来风险是指由一般外来原因所导致的风险。如偷窃、渗漏、短量、雨淋、提货不着、串味、受热受潮等。

(2)特殊外来风险。特殊外来风险是指由于社会政治原因造成的风险。主要包括战争、罢工、交货不到和拒收等。

## (二)损失

承保的损失是指保险人(保险公司)可以承保的属于某种性质或达到某种程度的损失或灭失。海上损失(Maritime Loss)是指被保险货物在海洋运输中由于发生海上风险所造成的损坏或灭失,又称为"海损(Average)"。按货物损失的程度,海损可分为全部损失与部分损失;按货物损失的性质,海损又可分为共同海损和单独海损。

**1. 全部损失**

全部损失(Total Loss),简称"全损",是指运输中的整批货物或不可分割的一批货物的全部损失。全部损失又可分为实际全损和推定全损两种。

(1)实际全损。实际全损(Actual Total Loss)是指被保险货物(保险标的物)全部灭失或指货物毁损后不能复原或完全丧失原有用途,已不具有任何使用价值;或指货物无法挽回地全部被海盗劫走等。如货物沉没海底无法打捞或被水浸泡后变质、完全丧失原有用途等。

(2)推定全损。推定全损(Constructive Total Loss)是指被保险货物受损后,完全灭失已不可避免或修复、恢复受损货物的费用将超过货值;或被保险货物遭受严重损失后,继续运抵目的地的运费将超过残损货物的价值。

**2. 部分损失**

部分损失(Partial Loss)是指被保险货物的一部分毁损或灭失。部分损失可以分为共同海损和单独海损。

(1)共同海损。共同海损(General Average, GA)是指载货船舶在航行途中遇到威胁船货共同安全的自然灾害或意外事故,船长为了维护船货的共同安全或使航程得以继续完成,有意识地、合理地采取措施而造成的特殊损失或支出的额外费用。构成共同海损必须具备以下条件:危难真实存在;危难必须威胁船货共同的安全;牺牲和费用支出必须是合理的,其损失必须是共同海损的直接结果。

共同海损的牺牲和费用均为使船舶、货物和运费免于遭受损失而支出的,因而,不论损失大小与费用多少,都应由船方、货主和付运费方按最后获救价值共同按比例分摊。这种分摊称为"共同海损的分摊"(GA Contribution)。

(2)单独海损。单独海损(Particular Average, P. A.)是指货物由于遭受承保范围内的风险所造成非属共同海损的部分损失,它是针对共同海损而言的。

共同海损和单独海损均属部分损失,但二者的性质、起因和补偿方法有较大的区别:共同海损的起因是人为有意识造成的,而单独海损是承保风险所直接导致的损失;共同海损要由受益方按照受益大小的比例共同分摊,而单独海损则由受损方自行承担损失。

### (三)费用

承保的费用是指保险人(保险公司)在保险标的物因遭遇保险责任范围内的事故而产生的费用方面的损失给予的赔偿。承保费用主要包括以下三种:

**1. 施救费用**

施救费用(Sue and Labor Expenses)是指被保险人在船舶发生承保范围内的危险时,采取一切防止或减少保险标的损失的有效措施而产生的费用,此项费用由保险人补偿。例如,船舶在航行中因意外触礁,致使海水从船底进入船舱,舱内服装部分被浸湿,船长下令将服装搬离该舱,并对已浸湿的服装进行整理和烘干,由此而支出的费用就是施救费用。

施救费用的构成必须符合三个条件:

(1)施救行为必须是由被保险人或其代理人、雇佣人或受让人所采取的。

(2)施救费用的支出受保险责任范围的限制,如果保险货物的损失不属保险责任,被保险人为此而支出的抢救费用不能作为施救费用得到补偿。

(3)施救费用应该是必要的、合理的费用,如果施救行为不当,因此而支付的费用不能作为施救费用,保险人不予赔偿。通过对保险货物进行施救,不仅可以减少国家物质财富的损失,还可以减少保险赔款的支付,所以保险人对这种行为是予以鼓励和支持的。

根据我国海商法相关条款规定,被保险人为防止或减少根据合同可以得到赔偿的损失而支出的必要的合理费用,应当由保险人在保险标的的损失赔偿之外另行支付,保险人对上述费用的支付,以相当于保险金额的数额为限。此外,即使施救行为没有效果,保险人在支付保险标的赔款后,还应赔偿被保险人支付的合理施救费用。

**2. 救助费用**

救助费用(Salvage Charges)是指被保险标的遭遇保险责任范围内的灾害事故时,依靠本船的力量无法摆脱困境,而由保险人和被保险人以外的无契约关系的第三方采取救助措施,获救成功后,为此支付给第三方的费用。这部分费用由保险人负责。

**3. 额外费用**

额外费用(Extra Charges)包括合理的法律抗辩费用,法律费用指由于碰撞事故或第三方过失使保险船舶受损,被保险人向第三方索赔、起诉或仲裁所引起的法律、仲裁费用。还包括保险标的受损后,对其进行查勘、公证、理算或拍卖等支付的费用以及运输在中途中止时所支付的货物卸下、存仓及续运至目的地的费用等。如果保险标的遭遇保险责任范围内的事故,额外费用可由保险人负责赔偿;反之,如果保险标的损失的索赔不能成立,额外费用也不能获赔。

### 共同海损沿革

共同海损制度起源于爱琴文化。古希腊南端爱琴海诸岛中间,商船往返频繁。最初船、货为一人所有,后来产生了接受承运业务。起初当发生航行危险时,抛弃一部分承运货物,以减轻船载,避免船货全部倾覆,而后则共同承担海损损失,这在当时已形成习惯。罗马法的成文规定最初见于《十二铜表法》中。后来,欧洲各国相继引用,形成本国的法律。其中有波罗的海的《维斯比法集》、荷兰的《阿姆斯特丹法》、比利时的《佛兰德法》、意大利的《热那亚法》、西班牙的《加泰罗尼亚法》等。

随着贸易地区扩大到非洲西岸,商人贸易利润更为丰厚,所承担的风险也相应增加。有些商人资金不足,在意大利北部伦巴第城就兴起了海上贸易借贷,商定获利归来加倍还本,海上遭遇事故则分文不还。这种借贷后来传至英国,并在伦敦咖啡馆中洽商。当时以劳氏咖啡馆经营最有信誉。凡借款还款、海外经营情况以及沿途遭遇均由商人在咖啡馆中陈述,并由劳氏咖啡馆记载成册。其中就有关于为大家安全而作的牺牲由大家共同补偿的记载。当时英国理算人公会公布的《实用规则》就是根据这一记载形成的共同海损理算规则。为了能在国际间适用,欧洲大陆法系一些国家的商人在英国《实用规则》的基础上,经过多次讨论,取长补短,1890年终于订立了《约克—安特卫普规则》。

## 任务三 我国海洋货物运输保险

### 一、我国海洋货物运输保险

我国现行的《海洋运输货物保险条款》(CIC条款)由中国人民保险公司于1981年1月1日修订实施,主要包括责任范围、保险期限、被保险人的义务及索赔时效等内容。

## (一)保险的责任范围

我国海运货物保险条款包括基本险(Basic Risks)和附加险(Additional Risks)两部分。基本险又称"主险",可以单独投保,被保险人必须投保基本险,才能获得保险保障。附加险则是不能单独投保的险别,它必须在投保基本险的基础上才能投保。

**1. 基本险的责任范围**

基本险包括平安险、水渍险和一切险。

(1)平安险(Free From Particular Average,简称 F. P. A.)。"平安险"这一名称在我国保险行业中沿用甚久。其英文原意是指单独海损不负责赔偿。根据国际保险界对单独海损的解释,它是指部分损失。因此,平安险原来的保障范围只赔全部损失。但在长期实践的过程中对平安险的责任范围进行了补充和修订,当前平安险的责任范围已经超出只赔全损的限制。概括起来,这一险别的责任范围主要包括:

①在运输过程中,由于自然灾害和运输工具发生意外事故,造成被保险货物实际全损或推定全损。

②由于运输工具遭搁浅、触礁、沉没、互撞以及失火、爆炸等意外事故造成被保险货物部分损失。

③只要运输工具曾经发生搁浅、触礁、沉没、焚毁等意外事故,事故发生之前或者以后又在海上遭恶劣气候、雷电、海啸等自然灾害所造成的被保险货物的部分损失。

④在装卸转船过程中,被保险货物一件或数件落海所造成的全部损失或部分损失。

⑤发生了保险责任范围内的危险,被保险人对货物采取抢救、防止或减少损失的各种措施而产生的合理费用。但是,保险公司承担费用的限额不能超过这批被救货物的保险金额。

⑥运输工具遭自然灾害或意外事故,需要在中途的港口或者在避难港口停靠,因而引起的卸货、装货、存仓以及运送货物所产生的特别费用。

⑦发生共同海损所引起的牺牲、公摊费和救助费用。

⑧运输契约订有"船舶互撞条款",按规定,应由货方偿还船方的损失。所谓"船舶互撞条款",是指承运人和托运人之间事先约定,当载货船舶在航行途中因为载货船舶一方的过失,致使该船与其他船只发生了碰撞事故,并造成了对方船只的损失,载货船舶因为其过失赔偿给对方的价值,由托运人各方按比例分摊。

讨 论

我们现在可以一起讨论本项目开始的案例了……

(2)水渍险(With Particular Average,简称 W. P. A.)。水渍险的责任范围除了包括上列"平安险"的各项责任外,还负责被保险货物由于恶劣气候、雷电、海啸、地震、洪水等自然灾害所造成的部分损失。

(3)一切险(All Risks)。一切险的责任范围除包括上列"水渍险"的所有责任外,还包括货物在运输过程中,因各种一般外来原因所造成保险货物全损或部分损失。

上述三种险别都是货物运输的基本险别,被保险人可以从中选择一种投保。

**2. 附加险的责任范围**

附加险是基本险的扩展,不能单独投保,它必须在投保基本险的基础上才能投保,承保的是外来风险引起的损失。按承保风险的不同,附加险可分为一般附加险和特殊附加险。

(1)一般附加险(General Additional Risk)。一般附加险负责赔偿一般外来风险所致的损失。在我国《海洋运输货物保险条款》中,一般附加险有11种,其条款非常简单,一般只规定承保的责任范围。

①偷窃提货不着险(Theft, Pilferage and Non-delivery,简称 T. P. N. D.)。保险有效期内,保险货物被偷走或窃走,以及货物运抵目的地以后,整件未交的损失,保险公司负责赔偿。

②淡水雨淋险(Fresh Water & Rain Damage,简称 F. W. R. D.)。货物在运输中,由于淡水、雨水以及雪溶所造成的损失,保险公司应负责赔偿。淡水包括船上淡水舱、水管漏水以及舱汗等。

③短量险(Risk of Shortage)。负责保险货物数量短少和重量的损失。通常包装货物的短少,保险公司必须要查清外包装是否发生异常现象,如破口、破袋、扯缝等,如属散装货物,往往以装船重量和卸船重量之间的差额作为计算短量的依据。

④混杂、玷污险(Risk of Intermixture & Contamination)。保险货物在运输过程中,混进了杂质所造成的损坏。例如矿石等混进了泥土、草屑等,因而使质量受到影响。此外保险货物因为和其他物质接触而被污染,例如布匹、纸、食物、服装等被油类或带色的物质污染而引起的经济损失。

⑤渗漏险(Risk of Leakage)。流质、半流质的液体物质和油类物质,在运输过程中因为容器损坏而引起的渗漏损失。

⑥碰损、破碎险(Risk of Clash & Breakage)。碰损主要是对金属、木质等货物来说的;破碎则主要是对易碎性物质来说的。前者是指在运输途中,因为受到震动、颠簸、挤压而造成货物本身的损失;后者是在运输途中由于装卸野蛮、粗鲁,运输工具的颠震造成货物本身的破裂、断碎的损失。

⑦串味险(Risk of Odour)。例如,茶叶、香料、药材等在运输途中受到一起堆储的皮毛、樟脑等异味的影响使品质受到损失。

⑧受热、受潮险(Damage Caused By Heating & Sweating)。例如,船舶在航行途中,由于气温骤变,或者因为船上通风设备失灵等使舱内水汽凝结、发潮、发热引起货物的损失。

⑨钩损险(Hook damage)。保险货物在装卸过程中因为使用手钩、吊钩等工具所造成的损失,例如粮食包装袋因吊钩钩坏而造成粮食外漏所造成的损失。

⑩包装破裂险(Loss For Damage By Breakage of Packing)。因为包装破裂造成物资的短少、玷污等损失。此外,对于因保险货物运输过程中转运安全需要而产生的候补包装、调换包装所支付的费用,保险公司也应负责。

⑪锈损险(Risk of Rust)。保险公司负责保险货物在运输过程中因为生锈造成的损失。

不过这种生锈必须在保险期内发生,如原装时就已生锈,保险公司不负责任。

上述 11 种附加险,不能独立承保,它必须附属于基本险别项下。即只有在投保了基本险别以后,投保人才被允许投保上述附加险。而投保"一切险"后,上述险别均包括在内。

(2)特殊附加险(Special Additional Risk)。特殊附加险也属附加险类,但不属于一切险的范围之内。它往往与政治、国家行政管理规章所引起的风险相关联。目前保险公司承保的特殊附加险别有战争险(War risk)、罢工险(Strike Risk)、交货不到险(Failure To Delivery Risks)、舱面险(On Deck Clause)、拒收险(Rejection Clause)、进口关税险(Import Duty Risk)、黄曲霉素险(Aflatoxin Risk)和出口货物到香港(包括九龙在内)或澳门存仓火险责任扩展条款(Fire Risks Extension Clause for Storage of Cargo at Destination HongKong, including Kowloon or Macao)。

战争险(War risk)。海运货物战争险承保直接由于战争、类似战争行为和敌对行为、武装冲突或海盗行为所致的损失以及由此引起的捕获、扣留、禁止、扣押所造成的损失;各种常规武器,包括水雷、鱼雷、炸弹所致的损失以及由于上述责任范围而引起的共同海损的牺牲、分摊和救助费用。但对原子或热核武器所造成的损失和费用,不负赔偿责任。

罢工险(Strike Risk)。承保货物由于罢工者、被迫停工工人或参加工潮、暴动、民众斗争的人员的行为,或任何人的恶意行为所造成的直接损失和上述行动或行为引起的共同海损的牺牲分摊和救助费用。

**3. 保险的除外责任**

(1) 基本险的除外责任。除外责任(Exclusions)指保险不予负责的损失或费用。为了明确保险人承保的责任范围,中国人民保险公司《海洋运输货物保险条款》中对海运基本险别的除外责任有下列 5 项:

①被保险人的故意行为或过失所造成的损失;

②属于发货人责任所引起的损失;

③在保险责任开始前,被保险货物已存在的品质不良或数量短差所造成的损失;

④被保险货物的自然损耗、本质缺陷、特性以及市场跌落、运输延迟所引起的损失和费用;

⑤属于战争险和罢工险条款规定的责任范围和除外责任的货损。

(2)特殊险的除外责任。

①海运货物战争险的除外责任:对由于敌对行为使用原子或热核武器所致的损失和费用不负责任;对根据执政者、当权者或其他武器集团的扣押、拘留引起的承保航程的丧失和挫折而提出的索赔也不负责。

②罢工险的除外责任:因罢工造成劳动力不足或无法使用劳动力而使货物无法正常运输、装卸以致损失,属于间接损失,保险人不负责任。

**4. 保险期限**

(1)基本险的保险期限。保险期限(Duration)在我国《海洋运输货物保险条款》中被称为"责任起讫",即保险人对运输货物承担保险责任的责任期限。保险人仅对发生在保险期限内的保险事故造成的货物损失负责。责任期限以运输过程为限,在保险实务中通常被称为"仓至仓条款(Warehouse to Warehouse Clause,W/W Clause)"。具体指被保险货物运离保险单所载明的启运地仓库或储存处所开始运输时生效,包括正常运输过程中的海上、陆地、内河和驳船运输在内,直至该货物到达保险单所载明目的地收货人的最后仓库或储存处所(或被保险人用作分配、分派或非正常运输的其他储存处所)为止。如未抵达上述仓库或储存处所,则以被保险货物在最后卸载港全部卸离海轮满60天为止;如在上述60天内被保险货物需转运至非保险单所载明的目的地时,则以该项货物开始转运时终止。

(2)战争险的保险期限。海运战争险的保险期限以货物装上海轮开始,到卸离海轮为止,即"水上风险"。如果被保险货物不卸离海轮或驳船,保险责任最长期限以海轮到达目的港当日午夜起算,满15天保险责任自动终止。如货物中途需要转船,卸离海轮也不得超过15天,只有在此期限内装上续运海轮,保险责任才继续有效。

**5.被保险人的义务**

在保险期限内,被保险人必须履行保险合同中规定的有关义务,否则,保险事故发生时,保险人可以拒赔损失。被保险人在投保时,应如实告知保险货物的情况及相关事实,不得隐瞒或虚报。合同订立后,被保险人如果发现航程有所变动或保险单所载明的货物数量、船舶名称等有误,应立即通知保险人,并在必要时加缴保险费。

如果在订立合同时,被保险人作了保证,就应自始至终遵循该项保证。这里的保证是指在保险合同中被保险人明确承诺要做或不做某事、保证某种情况的存在等。例如,某一海运保险合同中有这样一个条款,被保险人保证载货船舶的船龄不超过15年,被保险人应始终保证做到这一条。被保险人如果违反其所作的保证,不管后果如何,保险人都有权解除保险合同(但对在违反保证之前的损失保险人应予赔偿)。

货物到达目的地后,被保险人应及时提货。如果发现货损,被保险人应及时索赔,其中包括立即通知保险人的检验代理人,向有关方索取货损货差证明,向责任方提出书面索赔,采取措施防止损失扩大以及提交索赔单证等。

**6.索赔时效**

我国《海洋货物运输保险条款》规定,海运货物保险的索赔时效为两年,自被保险货物全部卸离海轮起算。一旦过了索赔时效,被保险人就丧失了向保险人请求赔偿的权利。

# 二、其他运输货物保险

## (一)陆上运输货物保险

陆上运输货物保险是指承保货物标的在陆上运输过程中(以大车、汽车运输方式或联运)由于保险责任范围内的事故造成的损失。

**1.陆上运输货物保险的险别及承包范围**

陆上运输货物保险的险别分为陆运险(Overland Transportation Risks)和陆运一切险

(Overland Transportation All Risks)两种,其承保的责任范围如下:

(1)陆运险的责任范围。

①被保险货物在运输途中遭受暴风、雷电、地震、洪水等自然灾害,或由于陆上运输工具(主要是指火车、汽车)遭受碰撞、倾覆或出轨损失。如在驳运过程中,驳运工具搁浅、触礁、沉没;或由于遭受隧道坍塌、崖崩或火灾、爆炸等意外事故所造成的全部损失或部分损失。

②被保险人对遭受承包责任范围内危险的货物采取抢救,防止或减少货损的措施而支付的合理费用,但以不超过该批被救货物的保险金额为限。

(2)陆运一切险的责任范围。除包括上述陆运险的责任外,保险公司对被保险货物在运输途中由于一般外来原因造成的短少、短量、偷窃、渗漏、碰损、破碎、钩损、雨淋、生锈、受潮、受热、发霉、串味、玷污等全部或部分损失,也负赔偿责任。

**2. 陆上运输货物保险的除外责任**

陆运险和陆运一切险的除外责任与海洋运输货物保险除外责任相同。即:

(1)被保险人的故意行为或过失所造成的损失。

(2)属于发货人所负责任或被保险货物的自然消耗所引起的损失。

(3)由于战争、工人罢工或运输延迟所造成的损失。

**3. 责任起讫**

保险责任的起讫期限与海洋运输货物保险的仓至仓条款基本相同,是从被保险货物运离保险单所载明的启运地发货人的仓库或储存处所开始运输时生效。包括正常陆运和有关水上驳运在内,直到该项货物送交保险单所载明的目的地收货人仓库或储存处所,或被保险人用作分配、分派或非正常运输的其他储存处所为止。但如未运抵上述仓库或储存处所,则以被保险货物到达最后卸载的车站后(保险责任以60天为限)。

**4. 索赔期限**

本保险索赔期限,从被保险货物在最后目的地车站全部卸离车辆后计算,最多不超过2年。

## (二)航空运输货物保险

航空货物运输保险是以航空运输过程中的各类货物为保险标的,当保险标的在运输过程中因保险责任造成损失时,由保险公司提供经济补偿的一种保险业务。

**1. 航空运输货物保险的责任范围**

航空运输货物保险也分为航空运输险(Air Transportation Risks)和航空运输一切险(Air Transportation All Risks)两种。其承保的责任范围如下:

(1)航空运输险的责任范围。

①被保险货物在运输途中遭受雷电、火灾、洪水、爆炸或由于飞机遭遇恶劣气候或其他危难事故而被抛弃,或由于飞机遭碰撞、倾覆、坠落、或失踪等意外事故所造成全部或部分损失。

②被保险人对遭受承包责任范围内危险的货物采取抢救,防止或减少货损的措施而支付的合理费用,但以不超过该批被救货物的保险金额为限。

(2)航空运输一切险责任范围除包括上述航空运输险的责任外,对被保险货物由于外来原因所造成的全部或部分损失也负赔偿责任。

**2. 责任起讫**

航空运输货物保险的责任起讫同样适用于"仓至仓"条款。是从被保险货物运离保险单所载明的启运地发货人的仓库或储存处所开始运输时生效。包括正常运输过程中的运输工具在内,直至该货物运达保险单所载明目的地收货人的最后仓库或储存处所,或被保险人用作分配、分派或非正常运输的其他储存处所为止。但如未运抵上述仓库或储存处所,则以被保险货物到达最后卸载地卸离飞机后满30天为止。如在上述30天内被保险的货物需转送到非保险单所载明的目的地时,则以该项货物开始运转时终止。

**3. 索赔期限**

本保险索赔期限,从被保险货物在最后卸载地全部卸离飞机后计算,最多不超过2年。

### (三)邮包保险

邮包保险是指承保通过邮政局邮包寄递的货物在邮递过程中发生保险事故所致的损失。以邮包方式将货物发送到目的地可能通过海运,也可能通过陆上或航空运输,或者经过两种或两种以上的运输工具运送。不论通过何种运送工具,凡是以邮包方式将货物运达目的地的保险均属邮包保险。

**1. 邮包的责任范围**

邮包保险按其保险责任分为邮包险(Parcel Post Risks)和邮包一切险(Parcel Post All Risks)两种。

(1)邮包险责任范围。

①被保险邮包在运输途中由于恶劣气候、雷电、海啸、地震、洪水自然灾害或由于运输工具遭受搁浅、触礁、沉没、碰撞、倾覆、出轨、坠落、失踪,或由于失火爆炸意外事故所造成的全部或部分损失。

②被保险人对遭受承保责任内危险的货物采取抢救,防止或减少货损的措施而支付的合理费用,但以不超过该批被救货物的保险金额为限。

(2)邮包一切险责任范围。邮包一切险的责任除上述邮包险的各项责任外,还负责被保险邮包在运输途中由于外来原因所致的全部或部分损失。

邮包运输货物保险的除外责任与海洋运输货物保险的除外责任一致。

**2. 责任起讫**

邮包运输货物保险责任起讫为自被保险邮包离开保险单所载启运地点寄件人的处所运往邮局时开始生效,直至该项邮包运达本保险单所载目的地邮局,自邮局签发到货通知书当日午夜起算满15天终止。但是在此期限内邮包一经交至收件人的处所时,保险责任即行终止。

**3. 索赔期限**

本保险索赔期限,从被保险邮包递交收件人时起算,最多不超过2年。

# 任务四　伦敦保险协会海运货物保险

英国伦敦保险协会制定的《协会货物条款》(Institute Cargo Clauses,简称 ICC),是对世界各国保险业影响最大,应用最广的保险条款。目前采用的保险协会货物新条款是2009年1月1日实施的。

## 一、协会货物条款的种类

在伦敦新条款中,将险别分成六种,即协会货物条款(A)险,简称 ICC(A),协会货物条款(B)险,简称 ICC(B),协会货物条款(C)险,简称 ICC(C),协会(货物)战争险条款(IWCC,Institute War Clause-Cargo),协会(货物)罢工险条款(ISCC,Institute Strikes Clause-Cargo)和恶意损害险(Malicious Damage Clauses)。

前三者是主险,可单独投保,后三者是附加险,一般不能单独投保。在需要时,战争险、罢工险可独立投保。六种新的险别条款中,除恶意损害险之外,其他都按条文性质统一划分为八个部分,即承保范围、除外责任、保险期限、索赔期限、保险利益、减少损失、防止延迟和法律惯例。

## 二、协会货物保险险别的承保风险与除外责任

**1. ICC(A)险的承保风险和除外责任**

(1)ICC(A)险的承保风险。协会货物(A)险承保范围较广,采用"一切风险减除外责任"的规定方式,其承保风险是除了"除外责任"各条款规定以外的一切风险所造成保险标的的损失。

(2)ICC(A)险的除外责任。

①一般除外责任。如被保险人故意的不法行为造成的损失或费用;保险标的内在缺陷或特征造成的损失和费用;直接由于延迟所引起的损失或费用;由于使用原子或热核武器造成的损失或费用等;

②不适航、不适货除外责任。主要指被保险人在保险标的装船时已知船舶不适航,以及船舶、运输工具、集装箱等的不适货;

③战争险除外责任。指由于战争、内战、敌对行为等所造成的损失和费用;由于捕获、拘留、扣留(海盗除外)所造成的损失;由于漂流水雷、鱼雷等所造成的损失或费用;

④罢工险除外责任。指由于罢工、被迫停工所造成的损失和费用;由于罢工者、被迫停工工人等造成的损失和费用;任何恐怖主义者或出于政治动机而行动的人所致损失或费用。

**2. ICC(B)险的承保风险和除外责任**

(1)ICC(B)险的承保风险。ICC(B)险的承保风险采用"列明风险"的方式,具体列有:

①归因于火灾、爆炸所造成的灭失和损害;

②归因于船舶或驳船触礁、搁浅、沉没或倾覆所造成的灭失和损害;

③陆上运输工具倾覆或出轨;

④船舶、驳船或运输工具同水以外的任何外界物体碰撞;

⑤在避难港卸货所致损失;

⑥地震、火山爆发、雷达所致损失;

⑦共同海损的牺牲;

⑧抛货或浪击入海所致损失;

⑨海水、潮水或河水进入船舶、驳船、运输工具、集装箱、大型海运箱或储存处所;

⑩货物在装卸时落海或跌落造成整件的全损。

(2)ICC(B)险的除外责任。ICC(B)险的除外责任方面,除对"海盗行为"与"恶意损害险"的责任不负责外,其余都与ICC(A)险的除外责任相同。

**3. ICC(C)险的承保风险和除外责任**

(1)ICC(C)险的承保风险。ICC(C)险承保的比ICC(B)险少,只承保"重大意外事故"的风险,采用列明风险的方式,具体列出承保风险,即归因于下列原因造成的灭失或损害都属于该承保范围内:

①火灾、爆炸;

②船舶或驳船触礁、搁浅、沉没或倾覆;

③陆上运输工具倾覆或出轨;

④在避难港卸货;

⑤共同海损的牺牲;

⑥抛货;

⑦船舶、驳船或运输工具同水以外的任何外界物体的碰撞。

(2)ICC(C)险的除外责任。ICC(C)险的除外责任与ICC(B)险完全相同。

**4. 战争险的承保风险和除外责任**

(1)战争险的承保风险。战争险主要承保由于下列原因造成保险标的损失:

①战争、内战、革命、叛乱、造反或由此引起的内乱或交战国或针对交战国的任何敌对行为;

②捕获、拘留、扣留、管制或扣押,以及这些行动的后果或这方面的企图;

③遗弃的水雷、鱼雷、炸弹或其他遗弃的战争武器;

④共同海损和救助费用。

(2)战争险的除外责任。战争险的除外责任与ICC(A)险的除外责任基本相同。

**5. 罢工险的承保风险和除外责任**

(1)罢工险的承保风险。罢工险主要承保保险标的的下列损失:

①罢工者、被迫停工工人或参与工潮、暴动或民变的人所致的损失和费用；

②恐怖主义者或任何人出于政治目的采取的行动所致的损失和费用。

(2)罢工险的除外责任。罢工险的除外责任也与ICC(A)险的除外责任基本相同。

#### 6.恶意损害险的承保风险

恶意损害险是新增加的附加险别，它所承保的是被保险人以外的其他人（如船长、船员）的故意破坏行为所致被保险货物的灭失或损害。但是，恶意损害如是出于政治动机的人的行动，便不属于该险别的承保风险，而属罢工险的承保风险。

恶意损害险的风险除了在ICC(A)险中被列为承保风险外，在ICC(B)险及ICC(C)险中都列为"除外责任"。因此，在投保ICC(B)险和ICC(C)险时，如果被保险人需要对这种风险取得保障，就需另行加保"恶意损害险"。

### 三、协会海运货物保险的保险期限

协会海运货物保险期限与中国人民保险公司的"仓至仓"保险条款规定的保险期限基本相同，但作了以下补充规定：

其一，货物在运抵保险单上所载明目的地收货人仓库之前，被保险人如果要求将货物存储于其他地点，则该地应视为最后目的地点。保险责任在货物运抵该地点时即告终止。

其二，货物如需运往若干目的地，且货物在卸货港卸货之后，需先运往某一地点进行分配或分派时，除非被保险人与保险人事先另有协议，否则，货物在运抵分配地点时，保险责任即告终止。货物在分配或分派期间以及其后的风险均不在保险人承保责任范围之内。

其三，如果被保险货物在卸离海轮60天以内，需转运到非保险单所载明的目的地，则保险责任在该项货物开始转运时终止。以上都要受被保险货物卸离海轮60天的限制。

## 任务五 货物运输保险实务

在国际货物运输保险业务中，被保险人需要选择确定投保的险别、确定保险金额、办理投保手续并交付保险费、领取保险单以及在货损时办理保险索赔等保险相关工作。

### 一、投保

在国际货物买卖过程中，由哪一方负责办理投保，应根据买卖双方商订的价格条件来确定。例如按FOB条件和CFR条件成交，保险应由买方办理；如按CIF条件成，保险就应由卖方办理。办理货运保险的一般程序主要有以下几个环节。

## (一)确定保险险别

保险公司承担的保险责任是以投保的险别为依据的。不同的险别,保险公司承担的责任范围不同,保险费率也不同。因此投保人在确定投保险别时,应掌握两个原则:一是保障的充分性,即该投保的不漏保,否则在货物受损时将得不到损失赔偿;二是保障的合理性,即不该投保的不投保,否则造成浪费。具体来说,选择险别时应考虑下列因素:

**1. 风险与损失的关系及货物的残损规律**

投保人应考虑被保险货物和运输中可能遭遇的风险与损失之间的关系以及货物的残损规律。因为不同种类的货物,在运输途中遭遇意外事故,其损失情况和程度是不同的,所以在选择投保的险别之前,应分析各种风险对于货物致损的影响程度,以确定适当的险别。保险公司对于货物潜在的缺点及运输途中的自然损耗,一般是不承保的。

**2. 货物的特性和包装**

投保人要考虑货物的特性和包装状况,特别是一些容易破损的包装,对货物致损影响较大,选择险别时要考虑这一点。由于包装不良或包装不适合国际贸易运输的一般要求而使货物受损,所以保险公司是不负责的。

**3. 航行路线和停靠港口**

投保人要考虑运输方式和运输路线、港口情况以及国际形势的变化等因素的影响。根据国际商会《2010年国际贸易术语解释通则》的规定,卖方有办理保险义务的只有两个贸易术语——CIF和CIP。按CIF或CIP术语成交,货物在运输途中的风险由买方承担,但由于货价的构成中包含了货运保险费,所以办理货运保险手续、支付保险费是卖方的义务。买卖双方约定的险别通常为平安险、水渍险、一切险三种基本险别中的一种,还可在此基础上加保一种或若干种附加险。在买卖双方未约定投保险别的情况下,按惯例,卖方可以投保保险公司承保责任范围最小的险别。在CIF或CIP术语的货价构成中一般不包括战争险等特殊附加险的费用。

## (二)确定投保金额

保险金额是指被保险人向保险公司申报的保险标的的价额,是保险人承担赔偿或者给付保险金责任的最高限额,也是保险人计算保险费的基础。保险金额一般是根据保险价值确定的。保险金额由投保人根据保险价值在投保时向保险公司申报,并由保险人与被保险人约定,保险金额不得超过保险价值,超过保险价值的,超过部分无效。保险价值一般包括货价、运费、保险费以及预期利润等。按CIF或CIP术语成交,买卖双方应该在合同中约定保险金额,而且保险金额通常为在发票金额的基础上增加一定的百分率,即所谓的"保险加成率",如未约定,按惯例,保险金额通常按CIF或CIP总值加成10%计算,并以合同货币投保。加成的10%是作为买方的经营管理费用和预期利润。

保险金额的计算公式是:

CIF 出口货物:保险金额＝CIF(CIP)价×(1＋保险加成率)

按 FOB 术语成交进口合同时,一些外贸企业与保险公司签订预约保险合同,共同议定平均运费率(也可按实际运费率计算)以及平均保险费率。

FOB 进口货物:保险金额＝FOB 价×(1＋平均运费率＋平均保险费率)

CFR 进口货物:保险金额＝CFR 价×(1＋平均保险费率)

在实务中,如果贸易双方以 CIF 或 CIP 成交,在办理投保时,确定投保金额就用上述公式;如果以 FOB 或 CFR 成交,在办理投保时,可把 FOB 或 CFR 换算成 CIF,然后加上投保加成即可。

### (三)计算保险费

保险费(Insurance Premiums)是投保人向保险人缴纳并由此获得保险人承保货物运输风险的费用。是投保人取得损失赔偿权的对价。保险费的计算公式为:

保险费＝投保金额×保险费率

【例】 我国某外贸公司进口成交一批价值为 CFR12000 美元的货物。按 CIF 价格加成 10% 投保一切险和战争险,则计算如下:

查保费率表得出一切险和战争险费率分别为 0.5% 和 0.04%,则总费率为:
$0.5\% ＋0.04\% ＝0.54\%$。将 CFR 价值转化为 CIF 价值,即:
$CIF＝12000/(1－0.54\% ×1.1)＝12072$(美元)

得出保险费为:$12072×(1＋10\%)×0.54\% ＝71.71$(美元)。

保险费率是建立在货物损失率和赔偿率的基础上,由保险人按照不同的商品、不同的运输路程、不同的运输工具和不同的保险险别分别制定的。中国人民保险公司的出口货物保险费率分为一般货物费率和指明货物费率两大类。一般货物费率按不同运输方式、不同险别和不同地区制定,但不分商品。指明货物费率则是对一些指定的商品投保时采用的。凡是未列入指明货物费率中的货物,均属一般货物费率的范围。此外,还有战争险费率和其他规定。其他规定用来解决上述三项费率中不能解决的问题。进口货物保险费率有特约费率和进口货物保险费率。特约费率是针对与保险公司订有预约保险合同的外贸企业给予的优惠费率。

### (四)办理投保手续

国际货物运输保险的投保手续必须是由我方负责办理的合同形式为:FOB 进口合同、CFR 进口合同、CIF 出口合同、FCA 进口合同、CPT 进口合同和 CIP 出口合同等。

按照我国保险规则,出口时采取"逐笔投保"的办法。即出口企业根据买卖合同或信用证规定,在备妥货物并确定装运日期和运输工具后,按规定格式逐笔填制投保单,具体列明被保险人名称、被保险货物名称、数量、包装及标志,保险金额,起讫地点,运输工具名称,起航日期,投保险别等,送交保险公司投保,并交付保险费。

进口时,则采取"预约保险"的办法。即专营进口的贸易公司与保险公司签订海运进口货物运输预约保险合同,并由保险公司签发预约保险单证。该办法明确规定:凡属该公司海运进口的货物,保险人负有自动承保的责任。与保险公司签有预约保险合同的各进口公司,对每票进口货物无须填制投保单,只需在获悉所投保的货物在国外某港口装运时,将装运情况通知保险人,通知的内容包括装运货物的船名、货物名称及数量、货物价值和保险金额等。

根据预约保险合同规定,我国进口货物的保险金额,原则上一般按 CIF 价计算。因此,按 FOB 和 CFR 条件进口时,为了计算简便起见,预先议定了平均运费率和平均保险费率,以便计算保险金额。

## 二、取得保险单据

保险单是保险人和被保险人之间订立保险合同的证明文件。它反映了保险合同双方的权利和义务关系,也是保险人的承保证明。当发生保险责任范围内的损失时,它又是保险索赔和理赔的主要依据。其主要内容包括被保险人的姓名、被保险货物的品名、标记、数量及包装、保险金额、运输工具名称、开航日期及起讫地点、投保险别、投保日期及签章等。

保险单据的种类有以下几种:

### (一)保险单(Insurance Policy)

俗称"大保单",是使用最广的一种保险单据。它是保险人和被保险人之间成立保险合同关系的正式凭证,是被保险人向保险人索赔或对保险人起诉的正式文件,也是保险人理赔的主要依据。其内容除载明被保险人、保险标的、运输工具、险别、起讫地点、保险期限、保险价值和保险金额等项目外,还附有保险人责任范围以及保险人和被保险人的权利和义务等方面的详细条款。保险单背面载明的保险人和被保险人之间权利和义务等方面的保险条款,也是保险单的重要内容。

### (二)保险凭证(Insurance Certificate)

俗称"小保单",它是保险人签发给被保险人,证明货物已经投保和保险合同已经生效的文件。凭证背面无保险条款,但保险凭证的正面格式、内容及其法律效力与保险单没有区别。

### (三)联合凭证(Combined Certificate)

是一种将发票和保险单相结合的、比保险凭证更为简化的保险单据。保险公司将承保的险别、保险金额以及保险编号加注在投保人的发票上,并加盖印戳,其他项目均以发票上列明的为准。这种凭证曾在我国对某些特定地区的出口业务中使用,现已很少使用。

### (四)预约保单(Open Policy)

又称"预约保险合同"。它是被保险人(一般是进口商)与保险人之间订立的合同。订立这种合同的目的是为了简化保险手续,使货物一经装运即可取得保障。

### (五)批单(Endorsement)

是指保险单出立后,投保人如需补充或变更其内容时,可根据保险公司的规定,向保险公司提出申请,经同意后即另出一种凭证,注明更改或补充的内容。保险单一经批改,保险公司即按批改后的内容承担责任。

## 三、保险索赔

保险索赔(Insurance Claim)指当被保险的货物发生属于保险责任范围内的损失时,被保险人可以向保险人提出赔偿要求。

在处理索赔时,被保险人应当做好的准备工作有以下几项。

### (一)及时通知、协同检验

当被保险人得知或发现货物已遭受保险责任范围内的损失,应及时通知保险人,并尽可能保留现场。由保险人会同有关方面进行检验,勘察损失程度,调查损失原因,确定损失性质和责任,采取必要的施救措施,并签发联合检验报告。

### (二)及时验货、索取证明

当被保险货物运抵目的地,被保险人或其代理人提货时发现货物有明显的受损痕迹、整件短少或散装货物已经残损,应即向理货部门索取残损及短量证明。如货损涉及第三者的责任,则首先应向有关责任方提出索赔或声明保留索赔权。在保留向第三者索赔权的条件下,可向保险公司索赔。被保险人在获得保险补偿的同时,须将受损货物的有关权益转让给保险人,以便保险公司取代被保险人的地位或以被保险人的名义向第三者责任方进行追偿。

### (三)采取合理的施救措施

保险货物受损后,被保险人和保险人都有责任采取可能、合理的施救措施,以防止损失扩大。因抢救、阻止、减少货物损失而支付的合理费用,保险人负责补偿。被保险人能够施救而不履行施救义务,保险人对于扩大的损失甚至全部损失有权拒赔。

### (四)备妥索赔证据,在规定时效内提出索赔

保险索赔时,通常应通过的证据有:保险单或保险凭证正本、运输单据、商业发票、装箱单、检验报告、残损证明、短量证明、向承运人等第三者责任方请求赔偿的函电或其证明文件,必要时还需提供海事报告、索赔清单。

根据国际保险业的惯例,保险索赔或诉讼的时效为自货物在最后卸货地卸离运输工具时起算,最多不超过2年。

## 委 付

**1.委付的定义**

委付(Abandonment)是指保险人同意将受损的保险标的视为推定全损,在补偿被保险人全部损失的同时,获得该受损标的物的所有权。保险人接受委付后,可以通过对标的物的处理,接受大于赔偿金额的收益。

**2.委付的条件**

(1)委付必须由被保险人向保险人提出。

(2)委付应是就保险标的物的全部提出请求。

(3)委付不得附有条件。

(4)委付必须经过保险人的同意。

**3.委付应注意的问题**

依照国际惯例,实施委付,应注意以下几个问题:

(1)委付须经保险人同意。这就是说,保险人对被保险人提出的委付请求,可以接受,也可以拒绝。保险人接受委付请求,可先取得标的物的物权,然后赔付全部保险金额。如果保险人拒绝委付不影响被保险人的索赔权利。委付一旦被接受,就不能中途撤回。

(2)委付,应就保险标的物的全部提出请求,而不能仅就一部分标的物请求委付,另一部分标的物不委付。因为委付是以推定全损为前提的。同时,委付不能附有条件,如船触礁倾斜后,被保险人在提出委付的同时又附上条件:日后船若能修复,愿返还受领的保险金要求返还船舶,这是不允许的。一般来说,保险人在接受委付前,都要事先加以慎重调查了解,查明损失是否在保险责任以内,是否有扩大或超过赔偿的可能,以及对第三者责任,如清除航道的责任等。

(3)委付时,被保险人必须向保险人提出书面申请,如经保险人接受并同意给付赔偿时,尚须从被保险人方面取得授权书,保险人据以取得对该项标的的代位求偿权,即行完成委付手续。委付成立后,可委付的标的物的权利自发生委付的原因出现之日起

开始转移,保险人对保险标的物的产权、利益和义务必须同时接受。由于标的物的产权已转移,保险人处理标的物时,如果得到的利益超过所赔偿的保险金额,则应当归保险人所有。同时,如对第三人有损害赔偿请求权,其索赔金额超过其给付金额的,也同样归保险人所有,在这点上,它与代位求偿权有所不同。

## 四、合同中的保险条款

### (一)出口合同的保险条款

签订出口合同时,如果按 CIF 成交,除双方约定险别、保险金额等内容外,还应订明按 1981 年 1 月 1 日中国人民保险公司海运货物保险条款投保。例如,合同中可写明"由卖方按发票金额110%投保水渍险,按 1981 年 1 月 1 日中国人民保险公司海运货物保险条款承保。"如果按 FOB 或 CFR 等价格出口,保险条款可规定为"由买方自理保险。"如果买方委托代办,可订为"由买方委托卖方按发票110%代为投保 ×× 险,保险费由买方负担"。

### (二)进口合同的保险条款

签订进口合同时,我国进口货物多由我方自办保险。因此,进口合同中保险条款一般只规定"装船后由买方负责"。

我国进口一般采用 FOB、CFR 或 CPT 术语,由买方办理保险。为了简化投保手续和防止来不及投保或漏保,我国进口一般采用预约保险的做法。外贸公司可与中国人民保险公司签订各种运输方式下的预约保险合同,对每批进口货物,无须填制投保单,可以国外的装运通知代替投保单。

## 小 结

保险的基本原则主要有:可保利益原则、最大诚信原则、损失补偿原则、代位追偿原则及近因原则等。

一般将海洋运输货物保险的风险分为海上风险和外来风险两大类。其中海上风险包括自然灾害和意外事故;外来风险可分为一般外来风险和特殊外来风险。

按照损失的程度,海运保险货物的损失可分为全部损失和部分损失两大类。全部损失可分为实际损失和推定损失;部分损失可分为共同海损和单独海损。

我国海运货物保险条款包括基本险和附加险两部分。基本险有平安险、水渍险和一切险三种;附加险可分为一般附加险和特殊附加险。

在伦敦保险协会保险条款中,将险别分成六种,即协会货物(A)险、(B)险、(C)险、战争险、罢工险和恶意损害险。前三者是主险,可单独投保;后三者是附加险,一般不能单独投保。

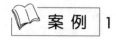 **案例 1**

**[背景]**

国内 A 公司向香港出口一批罐头共 500 箱,按照 CIF 香港向保险公司投保一切险。但因为海运提单上只写明进口商的名称,没有详细注明其地址,货物抵达香港后,船公司无法通知进口商来货场提货,又未与 A 公司的货运代理联系,自行决定将该批货物运回启运港天津新港。在运回途中因为轮船渗水,有 229 箱罐头受到海水浸泡。货物运回新港后,A 公司没有将货物卸下,只是在海运提单上写上进口商详细地址后,又运回香港。进口商提货时发现货物有锈蚀后,凭保险单向保险公司提起索赔,要求赔偿 229 箱货物的锈蚀。保险公司经过调查发现,生锈发生在第二航次,而不是第一航次。保险公司是否应该对该批货物的损失负责?

**[分析]**

本案例涉及保险的最大诚信原则。保险公司有权拒绝赔付,原因如下:其一,保险事故不属于保险单的承保范围,因为本案中被保险人只对货物运输的第一航次投了保险,但是货物是在由香港至新港的第二航次中发生风险损失的,即使该项损失属于一切险的承保范围,保险人对此也不予负责。其二,被保险人向保险人提出索赔时明知是不属于投保范围的航次造成的损失,其目的是想利用保险人的疏忽将货物损失转嫁给保险人,这违反"最大诚信"原则。

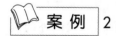 **案例 2**

**[背景]**

某外贸公司出口货物从仓库运往码头途中出险,在 CIF 条件下出口商品已办保险,根据 W/W(仓至仓)条款要求保险公司赔偿损失。

问:在 CFR 条件下,可否由进口商出面要求保险公司赔偿?

**[分析]**

不可以。

第一种意见:就保险条款中的仓至仓条款而言,保险公司对所保险的货物所承担的保险责任范围是,从保险单载明的启运港(地)发货人仓库开始,一直到货物达到保险单所载明的目的港(地)收货人的仓库时为止。那么,不论是什么价格术语条款项下的货物,只要投了保,就可以从保险公司获得赔偿,但这里是货物在从仓库运往码头途中出险,如果是 CIF 条款,那么要看卖方是否已经提前做了投保;若已经投保,那么可以从保险公司那里获得赔偿。

如果是 CFR 条款,那么买方实际上都还没有实施价格条款中约定的投保这一环节。因为买方投保是要在货物装运之后,接到卖方提供的提单、发票、装箱单等副本和装船通知后才能向保险公司投保。这时货物还没有装船,所以这个责任仍在卖方,所以还是要看卖方是否投保,而与买方无关。

第二种意见:因为在 CFR 术语下,货物的风险是在货物装上船后才转移到买方的,该货物的出险地点在装船之前,索赔事宜与进口商无关。

## 思考训练

### 一、不定项选择题

1. 海上风险有(　　)。
   A. 雨淋　　　　B. 地震　　　　C. 失火　　　　D. 锈损

2. 构成共同海损的条件是(　　)。
   A. 共同海损的危险必须是实际存在的,不是主观臆测的
   B. 消除船、货共同危险而采取的措施必须是合理的
   C. 必须是属于非正常性质的损失
   D. 采取措施后,船方和货方都做出可一定的牺牲

3. 海上货物运输保险中,除合同另有约定外,哪些原因造成货物损失,保险人不予赔偿(　　)。
   A. 交货延迟　　B. 被保险人的过失　　C. 市场行情变化　　D. 货物自然损耗

4. 下列危险中属于自然灾害的有(　　)。
   A. 恶劣气候　　B. 雷电　　C. 海啸　　D. 地震　　E. 火山爆发

5. 下列危险属于意外事故的有(　　)。
   A. 搁浅　　B. 触礁　　C. 失踪　　D. 雷电　　E. 爆炸

6. 构成实际全损的情况有(　　)。
   A. 保险标的物全部灭失　　　　B. 保险标的物完全变质
   C. 保险标的物不可能归还保险人　　D. 施救费用和救助费用超过保险价值

7. 若出口茶叶,为防止运输途中串味,则办理保险时应投保(　　)。
   A. 串味险　　B. 平安险加串味险　　C. 水渍险加串味险　　D. 一切险

8. 土畜产公司出口一批肠衣,为防止在运输途中因容器损坏而引起渗漏损失,保险时应投保(　　)。
   A. 渗漏险　　B. 一切险　　C. 一切险加渗漏险　　D. 水渍险加渗漏险

9. 根据我国海洋运输保险条款规定,一般附加险包括(　　)。
   A. 短量险　　B. 偷窃提货不着险　　C. 交货不到险　　D. 串味险

10. 某国远洋货轮,满载货物从 S 港启航,途中遇飓风,货轮触礁货物损失惨重。货主向其投保的保险公司发出委付通知,在此情况下,该保险公司可以选择的处理方法是(　　)?
    A. 必须接受委付　　　　　　　B. 拒绝接受委付
    C. 先接受委付,然后撤回　　　D. 接受委付,不得撤回

## 二、判断题

1. 海上保险业务的意外事故,仅局限于发生在海上的意外事故。　　　　　（　）
2. 船舶失踪达半年以上可以推定全损处理。　　　　　　　　　　　　　（　）
3. 共同海损是部分海损中的一种。　　　　　　　　　　　　　　　　　（　）
4. "一切险"的承保范围包括由自然灾害、意外事故以及一切外来风险所造成的被保险货物的损失。　　　　　　　　　　　　　　　　　　　　　　　　　　　　（　）
5. 单独海损是指载货船舶在海运途中,被保险货物造成的部分损失。　　（　）
6. 我某公司按CFR贸易术语进口时,在国内投保了一切险,保险公司的责任起讫应为仓至仓。　　　　　　　　　　　　　　　　　　　　　　　　　　　　　（　）
7. 在海运货物保险业务中,仓至仓条款对于驳船运输造成的损失,保险公司不承担责任。　　　　　　　　　　　　　　　　　　　　　　　　　　　　　　（　）
8. 某外贸公司在国际贸易中,向保险公司投保一切险,在运输途中由于任何外来原因造成的一切货损,均可向保险公司索赔。　　　　　　　　　　　　　　　（　）
9. 托运出口玻璃制品时,自保险人在投保一切险后,还应加保破碎险。　（　）
10. 水渍险的责任范围是除平安险责任范围以内的全部责任外,还包括由于暴风、巨浪等自然灾害引起的部分损失。　　　　　　　　　　　　　　　　　　　（　）

## 三、计算题

1. 深圳某公司对某外商出口茶叶200箱(每箱净重30千克),价格条款C.I.F.,伦敦每箱50英镑,向中国人民保险公司投保F.P.A.平安险,以C.I.F.价格加成10%作为投保金额,保险费率为0.6%。问保险金额及保险费多少?

2. 某商品对伦敦的出口价格为CFR32英镑,如果客户要求报CIF价格,并按发票的120%投保水渍险和战争险(水渍险费率为0.3%,战争险费率为0.05%)应报价多少?

3. 棉布2万码,每码0.91元人民币CIF NEWYORK即期付款,给客户3%回扣,保险按发票金额110%投保一切险和战争险(保险费率合计0.7%),现客户来证要求按发票金额的130%投保,超额保费可在信用证项下支取,计算保险费是多少?

## 四、案例分析

1. 有一份FOB合同,货物在装船后,卖方向买方发出装船通知,买方向保险公司投保了"仓至仓条款一切险"(All Risks with Warehouse to Warehouse Clause),但货物在从卖方仓库运往码头的途中,被暴风雨淋湿了10%的货物。事后卖方以保险单含有仓至仓条款为由,要求保险公司赔偿此项损失,但遭到保险公司拒绝。后来卖方又请求买方以投保人名义凭保险单向保险公司索赔,也遭到保险公司拒绝。试问在上述情况下,保险公司能否拒赔?为什么?

2. 某外贸公司按CIF术语出口一批货物,装运前已向保险公司按发票总值110%投保平安险,6月初货物装妥顺利开航。载货船舶于6月13日在海上遇到暴风雨,致使一部分货物受到水渍,损失价值2100美元。数日后,该轮又突然触礁,致使该批货物又遭到部分损失,价值为8000美元。问:保险公司对该批货物的损失是否赔偿?为什么?

3.某货轮从天津新港驶往新加坡,在航行途中船舶货舱起火,大火蔓延到机舱,船长为了船、货的共同安全,决定采取紧急措施,往舱中灌水灭火。火虽被扑灭,但由于主机受损,无法继续航行,于是船长决定雇用拖轮将货船拖回新港修理。检修后重新驶往新加坡。事后调查,这次事件造成的损失有:①1000箱货被火烧毁;②600箱货由于灌水灭火受到损失;③主机和部分甲板被烧毁;④拖船费用;⑤额外增加的燃料和船长、船员工资。从上述各项损失性质来看,分别属于 GA 还是 PA?

4.某货轮在航行途中因电线走火,第三舱内发生火灾,经灌水灭火后统计损失为被火烧毁货物价值5 000美元,因灌水救火被水浸坏货物损失6000美元。船方宣布该轮共同海损,试根据上述案例分析回答下列问题:

(1)该轮船长宣布共同海损是否合理?(2)被火烧毁的货物损失5000美元船方是否应负责赔偿,理由是什么?(3)被水浸的货物损失6000美元属什么性质的损失?应由谁负责?

5.我国诺华公司与新加坡金鼎公司于1999年10月20日签订购买52500吨饲料的CFR 合同,诺华公司开出信用证,装船期限为2000年1月1日至1月10日,由于金鼎公司租来运货的"亨利号"在开往某外国港口运货途中遇到飓风,结果装货至2000年1月20日才完成。承运人在取得金鼎公司出具的保函的情况下,签发了与信用证条款一致的提单。"亨利号"途经某海峡时起火,造成部分饲料烧毁。船长在命令救火过程中又造成部分饮料湿毁。由于船在装货港口的迟延,使该船到达目的地时赶上了饲料价格下跌,诺华公司在出售余下的饲料时价格不得不大幅度下降,给诺华公司造成很大的损失。

请根据上述事例,回答以下问题:(1)途中烧毁的饲料损失属什么损失,应由谁承担?为什么?(2)途中湿毁的饲料损失属什么损失,应由谁承担?为什么?(3)诺华公司可否向承运人追偿由于饲料价格下跌造成的损失?为什么?(4)承运人可否向托运人金鼎公司追偿责任?为什么?

# 项目七
# 货款收付及合同支付条款

货款的收付,是国际贸易工作中的重要环节。货款的收付直接影响双方的资金周转、融通以及各种金融风险和费用的负担,是关系到买卖双方切身利益的问题。因此,买卖双方在洽商交易时,都力争规定对自己有利的支付条件。

本项目主要讲述进出口业务中货款支付的工具、支付方式的特点、内容和注意事项。国际货物买卖合同中支付条款的规定方法和注意事项。

本项目的核心内容是信用证。信用证支付方式把由进口商履行的付款责任,转为由银行向出口商提供付款保证的支付方式,以保证卖方安全迅速地收到货款,买方按时收到货运单据。由于银行信用的加入,在一定程度上解决了买卖双方之间互不信任的矛盾,并为双方提供了资金融通的便利。

## 案例导入

**案情**:我某公司出口一批童装,收到国外开来的信用证,其中规定:数量为8000件,1月~8月分批装运,每月装运1000件。该信用证的受益人(卖方)在1月~4月每月装运1000件,银行已分批凭单付款。第5批货物原定5月20日装运出口,但由于船只紧张,第5批货物延迟至6月2日才装船运出。当受益人凭6月2日的装船提单向银行议付时,遭银行拒付。请问:银行拒付理由是否正当?为什么?

**分析**:根据《跟单信用证统一惯例(UCP600)》第31条分批支款或分批装运条款——a.允许分批支款或分批装运;b.表明使用同一运输工具并经由同次航程运输的数套运输单据在同一次提交时,只要显示相同目的地,将不视为部分发运,即使运输单据上标明的发运日期不同或装卸港、接管地或发送地点不同。如果交单由数套运输单据构成,其中最晚的1个发运日将被视为发运日;含有1套或数套运输单据的交单,如果表明在同1种运输方式下经由数件运输工具运输,即使运输工具在同1天出发运往同一目的地,仍将被视为部分发运;c.含有1份以上快递收据、邮政收据或投邮证明的交单,如果单据看似由同一块地或邮政机构在同一地点和日期加盖印戳或签字并且表明同一目的地,将不视为部分发运,以及32条"如信用证规定在指定的时间内分批装运,若其中任何一批未按约定的时间装运,则该批何以后各批均告失败。"

在本案中,信用证规定:数量为8000件,1月~8月分批装运,每月装运1000件。但在实际装运时,卖方第5批货物没有在5月份装运出口,延迟至6月2日才装船运出。根据《UCP600》的规定:信用证规定在指定时期内分期付款/或分期装运,如其中任何一期未按信用证的规定,则信用证对该期及以后各期均视为无效。因此,卖方如有1次未按规定的期限装运,以后再装运便告无效,银行亦将拒绝议付。所以银行拒付理由是正当的。

## 项目目标

1. 了解各种支付工具的内涵,掌握汇票的种类、内容和使用方法。
2. 了解电汇、托收、信用证、福费廷、国际保理等支付方式的内涵。
3. 重点掌握信用证的内容、种类、流程、特点和使用时应注意的问题。
4. 了解出口信用保险的内容和做法。

## 关键概念

汇票(Draft)　　　　　　　　　　电汇(Telegraphic Transfer,T/T)
即期付款交单(D/P at Sight)　　　信用证(Letter of Credit,L/C)
跟单信用证统一惯例(UCP600)　　出口信用保险(Export Credit Insurance)

国际贸易货款的收付,是买卖双方的基本权利和义务。货款的收付直接影响双方的资金周转和融通,以及各种金融风险和费用的负担,因而这是关系到买卖双方切身利益的问题。因此,买卖双方在洽商交易时,都力争规定对自己有利的支付条件。《联合国国际货物销售公约》规定,卖方交货后,按照合同规定支付货款,是买方的基本义务。

# 任务一  支付工具

国际贸易货款的收付,以现金结算货款使用较少,大多使用非现金结算,即使用代替现金作为流通手段和支付手段的信贷工具来进行国际间的债权债务的结算。票据是国际通行的结算和信贷工具,是可以流通转让的债权凭证。在国际贸易中,作为货款的支付工具有货币和票据,而以票据为主。

票据是国际通行的结算和信贷工具,其含义有广义和狭义之分。广义上的票据主要是指在经济业务中使用的单、凭证,范围宽泛,难以准确具体地界定,如证券、单证、仓单、票证、提单、货单、运单、发票、存款单等。狭义上的票据,仅指汇票、本票和支票。我国的票据法所规范的票据含义,仅为狭义的票据,是指出票人约定自己或委托付款人在见票时或规定的期限内向收款人或持票人无条件支付一定金额的,并可流通转让的有价证券。

## 一、货币

### (一)买卖合同使用的货币

国际货物买卖合同使用的货币通常有三种情况:使用出口国的货币;使用进口国的货币;使用第三国的货币。

### (二)计价货币和支付货币

计价货币是双方当事人用来计算债权债务的货币;支付货币是双方当事人约定用来清偿债务的货币。如果合同中的价格是用一种双方约定的货币表示的,没有规定用其他的货币支付,则该约定的货币既是计价货币,又是支付货币。

## 二、票据

票据是国际间通行的结算和信贷工具,是可以流通转让的债权凭证。国际贸易中使用的票据主要有汇票、本票和支票。

### (一)汇票

**1. 汇票的含义**

汇票(Bill of Exchange;Draft)是由出票人签发的,要求付款人在见票时或在一定期限内,向收款人或持票人无条件支付一定款项的票据。汇票是国际结算中使用最广泛的一种信用工具。是在可以确定的时间,对某人或其指定人或持票人支付一定金额的无条件的书面支付命令。

**2. 汇票的基本内容**

它包括"汇票"字样、出票人、受票人(付款人)、受款人、汇票金额、付款期限、出票日期和地点、付款地点、出票人签字、无条件的支付命令(如图 10-1)。

**BILL OF EXCHANGE**

INVOICE NO. **ASTO9554**

FOR **USD 116,770.60**　　　　　　　　　　　　　　　DATE: **06-Apr-09**

AT **30 DAYS FROM THE DATE OF NEGOTIATION** SIGHT OF THIS **SECOND** BILL OF EXCHANGE (FIRST BEING UNPAID) PAY TO STANDARD CHARTERED BANK (CHINA) LIMITED OR ORDER THE SUM OF

SAY U.S.DOLLARS ONE HUNDRED AND SIXTEEN THOUSAND SEVEN HUNDRED AND SEVENTY CENTS SIXTY ONLY

VALUE RECEIVED AND CHARGE THE SAME TO ACCOUNT OF

DRAWN UNDER **INTERNATIONAL FINANCE INV AND COMM BANK LIMITED,IFIC BANK LTD MOTIJHEEL BRANCH,125/A MOTIJHEELC/A DHAKA BANGLADESH**

L/C NO. **ILC0796090603516**　　　　DATED　**30-Mar-09**

TO INTERNATIONAL FINANCE INV AND COMM BANK
　　LIMITED,IFIC BANK LTD MOTIJHEEL BRANCH,125/A
　　MOTIJHEEL C/A DHAKA BANGLADESH ACCOUNT　**VERDATEX (HK)CO.,LIMITED**
　　JIAMA DRESSES LTD.16/1,MALIBAGH CHOWDHURY
　　PARA,DHAKA,HO:RANGS ARCADE,5TH FLR
　　153/A,GULSHAN AVENUE DHAKA,BANGLADESH.

THE ISSUING BANK'S DOCUMENTARY CREDIT NUMBER ILC0796090603516 AND AD REFERENCE NUMBER 079609060249　　　　L/C NO.ILC0796090603516　LCA NO.IFICB/ID-69343 AND H.S.CODE NO.5208.1100 TO 5209.5900

图 10-1　信用证项下汇票的汇票格式

**3. 汇票的基本当事人有:**

(1)出票人(Drawer)。即签发汇票的人,一般是出口方或其指定的银行。

(2)受票人(Drawee)。即接受支付命令付款的人,一般是进口方或指定的银行。

(3)收款人(Payee)。即受领汇票所规定的金额的人,一般是出口方或其指定的银行。汇票的收款人有三种写法:限制性抬头(此种汇票不能转让);指示式抬头(记名抬头),此种汇票经抬头人背书后,可以自由转让;持票来人抬头(无须背书即可转让)。

汇票的付款期限有以下几种规定方法:见票即付;见票后××天付;出票后××天付;提单日后××天付;指定日期付。

对于见票后或出票后或提单后固定日期付款的汇票,其时间的计算,均不包括见票日、出票日或提单日,但须包括付款日,即"算尾不算头"。

按照各国票据法的规定,汇票的要项必须齐全,否则受票人有权拒付。汇票不仅是一种支付命令,而且是一种可转让的流通证券。

**4. 汇票的种类**

（1）根据出票人的不同，汇票分为银行汇票（Banker's Bill）和商业汇票（Commercial Draft）。银行汇票是出票银行签发的，由其在见票时按照实际结算金额无条件支付给收款人或者持票人的票据。商业汇票是出票人签发的，委托付款人在指定日期无条件支付确定的金额给收款人或者持票人的票据。在银行开立存款账户的法人以及其他组织之间，必须具有真实的交易或债权债务关系，才能使用商业汇票，它适用于同城或异地结算，商业汇票分为商业承兑汇票和银行承兑汇票。

（2）按照有无随附单据，汇票可以分为光票（Clean Bill）和跟单汇票（Documentary Bill）。没有附带任何单据的汇票叫"光票"。商业光票一般仅用于收付运费、保险费、利息等小额款项，而银行汇票都是光票。跟单汇票，出票时附有代表货物所有权的货运单据的汇票叫"跟单汇票"。使用跟单汇票表示出票人不仅要提供汇票，而且要提供有关规定单据才能取得货款，而受票人只有付清或保证付清汇票规定的金额才能取得单据以提取货物。这里，单据实际上成了卖方（出票人）收汇，买方（付款人）得货的一项保证。因此，国际贸易中商业跟单汇票最为普遍。

（3）按照付款时间的不同，汇票可以分为即期汇票（Sight Draft）和远期汇票（Demand Draft）。即期汇票，即期汇票上应注有"见票即付"等类的字样。这种汇票，要求付款人见票后立即将汇票规定的金额交给汇票指定的受益人。没有规定付款时间的汇票一般也看成即期汇票。远期汇票，远期汇票又称为"有信用期限的汇票"，即出票人对付款人提供了付款时间上的信用。远期汇票规定付款人在某一个固定时间或某一可以确定的将来时间付款，而不是见票即付。需要注意的是，远期汇票的付款时间必须明确、肯定，否则汇票无效。

最常见的三种汇票格式是：

①见票即付的指示抬头汇票。

```
汇票金额 10000 美元              伦敦 2013 年 8 月 8 日
见票即付给简·爱或其指定人壹万美元，对价收讫。
此致
汤姆·克日鲁斯先生
                                            威廉·史密斯
```

②出票后规定日期向持票人付款的汇票。

```
汇票金额 20000 美元              伦敦 2013 年 8 月 8 日
于出票后三个月付给持票人贰万美元，对价收讫。
此致
汤姆·克鲁斯先生
                                            威廉·史密斯
```

③在见票后一定日期付款的汇票。

```
汇票金额 5000 美元                          纽约 2013 年 8 月 8 日
于见票后十天凭本人指示付给伍仟美元,对价收讫。
此致
汤姆·克鲁斯先生
                                                    威廉·史密斯
```

从上面的例子可以看出,汇票的当事人有三个:
出票人:发出支付命令的一方,在上例中即威廉·史密斯。
付款人:接受支付命令的一方,即汤姆·克鲁斯先生。
收款人:接受付款的一方,即简·爱。

在国际贸易中,通常卖方作为出票人,买方作为付款人,银行或其他受托人作为收款人,以汇票的交付代替现金的运送,来结算款项。

一份汇票通常同时具备几种属性,例如一份涉外的由贸易公司签发的见票后立即付款的汇票,它既是商业汇票同时又是即期汇票。

**5. 汇票的行为及其使用**

票据行为也可以叫"票据处理手续"。为了使各当事人的权利义务确定明了,票据的形式和内容是"要式"的。所谓"票据的要式性"就是指票据的形式和内容必须符合规定,必要的项目必须齐全,对票据的处理,以及出票、提示、承兑、追索等行为也必须符合一定要求。只有这样,才能减少票据纠纷,保证票据的顺利流通(如图 10-2)。

图 10-2  汇票的流通和使用程序

(1)出票。出票(Issue)是指将格式完备的汇票交付给受款人的行为。出票包括:制作汇票、签字和交付(to draw a draft, and sign it and deliver the draft to payee)。出票人完成出票行为,并在票据上签字后,即成为票据的主债务人。他对汇票债务的责任有两个方面:担保承兑和担保付款。对于受款人来说,获得了票据就成为持票人(Holder),得到了债权,使他获得付款请求权和追索权。

(2)提示。提示(Presentation)可以分为承兑提示和付款提示。票据只是一种权利的凭证,提示就是要求票据权利。无论是承兑提示还是付款提示,都要在规定的时效内、正常营业时间和规定的地点提示,只有如此,持票人才能获得票据权利。

(3)承兑。受票人在持票人作承兑(Acceptance)提示时,同意出票人的付款提示,在汇票正面写明"承兑"(Accepted)字样,注明承兑日期,由付款人签字并将汇票交还给持票人的行为。承兑后受票人变为承兑人,成为汇票的主债务人,而出票人则从主债务人的地位变为从债务人。所以承兑人必须承担在远期汇票到期时支付票面金额的责任。

(4)付款。即期汇票付款人和远期汇票承兑人在接到付款提示时,履行付款义务的行为。付款人向持票人正当付款后,付款人一般都要求持票人在背面签字作为收款证明并收回汇票,注上"付讫"(Paid)字样,并且可以要求持票人出收据。此时汇票就注销了,不仅付款人解除了付款义务,所有票据债务人的债务都因此解除。

(5)背书。汇票是可以在票据市场上流通转让的。背书是转让汇票权利的一种法定手续。背书(Endorsement)是因背书人在票据背面签字而得名。持票人做背书以表明他转让票据权利的意图,从而转让票据权利,受让人成为持票人。同汇票抬头一样,背书有三种形式:

①限定性背书即不可转让背书,是指背书人在签写背书指示时带有限制性的词语。凡制作成限制性背书的汇票是都不能再行转让或流通的。

*Pay Mr. Smith only and not transferable.*

*Robert.*

*May 08, 2013.*

②记名背书,又称"正式背书"、"完全背书",是指汇票持有人在汇票背面签上自己的名字,再加上受让人即被背书人的名字。这种背书的汇票可以经过再背书不断转让下去。对受让人来说,所有在他以前的背书人以及原出票人都是他的前手;所有在他之后的受让人都是他的后手。在背书这个行为中,前手背书人要对后手背书人负有担保汇票必然会被承兑或付款的责任,后手可以对前手行使追索权。

*Pay to the order of Mr. Smith.*

*Robert.*

*May 08, 2013.*

或者:

*Pay to Mr. Smith, or oder.*

*Robert.*

*May 08, 2013.*

③ 空白背书,也叫"无记名背书",背书人仅在票据背面签上自己的名字,而不记明谁是被背书人。

*Robert.*

*May 08, 2013.*

(6)拒付。拒付(Dishonor)又叫"退票",是指持票人在提示汇票付款和提示承兑时,受票人作出的不同意出票人指示的反映,即拒绝付款(Dishonor by Non-payment)和拒绝承兑(Dishonor by Non-acceptance)。除受票人明确表示拒绝付款和承兑外,受票人避而不见、死亡或宣告破产等均可称为"拒付"。持票人在遭拒付时,请公证机构作出拒绝证书(Protest),以证明持票人已按规定行使票据权利但未获结果。由此,持票人得以行使追索权。拒付证

找谁来做拒付通知呢?

书的费用,持票人在追索时可以向前手收取。汇票遭拒付时,持票人必须按规定向前手作拒付通知(Notice of Dishonor)。前手背书人再通知他的前手,一直通知到出票人。如果不通知前手,持票人或背书人就丧失对前手的追索权。汇票债务人如果未接到拒付通知,他就可免除债务。

(7)追索。追索(Recourse)。汇票遭拒付后,持票人在行使或保全汇票上的权利行为(包括提示、做拒付证书、拒付通知)之后,有权对其前手(背书人或出票人)要求退回汇票金额、利息及做拒付通知和拒付证书等其他有关费用。

(8)贴现。商人以未到期的票据向银行兑换现款,银行在付款时预先扣除利息,这种金融交易行为就称为"贴现"(Discount)。对于银行来说,贴现实际上是作了一笔贷款,只是预先扣除了利息。由于一般商业票据都有贸易背景,银行有货物作担保,比较安全,一般银行也就不再收取其他抵押品。此外,贴入的票据,在资金较紧张时可以贴出,这使银行在资金运用上有较大的灵活性。对于商人来说,通过票据贴现可以提前得到现款,获得资金融通,相当方便。一般贴现不需要抵押品,手续较简单,因此,通常用汇票进行的商业票据贴现是一种相当不错的融资渠道。

## (二)本票

**1. 本票的含义**

本票(Promissory Note)是指一个人向另一个人签发的,保证即期或定期或在可能确定的将来时间,对某人或其指定人或持票人支付一定金额的无条件书面承诺。其必要项目有:写明"本票"字样;无条件支付承诺;收款人或其指定的人;出票人签字;出票日期和地点;付款期限;一定金额和付款地点等。

**2. 本票和汇票的主要区别**

(1)本票是无条件的支付承诺;而汇票是无条件的支付命令。

(2)本票的票面有两个当事人;而汇票则有三个当事人。

(3)本票的出票人即是付款人,远期本票无须办理提示承兑和承兑手续,远期汇票则需办理承兑。

(4)本票在任何情况下,出票人都是主债务人;而汇票在承兑前,出票人是主债务人,在承兑后,承兑人是主债务人。

(5)本票只能开出一张,而汇票可以开出一套(一般是两张)。

## (三)支票

支票(Cheque,Check),是以银行为付款人的即期汇票,即存款人签发给银行的无条件支付一定金额的委托或命令,出票人在支票上签发一定的金额,要求受票的银行于见票时,立即支付一定金额给特定人或持票人(如图10-3)。

```
Cheque for GBP26345.09  Hong Kong, 25th Sept, 2013
Pay to the order of Suzhou Textiles Imp & Exp Corp.
The sum of Pounds Sterling Twenty Two Thousand Three.
            Hundred Forty Five and Pence Nine only.
To: Huaqiao Commercial Bank Hong Kong Limited.
                        For BAAS Enterprises Limited Hong Kong
                                (Signature)
```

图 10-3 支票示例

出票人在签发支票后,应负票据上的责任和法律上的责任。前者是指出票人对收款人担保支票的付款;后者是指出票人签发支票时,应在付款银行存有不低于票面金额的存款。如存款不足,支票持有人在向付款银行出示支票要求付款时,就会遭到拒付。这种支票叫"空头支票"。开出空头支票的出票人要负法律上的责任。

# 任务二 汇付和托收

在国际贸易中,交易双方要采用一定的支付工具并通过一定的支付方式,才能实现资金从债务人向债权人的转移。而支付方式按银行是否提供信用,分为商业信用下的支付方式,即汇付和托收;银行信用下的支付方式,即信用证、银行保函等。

## 一、汇付

汇付(Remittance)指付款人通过银行或其他途径主动将款项汇交收款人。国际贸易中的货款收付如采用汇付,一般是由买方按合同约定的条件(收到单据或货物)和时间,将货款通过银行,汇交给卖方。买方在汇款时可以采用三种不同的方式,即电汇、信汇和票汇。但在目前的国际贸易中,绝大部分都采用的是电汇。

从我国的出口实践看,在采用汇付时,较多是使用所谓"先出后结"的办法,即卖方在没有收到货款以前,先交出单据或货物,然后由买方主动付款。以汇付方式结算的合同,货款能否按时顺利收回,归根到底,只能凭买方的信用,故汇付属商业信用。如果买方拒不履约或拖延履行付款义务,卖方就要发生货款落空的严重损失或晚收款的利息损失。因此,除非买方的信誉可靠,卖方一般不轻易采用这种方式收取货款。但是,由于这种汇付方式对于买方有较大的好处,一般说来可以先取得代表货物的装运单据或货物本身,然后付款。有利于资金周转,可以节省采用其他方式(如信用证)所要支出的费用。因此,在对方资信可靠或与我有特殊或比较密切关系的条件下,采用这种汇付方式,有利于扩大出口。

### (一)汇付方式的当事人

在汇付业务中通常有四个当事人:

1. 汇款人(Remitter)：汇出货款的进口人。

2. 汇出行(Remitting Bank)：进口人所在地接受汇款人委托，办理汇付业务的银行。

3. 汇入行(Paying Bank)：把汇入款解付给出口人的银行，一般是汇出行设在出口人所在地的支行、代理行或往来行。

4. 受款人(Payee)：汇付的受益人即出口人。

在上述关系人中，存在着两个委托代办关系：汇款人与汇出行之间的委托代办关系，涉及的权利义务范围以汇款人办理汇款时出具的汇款申请书为依据；汇出行与汇入行之间的委托代理关系，则由双方事先订有的合约为依据。

### （二）汇付方式的种类

#### 1. 电汇(Telegraphic Transfer，T/T)

电汇是汇出行应汇款人的申请，拍发加押电报或电传(Tested Cable/Telex)或者通过SWIFT给国外汇入行，指示其解付一定金额给收款人的一种汇款结算方式。

电汇是目前使用较多的一种汇款方式，其业务流程是：先由汇款人填写电汇申请书并交款付费给汇出行，再由汇出行发加押电报或电传给汇入行，汇入行给收款人电汇通知书，收款人接到通知后去银行兑付，银行进行解付，解付完毕汇入行发出借记通知书给汇出行，同时汇出行给汇款人电汇回执(如图10-4)。

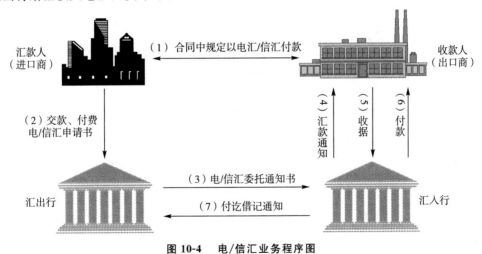

图 10-4　电/信汇业务程序图

电汇时，由汇款人填写汇款申请书，并在申请书中注明采用电汇(T/T)方式。同时，将所汇款项及所需费用交汇出行，取得电汇回执。汇出行接到汇款申请书后，为防止因申请书中出现的差错而耽误或引起汇出资金的意外损失，汇出行应仔细审核申请书，不清楚的地方与汇款人及时联系。

汇出行办理电汇时，根据汇款申请书内容以报文方式向汇入行发出解付指示。电文内容主要有：汇款金额及币种、收款人名称、地址或账号、汇款人名称、地址、附言、头寸拨付办法、汇出行名称或SWIFT地址等。

汇入行收到报文后,即核对密押是不是相符,若不符,应立即拟电文向汇出行查询。若相符,即缮制电汇通知书,通知收款人取款。收款人持通知书一式两联向汇入行取款,并在收款人收据上签章后,汇入行即凭以解付汇款。实务中,如果收款人在汇入行开有账户,汇入行往往不缮制汇款通知书,仅凭电文将款项收入收款人账户,然后给收款人一张收账通知单,也不需要收款人签发收据。最后,汇入行将付讫借记通知书(Debit Advice)寄给汇出行。电汇中的电报费用由汇款人承担,银行对电汇业务一般均当天处理,不占用邮递过程的汇款资金,所以,对于金额较大的汇款或通过SWIFT或银行间的汇划,多采用电汇方式。

### 2. 信汇(Mail Transfer, M/T)

信汇是汇出行应汇款人的申请,将信汇委托书寄给汇入行,授权解付一定金额给收款人的一种汇款方式。由于信汇方式费力费时,加之国际电讯的飞速发展,目前许多国家早已不再使用和接受信汇。

### 3. 票汇 (Demand Draft, D/D)

票汇是汇出行应汇款人的申请,在汇款人向汇出行交款并支付一定费用的条件下,代替汇款人开立的以其分行或代理行为解付行支付一定金额给收款人的银行即期汇票,寄交收款人,由收款人凭以向汇入行取款。票汇多用于小额汇款。

这种方式具有很大的灵活性,根据抬头情况,汇款人可以将汇票带到国外亲自去取款,也可以将汇票寄给国外债权人由他们去取款(如图 10-5)。

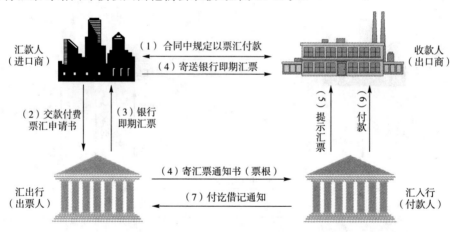

图 10-5 票汇业务程序图

### (三)汇付方式的性质和在国际贸易中的使用

汇付结算的主要特点就是以银行为中间媒介结算债权、债务。这里,银行担负收付委托款项的责任,并因此而收取汇付费用。但银行并不介入买卖合同,对于合同规定的责任、义务的履行,不提供任何保证,甚至不代办货运单据的移交(无论哪种汇付,货运单据都是出口人自行转交给进口人的)。因此,汇付结算是典型的商业信用——货款是否能够汇出全凭买方信用。

在国际贸易中,汇付方式通常用于预付货款、随订单付款、交货付现、记账赊销等业务。

前两种对卖方来说,就是先收款后交货,资金不受积压;后两种对卖方来说,就是先交货后付款,意味着资金积压。

### (四)合同中的汇付条款举例

"买方应于2014年6月15日前将全部货款用电汇方式汇至卖方。"(The buyers shall pay total value of the contracted goods by T/T to the sellers not later than June 15, 2014.)

"买方应于2014年3月20日前将一半货款电汇至卖方,其余货款收到正本提单后10日内付清。"(The buyers shall pay half the sales proceeds by T/T not later than March 10th, 2014, and remaining part will be paid to the sellers within 10 days after receipt of the fax concerning original B/L.)

## 二、托收

托收(Collection),是指债权人(出口人)出具汇票,委托银行向债务人(进口人)收取货款的一种支付方式。通常由出口人根据发票金额开出以进口人为付款人的汇票,向出口地银行提出托收申请,委托出口地银行(托收行)通过它在进口地的代理行或往来银行代向进口人收取货款。

### (一)托收方式的当事人

**1. 委托人(Principal)**

委托银行办理托收业务的客户,通常是出口人。

**2. 托收银行(Remitting Bank)**

接受委托人的委托,办理托收业务的银行。

**3. 代理银行(Collecting Bank)**

接受托收行的委托向付款人收取票款的进口地银行。通常是托收银行的国外分行或代理行。

**4. 提示行(Presenting Bank)**

向付款人作出提示汇票和单据的银行。

**5. 付款人(受票人)**

通常为进口人。

**6. 需要时的代理**

在托收业务中,如发生拒付,委托人可指定付款地的代理人代为料理货物存仓、转售、运回等事宜,称为"需要时的代理"。

### (二)托收方式的种类

托收可根据所使用的汇票的不同,分为光票托收和跟单托收。国际货款的收取大多采

用跟单托收。在跟单托收情况下,根据交单条件的不同,可分为:

**1. 付款交单(Documents against Payment,D/P)**

付款交单是指出口人的交单是以进口人的付款为条件。按付款时间的不同,可分为:

(1)即期付款交单(Documents against Payment at sight,D/P at sight)。即期付款交单是指出口人发货后,开具即期汇票连同货运单据,通过银行向进口人提示,进口人见票后立即付款,进口人在付清货款后向银行领取货运单据。

(2)远期付款交单(Documents against Payment after sight,D/P after sight)。远期付款交单是指出口人发货后,开具远期汇票连同货运单据,通过银行向进口人提示,进口人审核无误后,即在汇票上进行承兑,于汇票到期日付清货款后,再领取货运单据。在实际工作

中,使用远期付款交单,经常会用到"付款交单凭买方信托收据借单"这种方式进行操作。信托收据(Trust Receipt)是进口人借单时提供的一种书面信用担保文件,用来表示愿意以代收行的受托人身份代为提货、报关、存仓、保险、出售,并承认货物的所有权仍属银行。

①代收行同意借单(进口人向代收银行要求)。进口人在承兑汇票后出具信托收据,凭以向代收银行借取货运单据,并提取货物。货物售出后所得货款在汇票到期日偿还代收行。

②出口人同意借单(出口人主动通过托收银行授权办理)。在付款交单的条件下,进口人承兑汇票后出具信托收据向代收银行借取货运单据先行提货,货物售出后所得货款在汇票到期日偿还代收银行,收回信托收据。日后如果进口人在汇票到期时拒付,则与银行无关。

**2. 承兑交单(Documents against Acceptance,D/A)**

承兑交单是指代收银行根据出口方的指示,只要进口方承兑了远期汇票,就可以向其交出货运单据,并待汇票到期日再收回货款。承兑交单和汇付中的货到付款一样,都是买方未付款之前,即可取得货运单据,凭以提取货物。一旦买方到期不付款,出口方便可能钱货两空。因此,出口商对采取此种方式持严格控制的态度(如图10-6)。

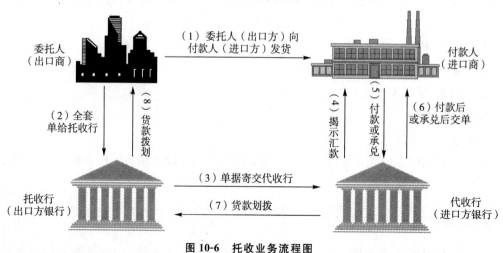

图10-6 托收业务流程图

### (三)托收的性质极其利弊

托收的性质为商业信用,所以,托收行有"三不管":一是不负责审查单据;二是不负责买方是否付款;三是不负责货物的真实情况。因此跟单托收对出口人有一定风险,但对进口人却很有利。他不但可以免去申请开立信用证的手续,不必预付银行押金,减少费用开支,而且有利于资金融通和周转。由于托收对进口商有利,所以在出口业务中采用托收,有利于调动进口商采购货物的积极性,从而有利于促进成交和扩大出口,故出口商常把采用托收作为加强对外竞销的手段。就卖方而言,使用托收应注意下列事项:

第一,要切实了解买方的资信情况和经营作风,成交金额不宜超过其信用额度。

第二,了解进口国家的贸易管制和外汇管制条例,以免货到目的地后,由于不准进口或收不到外汇而造成不应有的损失。

第三,了解进口国家的商业惯例,以免由于当地习惯做法,影响安全迅速收汇。

第四,应争取 CIF 条件成交,除办理货运保险外,还应投保卖方利益险。

第五,对托收方式的交易,要建立健全的管理制度,定期检查,及时催收清理,发现问题应迅速采取措施,以避免或减少可能发生的损失。

### (四)托收的国际惯例

为了适应国际贸易发展的需要,国际商会在吸收了多年来的实践经验的基础上,修订了《托收统一规则》(Uniform Rules for Collection Publication No. 522)(即 522 出版物),于 1996 年 1 月 1 日正式实施。《托收统一规则》自公布实施以来,被各国银行广泛采纳和使用,但该规则本身不是法律,因而对当事人一般没有约束力。只有在有关当事人事先约定的条件下,才受该惯例的约束。

### (五)合同中的托收条款举例

**1. 即期付款交单**

"买方凭卖方开具的即期跟单汇票,于第一次见票时立即付款,付款后交单。"(Upon first presentation the Buyers shall pay against documentary draft drawn by the Sellers at sight. The shipping documents are to be delivered against payment only.)

**2. 远期付款交单**

"买方对卖方开具的见票后××天付款的跟单汇票,于第一次提示即予承兑,并应于汇票到期日即应付款,付款后交单。"(The Buyers shall duly accept the documentary draft drawn by the Sellers at ×× days sight upon first presentation and make payment on its maturity. The shipping documents are to be delivered against payment only.)

**3. 承兑交单**

"买方对卖方开具的见票后××天付款的跟单汇票,于第一次提示即予承兑,并应于汇票到期日即应付款,承兑后交单。"(The Buyers shall duly accept the documentary draft drawn by the Sellers at ××days sight upon first presentation and make payment on its maturity. The shipping documents are to be delivered against acceptance.)

## 任务三 信用证

汇付和托收都属于商业信用,与汇付方式相比,托收对于出口商比较安全,因为一般情况下买方不付款是得不到货物的,但出口商能否及时收回货款仍取决于进口商的商业信用,在对进口商资信状况不是很了解时,风险相当大。而信用证是把由进口商履行的付款责任,转为由银行向出口商提供付款保证的支付方式,以保证卖方安全地收到货款,买方按时收到货运单据。由于银行信用的加入,在一定程度上解决了买卖双方之间互不信任的矛盾,并为双方提供了资金融通的便利。所以信用证在国际贸易中得到广泛应用,其中使用最多的是跟单信用证,即银行付款是以出口商提交符合信用证规定的单据为条件的信用证。

### 一、信用证的含义

国际商会《跟单信用证统一惯例(2007年修订本)》,即《UCP600》在第2条中指出,就本惯例而言,信用证"指一项不可撤销的安排,无论其名称或描述如何,该项安排构成开证行对相符交单予以承付的确定承诺(Credit means any arrangement, however named or described, that is irrevocable and thereby constitutes a definite undertaking of the issuing bank to honour a complying presentation.)"。从有关条款中可以看出,信用证是一种有条件的付款承诺,是由开证行发出的、不可撤销的、以提交与该信用证条款相符的单据为条件的付款承诺。

简而言之,信用证是一种银行依照开证申请人的请求,开立给第三者的有条件的保证付款的书面文件。

### 二、信用证的特点

从上面的定义可以看出,信用证具有如下特点:

第一,信用证是开证银行负首要付款责任(Primary Liabilities for Payment)。信用证是一种银行信用,它是银行的一种担保文件,开证银行有首要的付款责任。开证行在开出信用证以后就要承担第一性的付款责任,由开证行以自己的信用作为付款的保证。从理论上说,即使将来进口商拒绝付款,也不能以此为理由向出口商追回已付的款项,因此,开证行是第一付款人。

讨 论

如何理解信用证和合同的关系?

第二,信用证是一种自足性的文件(Self-sufficient Instrument)。信用证不依附于买卖合同,银行在审单时强调的是信用证与基础贸易相分离的书面形式上的认证。信用证的开立是以买卖合同作为依据,但信用证一经开出,就成为独立于买卖合同的另一种契约,不受买卖合同的约束。开证行和参与信用证业务的其他银行只按信用证的规定办事。

第三,信用证是纯单据业务(Pure Documentary Transaction)。信用证是凭单付款,不以货物为准。只要单据相符,开证行就应无条件付款。也就是说,银行虽然有义务合理小心地审核一切单据,但是,这种审核只是用以确定单据表面上是否符合信用证条款。银行只根据表面上符合信用证条款的装运单据付款,至于出口商是否已发货,发出的货物是否与合同相符,银行概不负责。这充分体现了凭单付款的原则。因此,进口商应明白,货物的真实性是无法从结算中得到验证的。

信用证结算的特点可概括为:一个"原则"和两个"只凭"。一个"原则"是"严格符合的原则",即受益人提交的单据必须与信用证条款的要求严格相符,做到"单、证相符"、"单、单相符"和"单向相符";两个"只凭"是指银行只凭信用证条款的要求办事,不受买卖合同的约束;只凭规定的单据行事,不问货物的实际情况。

## 三、信用证方式的当事人

### (一)开证申请人(Applicant)

开证申请人指向银行申请开立信用证的人,即进口人或实际买主。

### (二)开证银行(Opening Bank,Issuing Bank)

开证银行指接受开证申请人的委托,开立信用证的银行,它承担保证付款的责任,开证行一般是进口人所在地的银行。

### (三)通知银行(Advising Bank,Notifying Bank)

通知银行指受开证行的委托,将信用证通知出口人的银行。它只证明信用证的真实性,并不承担其他义务。通常是出口人所在地的银行。

### (四)受益人(Beneficiary)

受益人指信用证上所指定的有权使用该证的人。即出口人或实际供货人。

### (五)议付银行(Negotiating Bank)

议付银行指愿意买入受益人交来跟单汇票和/或单据的银行。它是由信用证的条款来决定的指定银行。

### (六)付款银行(Paying Bank,Drawee Bank)

付款银行指信用证上指定的付款银行。一般是开证银行,也可以是它指定的另一家银行,根据信用证的条款来决定。

### (七)保兑银行(Confirming Bank)

保兑银行指根据开证银行的请求在信用证上加以保兑的银行。保兑银行在信用证上加具保兑后,即对信用证独立负责,承担必须付款或议付的责任。

### (八)偿付银行(Reimbursing Bank)

偿付银行又称"清算银行"(Clearing Bank),指接受开证银行在信用证中的委托,代开证行偿还垫款的第三国银行,即开证行指定的对议付行或代付行进行偿付的代理人。

### (九)承兑行(Accepting Bank)

承兑行指在汇票正面签字承诺到期付款的银行。在远期信用证项下,承兑行可以是开证行本身,也可以是指定银行。

**付款行与偿付行的不同**

付款行是信用证指定的受票银行。如果信用证上规定的受票银行为开证行本身,则开证行便是付款行,所以付款行在付款之前必须审单。偿付行是代开证行对指定银行进行账务清算的银行。因此,它在进行偿付前无审单之必要,而且并非每一跟单信用证业务均有偿付行,但任何一笔信用证都必须有付款行。

## 四、信用证的主要内容

信用证虽然没有统一的格式,但其基本项目是相同的,主要包括以下几方面:

### (一)信用证本身的说明

信用证本身的说明包括以下内容:信用证的类型(Form of Credit);信用证号码(L/C Number);开证日期(Date of Issue);信用证金额(L/C Amount);有效期和到期地点(Expiry Date and Place);开证银行(Issuing/Opening Bank);通知银行(Advising/Notifying Bank);开证申请人(Applicant);受益人(Beneficiary);单据提交期限(Documents Presentation Period)。

### (二)汇票条款

汇票条款包括以下内容:出票人(Drawer);付款人/受票人(Drawee);付款期限

(Tenor);出票条款(Drawing Clause)等。

### (三)货物条款

货物条款主要包括品名、货号和规格(Commodity Name, Article Number and Specification)、数量和包装(Quantity and Packing)以及单价(Unit Price)等。

### (四)运输条款

运输条款包括以下内容:装货港(Port of Loading/Shipment);卸货港或目的地(Port of Discharge or Destination);装运期限(Latest Date of Shipment);可否分批装运(Partial Shipments Allowed/Not Allowed);可否转船运输(Transshipment Allowed/Not Allowed)等。

### (五)单据条款

说明要求提交的单据种类、份数、内容要求等。基本单据包括:商业发票(Commercial Invoice)、提单(Bill of Lading)和保险单(Insurance Policy)。其他单据有:检验证书(Certificate of Inspection)、产地证(C/O;GSP Form A)、装箱单(Packing List)或重量单(Weight Memo)等。

### (六)其他规定

其他规定包括以下内容:附加条款或特别条款(Additional Conditions or Special Conditions);开证行对议付行的指示(Instructions to Negotiation Bank);背批议付金额条款(Endorsement Clause);偿付方法(Method of Reimbursement);寄单方法(Method of Dispatching Documents);开证行付款保证(Engagement/Undertaking Clause);惯例适用条款(Subject to UCP Clause);开证行签字(Signature)等。

## 五、信用证支付的一般程序

采用信用证方式结算货款,从进口人向银行申请开证,一直到开证行付款后又向进口人收回垫款,其中要经过许多环节,需要办理各种手续。加上信用证种类不同,信用证条款也有不同规定,这些环节和手续也繁简不一。但从总体上看,信用证的结算程序一般包括以下几个环节。

其一,买卖双方在合同中规定使用信用证支付货款。

其二,进口人向开证行提出开证申请,填制开证申请书,交纳押金和手续费,要求开证行开出以出口人为受益人的信用证。

其三,开证行按要求开立信用证,并将信用证寄交出口人所在地的分行或代理行(通知行);信用证有电开和信开两种方式。有时客户以简电形式开出信用证,只供卖方备货参考,不能作为出运货物依据。

其四,通知行核对密押或印鉴无误后,将信用证通知出口人。

其五,出口人审核信用证与合同相符后,按信用证规定装运货物,并备齐各项货运单据,开具汇票,在信用证交单期内一并送交当地银行(议付行)请求议付。受益人对L/C的审核包括:(信)印鉴或(电)密押;符合出口国政策并无歧视条款(注意软条款,一般不接受);开证行资信良好;使用可自由兑换货币;装运期、有效期、交单期合理;有效地点在出口国;单据份数、种类;正副本内容是否一致等。

其六,议付行按信用证条款审核单据无误后,按汇票金额扣除利息和手续费,将货款垫付给出口人。

其七,议付行将汇票和货运单据寄交开证行或其指定的付款行索偿。

其八,开证行或其指定的付款行核对单据无误后,向议付行付款。

其九,开证行在向议付行办理转账付款的同时,通知进口人付款赎单。

其十,进口人审单无误后,付清货款;开证行收款后,将单据交给进口人,进口人凭以向承运人提货(如图10-7)。

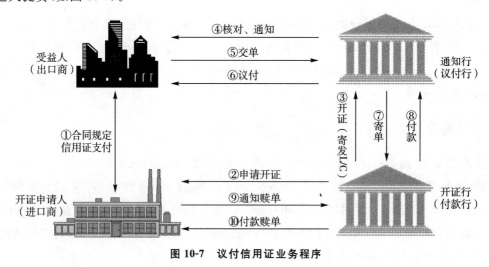

图10-7 议付信用证业务程序

## 六、信用证开立的形式

### (一)信开本

信开本(To open by mail)是指开证银行采用印就的信函格式的信用证,开证后以航空邮寄送通知行。随着通讯的发展,信开信用证现已极少见,但不是没有。

### (二)电开本

电开本(To open by telecomunication)是指开证行使用电报、电传、传真、SWIFT等各种电讯方式将信用证条款传达给通知行。随着SWIFT业务的发展,电传开证的方式已经退出了历史舞台,现在的电开信用证多是SWIFT电讯传送。可分为全电本和简电本。

## 1. 全电本

全电本(Full cable)是以电文形式开出的完整信用证,这种信用证是有效的,可以凭以交单议付。在 SWIFT 中这类信用证通常采用 MT700/MT701 格式(见表 10-1)。

表 10-1　MT700 的开立格式

| M/O[①] | Tag 代号 | Field Name 栏目名称 | 中文含义 |
|---|---|---|---|
| M | 27 | Sequence of Total | 合计次序[②] |
| M | 40A | Form of Documentary Credit | 跟单信用证类别 |
| M | 20 | Documentary Credit Number | 信用证号码 |
| O | 23 | Reference to Pre-Advice | 预告的编号 |
| O | 31C | Date of Issue | 开证日期 |
| M | 31D | Date and Place of Expiry | 到期日及地点 |
| O | 51A | Applicant Bank | 申请人银行 |
| M | 50 | Applicant | 申请人 |
| M | 59 | Beneficiary | 受益人 |
| M | 32B | Currency Code, Amount | 币别代号、金额 |
| O | 39A | Percentage Credit Amount Tolerance | 信用证金额加减百分率 |
| O | 39B | Maximum Credit Amount | 最高信用证金额 |
| O | 39C | Additional Amounts Covered | 可附加金额 |
| M | 41A | Available With...By... | 向……银行兑用,兑用方式 |
| O | 42C | Drafts at... | 汇票期限 |
| O | 42A | Drawee | 付款人 |
| O | 42M | Mixed Payment Details | 混合付款指示 |
| O | 42P | Deferred Payment Details | 延迟付款指示 |
| O | 43P | Partial Shipments | 分批装船 |
| O | 43T | Transshipment | 转船 |
| O | 44A | Loading on Board/Dispatch/Taking in Charge at/from... | 由……装船/发送/接管 |
| O | 44B | For Transportation to | 装运至…… |
| O | 44C | Latest Date of Shipment | 最后装船日 |
| O | 44D | Shipment Period | 装运期间 |
| O | 45A | Description of Goods and/or Services | 货物叙述和/或各种服务 |
| O | 46A | Documents Required | 应提交单据 |
| O | 47A | Additional Conditions | 附加条件 |
| O | 71B | Charges | 费用 |
| O | 48 | Period for Presentation | 单据提交期限 |
| M | 49 | Confirmation Instructions | 保兑指示 |
| O | 53A | Reimbursement Bank | 偿付行 |
| O | 78 | Instructions to the Paying/Accepting/Negotiation Bank | 对付款/承兑/议付行之指示 |
| O | 57A | Advise Through Bank | 通过…银行通知 |
| O | 72 | Sender to Receiver Information | 银行间的备注 |

注:①M/O 为 Mandatory 与 Optional 的缩写,前者是指必要项目,后者为任意项目。②合计次序是指本证的页次,共两个数字,前后各一,如"1/2",其中"2"指本证共 2 页,"1"指本页为第 1 页。

**2. 简电本**

简电本(Brief Cable)信用证是开证行将信用证的主要内容,如信用证号码、受益人名称、地址、开证申请人名称、信用证金额、货名、数量、价格条件、装效期等,以电报或电传方式预先告知通知行,详细的内容再以信开证方式航寄。通知行接到简电开证后,缮制信用证简电通知书,照录电报原文,在通知出口人时要注明:"此系简电通知,不凭以议付。"在SWIFT中简电本信用证通常采用 MT705 格式。

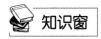

## SWIFT

SWIFT 又称"环球同业银行金融电讯协会"(Society for Worldwide Interbank Financial Telecommunication),它是一个国际同业间非盈利性的国际合作组织,成立于1973年,其总部在比利时的布鲁塞尔。SWIFT专门从事传递各国之间的非公开性的国际金融电讯业务,其中包括外汇买卖、证券交易、开立信用证、办理信用证项下的汇票业务及托收等。其环球计算机数据通讯网在荷兰的阿姆斯特丹和美国的纽约设有运行中心,在各会员国设有地区处理站,为SWIFT会员提供安全、可靠、快捷、标准化的通讯服务。

SWIFT用统一的字母和数字来规范电文内容,比如MT100代表私人汇款业务,MT400代表托收业务,MT700,701代表信用证业务。采用SWIFT信用证必须遵守SWIFT的规定,亦必须使用SWIFT手册规定的代号(Tag),而且信用证必须遵守《UCP600》各项条款的规定。在SWIFT信用证中可省去开证行的承诺条款,但不能免除银行所承担的义务。SWIFT信用证的特点是快速、准确、简明和可靠。

由于SWIFT具有标准化的格式,目前信用证的格式主要都是用SWIFT电文。SWIFT方式有如下四个特点:

(1)SWIFT需要会员资格。我国的部分专业银行都是其成员。

(2)SWIFT的费用较低。同样多的内容,SWIFT的费用只有TELEX(电传)的18%左右,只有CABLE(电报)的2.5%左右。

(3)SWIFT的安全性较高。SWIFT的密押比电传的密押可靠性强、保密性高。

(4)SWIFT具有标准化的格式。对于SWIFT电文,SWIFT组织有着统一的要求和格式。

开立SWIFT信用证的格式代号为 MT700 和 MT701,修改信用证的格式代号为MT707。

## 七、信用证的种类

### (一)按信用证项下的汇票是否附有货运单据划分

**1. 跟单信用证(Documentary Credit)**

跟单信用证指开证行凭跟单汇票或仅凭单据付款的信用证。

**2. 光票信用证(Clean Credit)**

光票信用证指开证行仅凭不附单据的汇票付款的信用证。由于光票信用还在使用中,受益人无须提供单据,开证行承担的风险较大,因此,光票信用证在国际贸易中的运用很少。

### (二)按开证行所负的责任为标准划分

《UCP600》比之《UCP500》更加强调了信用证的不可撤销性。《UCP500》第 6 条将信用证划分为可撤销(Revocable)和不可撤销(Irrevocable)两种,并规定应该在证中表明是否可撤销,如未表明视为不可撤销。根据该条款,如果在证中注明可撤销,信用证是可以撤销的。但《UCP600》直接将信用证定义为不可撤销,即开证行可撤销的付款承诺将不被视为适用UCP 的信用证。由此,也就无需在信用证中表明该证是否可撤销。

### (三)按是否有另一家银行加以保兑划分

**1. 保兑信用证(Confirmed Letter of Credit)**

保兑信用证指开证行开出的信用证,由另一家银行保证对符合信用证条款规定的单据履行付款义务。保兑行的付款责任,是以规定的单据到期日或以前向保兑行提交并符合信用证的条款为条件。保兑行通常是通知行,有时也可以是出口地的其他银行或第三国银行,与开证行一样承担第一性的付款责任。

**2. 不保兑信用证(Unconfirmed Letter of Credit)**

不保兑信用证指开证行开出的信用证没有经过另一家银行保兑。

### (四)根据付款时间的不同划分

**1. 即期信用证(Sight Credit)**

即期信用证指开证行或付款行收到符合信用证条款的跟单汇票或装运单据后,立即履行付款义务的信用证。

**2. 远期信用证(Usance Credit)**

远期信用证指开证行或付款行收到信用证的单据时,在规定期限内履行付款义务的信用证。包括银行承兑远期信用证和延期付款信用证。延期付款信用证一般不要求出口商开立汇票。

**3. 假远期信用证(Usance Credit Payable at sight)**

假远期信用证指开证行规定受益人开立远期汇票,由付款行负责贴现,并规定一切利息和费用由进口人负担。

使用假远期信用证的原因主要有两个：一是进口商利用银行信用和较低的贴现息来融通资金，减轻费用负担，降低进口成本；二是有的国家由于外汇紧张，管汇法令规定进口交易一律须远期付款，银行只能开立远期信用证，或对银行开立即期信用证有严格限制。

假远期信用证与一般远期信用证存在区别。一是假远期信用证项下的买卖合同规定的支付条件一般为即期信用证付款，远期信用证项下的买卖合同的支付条件则明确规定以远期信用证方式付款；二是假远期信用证要求开立远期汇票，即期信用证规定开立即期汇票；三是假远期信用证规定远期汇票的贴现息及承兑手续费等费用，概由开证人负担，而远期信用证的远期汇票由于远期收汇而发生的利息、贴现息，一般由受益人负担。假远期信用证能即期收汇，而远期信用证不能即期收汇。

### (五)根据受益人对信用证的权利可否转让划分

#### 1. 可转让信用证(Transferable Credit)

可转让信用证指信用证的受益人(第一受益人)可以要求授权付款、承担延期付款责任，承兑或议付的银行(统称"转让银行")，或当信用证是自由议付时，可以要求信用证中特别授权的银行，将信用证全部或部分转让给一个或数个受益人(第二受益人)使用的信用证。

可转让信用证只能转让一次，即只能由第一受益人转让给第二受益人，第二受益人不得要求将信用证转让给其后的第三受益人，但若再转让给第一受益人，不属被禁止转让的范畴。如果信用证不禁止分批装运，在总和不超过信用证金额的前提下，可分别按若干部分办理转让，该项转让的总和，将被认为只构成信用证的一次转让。

#### 2. 不可转让信用证(Non-transferable Credit)

不可转让信用证指受益人不能将信用证的权利转让给他人的信用证。凡信用证中未注明"可转让"的，就是不可转让信用证。

### (六)循环信用证

循环信用证(Revolving Credit)是指信用证被全部或部分使用后，其金额又恢复到原金额，可再次使用，直至达到规定的次数或规定的金额为止。

#### 1. 按时间循环信用证

按时间循环信用证是指受益人在一定的时间内可多次支取信用证规定的金额。

#### 2. 按金额循环信用证

按金额循环信用证是指在信用证金额议付后，仍恢复到原金额可再使用，直至用完规定的金额为止。具体做法有：一是自动式循环使用。受益人按规定时期装运货物交单议付一定金额后，信用证即自动恢复到原金额，可再次按原金额使用。二是非自动式循环使用。受益人按规定时期装运货物交单议付一定金额后，必须等待开证行的通知到达后，才能使信用证恢复到原金额，并可再次使用。三是半自动式循环信用证。受益人每次装货交单议付后，在若干天内开证行未提出终止循环的通知,信用证即自动恢复至原金额,并可再次使用。

### (七)对开信用证

对开信用证(Reciprocal Credit)是指两张信用证的开证申请人互以对方为受益人而开立的信用证。对开信用证的特点是第一张信用证的受益人(出口人)和开证申请人(进口人)就是第二张信用证的开证申请人和受益人,第一张信用证的通知行通常就是第二张信用证的开证行。对开信用证多用于易货交易或来料加工和补偿贸易业务。

### (八)对背信用证

对背信用证(Back to Back Credit)又称"转开信用证"。是指受益人要求原证的通知行或其他银行以原证为基础,另开一张内容相似的新信用证。对背信用证的开立通常是中间商转售他人货物,从中图利;或两国(地区)不能直接办理进出口贸易时,通过第三者以此种方法来沟通贸易。

### (九)预支信用证

预支信用证(Anticipatory Credit)是指开证行授权代付行(通常是通知行)向受益人预付信用证金额的全部或一部分,由开证行保证偿还并负担利息。

### (十)付款信用证、承兑信用证与议付信用证

#### 1.付款信用证(Payment Credit)

付款信用证是指在符合信用证条款的条件下,开证行自己或其授权其他银行凭规定的单据向受益人或其指定人进行付款的信用证。这种信用证最大的特点就是一旦付了款,开证行或其指定的银行便无权向受益人追索(除非受益人与银行另有协议)。

#### 2.承兑信用证(Acceptance Credit)

凡是指定某一银行或开证行承兑的信用证,称为"承兑信用证",即当受益人向指定银行或开证行开具远期汇票并提示时,指定银行或开证行即行承兑,并于汇票到期日付款。

#### 3.议付信用证(Negotiation Credit)

凡是开证行允许受益人向某一指定银行或任何银行交单议付的信用证,称为"议付信用证",包括公开议付信用证和限制议付信用证。公开议付信用证又称"自由议付信用证",指开证行对愿意办理议付的任何银行作公开议付邀请和普遍付款承诺的信用证(目前在国际贸易中广泛使用);限制议付信用证指开证行指定某一银行或开证行本身自己进行议付的信用证。

公开议付信用证和限制议付信用证的到期地点都在议付行所在地,这种信用证经议付后如因故不能向开证行索得票款,议付行有权对受益人行使追索权。

根据《UCP600》的定义,所有类型的信用证均可以是"自由信用证",即可以开立自由付款信用证,自由延期付款信用证,自由承兑信用证和自由议付信用证,在这些自由信用证中,

任何银行都是指定银行。

### (十一)备用信用证

备用信用证(Standby Letter of Credit)。又称"商业票据信用证"、"担保信用证"或"保证信用证",是指开证行根据开证申请人的请求对受益人开立的承诺承担某项义务的凭证。

备用信用证属于银行信用,开证行保证在开证申请人未履行其义务时由开证行付款。

备用信用证一般用在投标、还款或履约保证、预付货款和赊销等业务中。

《UCP600》同样适用于备用信用证。备用信用证与跟单信用证的不同之处在于:

其一,在跟单信用证下,受益人只要履行信用证所规定的条件,即可向开证行要求付款;在备用信用证下,受益人只有在开证申请人未履行义务时,才能行使信用证规定的权利。

其二,跟单信用证一般只适用于货物的买卖,而备用信用证可适用于货物以外的多方面的交易。

其三,跟单信用证一般以符合信用证规定的代表货物的货运单据为付款依据,而备用信用证一般只凭受益人出具的说明开证申请人未能履约的证明文件,开证行即保证付款。

## 八、国际商会《跟单信用证统一惯例》

《跟单信用证统一惯例》(国际商会第 600 号出版物,Uniform Customs and Practice for Documentary Credits,2007 revision, I. C. C. Publication No. 600),简称《UCP600》。该惯例经过多次修订,内容日益充实和完善。《UCP600》并不是国际性的法律,但至今已被 170 多个国家的银行所采用。在开立信用证的正文上均表明适用"UCP600",故其对各有关当事人具有约束力。

### (一)UCP600 与 UCP500

《跟单信用证统一惯例(2007 年修订本)》(UCP600)是全世界公认的非政府商业机构制订的最为成功的国际惯例,目前世界上 100 多个国家和地区近万家银行在信用证上声明适用 UCP。原来使用的版本是 1994 年 1 月 1 日实施的《跟单信用证统一惯例,1993 年修订本,国际商会第 500 号出版物》(简称 UCP500),但在其使用的过程中,暴露了很多的缺陷和不足,引发了诸多争议,并且随着贸易形势的变化,该惯例的某些规定也不再适应业务发展的需要,因此国际商会于 2003 年正式授权 ICC 银行委员会启动 UCP500 的修订工作。

2006 年 10 月 25 日,在巴黎举行的 ICC 银行技术与惯例委员会 2006 年秋季例会上,以点名形式,经 71 个国家和地区的 ICC 委员会以 105 票赞成,UCP600 最终得以通过。新版的《跟单信用证统一惯例》(命名为 UCP600)已于 2007 年 7 月 1 日正式实施。UCP600 从原先的 49 条调整为 39 条,减多增少。

## (二)UCP600 关键性的修改

### 1. 第 2 条

第 2 条是新增的一部分,这部分内容将很多在 UCP500 中已经使用但未加以界定的概念明确化。其中一部分定义在 ICC 的一些出版物(包括 UCP500)中已经提及,如银行工作日(Banking Day)、信用证(Credit)等,另外一部分则是首次在 UCP600 中提及,应尤其加以注意,如相符交单(Complying Presentation)、承付(Honour)等。

需引起注意的是,UCP600 中建立了"承兑"(兑付)(Honour)的概念,包括即期、延期、承兑信用证项下的付款行为,并明确了"议付"(Negotiation)的含义。在 UCP500 中将"议付"定义为被授权议付的银行对汇票及/或单据付出对价的行为,只审核单据而不付出对价并不构成议付。UCP600 则定义"议付"为"指定银行在相符交单下,在其应获偿付的银行工作日当天或之前向受益人预付或者同意预付款项,从而购买汇票(其付款人为指定银行以外的其他银行)及/或单据的行为"。在新的定义中,明确了议付是对票据及单据的一种买入行为,并且明确是对受益人的融资——预付或承诺预付。定义上的改变承认了有一定争议的远期议付信用证的存在,同时也将议付行对受益人的融资纳入了受惯例保护的范围。

### 2. 第 3 条

第 3 条也是新增条款。该条中明确了在情形适用的情况下,单复数意义相同,并且取消了 UCP500 中"可撤销信用证"类型,其原因为可撤销信用证对受益人权益缺乏保障,因而在实际业务中鲜有使用。这也意味着在新的惯例实施后,所有的信用证都将是不可撤销的。

### 3. 第 4 条

第 4 条增加了"开证行应劝阻申请人试图将基础合同、形式发票等文件作为信用证组成部分的做法",这一修改体现了 ICC 认为信用证无需太复杂的精神。在实务中,申请人为更加有效地控制受益人的行为,往往误认为信用证越复杂,则约束效力越强,但事实上太复杂的信用证只会给银行处理业务带来困难。

### 4. 第 7 条和第 8 条

第 7 条和第 8 条分别是开证行和保兑行的责任,这条规定在形式上虽与 UCP500 有较大区别,但内容规定上大致相同。区别在于:其一,Article 7-c 条款中规定"开证行对承兑或延期付款信用证项下相符交单金额的偿付应在到期日办理,无论指定银行是否在到期日之前预付或购买了单据",从而确定了指定银行在延期付款与承兑信用证下的融资,旨在保护指定行在信用证下对受益人进行融资的行为;其二,根据 Article 8-a 和 b 条款中规定,保兑行也承担议付行的角色,但此时为无追索权的议付。

### 5. 第 9 条

第 9 条增加了"第二通知行"的概念,并明确第二通知行与第一通知行责任相同。在实务中,信用证往往由"第二通知行"通知,且 SWIFT 信用证 MT700 格式中也有"ADVICE THROUGH"一栏,但 UCP500 中却没有相关的规定,UCP600 中增加了此点,解决了实务中的相关问题。

### 6. 第 10 条

关于信用证的修改,此点包含在 UCP500 的第 9 条中。相关规定并没有很大的改变,但在 f 条款中明确否定了银行"如受益人未在规定时间内发出通知的话,则修改生效"规定的有效性。这一规定反映了 ICC 沉默不等于接受的一贯立场。ICC 曾明确表示,设立时间限制的规定与"信用证不经受益人同意不得修改或撤销"的性质相抵触,也违反一些国家法律的规定。

### 7. 第 12 条

关于"指定"规定,该条取代了 UCP500 第 18 条。由于在实务中发生大量案例与指定银行责任相关,因此 UCP600 在此条中更详细地规定了指定银行的独立权利,并增加了 b 款以解释开证行选择指定银行的具体含义。

### 8. 第 14 条

比 UCP500 第 13 条规定得更为详细,其中 b 款规定将审单期限缩短为收到单据翌日起 5 个银行工作日,且声明"这一期限不因在交单日当天或之后信用证截止日或最迟交单日截止而受到缩减或影响"。UCP500 中规定在合理时间的前提下(Reasonable Time)银行有 7 个工作日审单,这一规定使得在其生效期内纠纷不断发生,此点修改使得单据处理时间的双重判断标准简化为单纯的天数标准,从而判断依据简单化。C 款对应于 UCP500 第 43 条(到期日的限制),但区别较大,UCP500 中规定当信用证中要求提供运输单据时,应规定一个交单的特定期间,如未规定,银行将接受不迟于装运日期 21 天后提交的单据,但 UCP600 则严格限定单据要在发运后 21 天内交单。E 款对应于 UCP500 的第 37 条,根据该条款规定,除商业发票之外的其他单据可以没有商品描述,如有的话,可以使用与信用证中描述不矛盾的概括性用语。G 款是 UCP600 中新增加的一个条款,该条款中明确规定所提交的非信用证要求的单据将不予理会,并被退还给交单人。F 款对应于 UCP500 第 22 条,但增加了"but must not be dated later than its date of presentation."的语句,以强调虽然单据的出单日期可以早于信用证的开立日期,但必须在交单期内交单。J 款为新增条款,强调了在运输单据中收货人(Consignee)和通知方(Notify Party)的一部分的申请人的地址必须与信用证相同,但在其他情形下,受益人和申请人的地址只需与信用证中显示的地址系一个国家即可。K 款对应于 UCP500 第 31 条,只是将适用范围由提单扩展到所有单据。I 款为新增条款,但在实务中广泛存在。

### 9. 第 16 条

最大的更改在于增加了银行在不符电中对单据处理的两种选择(c—ⅲ-band c)。其中 b 为"开证行留存单据直到其从申请人处接到放弃不符点的通知并同意接受该放弃,或在其同意接受对不符点的放弃之前从交单人处收到其进一步的指示"。虽然这一做法目前在银行业务中经常用到,但在 UCP500 中没有作出规定,且不被国际商会所提倡,所以这一条款更好地保障了受益人权益,使其在单据不符的情况下,如申请人同意,即使开证行拒付之后,仍可获得开证行的付款。如果出口商出于各种考虑不愿意给予对方这种权利,则可在交单时提前发出指示,即遵照 C 条"银行将按之前从交单人处获得的指示处理"行事。

**10. 第 19 条**

新的条款比原来的条款要更加简单一些,重要的变化有几点:

(1)取消了"多式联运经营人"的概念;

(2)删除"不得含有载运船只仅以风帆为动力的批注",该条款的删除是鉴于帆船在远洋运输中已不再有用武之地,无须作出规定(海运提单、不可转让海运单和租船合同提单中也均删除此点);

(3)代理人的任何签字只需标明其代理承运人还是船长,而无须再标明代理一方的名称和身份;

(4)将"表面上看已包含所有承运条件"改为"包括承运条件",消除了实务中不易确定"何谓所有"的隐患,减少纠纷。

**11. 第 23 条**

改变了空运单据装运日的规定。UCP500(Article 27-a)中规定"当信用证要求有一个实际发运日期时,在空运单据上作出该日期的特定批注,该发运日期即视为装运日期,在其他所有情况下,空运单据的签发日期即视为装运日期"。而在 UCP600 中则不论信用证有无要求,当空运单上批注有实际发运日期时,该日期视为发运日期。

**12. 第 35 条**

明确了"单据在指定银行与开证行/保兑行之间,或者在开证行与保兑行之间遗失,开证行或保兑行仍必须承付或议付",补充了 UCP500 中关于银行免责的规定。

## (三)UCP600 与 UCP500 的主要区别

### 1. 银行单据处理的时间从 7 天缩短到 5 天

关于开证行、保兑行、指定行在收到单据后的处理时间,在 UCP500 中规定为"合理时间,不超过收单翌日起第 7 个工作日",而在 UCP600 中改为"最多为收单翌日起第 5 个工作日"。其一,"合理时间"这一概念不复存在。当前业务中,经常出现处理时间是否"合理"的争议,这一概念受到当地行业惯例的影响,而一旦诉诸法律,还受到法官主观判断的影响,因此,围绕这一概念的纠纷不断发生。针对这种现状,UCP600 把单据处理时间的双重判断标准简化为单纯的天数标准,使得判断依据简单化。其二,关于最长时限的缩短,总体来说对受益人更为有利。从进口商方面考虑,头寸调拨时间变短,特别是授信开证的公司,如果其内部手续繁杂,将可能会影响及时支付。当开证行发现不符点后,其与申请人接洽的时间相应变短;而如果出现交单面函指示不清等问题,与交单行的联系时间也受到压缩。因此,银行、公司各个环节的操作人员都要更加富有效率。对于出口商而言,在新的规定下有望更早收到头寸。虽然有银行反映,新的规定将导致所有支付均发生在收单翌日起第 5 个工作日而没有提前支付的余地,但至少支付底限是提前了。由于我国产品大量出口到东南亚及中东地区,而这些地区的银行业务处理普遍欠规范,新的规定有望帮助我国出口商提前收汇。

**2. 拒付后单据的处理**

在 UCP600 的条款中,细化了拒付中对单据处理的几种选择,其中包括一直以来极具争议的条款:"拒付后,如果开证行收到申请人放弃不符点的通知,则可以释放单据。"这一条款主要是考虑到受益人提交单据最基本的目的是获得款项,因此可以推定,如果申请人同意放弃不符点并支付,对受益人利益不会造成根本性的损害。特别是当受益人明知单据存在不符点,依然要求指定行向开证行寄送单据的情况下,隐含了其希望申请人接受不符点并支付款项的意愿。

现实业务中,已经有银行在开立的信用证中加具此类条款,应该说其做法与 UCP500 是矛盾的,并且容易引发纠纷,甚至导致诉讼。实践中,银行往往会因为在拒付通知中表明将"寻求进口人放弃不符点放单"而被法院认定为拒付无效。UCP600 把这种条款纳入合理的范围内,顺应了现实业务的发展,减少了因此产生纠纷的可能,并且有望缩短不符点单据处理的周期。如果出口商不愿意给予对方这种权利,可以在交单时明确指示按照惯例中另一个选项来处理,即拒付后"银行将按照先前收到的交单人指令行事",后者干脆要求进口商委托开立信用证时直接排除这一选项。

**3. 新增融资许可条款**

UCP600 明确了开证行对指定行进行承兑、做出延期付款承诺的授权,同时包含允许指定行进行提前买入的授权。UCP600 这项规定存在与各国的商法、票据法有所抵触的可能,但鉴于各国法院在处理信用证相关案件时,会很大程度上倾向遵循国际惯例,在一定程度上,这一规定是富有积极意义的。

**4. 单证相符的标准**

UCP600 专门规定了何为"相符交单",将单据与信用证相符的要求细化为"单内相符,单单相符,单证相符",强调要与信用证条款、适用的惯例条款以及国际银行标准实务相符合。对"相符"的明确界定,可以减少实务中对于单据不符点的争议。另外,UCP600 要求单据内容必须在表面上具备所要求的单据的功能。

**5. 单据遗失风险承担**

UCP600 规定如果发送"单证相符"的单据给开证行的银行是一家被指定银行,而单据在途中遗失,那么开证行有责任付款,前提是单据以信用证规定的方式寄送,即当信用证规定为挂号邮寄时,单据也要按照那种方式寄送,而不是通过快递公司。如果信用证没有规定寄送单据的方式则指定行可以选择寄送单据的方式,风险仍由保兑行或者开证行承担,而不是受益人或指定行承担。

**6. 受益人和申请人地址之处理**

UCP600 规定除信用证中规定的运输单据中的收货人或被通知方必须完全一致外,其他地方出现的受益人和申请人地址不需要一致(必须在同一个国家),电话、电传等详细联系资料银行不予理会,这些规定有望减少实务中的此类纠纷。

**7. 其他新规定**

UCP600 其他变化有：第 28 条规定，保险单可以显示任何除外条款；第 38 条规定转让信用证的第二受益人的交单必须经过转让行；增加了议付(Negotiation)/兑付(Honour)等重要定义；删除了可撤销信用证和货代提单等过时规定；海运提单和多联式运单条款有细微调整等。

## 九、企业选择信用证时应考虑的问题

### （一）从付款时间上考虑

出口方应选择即期信用证，以便及时安全收汇；而进口方则应尽量选择远期信用证，以便延期付款或获得融资。

### （二）从有无汇票上考虑

出口方应选择有汇票的信用证，因为在即期付款信用证项下，虽然有无汇票在付款时间上是没有区别的，但出口方也不能利用汇票贴现获得融资；而进口方也不能利用汇票的不符点拒付，受益人在单据之外又多了票据上的付款保护。在远期信用证项下，如有汇票，在开证行或付款行承兑后，信用证的付款责任就上升为票据上的无条件付款承诺，因而即使出现欺诈等贸易纠纷，银行也不能推卸其付款责任，同时，承诺后的汇票受益人还可以随时在被指定隐含进行贴现或根据市场利率调整而获得融资。

### （三）从有无偿付行以及是否允许电索的角度考虑

出口方应要求有偿付行或允许电索，一旦出口方从偿付行索偿成功，就掌握了主动权，非实质性的不符点通常不会遭到拒付，因为如果拒付，就意味着开证行需向受益人或指定银行追索所付款项。

### （四）从有无指定银行的角度考虑

出口方应选择带有指定银行的信用证，其原因为如指定银行为当地一家银行，可及时交单及时收汇；一旦指定银行付款后，就成为单据的善意第三方，这对指定银行权益的保护相当于对受益人的保护，因而对出口方较为有利。

### （五）从是否加具保兑的角度来考虑

如开证行资信良好、国家政策稳定的话，则无须加具保兑。一方面这样可以减少保兑费用，另一方面由于保兑行未收取押金，但须承担风险，所以为防止向开证行交单后被拒付，对单据往往会比较挑剔。

综上所述，在对外贸易中，如选择信用证作为结算方式，应慎重选择付款方式，确保安全及时收汇。

## 十、合同中的信用证结算条款

### (一)即期信用证支付条款

"买方应通过卖方可接受的银行于装运月份前××天开立并送达卖方不可撤销的即期信用证,有效期至装运月份后 15 天在中国议付。"(The Buyer shall open through a bank acceptable to the Seller an Irrevocable Sight Letter of Credit to reach the Seller ×× days before the month of shipment, valid for negotiation in China until the 15th day after the month of shipment.)

### (二)远期信用证支付条款

"买方应通过卖方可接受的银行于装运月份前 45 天开立并送达卖方不可撤销的见票后 30 天付款的信用证,有效期至装运月份后 15 天在中国议付。"(The Buyer shall open through a bank acceptable to the Seller an Irrevocable Letter of Credit at 30 days' sight to reach the Seller 45 days before the month of shipment, valid for negotiation in China until the 15th day after the month of shipment.)

# 任务四　银行保函、国际保理和福费廷业务

## 一、银行保函

### (一)银行保函的含义

保函(Letter of Guarantee,简称 L/G)又称"保证书",是指银行、保险公司、担保公司或个人(保证人)应申请人的请求,向第三方(受益人)开立的一种书面信用担保凭证,保证在对受益人负有首要责任的申请人违约或失误时对债务负责。

从上面的定义可以看出保函具有下列性质:

**1.有条件保函保证人的付款责任是第二性的**

在使用保函时,通常受益人(债权人)应该先向申请人(债务人)请求付款,只有在债务人不付时,才可利用保函要求保证人付款。因此,在理论上,保证人的付款责任是第二性的。

使用信用证则不同,信用证一旦开出,开证行就负有首要的付款责任,受益人应该向开证行请求付款,而不是向申请人交单。因此,开证行负有第一性的付款责任。

**2.只有在违约情况发生时才能支付**

信用证用于完成买卖合同下的支付。正常情况下,信用证项下的支付是一定会发生的。保函与信用证正好相反,只有在申请人违约时(如申请人既未履约也未按约定赔款),受益人

才会在保函下索偿。因此,保函的支付不一定发生。

**3. 开立保函只是为了提供信用担保**

保证人是出于对申请人履约能力的信任才开立保函,其目的不是为了赔款,而是为了提供信用保证。因此,一般不要求申请人交付押金,而只是要求质押或提供反担保。

## (二)保函的主要当事人

### 1. 申请人(Principal)

申请人又叫"委托人",即要求银行开立保函的一方。根据他与保函受益人之间的合同,他必须如约履行合同义务,否则将由保证人进行付款。对于申请人来说,保函的索偿条件应该能防止受益人在条件不成立的情况下支取款项。

### 2. 受益人(Creditor)

受益人即为收到保证书并凭以向银行索偿的一方。根据他与申请人之间的合同,在申请人未履行合同义务时,受益人可以通过保函取得款项。对受益人来说,保函应该能保证他的这种取款的权利,即使申请人反对,他仍能收款。

### 3. 保证人(Guarantor)

保证人也称"担保人",是保函的开立人。保证人根据申请人的要求,并在申请人提供一定担保的条件下向受益人开具保函。根据保函,只要其中的付款条件成立,保证人就应该向受益人付款。对保证人来说,开立保函只是向申请人提供了自己的信用,往往只收取千分之几的手续费。为了避免把自己卷入申请人与受益人的合同纠纷,保函的索偿条件应该能使保证人自行判断付款的条件是否成立。

### 4. 传递行(The Transmitting Bank)

传递行即根据开立保函的银行的要求,将保函传递给受益人的银行。一般情况下,传递行只负责核对保函的印鉴或密押,而不负经济责任。

### 5. 保兑行(The Confirming Bank)

保兑行即在保函上加以保兑的银行。保兑行只在保证人不按保函规定履行付款义务时才向受益人赔付。受益人可以得到双重担保。

### 6. 转开行(The Reissuing Bank)

转开行即指接受担保银行的要求,向受益人开出保函的银行。这种保函发生赔付时,受益人只能向转开行要求赔付。

上述当事人中,申请人、受益人、保证人是一份保函的基本当事人。

## (三)保函的内容

银行保函并无统一格式,其主要内容如下:

### 1. 有关当事人

保函中应列出主要当事人,即申请人、受益人、保证人的完整名称和详细地址,其中保证人的地址尤为重要,因为,保函通常是受开立地的法律所约束的。

**2. 责任条款**

保证人所应承担的责任,是银行保函的主体。保证人向受益人所承担的责任以保证书内所列的条款为限。

**3. 担保金额**

担保金额是保证人的责任限度,通常就是受益人的索偿金额。除保函中另有声明外,其担保金额不因合同被部分履行而减少。

**4. 有效期限**

除非保函中有特别声明,保函的到期日是指受益人索偿要求送达保证人的最后期限。一般来说,有效期已过,保证人的责任就解除了。如果受益人提出索赔,应在保函所规定的有效期之前,以书面形式将索偿要求送达保证人。保证人收到后,应立即将索偿内容及收到所有证件通知申请人,不得延误。

**5. 索偿条件**

只有在合同一方未履约或违反合同规定时,另一方才能利用保函取款。保证人如何认定申请人违约,什么情况下保证人可以向受益人付款,均由索偿条件决定。索偿条件直接关系到申请人和受益人的权益,各方均须慎重考虑。

对保函的索偿条件究竟如何确定,目前意见不一。一种意见认为,受益人索偿时,保证人有权调查事实以决定是否付款。对于保证人有利之处,不必马上付款;对于不利之处,易被卷入合同纠纷。另一种意见认为,索偿条件应限于规定提交的单据。例如,可规定受益人须提供保函申请人签发的某种证明。对于保证人来说,只须审核证明是否符合保函规定,相当方便;对于申请人来说,只要他不出证明,受益人就无法取款,也非常有利;但对受益人非常不利。索偿条件也可规定,受益人凭他自己签发的证明要求申请人违约的凭证进行索偿。这无疑对受益非常有利,但万一受益人作假证明,申请人可以诉诸法庭,追回款项。目前,多数保函都采用这种索偿条件。

2010年7月1日生效的《见索即付保函统一规则》(URDG758)第2条对通知方(Advisting Party)、受益人(Beneficiary)、申请人(Applicant)、相符索偿(Complying Demand)、相符交单(Complying Presentation)、担保人(Guarantor)、反担保人(Coconter-guarantor)、交单人(Presenter)等相关概念作出了明确的定义。

### (四)保函主要的种类

保函在实际业务中的使用范围非常广泛,它不仅使用于货物买卖,还广泛应用于国际工程承包、招标投标、国际借贷等等。下面介绍一些常见的类型。

**1. 投标保函(Tender Guarantee)**

投标保函是指在国际投标时,银行、保险公司或其他当事人(保证人)应招标人(受益人)承诺,如果投标人(申请人)中标而不签约,保证人将在规定的金额限度内向招标人付款。投标保函主要是担保投标人在开标前不撤销投标或片面修改投标条件,中标后要保证签约和交履约金。保函金额一般为投标金额的1%～5%。

**2. 履约保函(Performance Guarantee)**

履约保函是指保证人承诺在申请人(可以是承包商、中标人、出口商、进口商)不履行他与受益人(业主、招标人、进口商、出口商)签订的合同时,由保证人负责在规定的金额限度内向受益人付款;或者,如果保函规定保证人有选择权,保证人亦可采取措施履行合同。保函金额一般为合同金额的10%～15%。

履约保函的适用范围很广,除用于工程承包、招标投标外,还可用于国际贸易。保证人应出口商的申请开立以进口商为受益人的出口履约保函,规定如果出口商未能按期交货,银行负责赔偿进口商的损失。保证人应进口商的要求开立以出口商为受益人的进口履约保函,规定如果出口商按约交货,进口商不能按期付款时,由保证人负责偿还。

**3. 退款保函(Guarantee for Refund of Advance Payments)**

招标人签订合同后,一般要向中标人支付一定金额的定金,银行向招标人(或业主、买方)担保。如果中标人(或承包商、卖方)未能履行商务合同中规定的义务时,则银行负责向其偿还已经预付的款项和利息,但以保函金额为限。

**4. 借款保函(Loan Guarantee)**

借款保函是指在国际借贷活动中,银行应借款方的要求而向贷款方出具的本息还款担保。保函金额仅限于本金和利息,不包括其他任何费用(如佣金、诉讼费等)。

保函种类众多,除以上4类,还包括质量维修保函、保留金保函、关税保付保函、透支保函、付款保函、延期付款保函、提单保函、补偿贸易保函、汇票保函等。

### (五)备用信用证与银行保函的主要区别

备用信用证方式下,银行负第一性付款责任,而银行保函方式下,银行付第二性付款责任。备用信用证的付款依据是按规定提供某项凭证,同被保证人与受益人的契约无关;而银行保函的付款依据则是某项契约或诺言是否已经履行,往往涉及契约的履行争议等。

## 二、国际保理

### (一)国际保理的定义

国际保理是指供应商与保理商之间存在的一种契约关系。根据该契约,供应商将其现在或将来的、基于其与买方(债务人)订立的货物销售或服务合同所产生的应收账款转让给保理商,由保理商为其提供下列服务中的至少两项:贸易融资、销售分户账管理、应收账款的催收、信用风险控制与坏账担保。

### (二)国际保理的业务流程

从国际保理关系人来看,国际保理分为单保理(Single Factoring)和双保理(Two-Factor

International Factoring),前者涉及出口商、进口商和进口保理商(Import Factor)等三方当事人;后者涉及出口商、出口保理商(Export Factor)、进口商和进口保理商四方当事人。双保理具体业务流程如下:

其一,出口商向出口保理商提交出口保理业务申请书。

其二,出口保理商通知进口保理商初步信用额度评估恢复情况(进口保理商不予核批信用额度除外)。

其三,出口保理商通知信用额度核准情况,通常提交《出口保理信用额度核准通知书》。

其四,出口商与出口保理商签订出口保理业务协议。

其五,出口商与进口商签订出口货物销售合同。

其六,货物出口后,出口商按出口保理商的指示提交和寄送全套商业单据。

其七,出口商向出口保理商申请融资,提交出口保理融资申请书、债权转让通知书、商业发票(注明出口保理商要求的转让条款)、提单副本等;即使不融资,也需向出口保理商提交商业发票、提单副本等单据。

其八,到期付款时,进口商向进口保理商支付,进口保理商向出口保理商支付,出口保理商向出口商支付(扣除融资款)。

## 三、福费廷

### (一)福费廷的定义

福费廷(Forfaiting),或称为"无追索权的融资",是指在延期付款的大宗贸易交易中,出口商把经进口商或进口商银行承兑的,并按不同的定期利息计息的,通常由进口商所在银行开具远期信用证(开证银行根据申请人的要求和指示,向受益人开立的具有一定金额,在一定期限内凭规定的单据,在指定的地点付款的书面保证文件;它是独立文件,不依附于贸易合同),无追索权地售予出口商所在银行或大金融公司的一种资金融通方式。它是一种为出口商贴现已经承兑的、通常由进口商方面的银行担保的远期票据服务,属票据融资。通过以无追索权的方式买断出口商的远期债权,融资银行或大金融公司对已经进行信用证开证银行承兑的远期汇票向信用证受益人(出口商)提供票据贴现,这样出口商能够立即回笼资金,使出口商在获得出口融资的同时,消除了出口商因远期收汇风险及汇率和利率的变动带来潜在风险。在国内也将这种方式称为"包买票据业务",融资商通常被称为"包买商"。

### (二)福费廷业务的主要特点

其一,福费廷业务中的远期票据产生于销售货物或提供技术服务的正当贸易,包括一般贸易和技术贸易。

其二,福费廷业务中的出口商必须放弃对所出售债权凭证的一切权利,做包买票据后,将收取债款的权利、风险和责任转嫁给包买商,而银行作为包买商也必须放弃对出口商的追索权。

其三,出口商在背书转让债权凭证的票据时均加注"无追索权"字样(Without Recourse),从而将收取债款的权利、风险和责任转嫁给包买商,包买商对出口商、背书人无追索权。

其四,福费廷业务融资期限可以是短期或长期,按照票据的期限一般在1~5年,属中期贸易融资,但随着福费廷业务的发展,其融资期限扩充到1个月至10年不等,时间跨度很大。

其五,传统的福费廷业务属批发性融资工具,是100%合同金额的融资,融资金额为10万美金至2亿美金,可融资币种为主要贸易货币。

其六,包买商为出口商承做的福费廷业务,大多需要进口商的银行做担保,没有官方出口信贷担保机构或私人保险公司的担保或保险。

其七,固定利率融资。

其八,出口商支付承担费(Commitment Fee),在承担期内,因为包买商对该项交易承担了融资责任而相应限制了他承做其他交易的能力,同时承担了利率和汇价风险,所以要收取一定的费用。

福费廷作为一种新型的融资工具,尤其是在大宗贸易和开拓向高风险国家的出口业务中,不仅可使出口商获得出口融资,而且消除了出口商远期收汇风险及汇率和利率风险。近几年来,这种新型融资工具已在欧美及亚太地区的国际贸易中得到了广泛使用。了解和掌握这种新融资工具,有利于扩大融资渠道,合理规避汇率和利率风险,推动企业对外融资和扩大产品出口。

### (三)福费廷业务的一般流程

福费廷业务有别于其他支付方式,其一般工作原理如下(见图10-8)。

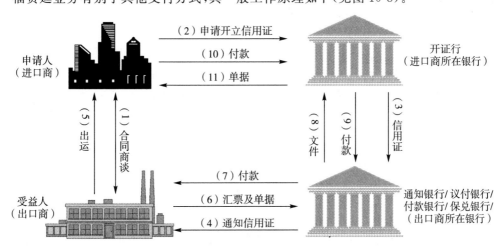

图10-8 福费廷业务中信用证操作流程

主要操作步骤为:出口商(收益人)与进口商(申请人)商谈签订贸易合同;进口商(申请人)向所在银行(开证银行)申请向收益人(出口商)开立远期信用证;出口商(收益人)所在银

行收到远期信用证并通知信用证收益人;出口商(收益人)安排货物出运并向银行交单;出口商(收益人)将远期信用证无追索权地售予出口商所在银行;出口商可按商定的时间获得资金,不必等到信用证到期。

## 四、各种支付方式的结合使用

选择和运用各种不同的支付方式,应在贯彻我国外贸方针政策的前提下,从保障外汇资金安全、加速资金周转、扩大贸易往来等因素来考虑,在认真研究国际市场各种惯用的支付方式的基础上,灵活地加以运用。在实践中,有时为了促进交易,在双方未能就某种支付方式达成协议时,也可以采用两种或多种方式结合使用的方式。

### (一)信用证与汇付相结合

信用证与汇付相结合是指部分货款凭信用证支付,余款用汇付方式结算。

### (二)信用证与托收相结合

信用证规定出口人开立两张汇票,属于信用证部分的货款凭光票付款,而全套单据附在托收项下,按即期或远期付款交单方式托收。

### (三)托收与备用信用证或银行保函相结合

出口人在收到符合合同规定的备用信用证或银行保函后,就可凭光票与声明书向银行收回货款。

### (四)汇付、托收和信用证相结合

在成套设备、大型机械产品和交通工具的交易中,因为成交金额较大,产品生产周期较长,一般采用按工程进度和交货进度分若干期付清货款,即分期付款和延期付款方式。采用此类付款方式时,往往将汇付、托收和信用证付款方式结合使用。

**1.分期付款**

买卖双方在合同中规定,在产品投产前,买方可采用汇付方式,先交部分货款作为订金,卖方在买方付出订金前,应向买方提供出口许可证复印件或银行开具的保函。除订金外,其余货款可按不同阶段分期支付,买方开来不可撤销信用证,即期付款。但最后一笔货款,一般是在交货或卖方承担质量保证期满时付清。货物所有权则在付清最后一笔货款时转移。在分期付款的条件下,货款在交货时付清或基本付清。因此,按分期付款条件所签订的合同是一种即期合同。

**2.延期付款**

在成套设备和大宗交易的情况下,由于成交金额较大,买方一时难以付清全部货款,所以可采用延期付款的办法。做法是:买卖双方签订合同后,买方一般要预付部分货款作为订金,大部分货款是在交货后若干年内分期摊还,即采用远期信用证支付。

**3.分期付款和延期付款的区别**

(1)货款清偿程度不同。采用分期付款,其货款是在交货时付清或基本付清;而采用延期付款时,大部分货款是在交货后一个相当长的时间内分期摊还。

(2)所有权转移时间不同。采用分期付款时,只要付清最后一笔货款,货物所有权即行转移;而采用延期付款时,货物所有权一般在交货时转移。

(3)支付利息费用不同。采用分期付款时,买方没有利用卖方资金,因而,不存在利息问题;而采用延期付款时,由于买方利用卖方的资金,所以买方需向卖方支付利息。

延期付款是买方利用外资的一种形式,一般货价较高。因此,在延期付款条件签订合同时,应结合利息、费用和价格等因素进行考虑,权衡得失,然后作出选择。

# 任务五　出口信用保险

## 一、中国出口信用保险公司

中国出口信用保险公司(简称"中国信保")是由国家出资设立、支持中国对外经济贸易发展与合作、具有独立法人地位的国有政策性保险公司。该公司于2001年12月18日成立,目前已形成覆盖全国的服务网络。公司的经营宗旨是:"通过为对外贸易和对外投资合作提供保险等服务,促进对外经济贸易发展,重点支持货物、技术和服务等出口,特别是高科技、附加值大的机电产品等资本性货物出口,促进经济增长、就业与国际收支平衡"。

中国信保的业务范围包括:中长期出口信用保险业务;海外投资保险业务;短期出口信用保险业务;国内信用保险业务;与出口信用保险相关的信用担保业务和再保险业务;应收账款管理、商账追收等出口信用保险服务及信息咨询业务;进口信用保险业务;保险资金运用业务;经批准的其他业务。

出口信用保险对我国外经贸的支持作用日益显现。在国际金融危机期间,出口信用保险充分发挥了稳定外需、促进出口成交的杠杆作用,帮助广大外经贸企业破解了"有单不敢接"、"有单无力接"的难题,在"抢订单、保市场"方面发挥了重要作用。截至2012年末,中国信保累计支持的国内外贸易和投资的规模约1万亿美元,为上万家出口企业提供了出口信用保险服务,为数百个中长期项目提供了保险支持,包括高科技出口项目、大型机电产品和成套设备出口项目、大型对外工程承包项目等,累计向企业支付赔款43.4亿美元。

## 二、主要产品

### (一)短期出口信用保险

**1.短期出口信用保险简介**

(1)一般情况下保障信用期限在1年以内的出口收汇风险。

(2)适用于出口企业以信用证(L/C)、付款交单(D/P)、承兑交单(D/A)、赊销(OA)等结算方式自中国出口或转口的贸易,以及银行在出口贸易项下受让的应收账款或未到期债权。

短期出口信用保险又分为:综合保险、统保保险、信用证保险、特定买方保险、买方违约保险和特定合同保险。

**2. 承保风险**

(1)商业风险。指买方破产或无力偿付债务;买方拖欠货款;买方拒绝接受货物;开证行破产、停业或被接管;单证相符、单单相符时开证行拖欠或在远期信用项下拒绝承兑。

(2)政治风险。指买方或开证行所在国家、地区禁止或限制买方或开证行向被保险人支付货款或信用证款项;禁止买方购买的货物进口或撤销已颁布发给买方的进口许可证;发生战争、内战或者暴乱,导致买方无法履行合同或开证行不能履行信用证项下的付款义务;买方或开证行付款须经过的第三国颁布延期付款令。

**3. 损失赔偿比例**

(1)政治风险所造成损失的最高赔偿比例为90%。

(2)破产、无力偿付债务、拖欠等其他商业风险所造成损失的最高赔偿比例为90%。

(3)买方拒收货物所造成损失的最高赔偿比例为80%。

(4)出口信用保险(福费廷)保险单下的最高参与比例可以达到100%。

## (二)中长期出口信用保险

**1. 中长期出口信用保险的含义**

中长期出口信用保险旨在鼓励我国出口企业积极参与国际竞争,特别是高科技、高附加值的机电产品和成套设备等资本性货物的出口以及海外工程承包项目,支持银行等金融机构为出口贸易提供信贷融资。中长期出口信用保险通过承担保单列明的商业风险和政治风险,使被保险人得以有效规避出口企业收回延期付款的风险以及融资机构收回贷款本金和利息的风险。

**2. 中长期出口信用保险的特点**

(1)保本经营为原则,不以盈利为目的;

(2)政策性业务,受国家财政支持。

**3. 中长期出口信用保险的作用**

(1)转移收汇风险,避免巨额损失;

(2)提升信用等级,为出口商或进口商提供融资便利;

(3)灵活贸易支付方式,增加成交机会;

(4)拓宽信用调查和风险鉴别渠道,增强抗风险能力。

中长期出口信用保险分为:出口买方信贷保险、出口卖方信贷保险和再融资保险等。

## 三、短期出口信用保险投保操作流程

出口企业向出口信用保险公司投保出口信用保险的流程基本相同。下面以短期出口信用保险综合险为例,简要介绍出口企业投保的基本流程(如图10-9)。

## (一)投保

**1. 出口业务分析**

当出口企业有意向投保时,出口信用保险公司将会向出口企业积极推介业务,同时,调查了解出口企业的出口历史、出口规模、出口产品结构和国别地区分布、与主要海外买方的交易历史以及出口信用保险需求等信息,帮助出口企业分析其出口业务所面临的风险,有针对性地提出风险管理建议。

**2. 产品选择**

出口信用保险公司根据出口企业的出口结构和所面临的风险状况,向出口企业提出风险规避建议,并帮助出口企业选择最合适的出口信用保险产品和承保方案。

**3. 填写《投保单》**

出口企业同出口信用保险公司初步达成投保意向后,出口信用保险公司的客户经理会指导出口企业填写《投保单》。

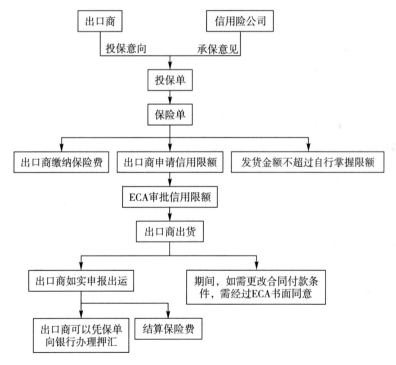

图10-9 短期出口信用保险投保流程

## (二)制定保险方案

出口信用保险公司在收到出口企业提交的《投保单》后,根据《投保单》所载投保条件,即为投保企业制定承保方案,承保方案的具体条件体现在《保险单明细表》中。《保险单明细表》的主要内容包括：适保范围、赔偿比例、最高赔偿限额、保险费率、申报方式、保单批注和争议解决方式等等。

### (三)出具保险单

出口信用保险公司对出口企业所投保风险进行全面评估，为每一投保企业厘定费率并制定保险方案之后，即可签发保险单。出口信用保险公司签发保险单后，会将《保单明细表》、《费率表》、《国家(地区)分类表》、《买方信用限额申请表》、《信用限额审批单》和《出口申报单》等单证提供给投保的出口企业。

### (四)保单续转和保单终止

短期出口信用保险保险单有效期一般为一年，保险单有效期届满时可自动续转。保险单有效期到期前一个月，出口信用保险公司会对保险单有效期内的保单执行情况进行总结评估，从被保险人的履约率、投保率、风险集中度、限额批复率、限额使用率、可能损失率、未了责任金额、赔付率等多个角度对保单承保情况进行回顾，并按照续转保险单的费率测算模型，重新测算续转保险单的适用费率，调整承保条件。如果被保险人对调整结果无异议，则保险单在本期届满时将依新的承保条件续转，有效期为一年。

在保险单有效期到期时，出口信用保险公司或被保险人任一方有意终止保险单，均应提前通知对方解除保险合同。保险单终止并不影响终止日前出口信用保险公司按照保险单条款规定已承担的保险责任。

被保险人在保险单有效期内有权单方面解除保险单。被保险人严重拖欠保费或在履行其规定义务方面有严重过错甚至有欺诈行为时，出口信用保险公司有权解除或撤销保险单。如果保险单由于被保险人的原因解除，并不影响出口信用保险公司按保险单条款规定承担保险责任，出口信用保险公司已收保险费不予退还；但保险单因被保险人欺诈被撤销或解除，出口信用保险公司在该保险单项下的所有保险责任亦全部终止，已收保险费也不予退还。

### (五)申请信用限额

信用限额是出口信用保险公司对被保险人向某一买方/银行以特定付款方式出口项下的信用风险承担赔偿责任的最高限额。信用限额包含支付条件、金额和生效时间三个基本要素，有时还需规定特别限制条件，如赔偿比例、有效期等。

与其他商业保险不同，短期出口信用保险所承担的最高保险责任并不是实际出口金额，而是以信用限额为最高赔偿责任额。当实际损失金额小于有效信用限额时，保险赔偿责任＝损失金额×保险单规定的赔偿比例；当实际损失金额大于或等于有效信用限额时，保险赔偿责任＝有效信用限额×保险单规定的赔偿比例。

### (六)限额审批

出口信用保险公司收到被保险人提交的信用限额申请后，将对买方/银行所在国家(地区)政治风险进行分析,然后在资信调查的基础上分别对买方/银行商业风险作出评估,如符合条件,将在总限额余额范围内审批买方信用限额。

### (七)出运申报与保费缴纳

出口申报是保险公司在保单适保范围内对被保险人的每一笔出口承担保险责任并计收保险费的依据,也是被保险人应尽的义务之一。被保险人在出口申报时应尽量做到完整(单据要素填写完整)、真实(有实际出运,与各相关出运单据相符)和及时。

被保险人应按照《保单明细表》规定的时限要求填写《出口申报单》,向保险公司进行出运申报。《出口申报单》一般包括被保险人名称、保险单号、买方代码、合同付款条件、运输方式、出运日期、应付款日、商品名称(中文)、商品类别代码(海关)、发票号码、货币名称和发票总值等内容。

保险公司按发票金额剔除预付款(申报时需说明)和《保单明细表》列明的费率,计算保险费。

### (八)收汇确认及信用限额跟踪管理

为及时了解出运项下应收货款的风险状况,一些保险公司定时与被保险人核对收汇状况,进行收汇确认。保险公司一般以《收汇跟踪单》形式向被保险人征询收汇。

收汇确认所需信息,被保险人应及时填写并反馈。在开通电子商务平台的情况下,被保险人也可通过网络进行收汇确认工作。

收汇确认完成后,如发现剩余限额已不足安排继续出运,被保险人应及时向保险公司提出信用限额追加申请。追加信用限额的申请视同申请新限额,被保险人需要重新填写买方信用限额申请表,并提供该买家的收汇记录和其他有利于提升买家资信的相关材料。在提交追加申请时,应注意申请金额应是"希望增加到的金额",而非"希望增加的金额"。追加申请获批后,原限额即失效。

## 小 结

国际货款的收付,大多使用非现金结算,即采用各类金融票据来进行支付,应用于国际结算的金融票据主要有汇票、本票和支票。

国际货款收付的主要方式有汇付、托收和信用证。前二者属于商业信用,后者属于银行信用,重点掌握信用证业务的内容,福费廷等业务目前也在大量使用当中,尤其要引起关注。

汇付因其手续简单、费用低等优点而日益受到进出口商的青睐,尤其在发达国家之间越来越得到广泛应用,但在使用的时候要注意风险的防范。

出口信用保险目前也越来越受到进出口企业的青睐,尤其在促进出口和降低收款风险方面起到了积极的作用。

以下是一份企业真实的信用证,请对照课本内容,认真阅读与理解。

| STANDARD CHARTERED BANK(CHINA) LTD SHANGHAI BR,22F STANDARD CHARTERED TOWER,201 CENTURY AVENUE,PUDONG SHANGHAI 200120, CHINA | SWIFT:SCBLCNSXSHA<br>Tel:0086 21 38518000<br>Fax:400 6200 888<br><br>FOR BANK USE ONLY:<br>USER ID:JINYUAN SHI 1303238<br>RM:AGA |
|---|---|
| WONADA (HK) CO LIMITED<br>FLAT/RM 1005, 10/F WING YUE BLDG,<br>60-64 DES VOEUX RD, SHEUNG WAN,<br>HK.<br>TEL:1360569 ****<br>FAX:0551362 ****<br>437053D<br>OLD EXIM ID: | DATE:15 January 2009<br>OUR REF:00333-11-1749278－0<br>ISSUE DATE:14Jan09<br><br>For bank use only:<br>NOTEMS CUSTOMER<br>KYC COMPLETED－29/1/08<br>LC SAFEKEEPING |

| L/C NUMBER | ILC0796090600486 | L/C EXPIRY DATE: | 15 March 2009 |
|---|---|---|---|
| L/C AMOUNT | USD77,464.45 | | |
| ISSUING BANK | INTERNATIONAL FINANCE INVESTMENT BANGLADESH | | |
| APPLICANT | JIAMA GARMENTS LTD(TEX. DIV)156. SHANTINAGAR,DHAKA-1217 | | |

RE:NOTIFICATION OF DOCUMENTARY CREDIT ADVICE

We enclose the authenticated swift/telex advising the issue of the above referenced Letter of Credit.
This is solely an advice of credit opened by above mentioned correspondent bank and conveys no engagement on our part.
As per L/C terms, all bank charges are for beneficiary's account, please remit us the sum below quoting our reference number 00333-11-1749278-0
According to PBOC Decree 2/07, if you don't maintain account with our bank, copies of all the following identification documents must be provided at the first time you present export documents to our bank for collection:
- Annually reviewed Business License(已年检的营业执照)
- Enterprise Code(组织机构代码证)
- Tax Certificate(税务登记证)
- Legal Representative ID(法人代表身份证)

Please ensure that the copies are duly stamped and are within validity of expiry dates. The applied chop must be your official company chop(公章) or the same as that on export bill application form(客户交单联系单).
Without the above mentioned identification documents, we will not be able to process your transactions, and may return the documents without any responsibility on our part. You may choose to present export documents to our bank through your account opening bank, where the identification documents are not required.

Standard Chartered Bank (China) Limited will not be liable if it or another person involved in this transaction fails to perform the transaction or delays it or discloses information to a regulator or other authority as a result of sanctions regulation or their own policy, or for any action which may be taken or required by a regulator. If in doubt, before involving a suspected sanctioned party, or a party located in a sanctioned country you may contact Standard Chartered Bank (China) Limited for advice, which will be based on regulations and the bank's sanction policy at the time of enquiry. If we agree, the above provision will still apply. Examples of the involvement of a sanctioned party may include a trading party, buyer, supplier, consignee or notify party, bank, shipping company, agent, vessel, insurance company, assignee or transferee, presentation party, or place of origin, loading, transshipment, receipt, discharge or final destination of goods. Transshipment is prohibited through Iran, Cuba, North Korea, Sudanand Myanmar.

For L/Cs issued by swift MT700, MT710 or MT720, they are automatically subject to the 'Uniform Customs and Practice for Documentary Credit' in force unless L/Cs stipulated otherwise.

This advice is automatically generated from the computer, no signature is required.

Any queries please dial our below Customer Service Hot Line:
800 999 0213 or +86 755 2215 0988 (For overseas clients and mobile phone users)

----- Page Break ----- Our Reference: 00333-11-1749278-0 ISS 000

Sender: IFICBDDH001
INTERNATIONAL FINANCE INVESTMENT AND COMMERCE BANK LIMITED, JIAMA CHAMBER, 12S/A MOTIJHEEL COMMERCIAL AREA-DHAKA BANGLADESH

Message Type: MT700

| | | |
|---|---|---|
| 27 | SEQUENCE OF TOTAL | |
| | 1/1 | |
| 40A | FORM OF L/C(Y/N/T) | |
| | IRREVOCABLE | |
| 20 | DOCUMENT CREDIT NO | |
| | ILC0796090600486 | |
| 31C | DATE OF ISSUE | |
| | 090114 | |
| 40E | Apllicable Rules | |
| | UCP LATEST VERSION | |

31D DATE AND PLACE OF EXPIRE
090315CHINA

50 APPLICANT
JIAMA GARMENTS LTD. (TEX. DIV)
156,SHANTINAGAR,DHAKA-1217
FAC: ZARUN KONABARI, GAZIPUR
BANGLADESH.

59 BENEFICIARY
WONADA (HK) CO.,LIMITED,
FLAT/RM 1005,10/F,WING YUE BUILDING
60-64 DES VOEUX ROAD,SHEUNG WAN,
HONG KONG.

32B CURRENCY CODE,AMOUNT
USD77464,45

39B MAXIMUM CREDIT AMOUNT
NOT EXCEEDING

41D AVAILABLE WITH..BY
ANY BANK INCHINA
BY NEGOTIATION

42C DRAFTS AT
30 DAYS FROM THE DATE OF
NEGOTIATION.

42A DRAWEE
IFICBDDH001

43P PARTIAL SHIPMENT
ALLOWED

43T TRANSSHIPMENT
ALLOWED

44E PORT OF LOAD/AIR OF D
SHANGHAI,CHINA

44F PORT OF DISCHARGE/AIR OF
CHITTAGONG/DHAKA BY VESSEL/AIR.

44C LATEST DATE OF SHIPMENT
090228

45A DESCRIPTION OF GOODS FABRICS FOR 100 PCT EXPORT ORIENTED READYMADE

GARMENTS STANDARD

EXPORT PACKING AS PER DETAILS AND SPECIFICATION OF BENEFICIARY'S PROFORMA INVOICE NO. PI-08506A DTD 13.01.2009.

46A  DOCUMENTS REQUIRED

1) SIGNED INVOICES IN OCTUPLICATE CERTIFYING MERCHANDISE TO BE OF CHINA ORIGIN. BANGLADESH BANK PERMISSION NO. ECP. COM. 241/A-3050 DTD 05.12.1982 AND EXPORT CONTRACT NO. WMC/FALL-09 NO. 075-2009 DTD 12.01.09, LCA NO. IFICB/ID-68217, IRC NO. BA-51796 AND H. S. CODE NO. 5208.11.00 TO 5209.59.00 MUST APPEAR ON THE INVOICES.

2) FULL SET(S) CLEAN "SHIPPED ON BOARD" OCEAN BILL OF LADING ISSUED OR ENDORSED TO THE ORDER OF IFIC BANK LTD. MOTIJHEEL BRANCH, 125/A, MOTIJHEEL C/A., DHAKA, BANGLADESH SHOWING "FREIGHT PREPAID" AND MARKED NOTIFY APPLICANT.

3) IN CASE OF AIR SHIPMENT:
DULY SIGNED AIRWAY BILL MENTIONING FLIGHT NUMBER DATE AND L/C NO. CONSIGNED TO IFIC BANK LTD. MOTIJHEEL BRANCH, 125/A, MOTIJHEEL C/A, DHAKA, BANGLADESH SHOWING "FREIGHT PREPAID" AND MARKED NOTIFY APPLICANT.

4) PACKING LIST, WEIGHT LIST AND MEASUREMENT LIST IN QUADRUPLICATE. IN PACKING LIST MUST BE MENTIONED CARTON/BALE/PALLET/ROLL ETC NUMBER WITH QUANTITY.

5) CERTIFICATE OF ORIGIN IN DUPLICATE FROM CHAMBER OF COMMERCE OR BY BENEFICIARY ALSO ACCEPTABLE.

6) BENEFICIARY MUST DESPATCH ONE SET OF NON-NEGOTIABLE COPY DOCUMENTS TO APPLICANT BY DHL OR BY ANY COURIER SERVICES WITHIN 5 DAYS OF SHIPMENT/DESPATCH AND RECEIPT OF THE SAME MUST ACCOMPANY THE DOCUMENTS PRESENTED FOR NEGOTIATION.

7) PRE-SHIPMENT INSPECTION CERTIFICATE TO BE ISSUED BY SGS OR LOYDS OR BY BENEFICIARY MUST ACCOMPANY THE DOCUMENTS PRESENTED FOR NEGOTIATION.

8) INSURANCE COVERED BY APPLICANT. BENEFICIARY MUST ADVISE DETAILS WITHIN 7 DAYS OF SHIPMENT TO CENTRAL INSURANCE CO. LTD. UTTARA BANK BHABAN(13$^{TH}$ FLOOR) MOTIJHEEL C/A, DHAKA BANGLADESH SHOWING L/C NO DATE OF SHIPMENT/DESPATCH, NAME OF VESSEL/AIRLINES, INSURANCE POLICY NO. CIC/MLB/MC-350/11/2008(OPEN) BILL OF LADING WITHIN DATE QUANTITY

OF GOODS SHIPPED/DESPATCHED. A COPY OF SUCH ADVICE SHOULD ACCOMPANY THE DOCUMENTS.

47A   ADDITIONAL CONDITIONS

+L/C NO. LCA NO. AND H. S. CODE NO. MUST BE MENTIONED IN ALL SHIPPING
DOCUMENTS.

+IN CASE OF DISCREPANT DOCUMENT MATURITY OF THE BILL WILL BE COUNTED FROM THE DATE OF ACCEPTANCE OF DISCREPANT DOCUMENT FROM PROCEEDS.

+DISCREPANT DOCUMENTS HANDLING AND CABLE CHARGES OF USD80.00 WILL BE DEDUCTED FROM EACH SET OF DISCREPANT DOCUMENT FROM PROCEEDS.

+GOODS TO BE PACKED IN STANDARD SEAWORTHY/AIRWORTHY EXPORT PACKING.

+BENEFICIARY MUST CERTIFY ON INVOICE THAT THEY HAVE NO LOCAL AGENT INBANGLADESH AND QUOTED PRICE IS EXCLUSIVE OF ANY COMMISSION PAYABLE TO ANY CONCERN INBANGLADESH.

+B/L MUST QUOTE GROSS WEIGHT AND MEASUREMENT.

+SHIPMENT/DESPATCH BY ISRAELI FLAG VESSEL/AIRLINES PROHIBITED AND TRANSHIPMENT ON ISRAELI PORT/AIR PROHIBITED AND A CERTIFICATE MUST ACCOMPANY THE SHIPPING DOCUMENTS.

+THIRD PARTY SHIPPER DOCUMENTSNOT ACCEPTABLE.

+BENEFICIARY MUST CERTIFY ON INVOICE THAT QUANTITY,QUALITY,RATE PACKING,MARKING,SPECIFICATION AND ALL OTHER DETAILS ARE STRICTLY IN ACCORDANCE WITH THE PROFORMA INVOICE.

+BILL OF LADING/HOUSE AIRWAY BILL ISSUED BY FREIGHT FORWARDER NOT ACCEPTABLE.

+AIRWAY BILL MUST INDICATE FLIGHT NO. DATE,GROSS WEIGHT AND MEASUREMENT OF EACH PACKAGE.

+PAYMENT UNDER THIS CREDIT IS AVAILABLE TO THE BENEFICIARY BY THEIR DRAFTS QUOTING DC NO. ILC07960906000486 AND AD REF. NO.079609060030 AT 30 DAYS SIGHT TO BE CALCULATED FROM THE DATE OF NEGOTIATION DRAFT DRAWN ON OURSELVES ACCOUNT APPLICANT.

+WE HEREBY ENGAGE THAT PAYMENT WILL BE DULY MADE AGAINST DOCUMENTS DRAWN ON CONFORMITY WITH TERMS OF THE CREDIT.

+THE CREDIT IS SUBJECT TO UCPDC(2007 REVISIONS) ICC PUBLICATION

NO. 600.

PLEASE MUST QOUTE OUR DOCUMENTARY CREDIT NUMBER ILC0796090600486 AND AD REFERENCE NUMBER079609060030 IN ALL DOCUMENTS.

71B　CHARGES

ALL FOREIGN BANK CHARGES ARE FOR THE ACCOUNT OF THE BENEFICIARY

48　PERIOD FOR PRESENTATION

DOCUMENTS MUST BE PRESENTED WITHIN 15 DAYS FROM SHIPPING DOCUMENT DATE AND WITHIN THE VALIDITY OF THE L/C

49　CONFIRMATION INSTRUCTION

WITHOUT

78　INSTR TO PAY/ACCEP/NEG BANK

I)UPON RECEIPT OF CREDIT COMPLIED DOCUMENTS AT OUR COUNTER WE SHALL TELE TRANSFER DRAFT VALUE AT MATURITY AS PER YOUR INSTRUCTION.

II)AMOUNT OF NEGOTIATED DRAFTS MUST BE ENDORSED ON REVERSE SIDE OF ORIGINAL L/C.

III)PLEASE DESPATCH ORIGINAL DOCUMENTS TO IFIC BANK LTD. MOTIJHEEL BR. 125/A,MOTIJHEEL C/A. ,DHAKA,BANGLADESH QUOTING OUR L/C NUMBER BY DHL WITHIN 48 HOURS OF NEGOTIATION.

IV)DOCUMENTS CONTAINING ANY DISCREPANCY MUST NOT BE NEGOTIATED EVEN AGAINST GUARANTEE OR UNDER RESERVE WITHOUT OUR PRIOR APPROVAL BUT MAY BE SENT ON COLLECTION BASIS.

===== End of Message =====

Our Reference：00333-11-1749278-0 ISS 000

渣打银行(中国)有限公司上海分行
信用证通知专用章

For Standard Chartered Bank(China) Limited

STANDARD CHARTERED BANK (CHINA) LTD
SHANGHAI BR,22F STANDARD CHARTERED TOWER,201 CENTURY AVENUE,PUDONG
SHANGHAI 200120，CHINA

-------------------------------------

Authorized Signature

## 思考训练

**一、单项选择题**

1. 国际贸易中使用的票据主要有汇票、本票和支票,其中(　　)使用最多。
   A. 汇票　　　　　　B. 本票　　　　　　C. 支票　　　　　　D. 汇票和本票

2. 国际货物买卖使用托收方式支付,委托并通过银行收取货款,使用的汇票是(　　)。
   A. 商业汇票,属于商业信用　　　　　　B. 银行汇票,属于银行信用
   C. 商业汇票,属于银行信用　　　　　　D. 银行汇票,属于商业信用

3. 根据《跟单信用证统一惯例》(UCP600),除非信用证另有规定,商业发票的签发人必须是(　　)。
   A. 开证申请人　　　B. 受益人　　　　　C. 开证行　　　　　D. 合同的卖方

4. 汇票根据(　　)不同,分为银行汇票和商业汇票。
   A. 出票人　　　　　B. 付款人　　　　　C. 受款人　　　　　D. 承兑

5. 属于顺汇方法的支付方式是(　　)。
   A. 汇付　　　　　　B. 托收　　　　　　C. 信用证　　　　　D. 银行保函

6. 在汇付方式中,能为收款人提供融资便利的方式是(　　)。
   A. 信汇　　　　　　B. 票汇　　　　　　C. 电汇　　　　　　D. 远期汇款

7. 信用证和货物合同的关系是(　　)。
   A. 信用证是货物合同的一部分　　　　　B. 货物合同是信用证的一部分
   C. 信用证从属于货物合同　　　　　　　D. 信用证独立于货物合同

8. 在以下支付方式中,最有利于进口方的是(　　)。
   A. 信用证　　　　　B. 预付货款　　　　C. D/P即期　　　　 D. D/A30天

9. 出口商要保证信用证下安全收汇,必须做到(　　)。
   A. 提交单据与合同相符且单单相符
   B. 提交单据与信用证相符且单单相符
   C. 当信用证与合同不符时,提交单据以合同为准
   D. 提交单据与合同、信用证均相符

10. 承兑是(　　)对远期汇票表示承担到期付款责任的行为。
    A. 付款人　　　　　B. 收款人　　　　　C. 出口人　　　　　D. 议付银行

11. 根据《UCP600》的解释,信用证的第一付款人是(　　)。
    A. 进口人　　　　　B. 开证行　　　　　C. 议付行　　　　　D. 通知行

12. 国际贸易的货款结算可以采用多种支付方式,其中,建立在银行信用基础上的方式有(　　)。
    A. 电汇　　　　　　B. 票汇　　　　　　C. 托收　　　　　　D. 信用证

13. 凡做成限制性背书的汇票,只能由(　　)凭票取款。

A. 其他被背书人　　B. 指定的被背书人　　C. 银行　　　　　D. 买方

14. 汇付方式有三种形式,其中,付款速度最快,但银行收取的费用较高的是(　　)。

A. 信汇　　　　　B. 票汇　　　　　C. 电汇　　　　　D. 汇款

15. 银行审单议付的依据是(　　)。

A. 合同和信用证　B. 合同和单据　　C. 单据和信用证　D. 信用证和委托书

## 二、多项选择

1. 汇票背书的方式主要有(　　)。

A. 限制性背书　　B. 指示性背书　　C. 空白背书　　　D. 记名背书

2. 在实际业务中,远期汇票付款时间的规定办法有(　　)。

A. 见票后若干天付款　　　　　　　B. 出票后若干天付款

C. 提单签发日后若干天付款　　　　D. 指定日期付款

3. 国际贸易的货款结算可采用多种支付方式,其中,建立在商业信用基础上的是(　　)。

A. 汇付　　　　　B. 托收　　　　　C. 信用证　　　　D. 备用信用证

4. 一般由中间商为中介达成的交易,在结算时一般使用(　　)。

A. 可转让信用证　B. 对开信用证　　C. 预支信用证　　D. 对背信用证

5. 按照有无随附单据,汇票可分为(　　)。

A. 即期汇票　　　B. 远期汇票　　　C. 光票　　　　　D. 跟单汇票

6. 汇付的方式可以分为(　　)。

A. 汇款　　　　　B. 信汇　　　　　C. 电汇　　　　　D. 票汇

7. 在国际贸易货款的收付中,使用的票据主要有(　　)。

A. 汇票　　　　　B. 本票　　　　　C. 支票　　　　　D. 发票

8. 汇付业务中所涉及的当事人主要有(　　)。

A. 汇款人　　　　B. 汇出行　　　　C. 汇入行　　　　D. 收款人

9. 在保兑信用证业务中,负第一性付款责任的是(　　)。

A. 付款行　　　　B. 偿付行　　　　C. 开证行　　　　D. 保兑行

10. 下列叙述中属于托收的特点是(　　)。

A. 它属于一种商业信用　　　　　　B. 它是一种单证的买卖

C. 它有利于调动买方订货的积极性　D. 存在着难以收回货款的风险

## 三、判断题

1. 信用证项下的汇票将不以申请人为付款人,而是以指定的银行为付款人;在信用证支付方式中,开证申请人应负第一性付款责任。(　　)

2. 信用证是银行开具的有条件承诺付款的书面文件。(　　)

3. 当前,在国际贸易及我国的进出口业务中,使用得最多的是可撤销信用证。(　　)

4. 如果卖方不能按期装船,卖方可以口头约定信用证延期,则合同中信用证的有效期就自动得以延期。                                                      (    )

5.在一般情况下,汇票一经付款,出票人对汇票的责任即告解除。            (    )

6.在汇付方式下,买方购买银行汇票邮寄给卖方,因采用的是银行汇票,故该付款方式属于银行信用。                                                    (    )

7.在承兑交单条件下,买方一承兑汇票,卖方就丧失对货物的控制,如果汇票到期时买方破产或丧失偿付能力或逃之夭夭,卖方就要遭受货、款两空的重大损失。   (    )

8.远期付款交单,买方凭信托收据向银行借单提货,银行要向出口人承担汇票到期付款的责任。                                                      (    )

## 四、案例分析

1.2010年11月,荷兰A银行通过国内B银行向C公司托收贷款,B银行收到单据后,将远期汇票提示给付款人承兑。据付款人称,出票人已告知,货物已抵达香港,必须承兑汇票后,出票人才肯交货。付款人为尽快取得货物,遂承兑了汇票。2011年1月,B银行收到已承兑的汇票后,遂对外发出承兑电,称汇票业经付款人承兑,到期我行将按贵行指示付款。

2011年5月,汇票到期,B银行要求付款人(C公司)付款。C公司称,由于未完全收到货物,不同意付款,B银行就此电告A银行,付款人不同意付款。

几天后,A银行回电称:在我行的托收指示中,我们要求贵行,承兑交单(汇票期限为出票后180天);承兑的汇票由贵行担保;如果已承兑的汇票没有由贵行担保,请不要放单。贵行2011年1月来电通知,客户已承兑汇票,到期时,将按我行指示付款。因此,请贵行立即安排付款。请分析此案例。

2.欧洲某银行开立一张不可撤销议付信用证,该信用证要求受益人提供"Certificate of Origin:E. E. C. Countries"(标明产地为欧共体国家的原产地证明书)。该证经通知行通知后,在信用证规定的时间内受益人交来了全套单据。在受益人交来的单据中,商业发票上关于产地描述为"Country of Origin:E. E. C.",产地证则表明"Country of Origin:E. E. C. Countries"。

议付行审核受益人提交的全套单据后认为,单单、单证完全一致,于是,该行对受益人付款,同时向开证行索汇。

开证行在收到议付行交来的全套单据后,认为单单、单证不符:

(1)发票上产地一栏标明E. E. C.,而信用证则要求为E. E. C. Countries。

(2)产地证上产地一栏标明E. E. C. Countries,而与发票上产地标明E. E. C.有出入。

开证行明确表明拒付,并且保留单据听候处理。

收到开证行拒付通知后,议付行据理力争:信用证对于发票并未要求提供产地证明,况且发票上的产地应与产地证一致。故议付行认为不能接受拒付,要求开证行立即付款。请分析此案例。

3.台湾美利达工业股份有限公司是世界知名自行车制造商之一。公司成立于1972年,产品出口遍布亚欧各国。由于自行车行业的技术发展已经比较成熟,业内的竞争非常激烈,客户的赊账需求不得不满足,赊账销售最让公司担心的就是客户的坏账。公司曾使用信用保险来解除坏账之忧。然而,在发生坏账时,公司仍然要承担至少20%的货款损失,而且办理的手续不比开信用证简便多少。后来,公司接触了FCI成员公司Chailease金融公司,开始了解并使用保理服务。保理服务提供的客户资信资料以及全套的账务管理服务使该公司节约了不少人力。最重要的是,保理的费用比信用保险低很多。该公司的经理表示,如此一来,他们就可以从容面对竞争,放心开发新的客户了。请你结合信用保险和国际保理的知识,分析其中的原因。

4. 2012年2月,我国A公司与英国B公司签订出口合同,支付方式为D/P 120 Days After Sight。中国C银行将单据寄出后,直到当年8月尚未收到款项。随后,C银行应A公司要求指示英国D代收行退单,但得到D代收行回电才得知单据已凭进口商B公司承兑放单,虽经多方努力,但进口商B公司以种种理由不付款,进出口商之间交涉无果。之后,中国C银行一再强调是英国D代收行错误放单造成出口商钱货损失,要求D代收行付款,D代收行对中国C银行的催收拒不答复。10月25日,D代收行告知中国C银行进口商已宣布破产,并随附法院破产通知书,致使出口商钱货两空。请分析我们的错误出现在哪里。从此案例中,你得到了什么样的启示?

# 项目八
# 商品检验及合同检验条款

在国际贸易中,买卖双方分处不同的国家和地区,一般不能当面交接货物,往往容易在交货的质量和数量等问题上发生争议。货物又要经过长途运输,在运输过程中经常发生残损、短少甚至灭失等现象,这样就需要一个公正的、具有商品专业知识的第三者对货物进行检验或鉴定,以查明货损原因,确定责任归属,以利货物的交接和交易的顺利进行。因此,货物检验是国际贸易中不可缺少的重要环节,检验条款是国际贸易合同中的一项重要条款。

商品检验,是指专门的进出口商品检验机构和其他指定的机构,依照法律、法规或按进出口合同的规定,对进出口商品的品质、规格、数量、包装及安全性能等进行各种分析和测量,并出具检验证书的活动。

国际贸易商品检验的内容主要包括:品质检验、数量和重(质)量检验、包装检验、卫生检验和残损鉴定等。

### 案例导入

**案情**:我国A公司以CIF东京条件向日本B公司出口一批货物。订约时,我国A公司已知道该批货物要转销新加坡。该货物到东京后,立即被转运至新加坡。其后,B公司凭新加坡商检机构签发的检验证明书,向我提出索赔。我方应如何处理?为什么?

**分析**:B公司提交的新加坡商检机构签发的检验证书是有效的。因为,根据《联合国国际货物销售合同公约》第38条第3项规定:"如果货物在运输途中改运或买方再发运货物,则没有合理机会加以检验,而卖方在订立合同时,已经知道或理应知道这种改运或再发运的可能性,检验可推迟到货物到达新目的地后进行。"据此,B公司提交的新加坡检验机构签发的检验证书应该是有效的,我方应实事求是地给予合理赔偿。

### 项目目标

1. 了解出入境检验检疫的地位和作用。
2. 掌握进出口商品检验的任务、内容和工作程序。
3. 掌握进出口商品检验的时间和地点的规定方法。
4. 掌握合同中商品检验条款的规定方法。

### 关键概念

商品检验(Commodity Inspection)　　检验证书(Certificate of Inspection)
报验(Application for Inspection)　　抽样(Sampling)
检验(Inspection)　　签证(Visa)

进出口商品检验检疫是国际贸易活动的重要组成部分,商检业务中包括的商品质量检验、数(重)量检验、包装鉴定、残损鉴定、进出口动、植物和动、植物产品检验检疫、质量认证制度和质量保证体系以及产地证签证等,商品检验检疫工作不仅关系到买卖双方的切身利益,还涉及仓储、运输、保险、海关、银行等与贸易活动相关部门的业务工作。

# 任务一　出入境检验检疫的地位与作用

## 一、我国出入境检验检疫的法律地位

检验检疫是国际贸易中一项非常重要的工作,世界各国的法律、法规和国际通行作法、有关规则和协定等,都赋予检验检疫机构公认的法律地位,使检验检疫工作受到法律保护,所签发的证件具有法律效力。

## (一)国家以法律形式从根本上确定了我国出入境检验检疫的法律地位

由于出入境检验检疫在国家涉外经济贸易中的地位十分重要,全国人大常委会先后制定了《进出口商品检验法》、《进出境动植物检疫法》、《国境卫生检疫法》以及《食品卫生法》等法律,分别规定了出入境检验检疫的目的和任务、责任范围、授权执法机关和管辖权限、检验检疫的执行程序、执法监督和法律责任等重要内容,从根本上确定了出入境检验检疫工作的法律地位。

## (二)明确检验检疫机构在法律上的执法主体地位

人大常委会通过的上述4个关于检验检疫的法律,分别作出明确规定,国务院成立进出口商品检验部门、进出境动植物检疫部门和出入境卫生检疫部门,作为授权执行有关法律和主管该方面工作的主管机关,确立了它们在法律上的行政执法主体地位。1998年,国家出入境检验检疫体制改革,实行商检、动植检和卫检机构体制合一后,合并成立的国家检验检疫机构,继承了原来商检、动植检和卫检机构的执法授权。2001年4月,将原国家质量技术监督局和国家出入境检验检疫局合并,成立国家质量监督检验检疫总局,从根本上解决职责交叉,充分发挥质量监督和检验检疫作用。

我国的出入境检验检疫作为官方机构和行政执法部门,为强调执法的集中统一与一致对外,国务院批准检验检疫部门实行垂直领导体制。检验检疫的另一特点是技术性很强,必须通过检测技术手段来实施法律,实行集中统一领导,有利于在建立健全法规体系的同时,加强检测设备和技术队伍的建设,以利通过强化技术检测力量来有效地实施法律。

## (三)出入境检验检疫法规已形成较完整的法律体系,奠定了依法施检的执法基础

在上述4个检验检疫法律及其实施条例或实施细则公布后,各种配套法规、规范性程序文件、检验检疫技术标准、检疫处理工作程序规范等,经过具体化和修改补充已基本完整齐备。检验检疫机构经过优化组合,健全内部管理的各项责任制度,规范个人工作行为,均已基本适应了执法需要,对于保证检验检疫的正常开展和有序进行,具有极其重要的意义。

此外,我国出入境检验检疫的法律体系,还要适应有关国际条约。迄今为止,我国已加入联合国食品法典委员会(CODEX)和亚太地区植保委员会(APPPC)等多个国际组织,并与世界上20多个国家签订了双边检验检疫协定,为我国的检验检疫与国际法规标准相一致创造了条件。

## (四)我国检验检疫法律,具有完备的监管程序,保证了法律的有效实施

我国的出入境检验检疫法规的实施,借鉴历史传统和国际经验,已形成了一个配套体系

完整、监管要素齐备的执法监督体系,保证了法律的有效实施。主要有以下特点:

第一,所有4个检验检疫法规都有1个具有强制性的、闭环性的监管措施,其中最主要的是货物的进出口和人员的出入境都要通过海关最后一道监管措施。我国现行的通关模式是:先报检后报关,对于列入《出入境检验检疫机构实施检验检疫的进出口商品目录》的出入境货物,未经检验检疫并取得有效检验检疫证单无法通关过境。人员的出入境则由边防机构的监管把关来保证检疫程序的有效实施。

第二,在海关、边防把住最后一道关口的前提下,检验检疫部门的强制性报检签证程序,强制性安全卫生检测技术标准,强制性的抽样检查程序也随之发挥监督机制,使有关法律、法规能够有效实施。

第三,合同规定凭检验检疫部门检验证书交货结算和对外索赔的,没有证书则无法装船结汇和对外索赔,起到了法律、法规的监督与制约作用。

## 二、我国出入境检验检疫的作用

随着国民经济的不断发展,对外贸易的不断扩大,出入境检验检疫对保证经济的顺利发展,保证农林牧渔业的生产安全和人民健康,维护对外贸易有关各方的合法权益和正常的国际经济贸易秩序,促进对外贸易的发展都起到了积极的作用,主要体现在以下几个方面:

### (一)出入境检验检疫是国家主权的体现

出入境检验检疫机构作为涉外经济执法机构,根据法律授权,代表国家行使检验检疫职能,对一切进入中国国境和开放口岸的人员、货物、运输工具、旅客行李物品和邮寄包裹等实施强制性检验检疫;对涉及安全卫生及检疫产品的国外生产企业的安全卫生和检疫条件进行注册登记;对发现检疫对象或不符合安全卫生条件的商品、物品、包装和运输工具,有权禁止进口,或视情况在进行消毒、灭菌、杀虫或其他排除安全隐患的措施等无害化处理并重验合格后,方准进口;对于应经检验检疫机构实施注册登记的、向中国输出有关产品的外国生产加工企业,必须取得注册登记证书,其产品方准进口。作为国家的质量管理认证机构,有权对进入中国的外国检验机构进行核准。这些强制性制度,是国家主权的具体体现。

### (二)出入境检验检疫是国家管理职能的体现

出入境检验检疫机构作为执法机构,根据法律授权,对列入应实施出口检验检疫对象和范围的人员、货物、危险品包装和装运易腐易变的食品、冷冻品的船舱、集装箱等,按照中国的、进口国的,或与中国签有双边检疫议定书的、外国的,或国际性的、技术法规的规定,实施必要的检验检疫;对涉及安全、卫生、检疫和环保条件的出口产品的生产加工企业,实施生产加工安全或卫生保证体系的注册登记,或必要时帮助企业取得进口国有关主管机关的注册登记;经检验检疫发现检疫对象或产品质量与安全卫生条件不合格的商品,有权阻止出境;不符合安全条件的危险品包装容器,不准装运危险货物;不符合卫生条件或冷冻要求的船舱和集装箱,不准装载易腐易变的粮油食品或冷冻品;对未取得安全、卫生、检疫注册登记的、涉及安全卫生产品的生产厂,危险品包装加工厂和肉类食品加工厂,不得生产加工上述产品。

经检验检疫合格的产品或取得生产加工安全卫生注册登记编号的企业,包括取得国外注册的企业,突破了国外的贸易技术壁垒,获得市场准入资格,使其产品在进口国能够顺利通关入境。对入境的涉及安全、环保的部分产品实行强制性产品认证(3C认证);对成套设备和废旧物品须进行装船前检验。上述这些对出境货物、包装和运输工具的检验检疫和注册登记与监督管理,都具有相当的强制性,是国家监督管理职能的具体体现。

### (三)出入境检验检疫是国家维护根本经济权益与安全的重要技术贸易壁垒措施

其一,对进出口商品的检验检疫和监督认证是为了满足进口国的各种规定要求。世界各主权国家为保护人民身体健康,保障工农业生产、基本建设、交通运输和消费者的安全,相继制定有关食品、药品、化妆品和医疗器械的卫生法规,各种机电与电子设备、交通运输工具和涉及安全的消费品的安全法规,动植物及其产品的检疫法规,检疫传染病的卫生检疫法规。

规定有关产品进口或携带、邮寄入境,都必须持有出口国官方检验检疫机构证明符合相关安全、卫生与检疫法规标准的证书,甚至规定生产加工企业的质量与安全卫生保证体系,必须经过出口国或进出口国官方注册批准,并使用法规要求的产品标签和合格标志,其产品才能取得市场准入资格。许多法规标准,已形成国际法规标准。出入境检验检疫是合理利用国际通行的非关税技术壁垒手段,保证我国对外贸易顺利进行和持续发展的需要。

其二,对进出口商品的官方检验检疫和监管认证是突破国外贸易技术壁垒和建立国家技术保护屏障的重要手段。中国检验检疫机构对出口产品或我国生产加工企业的官方检验检疫与监管认证,是突破国外的贸易技术壁垒,取得国外市场准入资格,并使我国产品能在国外顺利通关入境的保证。中国检验检疫机构加强对进口产品的检验检疫和对相关的国外生产企业的注册登记与监督管理,是采用符合国外通行的技术贸易壁垒的做法,以合理的技术规范和措施保护国内产业和国家经济的顺利发展,保护消费者的安全健康与合法权益,建立起维护国家根本利益的可靠屏障。

其三,加强对重要出口商品质量的强制性检验是为了促进中国产品质量的提高及增强其在国际市场上的竞争能力,以利扩大出口。在世界贸易竞争日益激烈的情况下,出口商品如果质量差,则必然会影响对外成交,卖不出去或售价较低。即使勉强推销出去,也会造成不良影响,甚至丢失国外市场,使国家遭受经济损失和不良政治影响。特别在当前世界各国大都促出限进,对进口商品加强限制,消费者对商品质量要求也越来越高。为维护国家经济利益和对外信誉,有必要对重要的出口商品实施强制性检验,以保证质量、规格、包装等符合进口国法规要求。2007年9月1日实施的出口食品加贴检验检疫标志的规定就是具体加强出口产品检验检疫和监管的实例。

其四，加强对进口商品的检验是为了保障国内生产安全与人民身体健康，维护国家对外贸易的合法权益。随着对外贸易的发展，进口商品逐渐增多，进口商品的质量总体上还是比较好，但也存在不少问题。进口商品中以次充好、以旧顶新、以少冒多、掺杂使假等情况屡有发现，如果不认真检验，不仅会遭受经济损失，还会严重影响生产建设和人民身体健康。所以，有必要对进口商品的质量、规格、包装和数量、重量等严格检验，把好进口商品质量关。

其五，为相关单位提供有效证明。在国际贸易中，对外贸易、运输、保险双方往往要求由官方或权威的非当事人，对进出口商品的质量、重量、包装、装运技术条件提供检验合格证明，作为出口商品交货、结算、计费、计税以及进口商品处理质量、短残等索赔问题的有效凭证。

中国检验检疫机构对进出口商品实施检验、提供的各种检验鉴定证明，就是为对外贸易有关方履行贸易、运输、保险契约和处理索赔争议，提供具有公正权威的必要证件。

### （四）出入境动植物检疫对保护农林牧渔业生产安全，促进农畜产品的对外贸易和保护人体健康具有十分重要的作用

保护农、林、牧、渔业生产安全，使其免受国际上重大疫情灾害影响，是我国出入境检验检疫机构担负的重要使命。对动植物及其产品和其他检疫物品，以及装载动植物及其产品和其他检疫物品的容器、包装物和来自动植物疫区的运输工具（含集装箱）实施强制性检疫。这对防止动物传染病，寄生虫和植物危险性病、虫、杂草及其他有害生物等检疫对象和其他危险疫情传入传出，保护国家农、林、牧、渔业生产安全和人民身体健康，履行我国与外国签订的检疫协定书的义务，突破进口国在动植物检疫中设置的贸易技术壁垒，从而使我国农、林、牧、渔产品在进口国顺利通关入境，促进农畜产品对外贸易的发展，具有重要作用。

### （五）国境卫生检疫对防止检疫传染病的传播，保护人体健康是一个十分重要的屏障

中国边境线长、口岸多，对外开放的海、陆、空口岸有100多个，是世界各国开放口岸最多的国家之一。近年来，各种检疫传染病和监测传染病仍在一些国家和地区发生和流行，还出现了一批新的传染病，特别是鼠疫、霍乱、黄热病、艾滋病等一些烈性传染病及其传播媒介。随着国际贸易、旅游和交通运输的发展，出入境人员迅速增加，随时都有传入的危险，给各国人民的身体健康造成威胁。因此，对出入境人员、交通工具、运输设备以及可能传播传染病的行李、货物、邮包等物品实施强制性检疫，对防止检疫传染病的传入或传出，保护人体健康具有重要作用。

综上所述，出入境检验检疫对保证国民经济的发展，消除国际贸易中的技术壁垒，维护国家权益和消费者的利益等，都有非常重要的作用。随着改革开放的不断深入和对外贸易的不断发展，特别是中国加入世界贸易组织，出入中国国境的人流、物流、货流范围之广、规

模之大、数量之多将会是前所未有的,中国出入境检验检疫将会继续发挥其不可替代、越来越重要的作用。

# 任务二 检验检疫工作的任务、依据和内容

## 一、检验检疫工作的目的和任务

出入境检验检疫机构是主管出入境卫生检疫、动植物检疫、商品检验、鉴定、认证和监督管理的行政执法机构,出入境检验检疫工作是出入境检验检疫机构依据国家检验检疫法律法规规定,对进出境的商品(包括动植物产品),以及运载这些商品、动植物和旅客的交通工具、运输设备,分别实施检验、检疫、鉴定、监督管理和对出入境人员实施卫生检疫及口岸卫生监督的统称。

检验检疫机构依法进行法定检验检疫。所谓"法定检验检疫",又称"强制性检验检疫",是指依照国家法律、行政法规规定对必须经出入境检验检疫机构检验检疫的出入境货物依照有关规定程序实施强制性检验检疫。出入境检验检疫工作的主要目的和任务如下:

其一,对进出口商品进行检验、鉴定和监督管理,加强进出口商品检验工作,规范进出口商品检验行为,维护社会公共利益和进出口贸易有关各方的合法权益,促进对外经济贸易关系的顺利发展。

其二,对出入境动植物及其产品,包括其运输工具、包装材料的检疫和监督管理,防止危害动植物的病菌、害虫、杂草种子及其他有害生物由国外传入或由国内传出,保护本国农、林、渔、牧业生产和国际生态环境和人类的健康。

其三,对出入境人员、交通工具、运输设备以及可能传播检疫传染病的行李、货物、邮包等物品实施国境卫生检疫和口岸卫生监督,防止传染病由国外传入或者由国内传出,保护人类健康。

## 二、商品检验检疫的依据

### (一)依据法律、法规和标准实施检验

商品检验是对商品质量进行的检查、核实行为,是使用规定的科学检测手段,检查商品是否符合规格、标准的活动。商品检验必须依照标准或技术法规的规定方法和程序进行和判断合格与否。按照商检法实施条例的有关规定,检验检疫机构依据标准对进出口商品实施检验,其具体要求为:

其一,法律、行政法规规定有强制性标准或者其他必须执行的检验标准的,按照法律、行政法规规定的检验标准检验。

这类规定所涉及的进出口商品大都关系国家利益、人民健康安全、环境保护、社会公共

利益等,我国及许多国家的政府部门为此制定了相应的法律、法规、技术标准,涉及的进出口商品按此规定进行检验,符合规定标准者准予进口或出口,不符合规定标准的不能进口或出口。执行这种标准检验是法律强制性的,与商业合同中有否规定无关。进出口食品卫生检验、出口危险货物包装容器安全检验、装运出口食品的船舱、集装箱的适载检验、药品检验、动植物检疫等都属于依据强制性标准进行检验的。

其二,法律、行政法规未规定有强制性标准或者其他必须执行的检验标准的,按照对外贸易合同约定的检验标准检验;凭样成交的,应当按照样品检验。

在对外贸易合同中制定的商品的品质、规格、检验方法是进行商品检验时的基本依据,也是贸易合同中必不可少的重要组成部分。在合同中明确凭样成交和检验的,样品也是检验的依据。法律、行政法规规定的强制性标准或者其他必须执行的检验标准,低于对外贸易合同约定的检验标准时,按照合同中规定的检验标准检验。

其三,法律、行政法规未规定有强制性标准或者其他必须执行的检验标准,对外贸易合同又未约定检验标准或者约定检验标准不明确的,按照生产国标准、有关国际标准或者出入境检验检疫部门指定的标准检验。

### (二)《出入境检验检疫机构实施检验检疫的进出境商品目录》中规定的商品

2000年1月1日,我国国家出入境检验检疫局与海关总署联合发布了2000年第一号公告,公布《出入境检验检疫机构实施检验检疫的进出境商品目录》(简称《检验检疫商品目录》)并于当年2月1日起实行。这一检验检疫商品目录是在原国家进出口商品检验局制定的《进出口商品检验种类表》、原动植物检疫局制定的《进出境动植物检疫商品与HS目录对照表》、原卫生检疫局制定的《进口卫生监督检验食品与HS目录对照表》的基础上合并、修订、调整而形成的现行法定检验检疫商品目录。这个目录按照《商品名称及编码协调制度》对商品的分类、命名和编码方式进行编排。

凡列入该目录的进出境商品,必须经出入境检验检疫机构实施检验检疫,海关凭出入境检验检疫机构签发的《入境货物通关单》或《出境货物通关单》验放。检验检疫商品目录习惯上被称为法检商品种类表,是我国对需实施法定检验检疫的进出口商品种类、名称的最重要和详细的法律文件。根据国家利益的需要和贸易的变化,国家质检总局有权对检验检疫商品目录的有关内容,如列入的商品名称和种类等进行增加或删减等调整。并及时发布文告告知,使对外贸易关系人能够随时了解掌握其调整变化。例如,在2013年8月15日起调整实行的《出入境检验检疫机构实施检验检疫的进出境商品目录》中,对1507个海关商品编码项下的一般工业制成品不再实行出口商品检验。其中,1420个海关商品编码项下的商品调出《出入境检验检疫机构实施检验检疫的出境商品目录》,但仍保留在《出入境检验检疫机构实施检验检疫的出境商品目录》中;将2个海关商品编码项下的褐煤产品新增进口检验检疫监管。

## 三、检验检疫的工作内容

### (一)法定检验检疫

出入境检验检疫机构依法进行法定检验检疫。所谓"法定检验检疫",又称"强制性检验检疫",是指依照国家法律、行政法规规定对必须经出入境检验检疫机构检验检疫的进出口商品依照有关规定程序实施强制性检验检疫。入境法定检验检疫商品未经检验检疫的,不准销售、使用;出境法定检验检疫商品未经检验检疫合格的,不准出口。除国家法律、法规规定必须由出入境检验检疫机构检验检疫的以外,输入国规定必须凭检验检疫机构出具的证书方准入境的和有关国际条约规定须经检验检疫机构检验检疫的进出口商品,货主或其代理人也应在规定的期限内向检验检疫机构报检。

根据《中华人民共和国进出口商品检验法》的规定,国家检验检疫部门制定、调整必须实施检验的进出口商品目录并公布实施。原国家进出口商品检验局在1990年发布的《商检机构实施检验的进出口商品种类表》(以下简称《种类表》)中改变了此前以原经贸部进出口业务统一商品目录编码的分类方法,首次采用《商品分类和编码协调制度》(简称H.S.编码)的商品分类方法编排商品目录并对该《种类表》中的商品进行过多次调整。

1999年,原国家出入境检验检疫局将原"三检"实施检验检疫的进出口商品融合在一起,发布了《出入境检验检疫机构实施检验检疫的进出境商品目录》(以下简称《目录》)并根据贸易发展等需要不断进行调整。《目录》由"商品编码"、"商品名称及备注"、"计量单位"、"海关监管条件"和"检验检疫类别"5栏组成。其中的"商品编码"、"商品名称及备注"和"计量单位"是以《商品名称及编码协调制度》为基础,并依照海关通关业务系统《商品综合分类表》的商品编号、商品名称、商品备注和计量单位编制。

"海关监管条件"中,"A"表示实施进境检验检疫,"B"表示实施出境检验检疫,"D"表示海关与检验检疫联合监管。"检验检疫类别"中,"M"表示进口商品检验,"N"表示出口商品检验,"P"表示进境动植物、动植物产品检疫,"Q"表示出境动植物、动植物产品检疫,"R"表示进口食品卫生监督检验,"S"表示出口食品卫生监督检验,"L"表示民用商品入境验证。

以"硬粒小麦(配额内)"为例,其对应的商品编码为10011000.10,计量单位为"千克","海关监管条件"为A/B,这表示该商品在入境和出境时均须实施检验检疫,"检验检疫类别"为"M.P.R/Q.S"表示该商品进口时应实施商品检验、植物产品检疫和食品卫生监督检验,出口时应实施植物产品检疫和食品卫生监督检验。

### (二)进出口商品检验

对于列入《目录》内的商品,检验检疫部门必须实施检验,判定其是否符合国家技术规范的强制性要求。判定的方式采取合格评定活动,合格评定程序包括:抽样、检查和检验;评估、验证和合格保证;注册、认可和批准以及各项的组合。

除了《目录》中所列的商品,在法律、法规及有关规定中还规定了其他一些进出境货物必须经检验检疫机构检验。如废旧物品(包括旧机电产品)、须做外商投资财产价值鉴定的货物、须做标识查验的出口纺织品、援外物资等。上述的进出境货物无论是否在《出入境检验检疫机构实施检验检疫的进出境商品目录》中,按有关规定均应当向检验检疫机构申报。检验检疫机构对必须经检验检疫机构检验检疫的进出口商品以外的进出口商品,根据有关规定可实施抽查检验。检验检疫机构可以公布抽查检验结果或者向有关部门通报抽查检验情况。检验检疫机构根据需要,对检验合格的进出口商品,可以加施检验检疫标志或者封识。

### (三)动植物检疫

检验检疫部门依法实施动植物检疫的有:进境、出境、过境的动植物、动植物产品和其他检疫物;装载动植物、动植物产品和其他检疫物的装载容器、包装物、铺垫材料;来自动植物疫区的运输工具;进境拆解的废旧船舶;有关法律、行政法规、国际条约规定或者贸易合同约定应当实施进出境动植物检疫的其他货物、物品。对于国家列明的禁止进境物作退回或销毁处理。

对进境动物、动物产品、植物种子、种苗及其他繁殖材料、新鲜水果、烟草类、粮谷类及饲料、豆类、薯类和植物栽培介质等实行进境检疫许可制度。输入单位在签订合同或协议之前,应事先办理检疫审批手续。对出境动植物、动植物产品或其他检疫物,检验检疫机构对其生产、加工、存放过程实施检疫监管。对过境运输的动植物、动植物产品和其他检疫物实施检疫监管。对携带、邮寄动植物、动植物产品和其他检疫物的进境实施检疫监管。对来自疫区的运输工具,口岸检验检疫机构实施现场检疫和有关消毒处理。

### (四)出口商品质量许可

国家对重要出口商品实行质量许可制度。出入境检验检疫部门单独或会同有关主管部门共同负责发放出口商品质量许可证的工作,未获得质量许可证书的商品不准出口。检验检疫部门已对机械、电子、轻工、机电、玩具、医疗器械、煤炭等类商品实施出口产品质量许可制度。国内生产企业或其代理人均可向当地出入境检验检疫机构申请出口质量许可证书。对于实施许可制度的出口商品实施验证管理。

### (五)进出口商品质量认证

检验检疫机构可以根据国家质检总局同外国有关机构签订的协议或者接受外国有关机构的委托进行进出口商品质量认证工作,准许在认证合格的进出口商品上使用质量认证标志。

### (六)进口商品认证管理

国家对涉及人类健康和动植物生命、健康,以及环境保护和公共安全的产品实行强制性认证制度。自 2002 年 5 月 1 日起,列入《中华人民共和国实施强制性产品认证的产品目录》内的商品,必须经过指定的认证机构认证合格,取得指定认证机构颁发的认证证书,并加施认证标志后,方可进口。该《目录》内的商品在进口时,检验检疫机构按规定实施验证,查验单证、核对货证是否相符。

### (七)原产地证书签证管理

出入境检验检疫机构是我国政府授权签发普惠制产地证的唯一机构,同时,也可签发一般原产地证、亚太贸易协议优惠原产地证书、中国东盟优惠原产地证书、中国—巴基斯坦优惠贸易安排原产地证书和输欧盟蘑菇罐头证书等多种原产地证书。我国受惠商品出口到有关给惠国时,可以凭检验检疫机构签发的相关原产地证书享受减免进口关税的优惠待遇。

除上述 7 种主要检验检疫、许可、认证和签证工作外,商检工作还涉及卫生检疫与处理、卫生注册管理、进口废物原料、旧机电产品装运前检验、出口危险货物运输包装检验和货物装载和残损鉴定等工作。

## 任务三  检验检疫工作的程序

出入境检验检疫机构依照国家法律、法规的规定,对出入境货物、运输工具、集装箱、邮寄物、人员及其携带物等进行检验检疫、鉴定和监督管理。检验检疫工作的具体内容很多,工作程序和工作流程也比较复杂。因此,对报检员来讲,除了要了解掌握检验检疫相关法律、法规和有关规定,熟悉检验检疫工作程序也是非常重要的。"三检合一"把进出口商品检验、动植物检疫和卫生检疫工作合并在一起,实行"一次报检、一次抽(采)样、一次检验检疫、一次卫生除害处理、一次计收费、一次发证放行"的工作模式,并与海关密切配合,实行"先报检、后报关"的工作程序,出入境货物的检验检疫和放行通关程序大大简化,效率大大提高,同时,检验检疫机构对出入境货物的监管力度也大大增强。

近年来,国家质检总局积极推进"大通关"工程建设,实行了以"电子申报、电子监管、电子通关"为主要内容的"三电工程",检验检疫工作程序得到进一步的优化,工作效率有了大幅度的提高,真正实现了"方便进出、监管有效"的目标。

### 一、出入境货物检验检疫工作程序

#### (一)出境货物检验检疫

法定检验检疫的出境货物,在报关时必须提供报关地出入境检验检疫机构签发的《出境货物通关单》,海关凭报关地出入境检验检疫机构签发的《出境货物通关单》验放。

出境货物的检验检疫工作程序是:报检后先检验检疫,再放行通关。法定检验检疫的出境货物的发货人或者其代理人(以下简称报检人)应在规定的时限内持相关单证向检验检疫机构报检,检验检疫机构经审核有关单证符合要求的受理报检并计费,然后转施检部门实施检验检疫。对产地和报关地相一致的货物,经检验检疫合格,检验检疫机构出具《出境货物通关单》供报检人在海关办理通关手续。对产地和报关地不一致的货物,报检人应向产地检验检疫机构申报。产地检验检疫机构对货物检验检疫合格后,出具《出境货物换证凭单》或将电子信息发送至口岸检验检疫机构并出具《换证凭条》,申请人凭产地检验检疫机构签发的《出境货物换证凭单》或《换证凭条》向口岸检验检疫机构申报,口岸检验检疫机构经验证或核查货证合格后,出具《出境货物通关单》。对于经检验检疫不合格的货物,检验检疫机构签发《出境货物不合格通知单》,不准出口。

### (二)入境货物检验检疫

法定检验检疫的入境货物,在报关时必须提供报关地出入境检验检疫机构签发的《入境货物通关单》,海关凭报关地出入境检验检疫机构签发的《入境货物通关单》验放。

入境货物检验检疫的一般工作程序是:报检后先放行通关,再进行检验检疫。在法定检验检疫货物入境前或入境时,货主或其代理人(以下简称报检人)应首先向卸货口岸或到达站的出入境检验检疫机构报检,报检时,报检人应按检验检疫有关规定和要求提供有关单证资料;检验检疫机构按有关规定审核报检人提供的资料,符合要求的,受理报检并计费;对来自疫区的、可能传播检疫传染病、动植物疫情及可能夹带有害物质的入境货物的交通工具或运输包装实施必要的检疫、消毒、卫生处理,然后签发《入境货物通关单》供报检人在海关办理通关手续。货物通关后,报检人应及时与检验检疫机构联系检验检疫事宜,未经检验检疫的,不准销售、使用;检验检疫合格的,检验检疫机构签发《入境货物检验检疫证明》,准予销售、使用;经检验检疫不合格的,检验检疫机构签发《检验检疫处理通知书》,通知货主或代理人在检验检疫机构的监督下进行处理。无法进行处理或处理后仍不合格的做退运或销毁处理。需要对外索赔的,检验检疫机构签发检验检疫证书。

对于入境的废物和活动物等特殊货物,按有关规定,检验检疫机构在受理报检后应先进行部分或全部项目的检验检疫,检验检疫合格方可签发《入境货物通关单》。对于最终使用地不在进境口岸检验检疫机构辖区内的货物,可以在通关后调往目的地的检验检疫机构进行检验检疫,按规定应当在进境口岸检验检疫的除外。也就是说,在口岸只办理报检和通关手续,货物的检验检疫和出证等工作均在目的地检验检疫机构完成。报检人在口岸办理报检手续时,应在报检单上注明货物最终使用人的名称、地址、联系人、联系电话等内容。货物到达目的地后,货主或代理人应及时与目的地的检验检疫机构联系检验检疫事宜。未经检验检疫擅自销售、使用的,检验检疫机构将依照有关法律、法规进行处罚。

## 二、进出境集装箱、交通工具和人员检验检疫工作程序

### (一)进出境集装箱

进境集装箱的报检人应在办理报关手续前,向进境口岸检验检疫机构报检,未经检验检疫机构许可,不得提运或拆箱。检验检疫机构对集装箱实施检验检疫,经检验检疫合格的,准予放行;经检验检疫不合格的,按有关规定处理。对于装载法定检验检疫货物的进境集装箱,实行与货物一次报检、一次签证放行的工作方式。检验检疫机构在受理报检后,对集装箱可结合货物一并实施检验检疫。

出境集装箱的报检人应在装货前向所在地检验检疫机构报检,未经检验检疫机构许可,不准装运。装载出境货物的集装箱,口岸检验检疫机构凭启运地检验检疫机构出具的检验检疫证单验证放行。在出境口岸装载拼装货物的集装箱,由出境口岸检验检疫机构实施检验检疫。对于应进行卫生除害处理的进出境集装箱,检验检疫机构可根据工作需要指定监管地点对集装箱进行卫生除害处理。

### (二)出入境交通工具和人员

入境的交通工具和人员,必须在口岸检验检疫机构指定的地点接受检疫。除引航员外,未经检验检疫许可,任何人不准上下交通工具,不准装卸行李、货物、邮包等物品。出境的交通工具和人员,必须在最后离开的国境口岸接受检疫。

## 三、出入境检验检疫工作流程

检验检疫工作流程包括多个环节,一般来讲,包括受理报检、计费、收费、施检部门出具结果和证稿、核签、检务审核证稿、制证单、校核、发证单、归档等。

### (一)报检/申报

检验检疫机构的受理报检人员应审核报检人提交的报检单内容填写是否完整、规范,应附的单据资料是否齐全、符合规定,索赔或出运是否超过有效期等,审核无误的,方可受理报检。对报检人提交的材料不齐全或不符合有关规定的,检验检疫机构不予受理报检。因此,报检人应当及时了解掌握检验检疫有关政策,在报检时按检验检疫机构有关规定和要求提交有关资料。

### (二)计/收费

对已受理报检的,检验检疫机构工作人员按照《出入境检验检疫收费办法》的规定计费并收费。

### (三)抽样/采样

对须检验检疫并出具结果的出入境货物,检验检疫人员需要现场抽取(采取)样品。所抽取(采取)的样品有的并不能直接进行检验,因此,需要对样品进行一定的加工,这称为"制样"。

### (四)检验检疫

检验检疫机构对已报检的出入境货物,通过感观、物理、化学、微生物等方法进行检验检疫,以判定所检对象的各项指标是否符合有关强制性标准或合同及买方所在国官方机构的有关规定。目前,检验检疫的方式包括全数检验、抽样检验、型式实验、过程检验、登记备案、符合性验证、符合性评估、合格保证的免于检验等。

### (五)卫生除害处理

按照《中华人民共和国国境卫生检疫法》及其实施细则、《中华人民共和国进出境动植物检验检疫法》及其实施条例的有关规定,检验检疫机构对有关出入境货物、动植物、运输工具、交通工具等实施卫生除害处理。

### (六)签证与放行

出境货物,经检验检疫合格的,检验检疫机构签发《出境货物通关单》,作为海关核放货物的依据;经检验检疫不合格的,签发《出境货物不合格通知单》。入境货物,检验检疫机构受理报检并进行必要的卫生除害处理后或检验检疫后签发《入境货物通关单》,海关据以验放货物后,经检验检疫机构检验检疫合格的,签发《入境货物检验检疫证明》;不合格的,签发检验检疫证书,供有关方面对外索赔。

在报检人领取有关证单后,检验检疫工作人员对完成上述所有流程的单据进行归档。检验检疫机构要在规定的时限内完成上述所有流程。对于已办理报检手续的货物或运输工具,报检人应及时与检验检疫机构联系检验检疫,检验检疫完毕并出具有关证单后,及时领取证单,以便检验检疫机构按时完成全部工作流程。

## 任务四　出入境货物报检及检验机构

### 一、出境货物报检

#### (一)报检分类

出境货物报检可分为出境一般报检、出境换证报检、出境货物预检报检。

**1. 出境一般报检**

出境一般报检是指法定检验检疫出境货物的货主或其代理人,持有关证单向产地检验检疫机构申请检验检疫,以取得出境放行证明及其他证单的报检。对于出境一般报检的货物,检验检疫合格后,在当地海关报关的,由报关地检验检疫机构签发《出境货物通关单》,货主或其代理人持通关单向当地海关报关;在异地海关报关的,由产地检验检疫机构签发《出境货物换证凭单》,货主或其代理人持此单向报关地的检验检疫机构申请换发《出境货物通关单》。

**2.出境换证报检**

出境换证报检是指经产地检验检疫机构检验检疫合格的法定检验检疫出境货物的货主或其代理人持产地检验检疫机构签发的《出境货物换证凭单》及其他有关证单向报关地检验检疫机构申请换发《出境货物通关单》的报检。对于出境换证报检的货物,报关地检验检疫机构按照国家质检总局规定的抽查比例进行查验。

**3.出境预检报检**

出境货物预检报检是指货主或者其代理人持有关单证向产地检验检疫机构申请对暂时还不能出口的货物预先实施检验检疫的报检。预检报检的货物经检验检疫合格的,检验检疫机构签发《出境货物换证凭单》,正式出口时,货主或其代理人可在检验检疫有效期内持此单向检验检疫机构申请办理放行手续。申请预检报检的货物须是经常出口的、非易腐烂变质、非易燃易爆的商品。

### (二)报检的时限和地点

其一,出境货物最迟应在出口报关或装运前7天报检,对于个别检验检疫周期较长的货物,应留有相应的检验检疫时间;

其二,需隔离检疫的出境动物在出境前60天预报,隔离前7天报检;

其三,法定检验检疫货物,除活动物需由口岸检验检疫机构检验检疫外,原则上应坚持产地检验检疫。

### (三)报检应提供的单据

其一,出境货物报检时,应填写《出境货物报检单》,并提供外贸合同或销售确认书或订单、信用证、有关函电,生产经营部门出具的厂检结果单原件,检验检疫机构签发的《出境货物运输包装性能检验结果单》(正本)。

其二,凭样品成交的,须提供样品。

其三,经预检的货物,在向检验检疫机构办理换证放行手续时,应提供该检验检疫机构签发的《出境货物换证凭单》(正本)。

其四,产地与报关地不一致的出境货物,在向报关地检验检疫机构申请《出境货物通关单》时,应提交产地检验检疫机构签发的《出境货物换证凭单》(正本)。

其五,出口危险货物时,必须提供《出境货物运输包装性能检验结果单》正本和《出境危险货物运输包装使用鉴定结果单》(正本)。

其六，预检报检的，还应提供货物生产企业与出口企业签订的贸易合同。尚无合同的，需在报检单上注明检验检疫的项目和要求。

其七，其他特殊证单。

## 二、入境货物报检

### (一) 报检分类

入境货物报检可分为进境一般报检、进境流向报检和异地施检报检。

**1. 进境一般报检**

进境一般报检是指法定检验检疫入境货物的货主或其代理人，持有关证单向卸货口岸检验检疫机构申请取得《入境货物通关单》，并对货物进行检验检疫的报检。对进境一般报检业务而言，签发《入境货物通关单》和对货物的检验检疫都由口岸检验检疫机构完成，货主或其代理人在办理完通关手续后，应主动与货物目的地检验检疫机构联系落实施检工作。

**2. 进境流向报检**

进境流向报检也是口岸清关转异地进行检验检疫的报检，指法定入境检验检疫货物的收货人或其代理人持有关证单在卸货口岸向口岸检验检疫机构报检，获取《入境货物通关单》并通关后，由进境口岸检验检疫机构进行必要的检疫处理，货物调往目的地后再由目的地检验检疫机构进行检验检疫监管。申请进境流向报检货物的通关地与目的地属于不同辖区。

**3. 异地施检报检**

异地施检报检是指已在口岸完成进境流向报检，货物到达目的地后，该批进境货物的货主或其代理在规定的时间内，向目的地检验检疫机构申请进行检验检疫的报检。因进境流向报检只在口岸对装运货物的运输工具和外包装进行了必要的检疫处理，并未对整批货物进行检验检疫，只有当检验检疫机构对货物实施了具体的检验、检疫，确认其符合有关检验检疫要求及合同、信用证的规定，货主才能获得相应的准许进口货物销售使用的合法凭证，完成进境货物的检验检疫工作。异地施检报检时应提供口岸局签发的《入境货物调离通知单》。

### (二) 报检的地点和时限

**1. 报检的地点**

(1) 审批、许可证等有关政府批文中规定检验检疫地点的，在规定的地点报检。

(2) 大宗散装商品、易腐烂变质商品、废旧物品及在卸货时发现包装破损、重数量短缺的商品，必须在卸货口岸检验检疫机构报检。

(3) 需结合安装调试进行检验的成套设备、机电仪产品以及在口岸开件后难以恢复包装的商品，应在收货人所在地检验检疫机构报检并检验。

(4) 其他入境货物，应在入境前或入境时向报关地检验检疫机构办理报检手续。

(5) 入境的运输工具及人员应在入境前或入境时向入境口岸检验检疫机构申报。

**2. 报检的时限**

（1）入境货物需对外索赔出证的,应在索赔有效期前不少于 20 天向到货口岸或货物到达地的检验检疫机构报检。

（2）输入微生物、人体组织、生物制品、血液及其制品或种畜、禽及其精液、胚胎、受精卵的,应当在入境前 30 天报检。

（3）输入其他动物的,应在入境前 15 天报检。

（4）输入植物、种子、种苗及其他繁殖材料的,应在入境前 7 天报检。

### (三)报检应提供的单据

入境报检时,应填写《入境货物报检单》,并提供外贸合同、发票、提(运)单、装箱单,或者按照检验检疫的要求,提供相关其他特殊单证。

## 三、国际上的商品检验机构

世界上大多数国家都设有自己的商品检验、鉴定或公证机构,特别是发达国家,由于商品进出口量大、对品质要求高,所以设立的检验机构种类繁多。这些机构有的属于综合性的,有的属于专业性的,有的是国家设立的,有的是私人或同业公会经营的。属于国家设立的官方检验机构,如美国的动植物检验署(Animal and Plant Health Inspection Service, APHIS)、食品与药品管理局(Food and Drug Administration, FDA)、法国国家实验检测中心、日本通商产业检查所等,这些机构都是由政府设立的官方检验机构。属于民间性质的私人协会或同业公会有日本的海事鉴定协会、英国的利物浦棉花协会、瑞士的日内瓦通用鉴定公司、国际羊毛局(IWS)等。在非官方的商品检验机构中,有的已被该国政府认可并委托其办理一部分进出口商品的检验工作,如美国的"担保人实验室"(Underwriters Laboratory, UL),这一机构是由美国几家保险公司于 1894 年创办的,属于民间组织,后来从保险公司中独立出来,接受政府委托,负责进出口商品的安全检查,不仅是美国,也是全世界公认的安全测试机构。根据美国政府规定,凡与安全有关的商品(如电器、药品等)均需担保人实验室的检验,并取得"UL"标志(见图 11-1),方可进口,在美国市场销售。

**图 11-1  我国和世界著名的检验机构标识**

欧洲联盟国家的官方检验机构,其组织形式与美国类似,也是按商品类别,由政府各部门分管,按有关法律授权或政府认可实施检验和监督管理。如德国技术检验代理机构网(TUV)获得官方承认并主管市场的商品质量。英国标准协会(BSI)负责制定标准和实施检验、认证等工作。荷兰卫生部主管药品和食品,经济部主管电器和计量器具,农渔部主管水产品和农产品,环保部主管建材、化工品和危险品,运输部主管车辆和飞机,社会安全部主管核能的检验和监督管理。各部下设相应的检验机构,如卫生部下设食品检验局、肉品检验局,农渔部下设农产品检验局等。

瑞士通用鉴定公司(Societe General De Surveillance,S.G.S)是目前国际上著名的检验机构,又称"瑞士通用公证行"。其于1878年建立,目前在全球140多个国家地区设立318个分支机构、1180多个办事处、321个实验室,以其公正性、独立性著称。1949年前,该公司在我国是"远东公证行"。1978年后,与我国建立业务联系,与我国商品检验公司有委托关系,可委托我国商品检验公司检验但由香港SGS发证。1991年,与我国标准技术开发公司合资成立通标技术服务有限公司,是大陆第一家加入国际检验机构联盟(IFLA)的检验、认证公司。

1960年以后,许多国家实施"全面进口监督计划"(Comprehensive Import Supervision Scheme,CISS),SGS通常被许多国家指定进行装船前检验。我国出口货物的装船前检验由通标技术服务有限公司(SGS——CSTC)进行。其基本程序是:

进口国SGS通知SGS——CSTC检验;SGS——CSTC向出口商转发检验申请表RFI(有SGS检验编号与SGS——CSTC编号);出口商提交检验单据;SGS——CSTC进行检验;SGS——CSTC出具清洁检验报告——获得安全标签。

在国际贸易中,究竟选用上述哪家检验机构,取决于各国的规章制度、商品性质以及交易条件等。检验机构的选定,一般是与检验的时间和地点联系在一起的。在出口国工厂或装运港检验时,一般由出口国的检验机构检验,此外,根据成交商品的不同,双方也可以约定由买方派人到供货的工厂或出口地检验,或由双方派人实行联合检验。

## 四、我国商品检验机构及其职责任务

2001年4月10日,国家质量技术监督局和国家出入境检验检疫局合并,组建而成的中华人民共和国国家质量监督检验检疫总局(State Administration for Entry-Exit Inspection and Quarantine of People's Republic of China,AQSIQ)是主管全国质量、计量、进出境商品检验、出入境卫生检验、出入境动植物检疫和认证认可、标准化工作的行政执法机构。其各省、自治区、直辖市的分支机构监督管理本地区的进出口商品检验工作。

根据我国的商检法规定,地方检验检疫机构在进出口商品检验方面的基本任务有4项:

**1. 法定检验**

法定检验是根据国家法律、法规,对规定的进出口商品执行强制性的检验,凡列入《检验检疫商品目录》内的进出口商品,都必须经我国的商检机构实施检验。

**2. 公证鉴定**

公证鉴定是指根据国际贸易关系人的申请,商检机构以第三者公证人的身份,对被申请要求检验的进出口商品以及其他事项进行检验鉴定,并出具证明。公证鉴定不同于法定检验,主要表现在:

(1)公证鉴定是经过申请办理的,是非强制性的,而法定检验则是根据国家法律、法规,对进出口商品实施强制性检验。

(2)商检机构这时是独立的、有权威的公证机构身份,而不是以国家管理机关的身份出现。商检机构与申请人之间是平等的民事主体,而不是管理与被管理的关系。

(3)鉴定业务所出具的检验证书不具有强制力,其效用的大小取决于证书的合法性与准确性,取决于国际社会对其信任的程度。

**3. 依法监督管理**

监督管理是指国家商检部门、商检机构通过行政手段,对进出口商品的收货人、发货人及生产、经营、储运单位以及国家商检部门、商检机构指定或认可的检验机构和认可的检验人员的检验工作实施监督管理。

监督管理与法定检验一样是检验机构强制实施的行政管理行为。二者的区别在于管理的对象不同。法定检验的对象是进出口商品,而监督管理的对象是进出口商品检验工作,其主要目的是保证进出口经营单位及生产加工企业的产品质量保证体系的健全完善,保证出口产品的质量及生产环境。

**4. 认证工作**

按认证性质的不同,分为2种:

(1)强制性认证。与人身安全、健康、检疫、环保、劳保等有关的产品,依据法律规定必须实施强制性认证,该类产品未获得认证,不得销售,否则依法惩处。

(2)自愿性认证。对一般产品均实行自愿性认证,没有经过认证的产品,也可以在市场上销售,但在国际市场上往往会由于没有认证而使产品滞销或降价。

按认证的内容不同,可分为3种:

(1)质量认证。使用质量认证标志的产品,说明该产品符合某一技术标准。

(2)安全认证。使用安全标志的产品,只说明该产品符合某一安全标准或标准中的安全指标,不能说明产品质量的优劣。大多数安全认证都是强制性认证。

(3)既进行质量认证,又进行安全认证。有些有安全要求的产品,同时进行两种认证,产品同时使用合格标志和安全标志。

另外,国家质量监督检验检疫总局设在各地的商检机构,是经我国政府授权的、唯一管理和签发普惠制原产地证书的政府机构,签证手续按《中华人民共和国普惠制原产地证明书签证管理办法》办理。

# 任务五 商品检验证书和合同中的检验条款

## 一、商品检验证书的意义和作用

商品检验证书(Certificate of Inspection)是进出口商品检验机构对货物进行检验、鉴定后出具的证明文件。

商检证书的作用主要表现在下列几个方面：作为证明卖方所交货物的品质、重量（数量）、包装以及卫生条件等是否符合合同规定的依据；作为买方对品质、重量、包装等条件提出异议、拒收货物、要求索赔、解决争议的凭证；作为卖方向银行议付货款的单据之一；作为海关验关放行的凭证。

## 二、我国检验检疫机构签发的检验证书的种类

### （一）品质检验证书（Inspection Certificate of Quality）

品质检验证书是证明进出口商品的质量、规格、等级等实际情况的证明文件。

### （二）重量或数量检验证书（Inspection Certificate of Weight or Quantity）

重量或数量检验证书是证明进出口商品重量或数量的证件。

### （三）包装检验证书（Inspection Certificate of Packing）

包装检验证书是用于证明进出口商品包装及标志情况的证书。

### （四）兽医检验证书（Veterinary Inspection Certificate）

兽医检验证书是证明出口动物产品检疫合格的证件，适用于冻畜肉、冻禽、禽畜肉罐头、冻兔、皮张、毛类、绒类、猪鬃、肠衣等出口商品。

### （五）卫生检验证书（Sanitary Inspection Certificate）

卫生检验证书亦称"健康检验证书"（Inspection Certificate of Health），是证明可供人类食用或使用的出口动物产品、食品等经过卫生检验或检疫合格的证件。其适用于肠衣、罐头、冻鱼、冻虾、食品、蛋晶、乳制品、蜂蜜等商品。

### （六）消毒检验证书（Inspection Certificate of Disinfection）

消毒检验证书是证明出口动物产品经过消毒处理，保证卫生安全的证件。适用于猪鬃、马尾、皮张、山羊毛、羽毛、人发等商品。

### （七）熏蒸证书（Inspection Certificate of Fumigation）

熏蒸证书是证明出口粮谷、油籽、豆类、皮张等商品，以及包装用木材与植物性填充物等，已经经过熏蒸灭虫的证件。其主要证明使用的药物、熏蒸的时间等情况。如国外进口商不需要单独出证，可将其内容列入品质检验证书中。

## (八)温度检验证书(Certificate of Temperature)

温度检验证书是证明出口冷冻商品温度的证书。如国外仅需证明货物温度,不一定要单独的温度证书,可将测温结果列入品质证书。

## (九)残损检验证书(Inspection Certificate on Damaged Cargo)

残损检验证书简称"验残证书",是证明进口商品残损情况的证书。主要内容为确定商品的受损情况和对使用、销售的影响,估定损失程度,判断致损原因,作为向发货人或承运人或保险人等有关责任方索赔的有效证件。

## (十)船舱检验证书(Inspection Certificate on Tank/Hold)

船舱检验证书是证明承运出口商品的船舱清洁、牢固、冷藏效能及其他装运条件是否符合保护承载商品的质量和数量完整与安全要求的证书。

如何理解买方以指定商检机构出具的商检证书为准?

## (十一)货载衡量检验证书(Inspection Certificate on Cargo Weight & Measurement)

货载衡量检验证书亦称"衡量检验证书",是证明进出口商品的重量、体积吨位的证书。

## (十二)价值证明书(Certificate of Value)

价值证明书主要证明发票所列商品的价格真实正确。

一般货物的商检证书自签发日起2个月内有效,鲜果菜和蛋类分别为2个星期。商品逾期未出口,应申请展期,商检机构认为必要时会要求重新检验。

知识窗

### 熏 蒸

所谓"熏蒸"(Fumigation)就是采用熏蒸剂这类化合物在能密闭的场所杀死害虫、病菌或其他有害生物的技术措施。熏蒸剂是指在所要求的温度和压力下能产生使有害生物致死的气体浓度的一种化学药剂。这种分子态的气体,能够渗透到被熏蒸的物质中去,熏蒸后通风散气,非常容易扩散出去。

现在的熏蒸普遍采用两种方式进行,一是化学制剂法;二是热处理法。

化学制剂一般采用溴甲烷(Methyl Bromide),俗名溴代甲烷(Bromomethane)。化学制剂法要求室外温度要达到10摄氏度以上,如果室外温度低于10摄氏度以下就必须采用热处理法。

**报检员**

  报检员是指获得国家质量监督检验检疫总局规定的资格,在国家质检总局设在各地的出入境检验检疫机构注册,办理出入境检验检疫报检业务的人员。报检员受国家质检总局主管,检验检疫机构负责组织报检员资格考试、注册及日常管理、定期审核等工作。报检员在办理报检业务时,应当遵守出入境检验检疫法律、法规和有关规定,并承担相应的法律责任。

  报检员资格全国统一考试是测试应试者从事报检工作必备业务知识水平和能力的专业资格考试,由国家质量监督检验检疫总局组织进行。

  报检员分为自理报检和代理报检两种。所谓"自理报检",由有报检资格的公司自己报检,负责报检的人员就要有报检证书。自理报检只能用于本公司产品货物的报检,报名时需要出具本单位证明,而代理报检则不需要。

  代理报检一般是货代公司代理客户报检,货代公司的报检员要参加代理报检证书考试。代理报检员如果换了货代公司,注册资料在商检局更改之后证书仍可使用。

## 三、合同中的商检条款

  订立商品检验条款的目的在于确定商品的质量、数量(重量)和包装等是否符合贸易合同规定的要求,凭此验证卖方是否履行了合同规定的交货义务,如发现卖方所交货物与合同规定不符时,买方可以拒收货物、拒付货款或提出索赔要求。因此,在进出口贸易中,订好商品检验条款,做好进出口商品大批检验工作,对维护贸易双方权益,保证交易的顺利进行具有重大意义。国际货物买卖合同中的检验条款,主要包括检验的时间与地点、检验机构、检验证书、检验依据与检验方法以及商品的复验等。

### (一)商品检验条款的主要内容

  进出口双方商定商品检验条款时应把商品检验工作与所进出口货物本身的特点、各国的有关法律规定以及国际贸易惯例等因素结合起来,综合确定。一般商品检验条款的主要内容包括:检验的时间和地点;检验机构;检验标准和方法;复验的期限、地点和机构;商品检验的内容;检验证书的种类。

### (二)出口合同中的商检条款

  在我国出口贸易中,一般采用在出口国检验、进口国复验的方法。这种规定即货物在装船前,由我国口岸质检局进行检验,并签发检验证书,作为我国出商向银行议付货款的凭证;货到目的港后允许进口商有复验权,并以目的港检验机构出具的检验证明作为其索赔的依据。这种检验条款的具体规定如下：

双方同意以装运港所在国家出入境检验检疫机构签发的品质和数量（重量）检验证书作为信用证项下议付所提交单据的一部分，买方有权对货物的品质、数量（重量）进行复验。复验费用由买方负担。如发现品质和数量（重量）与合同规定不符，买方有权向卖方索赔，并提交经卖方同意的公证机构出具的检疫报告。索赔期限为货到达目的港××天内。

【例】 It is mutually agreed that the Certificate of Quality and weight (Quantity) issued by the China Entry-Exit Inspection and Quarantine Bureau at the port/place of shipment shall be part of the documents to be presented for negotiation under the relevant L/C. The buyers shall have the right to reinspect the quality and weight (quantity) of the cargo. The reinspection fee shall be borne by the buyers. Should the quality and/or weight(quantity) be found not in conformity with that of the contract, the buyers are entitled to lodge with the sellers a claim which should be supported by survey reports issued by a recognized survey or approved by the sellers. The claim, if any, shall be lodged within ×× days after arrival of the cargo at the port/place of destination.

### (三)进口合同检验条款的规定

双方同意以检验机构出具的品质及数量（重量）检验证书作为在信用证项下付款的单据之一，货物品质及数量（重量）的检验需要按照下列规定办理：

货物到达目的港××天内经国家出入境检验检疫机构复验，如发现品质及数量（重量）与本合同不符时，除属于保险公司或船运公司责任外，买方可凭国家出入境检验检疫局出具的检验证书，向卖方提出索赔或退货。所有因索赔或退货引起的一切费用（包括检验费）及损失，均由卖方承担。在此情况下，凡货物适于抽样者，买方可应卖方要求，将货物的样品寄交卖方。

【例】 It is mutually agreed that the Certificate of Quality and Quantity or Weight issued by surveyor shall be part of the documents for payment under the relevant L/C. However, the Inspection of quality and quantity or weight shall be made in accordance with the following:

In case quality, quantity or weight of goods be founded not in conformity with those stipulated in this contract after reinspection by State Administration for Entry-Exit Inspection and Quarantine of the People's Republic of China within×× days after arrival of the goods at the port of destination, the buyers shall return the goods to or lodge claims against the sellers for compensation of losses upon the strength of Inspection Certificate issued by the said Bureau, with the exception of this claims for which the insurers or the carriers are liable. All expenses (including insures fees) and losses arising from the return of the goods or claims should be borne by the sellers. In such case, the buyers may, if so requested, send a sample of the goods in question to the sellers, provided that the sampling is feasible.

### (四)订立合同的检验条款应注意的问题

进出口合同的检验条款与合同的其他条款一样,也是不可缺少的重要条款。订立好检验条款有利于出口交货和进口到货的检验及验收工作的顺利进行。订立检验条款注意的事项包括以下几个方面:

**1. 检验条款应与合同的其他条款相互衔接、协调一致**

进出口合同中所规定的货物品质、数量(重量)包装等项条款的具体内容是实施货物检验的重要依据,在订立这些条款时,必须考虑到检验工作的需要和可能,切忌互相脱节、自相矛盾。要保持条款间相互一致,不发生矛盾,尤其应把检验时间、地点的确定和贸易术语结合起来考虑。例如,出口合同按 CIF 贸易术语成交,这意味着卖方在装运港交货后,即可凭合同中规定的单据到银行议付货款。若在检验条款中规定"以到岸品质和重量由买方验货后付款",则二者便产生了矛盾,也就是说,检验条款的实质内容变更了合同的性质,合同已不具有合同的特点,成为名不符实的 CIF 合同。

**2. 检验条款中应规定检验标准和方法,力争做到明确、具体**

商品检验标准是衡量进出口货物是否合格的依据。只有明确规定检验标准,才能具体实施检验,并据此出具公正的检验结果。国际贸易中的商品种类繁多,商品标准也五花八门,不同的标准有不同的内容和要求。我国商品标准有国家标准、部标准(专业标准)和企业标准三级,国际上有国际标准。在这种情况下,必须在进出口合同中明确规定所采用的具体标准(如同为国家标准,应注明年份),以便实施检验,分清责任。检验方法也是检验条款要明确规定的内容,同一商品用不同的方法进行检验,可以得出完全不同的结果,这就容易引起双方的争议和纠纷。为避免不必要的争议,最好在合同中明确所使用的检验方法。

**3. 检验条款中要明确规定复验的期限、地点和机构**

复验是指买方对到货有复验权。在买方享有复验权的情况下,卖方在装船前所进行检验取得的检验证书具有法律效力,但不具有最后效力,货到目的港(地)后,买方复验的结果,据以签发的检验证书才具有最后效力。因此,在买方有复验权时,必须在合同中明确规定复验期限、复验地点和机构,这有利于保障卖方的权益。复验期限,实际上就是索赔限期,错过复验期,买方就失去了索赔权。对于复验期长短的规定,应结合商品的特点和港口等因素综合确定。如农副产品复验期限可短一些,机电仪表和成套设备的复验期限要长一些。复验地点的选择与复验期限有密切的联系,地点选择不当,实际检验的时间就得不到保障。复验地点除非买卖双方另有规定,一般是在货物到达的目的地。如果目的地不是港口,而是内地,则检验地点应延展到货物的最后目的地。对于复验机构,贸易双方一般指定政治上对自己友好、业务能力强的检验或公证机构。

## 小 结

本项目就我国出入境商检的地位和作用、检验检疫工作的内容、检验的依据、检验的程序、报验的时间和地点、检验机构、检验证书,以及合同中的商品检验条款等进行了较为详细的介绍。在实际的外贸工作中,同学们要根据实际情况进行灵活的运用,尤其是当今非关税壁垒等贸易保护主义盛行,要防止某些国家和客人利用检验或检疫等问题设置贸易障碍。

## 案 例

[背景]

我国某公司向国外客户出口一批冷冻食品,到货后买方在合同规定的索赔期内向我方提出品质索赔,索赔额达数十万元人民币,占合同的半数以上。买方提交的证明文件如下:

(1)法定商品检验证:该证书证明部分商品有变质现象(这部分商品表面呈乌黑色,实际上是我方在装运时误装了一小部分乌鸡皮所致),但证书上未注明货物的详细批号,也未注明变质货物的数量或在整批货物中所占的比重。

(2)商品变质证明书:是当地官方化验机构根据当地某食品零售商店送检的食品作出的。

我方在函复对方时,未承认也未否认商品品质变质问题,只是含糊其辞地要求对方减少索赔金额,但对方不同意。双方函件往来一年没有结果,对方遂派代表来京当面交涉,并称如得不到解决,将提交仲裁。

试分析:

(1)我方是否应受理这一索赔案件?

(2)在这一事件中,双方各有什么漏洞?

(3)我方现在应如何处理这一事件?

[分析]

(1)买方在合同规定的索赔期内向我方提出品质索赔,并提供了证明,我方应积极受理索赔。

(2)这一事件中双方各有漏洞。

买方漏洞有2点:一是法定商品检验证书上未注明变质货物的详细损失情况,导致损失数量和金额无法确定;二是变质商品证明书所依据的送检食品来源于当地某食品零售商店,并不是货物到达后由进口方提供的,缺少法律效力,只能作为参考,不能成为有效证明。

我方漏洞有2点:一是误装乌皮鸡,失误在先;二是未及时理赔,未及时核实货物变质及损失的具体情况等。

(3)该事件已达一年之久,对方代表已来京交涉,我方应本着友好协商的态度,阐明双方各有的漏洞和过失,承担相应的责任;协商不成则按照合同中的仲裁条款规定,提交仲裁。

## 思考训练

### 一、不定项选择题

1. 若使买方在目的港对所收货物无权提出异议,商品检验应( )。
   A. 以离岸品质、离岸重量为准
   B. 以到岸品质、到岸重量为准
   C. 以离岸品质、到岸数量为准
   D. 以到岸品质、离岸数量为准

2. 在国际货物销售合同的商品检验条款中,关于检验时间与地点,目前使用最多的是( )。
   A. 在出口国检验
   B. 在进口国检验
   C. 在出口国检验在进口国复验
   D. 出口国检验、进口国复检,再到第三国检验

3. 对技术密集型产品,易在( )。
   A. 出厂前检验
   B. 装船前检验
   C. 目的港检验
   D. 最终用户所在地检验

4. "离岸数量、到岸品质"多用于( )。
   A. 小批量零星交易
   B. 大宗商品交易
   C. 卖方承担责任较小交易
   D. 货物的品质、数量相对稳定的交易

5. 商检部门对进出口商品的质量、规格、等级进行检验后出具的是( )。
   A. 品质检验证书
   B. 重量检验证书
   C. 数量检验证书
   D. 卫生检验证书

6. 我国对外贸易合同中对检验时间和地点的规定主要有( )。
   A. 产地或工厂检验
   B. 出口国装运港(地)检验;进口国目的港(地)检验
   C. 装船前或装船时在装运港检验
   D. 在进口国检验
   E. 装运港(地)检验重量、目的港(地)检验品质

7. 我国出口冻禽、冻兔、皮张、毛类、猪鬃、肠衣等货物时,需提供( )。
   A. 品质检验证书
   B. 重量检验证书
   C. 价值检验证书
   D. 兽医检验证书
   E. 残损检验证书

8. 我国商检机构的基本任务是( )。
   A. 实施法定检验
   B. 实施监督管理
   C. 办理公证鉴定业务
   D. 进行对外索赔

9. 商品检验证书在国际贸易中的作用是(　　)。
   A. 证明卖方所交货物是否符合合同规定的依据
   B. 对外索赔的依据
   C. 仲裁机构受理案件的依据
   D. 海关通关放行的有效证件
   E. 银行付款的主要依据

10. 我国进出口商品检验的范围主要包括(　　)。
    A. 现行《目录》规定的商品
    B. 我国《食品卫生法》和《进出境动植物检疫法》规定的商品
    C. 我国《进出境动植物检疫法》规定的商品
    D. 我国《食品卫生法》规定的商品

## 二、判断题

1. 买方对货物的检验权是强制性的,是接受货物的前提条件。　(　　)
2. 按照我国《商检法》规定:法定检验的商品仅指《出入境检验检疫机构实施检验检疫的进出境商品目录》所列的商品。　(　　)
3. 如果合同中作为商检依据的品质条款和信用证规定不符时,则商检机构按信用证的有关规定检验。　(　　)
4. 如果合同中未对进出口商品的检验标准作出明确确定的话,应首先以进口国标准作为检验依据。　(　　)
5. 以装运港检验机构出具的证书为议付单据,以目的港检验结果为索赔依据,这种做法对买卖双方均有好处。　(　　)
6. 国际标准化组织的英文缩写是 SGS。　(　　)
7. 凡是出口商品,必须经过商检机构的检验之后才能出口。　(　　)
8. 在出口国检验是指在产地检验出口商品。　(　　)
9. 在国际贸易中,买卖双方凭样成交的,进行商品检验时应按合同进行检验。　(　　)
10. 进出口商品检验机构检验、鉴定后出具的证明文件称为检验证书。　(　　)

## 三、案例分析题

1. 某公司从国外采购一批特殊器材,该器材指定由国外某检验机构负责检验合格后才能收货。此后接到此检验机构的报告,报告称质量合格,但在其报告附注内说明,此项报告的部分检验记录由制造商提供。这种情况下,买方能否以质量合格而接受货物?

2. 某合同商品检验条款中规定以装船地商检报告为准。但在目的港交付货物时却发现品质与约定规格不符。买方经当地商检机构检验并凭其出具的检验证书向卖方索赔,卖方却以上述商检条款拒赔。卖方拒赔是否合理?

3. W 国公司与 X 国商人签订一份食品出口合同,并按 X 国商人要求将该批食品运至某港通知 Y 国商人。货到目的港后,经 Y 国卫生检疫部门抽样化验发现霉菌含量超过该国标准,决定禁止在 Y 国销售并建议就地销毁。Y 国商人去电请示,并经 X 国商人的许可将该货就地销毁。事后,Y 国商人凭 Y 国卫生检疫机构出具的证书及有关单据向 X 国商人提出索赔。X 国商人理赔后,又凭 Y 国商人提供的索赔依据向 W 国公司索赔。对此,你认为 W 国公司应如何处理?

4. 某公司以 CIF 鹿特丹出口食品 1000 箱,即期信用证付款,货物装运后,凭已装船清洁提单和已投保一切险及战争险的保险单,向银行收妥货款。货到目的地后经进口人复验发现下列情况:

(1)该批货物共有 10 个批号,抽查 20 箱,发现其中 2 个批号涉及 200 箱内含沙门菌超过进口国标准。

(2)收货人实收 998 箱,短少 2 箱。

(3)有 15 箱货物外表情况良好,但箱内货物共短少 60 公斤。

试问以上情况,进口人应分别向谁索赔?为什么?(本交易采用国际贸易中最常用的商品检验标准)

# 项目九
# 合同的索赔、不可抗力和仲裁条款

索赔,就是指遭受损害的一方在争议发生后,向违约的一方提出赔偿的要求。国际贸易中的索赔对象有三个:一是买卖双方之间的贸易索赔;二是向承运人的运输索赔;三是向保险人的保险索赔。

不可抗力,是指在合同签订以后,不是由于任何一方当事人的过失或疏忽,而是由于发生了当事人无法预见的,也无法事先采取预防措施的意外事故。遭受意外事故的一方由此而不能履行或不能如期履行合同的,可以免除履行合同责任或延迟履行合同。

在进出口货物买卖中发生争议,一般首先采用由双方当事人友好协商的方式解决;如协商不能解决,可通过第三者调解方式解决;如调解仍不能解决,可通过提交仲裁机构仲裁或进行司法诉讼方式处理。仲裁是解决进出口贸易争议的一个重要方式。

**案例导入**

**案情**：我国某出口企业以CIF纽约条件与美国公司订立了200套家具的出口合同。合同规定2007年12月交货。11月底，我方企业出口商品仓库发生了雷电火灾，致使一半左右的出口家具被烧毁。我方企业以发生不可抗力事故为由，要求免除交货责任，美方不同意，坚持要求我方按时交货。我方经多方努力，无奈于2008年1月初交货，美方要求索赔，试问：(1)我方要求免除交货责任的要求是否合理？为什么？(2)美方的索赔要求是否合理？为什么？

**分析**：(1)我方的要求不合理。理由：我方出口企业商品遇到不可抗力导致一半左右出口家具被烧毁，但不可抗力并没有严重到我方不能履行合同的程度，所以我方不能要求免除交货责任，但可以延期履行交货义务。(2)美方的索赔要求不合理。理由：我方遇到不可抗力事件后，虽经多方努力仍造成逾期交货，对此，我方不负责任，可以免责。

 **项目目标**

1. 掌握争议和索赔的基本知识。
2. 了解不可抗力的含义、仲裁的意义和仲裁协议的作用。
3. 掌握合同中的异议和索赔条款、不可抗力条款的规定方法。

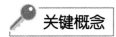 **关键概念**

争议(Dispute)　　　　　　　索赔(Claim)
理赔(Claim Settlement)　　　仲裁(Arbitration)
不可抗力(Force Majeure)　　 仲裁协议(Submission)

在进出口交易中，买卖双方经常会产生争议，这些争议主要是一方或者双方违约造成的。对于违约造成的损失，违约方对受害方负有赔偿的责任。但是，如果一方由于不可抗力不能履行合同义务，则可以免除损害赔偿的责任。此外，如果当事人不能通过协商解决争议，则在国际贸易中常常采用仲裁的方式加以解决。

# 任务一　索　赔

## 一、争议、索赔和理赔

### (一)争议

所谓"争议"(Disputes)是指买卖的一方认为另一方没有履行合同规定的责任与义务发

生违约所引起的纠纷。

违约是指买卖双方中,任何一方违反合同义务的行为。一方违约,就应承担违约的法律责任,而受损害方有权根据合同或有关法律规定提出损害赔偿要求。但是,对违约方的违约行为及其应承担的法律后果则取决于有关法律对此所作的解释和所确定的法律责任。各国法律对违约行为的性质划分不同:有的国家是以合同中交易条件的主次为依据进行划分的;有的国家却以违约的后果轻重为依据进行划分。

**1. 英国的法律规定**

英国法律把违约分为违反要件(Breach of Condition)与违反担保(Breach of Warranty)两种。所谓"违反要件",是指违反合同的主要条款,一方违反要件,另一方有权解除合同并要求损害赔偿。所谓"违反担保",是指违反合同的次要条款,受损害方有权因此要求损害赔偿,但不能解除合同。哪些条款属于要件,哪些条款属于担保,英国法律并无明确规定。不过,一般认为与商品有关的品质、数量和交货期限等条件属于要件,与商品无直接联系的为担保。

**2. 美国的法律规定**

美国法律规定,一方当事人违约,以致使另一方无法取得该交易的主要利益,则是重大违约(Material Breach)。在此情况下,受损害方有权解除合同,并要求损害赔偿。如果一方违约情况并未影响对方在该交易中取得主要利益,则为轻微违约(Minor Breach),受损一方只能要求损害赔偿,而无权解除合同。

**3. 我国的法律规定**

当事人一方迟延履行债务或由其他违约行为致使不能实现合同目的,对方可以不经催告解除合同。当事人一方迟延履行主要债务,经催告后在合理期限内未履行的,对方可以解除合同。合同终止,不影响合同中结算和清理条款的效力,也不影响当事人请求损害赔偿的权利。

**4. 《联合国国际货物销售合同公约》的规定**

《联合国国际货物销售合同公约》把违约区分为根本性违约和非根本性违约两类。所谓"根本性违约",是指一方当事人违反合同的结果,如使另一方当事人蒙受损害,则实际剥夺了他根据合同规定有权期待得到的东西,即为根本违反合同。此时,受损害方可以宣告合同无效,同时有权向违约方提出损害赔偿的要求。如违约的情况尚未达到根本违反合同的程度,即非根本性违约,则受损害方只能要求损害赔偿而不能宣告合同无效。

国际贸易中买卖双方发生争议的原因很多,主要有3种情况:

(1)由于卖方不履行或不完全履行合同规定的义务。例如,不交货或所交货物的品质、数量、包装等不符合同规定。

(2)由于买方不履行或不完全履行合同规定的义务。例如,不按照合同规定派船接货、指定承运人、支付贷款或开出信用证、无理拒收货物等。

(3)由于合同条款欠明确,在进出口贸易中无统一解释,买卖双方对此理解不一致或从自身利益出发各执一词。

### (二)索赔和理赔

所谓"索赔"(Claim),是指遭受损害的一方在争议发生后,向违约的一方提出赔偿的要求。对于索赔应该负责的对象主要有卖方、买方、船运公司(或承运人)和保险公司。他们所负的责任根据造成损失的原因和有关合同的规定而有所不同。

**1.属于卖方的责任**

(1)货物品质规格不符。

(2)原装货物数量短少。

(3)包装不善致使货物受损。

(4)延期交货。

(5)卖方不符合合同条款规定的其他行为致使买方受到损失。

**2.属于买方的责任**

(1)付款不及时。

(2)订舱或配船不及时(指按FOB条款成交的合同)或延迟接货。

(3)买方不符合合同条款规定的其他行为致使卖方受到损失。

**3.属于船公司(或承运人)的责任**

(1)数量少于提单载明的数量。

(2)收货人持有清洁提单而货物发生残损短缺。

**4.属于保险公司的责任**

(1)在承保范围以内的货物损失。

(2)船公司(或承运人)不予赔偿的损失或赔偿额不足以补偿货物的损失而又属承保范围以内的。

以上是各个索赔对象应负的单独责任。损失的发生牵涉到几方面,例如,保险的货物到达目的港后发生短卸,由于船公司对每件货物的赔偿金额有一定的限制,往往不能赔足,其不足部分就应由保险公司负责。这里涉及船公司和保险公司两方面,因此,收货人应向船公司和保险公司同时提出索赔。

所谓"理赔"(Claim Settlement),是指违约方对受损害方所提出的赔偿要求的受理和处理。因此,索赔和理赔是一个问题的两个方面,即在受损方是索赔,在违约方是理赔。在进出口贸易实践中,损害赔偿是最重要的,也是最常用的违约补救措施。按照法律的一般规则,受损害的一方当事人在采取其他违约补救措施时(例如,要求交付替代货物、对货物不符合同之处进行修理、减低价格、规定一段合理的额外时间让对方履行合同义务或宣告合同无效等),都不影响该方当事人向违约一方提出损害赔偿的权利。

## 二、买卖合同中的索赔条款

进出口货物买卖合同中,索赔条款有两种规定方式:一种是异议与索赔条款;另一种是罚金条款。一般来说,在国际货物买卖合同中多数只要订立异议与索赔条款,在大宗商品和机械设备等商品的进出口合同中,除订明异议与索赔条款外,还另外加订罚金条款。

### (一)异议与索赔条款

异议与索赔条款(Discrepancy and Claim Clause),一般是针对卖方交货品质、数量或包装不符合同规定而订立的。内容除规定如一方违反合同另一方有权索赔外,还包括索赔依据、索赔期限、赔付金额及索赔的处理方法等。

【例】 买方对装运货物的任何索赔,必须于货到提单规定的目的港××天内提出,并须提供经卖方同意的公证机构出具的检验报告。

Any claim by the buyers regarding the goods shipped shall be filed within ×× days after arrival of the goods at the port of destination specified in the relative Bill of lading and supported by a survey report issued by a surveyor approved by the seller.

### (二)罚金条款

罚金条款(Penalty Clause),也称"违约金条款",较多地使用于卖方延期交货或买方延期付款等情况。其特点是预先在合同中规定罚金的数额或罚金的百分比。其主要内容为当一方未履行合同义务时,应向对方支付一定数额的约定罚金,以补偿对方的损失。罚金的数额大小以违约时间的长短而定,并规定出最高限额。

罚金的支付并不解除违约方继续履行的义务,因此,违约方除支付罚金外,仍应履行合同规定的义务。

关于合同的罚金条款,各国法律规定不尽相同。独联体、德国等国的法律承认罚金条款并予以保护。而英、美、澳大利亚、新西兰等国家的法律则对罚金有异议,它们认为对于违约行为只能要求赔偿,不能惩罚。英、美的法院对于合同中固定赔偿金额条款首先要区别这一金额是属于预定的损害赔偿金额,还是属于罚款。如果法院认为属于损害赔偿金额则可按合同规定的固定金额判给。如果认为属于惩罚性的罚金,法院不予承认而只能按照受损害一方所受损失的证据另行确定其金额。因此,我们在与英、美等国商人订立合同时,如需规定罚金或损害赔偿金条款,应注意约定的金额是否合宜,以免在发生纠纷时我方处于被动。

【例】 买方因自身原因不能按合同规定的时间开立信用证,应向卖方支付罚金。罚金按迟开证每××天收取信用证金额的××%,不足××天者按××天计算,但罚金不超过买方应开信用证金额的××%。该罚金仅作为因迟开信用证引起的损失赔偿。

Should the buyers for its own sake fail to open the letter of credit on time stipulated in the contract, the buyers shall pay a penalty to the sellers. The penalty shall be charged at the rate of ××‰ of the amount of the letter of credit, however, the penalty shall not exceed ××‰ of the total value of the letter of credit which the buyers should have opened. Any fractional days less than ×× days shall be deemed to be ×× days for the calculation of penalty. The penalty shall be the sole compensation for the damage caused by such delay.

## 三、索赔与理赔应注意的问题

### (一)我方向对方索赔应注意的问题

**1. 注重实际,查明责任**

在索赔过程中,应根据公平合理、实事求是的原则,查明对方是否确实违约,使我方遭受损失。如确属对方责任,则可向对方提出索赔;如果是船运公司或保险人的责任,则应向船运公司或保险人索赔。

**2. 确定索赔金额**

提出索赔的金额一定要有根据,如合同预先规定有约定的损害赔偿的金额,应按约定的金额提出索赔;如预先没有约定损害赔偿的金额,则应根据有关的法律和进出口贸易业务的实际情况确定损害赔偿金额。例如,如卖方所交货物的品质、规格与合同规定不符时,可以要求卖方减价或换货。如果是退货或重换,则应包括所退换货物的运费、仓储费、保险费及重新包装费;如果卖方委托整修时,要合理计算使用材料费和加工费。

**3. 备齐索赔所需单证**

索赔单据不齐,对方可以拒赔。索赔单据一般包括:提单、发票、保险单、装箱单、磅码单及商检机构出具的货损检验证书或由船长签署的短缺残损证明及索赔清单,并列明索赔的根据和索赔金额。

### (二)我方理赔应注意的问题

**1. 认真分析索赔理由**

认真研究分析对方所提索赔理由是否充足,情况是否属实,是否确因我方违约而使对方遭受损失,是否符合合同规定或法律规定,如属逾期才提出的索赔,我方可以不予受理。

**2. 仔细审核索赔证件和有关文件**

仔细审核对方所提出的索赔单据和有关证据,如出证机构是否符合要求,检验标准和检验方法是否符合双方规定,单证是否齐全、清楚,有无夸大损失等。

**3. 合理确定赔付办法**

如确属我方责任,应公平合理、实事求是地研究提出理赔方案,并与对方协商确定。赔付办法,可以采取赔付部分货物、退货、换货、补货、修整、赔付一定金额及对索赔货物给予价格折扣或按残损货物百分比对全部货物进行降价等处理。

### (三)注意索赔依据和索赔期限等问题

提出索赔时,要认真做好索赔方案,准备好索赔依据。索赔依据包括法律依据和事实依据两个方面。前者是指买卖合同和适用的法律规定;后者则是指违约的事实、情节及其书面证明。

索赔期限是指受损害方向违约方提出索赔的期限,按照有关法律和国际惯例,受损害方只能在索赔期限内提出索赔,否则就丧失索赔权。索赔期限既有约定的,也有法定的。关于索赔期限的长短,应根据商品种类、特征及检验所需时间等因素而定。一般来说,除机器设备等性能特殊的商品外,索赔期限一般不宜规定过长,以免使卖方承担过重的责任;但也不宜规定过短,以免使买方无法行驶索赔权。对有质量保证期限的合同,索赔期限应规定长一些,如规定1年或1年以上。在规定索赔期限时,关于索赔期限的起算时间,也应该具体规定。通常的起算方法有以下几种:货物到达目的港后××天起算;货物到达目的港卸离海轮后××天起算;货物到达营业处所或用户所在地后××天起算;货物经检验后××天起算。

# 任务二　不可抗力

## 一、不可抗力的含义

### (一) 不可抗力的含义

所谓"不可抗力"(Force Majeure),通常是指在合同签订以后,不是由于任何一方当事人的过失或疏忽,而是由于发生了当事人无法预见的、也无法事先采取预防措施的意外事故。遭受意外事故的一方由此而不能履行或不能如期履行合同的,可以免除履行合同责任或延迟履行合同。

不可抗力事故范围较广,通常可分为两种情况:一种是由于"自然力量"引起的,如水灾、火灾、暴风、大雪、暴风雨、地震等;另一种是"社会力量"引起的,如战争、罢工、政府禁令等。各国法律一般都允许当事人在合同中订立不可抗力条款时商定不可抗力的范围。

各国对不可抗力事件的规定,宽严不一。一般地说,将自然灾害、战争、严重的动乱和灾害性事故看成不可抗力事件是各国一致的,而对上述事件以外的人为障碍,如政府干预、不颁发许可证、计划变更、罢工、市场情况的剧烈变动,以及政府禁令、禁运行政行为等归入不可抗力事件则常引起争议。这种区别是由于各国法律传统、习惯和法律意识的不同而导致的。英美法系的各国一般将不可抗力条款称为"合同落空"条款,英国的法律和判例往往将下列情况作为"合同落空"处理:其一,标的物灭失;其二,属人合同的当事人死亡;其三,标的物不存在;其四,违法;其五,情况发生根本性变化;其六,政府实行封锁禁运和拒发进出口许可证。

大陆法系一般将不可抗力条款归在"情势变迁"条款之下。法国法院对以"情势变迁"为由要求免除履行义务的抗辩要求很严,一般不轻易接受。其判例认为,只有发生不可归咎于债务人的不可预知情况并使债务人在相当期间内不可能履行合同的障碍,才能解除债务人的履行义务。即使发生罢工、进出口限制、政府征用等意外事件,也要考虑具体的案情。

### (二)不可抗力事件必须符合下列条件

无论是由于自然灾害引起,还是社会因素引起,不可抗力必须同时具备下述条件:

#### 1.不可预见性

合同当事人对于不可抗力事件的发生必须根本无法预见。如果能预见,或应该能够预见,则不构成不可抗力。例如,某船运输一批货物从一海港到另一海港,船长出海前未听广播天气预报即开船,结果遇上风暴使货物受损。该风暴对于船长来说就不是不可抗力。因为,作为海上运输的船长出海前应了解当天的天气预报,而天气预报已对该风暴做了预告,船长能够预见,却由于疏忽未注意应当承担货损的责任。

不可抗力事件该由哪些机构来认定呢?

#### 2.不可避免性

即使出现了不可预见的灾害,如果造成的后果是可以避免的,那么也不构成不可抗力。只有无法采取任何措施加以避免,才具有不可抗力的特征。例如,船在海上遇到风暴,附近就有避风港但不进去致使货物受损也需承担责任。

#### 3.不可克服性

这是不可抗力的最后一个特征。指当事人对该事件的后果无法加以克服,即毫无办法加以阻止,这是不可抗力的延伸。

### (三)不可抗力事件的处理

如果发生不可抗力事件,致使合同无法得到全部、部分或如期履行,则有关当事人可依据法律或合同的规定,免除其相应的责任,即可解除合同或变更合同,并对由此而给另一方当事人造成的损失免负赔偿责任。变更合同是指对原合同的条件或内容做适当的变更,包括替代履行、减少履行或延迟履行。如果合同中没有明确的规定,则一般根据不可抗力事件所产生的影响情况而定:如果不可抗力事件的发生使合同的履行成为不可能,或事件的影响比较严重,非短期内所能复原,则可解除合同;如果不可抗力事件的发生只是部分地或暂时地阻碍了合同的履行,则发生事件的一方只能采用变更合同(如延期履行、分期履行、替代履行和减量履行等)的方法,以减少另一方的损失。

因不可抗力不能履行合同的,根据不可抗力的影响,违约方可部分或全部免除责任。但有以下例外:金钱债务的迟延履行不得因不可抗力而免除;迟延履行期间发生的不可抗力不具有免责效力。

## 二、合同中的不可抗力条款

不可抗力条款的内容,主要包括不可抗力事故的范围,不可抗力事故的处理原则和办法,事故发生后通知对方的期限和通知方式以及出具事故证明的机构等。

### (一) 不可抗力事故的范围的规定

关于不可抗力事故的范围,应在买卖合同中订明。通常有下列规定办法:

**1. 概括式规定**

在合同中不具体规定哪些事故属于不可抗力事故,而只是笼统地规定:"由于公认的不可抗力的原因,致使卖方不能交货或延期交货,卖方不负责任",或"由于不可抗力事故使合同不能履行,发生事故的一方可据此免除责任"。这类规定办法过于笼统,含义模糊,解释伸缩性大,容易引起争议,不宜采用。

【例】 由于不可抗力的原因,致使卖方不能全部或部分装运,或延迟装运合同货物,卖方对于这种不能装运或延迟装运本合同货物不负有责任。但卖方须用电报或电传通知买方,并须在××天内,以航空挂号信件方式向买方提交由中国国际贸易促进委员会(中国国际商会)出具的证明此类事件的证明书。

If the shipment of the contracted goods is prevented or delayed in whole or in part due to Force Majeure, the seller shall not be liable for non-shipment or late shipment of the goods of this contract. However, the seller shall notify the buyer by cable or telex and furnish the letter within ×× days by registered airmail with a certificate issued by the China Council for the Promotion of International Trade (China Chamber of International Commerce) attesting such event or events.

**2. 列举式规定**

在合同中详列不可抗力事故的范围的办法,虽然明确具体,但文字既繁琐又可能出现遗漏情况,因此,这也不是最好的办法。

【例】 如由于战争、地震、水灾、火灾、暴风雨、雪灾的原因,致使卖方不能全部或部分装运或延迟装运合同货物,卖方对于这种不能装运或延迟装运本合同货物不负有责任。但卖方须用电报或电传通知买方,并须在××天以内,以航空挂号信件向买方提交由中国国际贸易促进委员会(中国国际商会)出具的证明此类事件的证明书。

If the shipment of the contracted goods is prevented or delayed in whole or in part by reason of war, earthquake, flood, fire, storm, heavy snow, the seller shall not be liable for non-shipment or late of shipment of the goods of the contract. However, the seller shall notify the buyer by cable or telex and furnish the letter within×× days by registered airmail with a certificate issued by the China Council for the Promotion of International Trade (China Chamber Of International Commerce) attesting such event or events.

### 3. 综合规定

在列明经常可能发生的、不可抗力事故的同时,再加上"以双方同意的其他不可抗力事故"的文句,这种规定方法,既明确具体,又有一定的灵活性,是一种可取的办法。在我国进出口合同中,一般多采取这种规定方法。

【例】 由于战争、地震、水灾、火灾、暴风雨、雪灾或其他不可抗力原因,致使卖方不能全部或部分装运货物或延迟装运合同货物,卖方可不负责任。但卖方应立即将事件通知买方,并于事件发生后××天内将事件发生地政府主管当局出具的事件证明书用航空挂号方式邮寄给买方为证,并取得买方认可。在上述情况下,卖方仍有责任采取一切必要措施从速交货。如果事件持续超过××个星期,买方有权撤销合同。

The seller shall not be held responsible for failure or delay to perform all or any part of this contract due to war, earthquake, flood, fire, storm, heavy snow or other cause of Force Majeure. However, the seller shall advise the buyer immediately of such occurrence within××days thereafter, shall send by registered airmail to the buyer for their acceptance a certificate issued by the competent government authorities of the place where the accident occurs as evidence thereof. Under such circumstance, the Seller, however, is still under the obligation to take all necessary measure to hasten the delivery of the goods. In the case the accident lasts for more than××weeks, the buyer shall have the right to cancel the contract.

## (二) 不可抗力事故的通知和证明

不可抗力事故发生后如影响合同履行时,发生事故的一方当事人,应按约定的通知期限和通知方式,将事故情况如实通知对方,对方在接到通知及证明文件后,无论同意与否,都应及时回复,如有异议也应及时提出。此外,发生事故的一方当事人还应按约定办法出具证明文件,作为发生不可抗力事故的证据。在国外,这种证明文件一般由当地的商会或法定公证机构出具。在我国,该证明文件由中国国际贸易促进委员会出具。

## 三、援引不可抗力条款和处理不可抗力事故的注意事项

当不可抗力事故发生后,合同当事人在援引不可抗力条款和处理不可抗力事故时,应注意如下事项:

其一,发生事故的一方当事人应按约定期限和方式及时将事故情况通知对方,对方也应及时答复。

其二,双方当事人都要认真分析事故的性质,看其是否属于不可抗力事故的范围。

其三,不可抗力条款中应明确规定具体的通知和提交证明文件的期限和方式。发生事故的一方当事人应出具有效的证明文件,以作为发生事故的证据。

其四,双方当事人应就不可抗力的后果,按约定的处理原则和办法进行协商处理。处理时,应弄清情况,体现实事求是的精神。

# 任务三 仲 裁

在进出口货物买卖中发生争议,一般首先采用由双方当事人以友好协商的方式解决;如协商不能解决,可通过第三者调解方式解决;如调解仍不能解决,可通过提交仲裁机构仲裁或进行司法诉讼方式处理。仲裁是解决进出口贸易争议的一个重要方式。

## 一、仲裁的含义和特点

### (一)仲裁的含义

仲裁(Arbitration)是指买卖双方在争议发生之前或发生之后,签订书面协议,自愿将有关争议提交双方所同意的仲裁机构进行裁决,而这个裁决是终局性的,对双方都有约束力,双方必须遵照执行。

### (二)仲裁的特点

仲裁与诉讼等解决争议的方式相比,有如下特点:
其一,仲裁以双方当事人自愿为原则,双方须达成仲裁协议。
其二,双方当事人均有在仲裁机构挑选仲裁员的权利。
其三,仲裁裁决是终局性的,可以在另一个国家生效或执行。
其四,仲裁程序简便、费用较低、处理迅速,有利于双方今后交易的开展。

## 二、仲裁协议的形式和作用

### (一)仲裁协议的形式

仲裁协议(Submission)必须是书面的,它有两种形式:
**1. 合同中的仲裁条款**
这是指在争议发生之前,合同双方当事人在买卖合同中订立的仲裁条款。
**2. 提交仲裁协议**
这是指由双方当事人在争议发生之后订立的、同意将争议提交仲裁的协议。仲裁协议的形式虽有不同,其法律作用和效力是相同的。

## （二）仲裁协议的作用

其一,表明双方在发生争议时自愿提交仲裁。

其二,约束双方当事人在协商或调解不成时,只能以仲裁方式解决争议,不得向法院起诉。排除法院对有关案件的管辖权。

其三,使仲裁机构取得对争议案件的管辖权。

## 三、仲裁形式和机构

### （一）仲裁形式

仲裁有临时仲裁和机构仲裁2种。

**1. 临时仲裁**

这是指由争议双方共同指定的仲裁员自行组织成临时仲裁庭所进行的仲裁。临时仲裁庭是为审理某一具体案件而组成的,案件审理完毕,仲裁庭自行解散。

**2. 机构仲裁**

这是指由双方当事人约定的常设仲裁机构按照其仲裁规则或双方当事人选定的仲裁规则所进行的仲裁。所谓"常设仲裁机构",是指根据一国法律或有关规定设立的,有固定名称、地址、仲裁员设置和具体仲裁规则的仲裁机构。一般来说,双方当事人约定由哪个常设仲裁机构仲裁,就应按该机构的仲裁规则进行仲裁。但有的国家也允许双方当事人自由选用他们认为合适的其他仲裁规则。国际商会仲裁大多采用机构仲裁。

### （二）仲裁机构

世界上有许多国家、地区和一些国际组织都设有专门从事处理国际商事纠纷,进行有关仲裁的管理和组织工作的常设仲裁机构。知名的有瑞典斯德哥尔摩仲裁院、瑞士苏黎世商会仲裁院、英国伦敦国际仲裁院、美国仲裁协会、日本国际商事仲裁协会、香港国际仲裁中心以及设在巴黎的国际商会仲裁院等。

我国常设的涉外商事仲裁机构是中国国际经济贸易仲裁委员会,隶属于中国国际贸易促进委员会。该委员会在北京、深圳和上海分别设有分会,它受理争议的范围产生于国际或涉外的契约性或非契约性的经济贸易争议。

## 四、仲裁程序

仲裁程序是指进行仲裁的手续、步骤和做法,主要包括仲裁申请、仲裁庭的组成、仲裁审理及其作出裁决。各国仲裁法和仲裁机构的仲裁规则都对仲裁程序有明确的规定。

进行仲裁时涉及两种法律:一种是上述仲裁程序规则,即程序法(Adjective Law);另一种是确定双方当事人权利与义务的实体法(Substantive Law)。

关于实体法问题,西方国家一般也允许双方当事人在合同中加以订明。如果没有订明,除仲裁所在国另有规定外,一般由仲裁员按仲裁所在国的法律冲突规则(Conflict of Laws)来确定。我国各进出口公司通常不在合同中规定适用的实体法。这就意味着由仲裁员按照上述法律冲突规则予以确定。根据这一原则,既有适用我国法律的可能,也有适用对方国家法律或第三国法律的可能。这点必须引起我们注意。

### (一) 仲裁申请

仲裁申请,是仲裁程序开始的首要手续,是仲裁机构立案受理的前提。对申请书的内容,各国的法律规定并不一致。根据《中国国际经济贸易仲裁委员会仲裁规则》,我国仲裁机构受理争议案件的依据是双方当事人的仲裁协议和一方当事人(申诉方)的书面申请。申请书的主要内容为:其一,申请人和被申请人的名称和住址;其二,申请人所依据的仲裁协议;其三,案情和争议要点;其四,申请人的要求,所依据的事实和根据。

申请人提交仲裁申请书时还应附上有关证明文件,如合同、往来函电等的正本、副本或抄本,并预交规定的仲裁费。

仲裁机构收到仲裁申请书后,其一,审查仲裁协议是否合法,争议是否属于仲裁协议范围,该争议是否被处理过,以及时效是否过期等;其二,经审查认为申请人申请仲裁的手续完备,即予立案,并立即向被申请人发出仲裁通知,将仲裁申请书及其附件连同仲裁机构的仲裁规则、仲裁员名册和仲裁费用表各一份发送给被申请人。

### (二) 仲裁庭的组成

争议案件提交仲裁后,由争议的双方所指定的仲裁员所组成的仲裁庭进行审理并作出裁决。我国仲裁法规定,仲裁庭可以由3名仲裁员或者1名仲裁员组成。由3名仲裁员组成的,设首席仲裁员。

我国仲裁规则规定,申请人于提交仲裁申请书的同时指定仲裁员,被诉人也应选出一名仲裁员,首席仲裁员由双方当事人共同选定或者共同委托仲裁委员会主任指定。双方当事人指定仲裁员后,即由仲裁员组成仲裁庭,着手对争议案件进行审理。

### (三) 仲裁审理

仲裁庭审理争议案件的步骤很多,包括开庭审理、调解、搜集证据和调查事实(必要时)、采取保全措施以及作出裁决等步骤。

### (四) 仲裁裁决

裁决是仲裁程序的最后一个步骤。根据各国仲裁规则的规定,仲裁裁决必须以书面形式作出。仲裁裁决是终局性的,双方当事人均不可以向法院起诉要求变更。

## 五、仲裁裁决的承认与执行

仲裁裁决的承认是指法院根据当事人的申请,依法确认的仲裁裁决具有可予执行的法律效力。

仲裁裁决的执行是指当事人自动履行裁决事项,或法院根据一方当事人的申请依法强制另一方当事人执行裁决事项。在国际贸易中,仲裁裁决的承认与执行涉及一个国家的仲裁机构所作出的裁决要由另一个国家的当事人去执行的问题。由于仲裁机构未被赋予强制执行的权力,所以如果国外的当事人一方拒不执行仲裁裁决,仲裁机构则无能为力。为了解决在执行外国仲裁裁决问题上产生的矛盾,在联合国主持下,1958年,在纽约缔结了《承认和执行外国仲裁裁决公约》(简称《1958年纽约公约》),这是一个重要的国际公约。该公约强调了两点:一是承认双方当事人所签订的仲裁协议有效;二是根据仲裁协议所作出的仲裁裁决,缔约国应承认其效力并有义务执行。只有在特定的条件下,才根据被诉人的请求拒绝承认与执行仲裁裁决。

1986年12月,第六届全国人民代表大会常务委员会第18次会议决定中华人民共和国加入上述《1958年纽约公约》,并同时声明:其一,中华人民共和国只有在互惠的基础上对在另一缔约国领土内作出的仲裁裁决的承认与执行适用该公约;其二,中华人民共和国只对根据中华人民共和国法律认定为属于契约性和非契约性商事法律关系所引起的争议适用该公约。

## 六、买卖合同中的仲裁条款

进出口货物买卖合同中的仲裁条款,一般应包括:提交仲裁的事项(即提请仲裁的争议范围)、仲裁地点、仲裁机构、仲裁规则、仲裁效力等内容。在我国进出口贸易合同中,仲裁条款通常有3种规定方法。

### (一)规定在我国仲裁的仲裁条款

【例】 凡因执行本合同引起的或与本合同有关的任何争议,均应提交中国国际经济贸易仲裁委员会,按照该会现行的仲裁规则,由申请一方选择由该会在北京或由该会深圳分会在深圳或由该会上海分会在上海进行仲裁。仲裁裁决是终局的,对双方均有约束力。

Any dispute arising from or in connection with this contract shall be submitted to China International Economic and Trade Arbitration Commission for arbitration which shall be conducted by the Commission in Beijing or by its Shenzhen Sub—Commission in Shenzhen or by its Shanghai Sub—Commission in Shanghai at the claimer's option in accordance with the Commission's arbitration rules in effect at the time of applying for arbitration. The arbitral award is final and binding upon both parties.

### (二)规定在双方同意的第三国仲裁的仲裁条款

**【例】** 凡因执行本合同所发生的或与本合同有关的一切争议,应提交××(国)××(地)××(仲裁机构),根据该仲裁机构的仲裁规则进行仲裁。仲裁裁决是终局的,对双方都有约束力。

All disputes arising from or in connection with this contract shall be submitted to ×× for arbitration, in accordance with its rules of arbitration. The arbitral award is final and binding upon both parties.

### (三)规定在被申请一方所在国仲裁的仲裁条款

**【例】** 凡因执行本合同或与本合同有关的一切争议,应提交被申请一方所在国进行仲裁。如在中国,则由设在北京的中国国际经济贸易仲裁委员会根据该会仲裁规则进行仲裁。如在××(国家),由××(仲裁机构)根据该机构仲裁规则进行仲裁。仲裁裁决是终局的,对双方都有约束力。

Any dispute arising from or in connection with this contract shall be submitted for arbitration. The location of arbitration shall be in the country of the domicile of the defendant. If in china, the arbitration shall be conducted by the China International Economic and Trade Arbitration Commission, Beijing in accordance with its rules of arbitration. If in…, the arbitration shall be conducted by…in accordance with its rules of arbitration. The arbitral award is final and binding upon both parties.

### 小 结

违约是不按贸易惯例及规程办事产生的纠纷,以至发生贸易方的索赔或理赔,造成不必要的困扰或信誉上的损失。索赔是交易中受损的一方根据合同或法律规定向违约方提出的赔偿要求。对受损方而言,称作"索赔";对违约方而言,称作"理赔"。在通常进出口交易中,多订立异议和索赔条款,在大宗交易或机械设备合同中还要加订罚金条款。

在国际货物买卖合同签订之后,有时会发生不可抗力事件,给合同履行带来障碍。为避免由此产生不必要的纠纷,通常在买卖合同中,订立不可抗力条款。不可抗力条款是指在合同中订明如当事人一方因不可抗力事件不能履行合同的全部或部分义务时,免除其全部或部分责任,另一方当事人不得对此要求损害赔偿。

在国际贸易中,买卖双方由于种种原因在合同履行中发生争议是难以避免的,仲裁就是解决对外贸易争议的一种重要方式。在国际货物买卖合同中,订立仲裁条款是非常重要的。双方商定仲裁条款时需要原则明确,灵活掌握,按自愿原则视具体情况而定。

## 案例

**[背景]**

2003年4月,我某外贸公司与加拿大进口商签订一份茶叶出口合同,并要求采用合适的包装运输,成交术语为CIF渥太华,向中国人民保险公司投保一切险。生产厂家在最后一道工序将茶叶的湿度降低到了合同规定值,并用硬纸筒盒作为容器装入双层纸箱,在装入集装箱后,货物于2003年5月到渥太华。检验结果表明,全部茶叶变质、湿霉,总共损失价值达10万美元。但是,当时货物出口地温度与湿度适中,进口地温度与湿度也适中,运输途中并无异常发生,完全为正常运输。试问,以上货物的损失该由谁来赔偿,为什么?

**[分析]**

尽管属于一切险赔偿范围,但是应当找到主要责任原因。一方面,由于运输过程正常,因此船方无责任;另一方面,由于茶叶包装并不能满足其一般运输防潮要求,因此,货物问题应当是由于包装不能满足基本运输要求所引起的,这是在运输交货前发生的,所以责任应当是在生产厂家,货物损失应当由出口厂家赔偿。

## 思考训练

### 一、不定项选择

1. 交易一方认为对方未能全部或部分履行合同规定责任与义务而引起的纠纷是( )。
   A. 争议　　　　　B. 违约　　　　　C. 索赔　　　　　D. 理赔

2. 双方当事人在合同中明确规定"货物运抵目的港后30天内索赔"。这种索赔期限是( )。
   A. 法定索赔期限　　B. 约定索赔期限　　C. 固定索赔期限　　D. 变动索赔期限

3. 不可抗力免除了遭受意外事故的一方当事人( )。
   A. 履行合同的责任　　　　　　B. 对损害赔偿的责任
   C. 交付货物的责任　　　　　　D. 支付货款的责任

4. 《联合国国际货物销售合同公约》规定的索赔期限为买方实际收到货物后( )内。
   A. 半年　　　　　B. 1年　　　　　C. 1年半　　　　　D. 2年

5. 不可抗力事件是指当事人( )。
   A. 不能预见、不能避免的事件
   B. 不能预见、不能避免、不能克服的事件
   C. 不能预见、不能避免、不能克服、可以预防的事件
   D. 可以预见、不能避免的事件

6. 国际贸易中的索赔案件,多数原因是( )。
   A. 卖方所交货物品质与合同规定不符　　B. 卖方所交货物数量与合同规定不符

  C. 卖方不按期交货         D. 买方未及时开证

7. 涉及国际货物买卖的索赔,通常包括( )。

  A. 买卖双方之间的贸易索赔     B. 卖方向承运人提出的运输索赔

  C. 买方向承运人提出的运输索赔    D. 卖方向保险人提出的保险索赔

8. 索赔期限的规定方法有( )。

  A. 约定索赔期限         B. 货到目的港后××天索赔

  C. 货到目的港卸至码头后××天索赔   D. 货到最终目的地后××天索赔

9. 进出口合同中索赔条款有两种规定方式( )。

  A. 异议条款   B. 索赔条款   C. 罚金条款   D. 异议和索赔条款

10. 异议和索赔条款包括( )。

  A. 索赔依据   B. 索赔期限   C. 索赔处理办法   D. 索赔金额

11. 合同中的违约金条款应订明( )。

  A. 违约金的金额         B. 违约金的计算方法

  C. 违约金的功能         D. 违约金的起算日期

12. 下列属于不可抗力事故的是( )。

  A. 水灾   B. 地震   C. 政府禁令   D. 通货膨胀

13. 当卖方因不可抗力事故造成履行出口交货困难时,按照法律和惯例( )。

  A. 只能免除交货责任

  B. 只能展延交货日期

  C. 减少交货的数量

  D. 有时可以免除交货责任,有时可以展延交货日期,视具体情况而定

14. 不可抗力引起的后果主要是( )。

  A. 支付违约金   B. 解除合同   C. 延期履行合同   D. 订立新合同

15. 合同中不可抗力条款应包括( )。

  A. 不可抗力事故范围

  B. 不可抗力事故的处理

  C. 不可抗力事故发生后通知对方的期限、方式

  D. 证明文件及出证机构

16. 判定为不可抗力事故的原则是( )。

  A. 意外事故的发生是偶然性的,是当事人无法预见或控制克服的

  B. 意外事故必须发生在合同签订之后

  C. 由于合同双方当事人自身的过失或疏忽而导致的

  D. 不是因为合同双方当事人自身的过失或疏忽导致的

17. 仲裁协议是仲裁机构受理争议案件的必要依据。仲裁协议( )达成。

  A. 必须在争议发生之前

B. 只能在争议发生之后

C. 既可以在争议发生之前,也可以在争议发生之后

D. 必须在争议发生的过程中

18. 诉讼与仲裁的相同点是(　　)。
　　A. 两者审理案件的机构性质相同　　B. 两者审理制度相同
　　C. 两者均是按照一定程序进行审理　　D. 两者审理的依据相同

19. 以仲裁方式解决交易双方争议的必要条件是(　　)。
　　A. 交易双方当事人订有仲裁协议　　B. 交易双方当事人订有合同
　　C. 交易双方当事人订有意向书　　D. 交易双方当事人订有交易协议

20. 多数国家都认定仲裁裁决是(　　)。
　　A. 终局性的　　B. 可更改的　　C. 无约束力的　　D. 不确定的

## 二、判断题

1. 索赔和理赔是两种不同的事情。　　(　　)

2. 遭受损害的一方向违约方要求赔偿,这是理赔。　　(　　)

3. 逾期索赔是无效的。　　(　　)

4. 某公司的进口设备到货后,发现与合同规定不符,但卖方及时对设备进行了修理,使设备达到了原定标准。在此情况下,买方就不能提出任何损害赔偿要求。　　(　　)

5. 一方违反合同,没有违约一方所能得到的损害赔偿金额最多不超过违约方在订立合同时所能预见的损失金额。　　(　　)

6. 在进出口业务中,进口商收货后发现货物与合同规定不符,在任何时候都可向供货方索赔。　　(　　)

7. 不可抗力事故是当事人不能预见、不能避免、不能控制或克服的。　　(　　)

8. 不可抗力事故一定不是因合同当事人自身的过失或疏忽导致的。　　(　　)

9. 一旦在合同订立后出现不可抗力事故,遭受损害的一方当事人即可解除合同。　　(　　)

10. 在不可抗力范围问题上,易产生分歧的是自然力量事故。　　(　　)

11. 如果采用概括式说明不可抗力事故范围,则易因双方当事人意见不一致而影响合同效力。　　(　　)

12. 从欧洲某商进口在当地通常可以买到的某化工产品,在约定交货前,该商所属生产上述产品的工厂之一因爆炸被毁,该商要求援引不可抗力免责条款解除交货责任。对此,我方应予同意。　　(　　)

13. 受理争议的仲裁机构是国家政权机关,对争议案件的受理具有强制管辖权。　　(　　)

14. 仲裁裁决一般是终局性的,对双方当事人均有约束力。　　(　　)

15. 买卖双方为解决争议而提请仲裁时,必须向仲裁机构递交仲裁协议,否则,仲裁机构不予受理。　　(　　)

16. 仲裁协议必须由合同当事人在争议发生之前达成,否则不能提请仲裁。（  ）
17. 仲裁协议约束双方当事人只能以仲裁方式解决争议,不得向法院起诉。（  ）
18. 仲裁协议的核心作用是排除法院对该争议案件的管辖权。（  ）

三、案例分析题

1. 某合同商品检验条款中规定以装船地商检报告为准。但在目的港交付货物时却发现品质与约定规格不符。买方经当地商检机构检验并凭其出具的检验证书向卖方索赔,卖方却以上述商检条款拒赔。卖方拒赔是否合理？

2. 由于不可抗力事件影响履行合同,所以按惯例可免除一定的责任。1976 年 7 月,我国唐山发生地震,在此之前,某外贸企业与日商订有 3 份煤炭出口合同,合同的商品名称分别为:"开滦煤"而且没有存货("在某堆场存放的开滦煤","中国煤")。试就以上情况分别说明我方如何向日方提出免责要求。

3. 中国从阿根廷进口普通豆饼 2 万公吨,交货期为 8 月底,拟转售欧洲。然而,4 月份阿商原定的收购地点发生百年未见的洪水,收购计划落空。阿商要求按不可抗力处理免除交货责任,问中方该怎么办？

# 模块三　合同签订与履行

- 项目一　交易磋商与合同签订
- 项目二　国际货物买卖合同的履行

进出口业务的磋商大致分为四个环节：询盘、发盘、还盘、接受，这四个环节是相互联系的。其中，发盘和接受是最重要的两个环节，缺一不可，一项发盘被有效接受后，交易即告完成，买卖双方合同关系成立。合同是买卖双方达成交易的协议书，它明确了买卖双方的权利和义务，对双方都具有法律约束力，买卖双方都要本着"重合同，守信用"的原则，切实履行合同规定的各项义务。

出口合同（以信用证项下 CIF 为例）的履行程序，一般包括备货、催证、审证、改证、租船、订舱、报关、报验、保险、装船、制单、索汇等工作环节。在这些工作环节中，以货（备货）、证（催证、审证和改证）、船（租船、订舱）、款（制单索汇）四个环节的工作最为重要。只有做好这些环节的工作，才能防止出现"有货无证"、"有证无货"、"有货无船"、"有船无货"、"单证不符"或违反装运期等情况。

# 项目一
# 交易磋商与合同签订

## 案例导入

**案情：** 2004年2月1日，巴西大豆出口商向我国某外贸公司报出大豆价格，在发盘中除列出各项必要条件外，还表示"编织袋包装运输"。在发盘有效期内，我方复电表示接受，并称："用最新编织袋包装运输"。巴西方收到上述复电后即着手备货，并准备在双方约定的7月份装船。3月份，大豆价格从每吨420美元暴跌至350美元左右。我方对对方去电称："我方对包装条件做了变更，你方未确认，合同并未成立。"而巴西出口商则坚持认为合同已经成立，双方为此发生了争执。

**分析：** 此为国际贸易磋商中的还盘问题。由于包装不属于发盘或还盘实质性条件，因此，我方的回复不构成一项还盘，巴方不必对此作出回答，合同已经按照原发盘内容和接受中的某些修改为交易条件成立。所以，我方以巴方对修改包装条件未确认为理由否认合同的成立是不正确的。

## 项目目标

1. 了解交易磋商准备、内容和磋商程序的基本内涵。
2. 掌握进出口交易磋商所要经过的主要环节。
3. 熟悉有关国际公约、国际惯例和不同国际法律对发盘与接受的规定。
4. 掌握合同的基本形式，并能正确起草合同。

## 关键概念

询盘（Inquiry）　　　　　　报盘（Quotation）
发盘（Offer）　　　　　　　还盘（Counter Offer）
接受（Acceptance）　　　　售货确认书（Sales Confirmation）
售货合同（Sales Contract）　协议（Agreement）

# 任务一　交易磋商形式

交易磋商(Business Negotiation)，是指买卖双方就买卖商品的有关条件进行协商以期取得一致意见、达成交易的过程，通常又称"贸易谈判"。在国际贸易中，交易磋商有着非常重要的地位。交易磋商是以成立合同为目的，一旦双方对各项交易条件协商一致，买卖合同即告成立。交易磋商的过程就是合同成立的过程；磋商是合同订立的基础，合同是磋商的结果。交易磋商决定交易的成败和合同质量的高低，直接关系到外贸企业的经济利益，所以必须重视。

## 一、交易磋商的含义和形式

交易磋商是指交易双方就交易条件进行洽商，以求达成一致协议的具体过程。它是国际货物买卖过程中必须具有的一个重要环节，也是签订买卖合同的必经阶段。

在对外磋商交易过程中，由于双方分属不同的国家或地区，彼此有不同的社会制度、政治制度、法律体系、经济体制和贸易习惯，有着不同的文化背景、价值观念、信仰和民族习惯，而且还有语言和文字沟通方面的困难，因此，其复杂性和困难性都超过国内贸易。交易磋商的形式可分为口头的和书面的两种。

### （一）口头磋商

口头磋商是指买卖双方面对面或通过电话直接进行业务协商，如参加交易会、洽谈会、邀请客户来访等进行交易的方式。对于谈判内容复杂、涉及问题较多的交易，采用口头磋商的方式较好。当然，要较好地进行口头磋商，就要求业务人员具备良好的专业素质和较强的分析、判断和应变能力，能够及时分析和掌握对手的心理活动，并能根据磋商过程中形式的变化，调整磋商策略，时刻争取主动，把握成交机会。

### （二）书面磋商

书面磋商是指买卖双方通过信函、电子邮件等通讯方式进行业务洽商。随着现代通信技术的发展，书面磋商具有简便易行、费用低廉的特点，逐渐成为国际贸易中经常使用的一种最主要的磋商方式。书面磋商与合同有着密切的关系，一经双方达成协议就会具有实际的法律效力，所以要求业务人员认真对待每一项书面磋商，重视每项内容，从每个词到每句话都必须仔细推敲，不能出现丝毫差错，以免造成不应有的损失。

一般来说，一项协议的达成需要口头磋商和书面磋商的交叉使用。交易双方首先经过书面磋商，达成初步意向以后，再采用口头磋商的形式对许多细节进行实质性的探讨，确定具体交易条件，最后签订合同。

采用书面方式磋商时,写作往来函件一般需注意遵循以下3个原则:

**1. 简明**

商务函电讲究的是实效,而不是许多客套或拐弯抹角的内容,应以简单明了的语言直接说明要点。

**2. 清晰**

商务函电的目的是为了达成合同(交易),函件内容必须清晰、正确。

**3. 礼貌**

国际贸易的目的是为了与客户建立长远的业务联系,获取合理的利润,实现共赢,采用正式而礼貌的用语是必要的。尤其是在向对方索赔或申诉时,如何掌握好分寸,既能着眼今后的业务合作,又能达到目的,是一门很深的学问。

## 二、交易磋商的内容

交易磋商的内容,涉及拟签订的买卖合同的各项条件。以货物的品质、数量、包装、价格、保险、交货和支付为主要内容,还涉及检验、索赔、不可抗力和仲裁等其他内容。从理论上讲,只有就以上条件逐一达成一致意见,才能充分体现"契约自由"的原则。然而,在实际业务中,一般只要对主要交易条件磋商一致即可。由于买卖双方欲达成交易,订立合同,必须至少就这7项主要交易条件进行磋商并取得一致意见,因为这7项条件是成立买卖合同不可缺少的交易条件。至于其他交易条件,特别是检验、索赔、不可抗力和仲裁,虽非合同所不可缺少的内容,但是为了提高合同质量,买卖双方在交易磋商时也不容忽视。

为了简化交易磋商的内容,加速磋商的进程,并节省磋商的时间和费用,精明的进出口商往往在正式磋商交易之前,先与对方就"一般交易条件"达成协议。所谓"一般交易条件"(General Terms and Conditions),是指出口商为出售或进口商为购买货物而拟订的、对每笔交易都适用的、一套共性的交易条件。出口商拟订的一般交易条件,称之为"一般销售条件"。进口商拟订的一般交易条件,称之为"一般购货条件"。

我国进出口公司在同国外客户建立贸易联系时,通常将印有"一般交易条件"的合同格式递交给对方,经双方协商同意后,这些条件就成为今后双方进行交易的共同基础,双方均受此项"一般交易条件的约束",这对于缩短谈判时间和节约通讯费用都有利。在合同中的一般交易条件通常包括:索赔、仲裁和不可抗力等条款,有的还包括商品检验、品质数量公差、保险、货运单据种类和份数以及开证注意事项等内容。

# 任务二 交易磋商程序

进出口贸易磋商是一项充满灵活性的工作,没有固定的模式,但从基本程序看,交易磋商的环节一般可以包括询盘、发盘、还盘和接受。其中,发盘和接受是每笔交易必不可少的两个基本环节,是达成交易的决定性环节,是必经的法律步骤。因为,买卖合同是经发盘和接受确立的。

## 一、询盘

询盘(Inquiry),也称"询价",是指交易的一方准备购买或出售某种商品,而向对方询问买卖该商品的有关交易条件或就该项交易条件提出带有保留条件的建议。询盘主要是试探对方交易的诚意和了解其对交易条件的意见,其内容涉及价格、规格、品质、数量、包装、交货期以及索取样品、商品目录等,因其多数是询问价格,所以也称"询价"。有时也可以是询问多个交易条件。询盘可由买方发出,也可由卖方作出。在实际业务中,买方向卖方作询盘的情况较多。

### (一)买方询盘

【例】 Please offer Willow Basket Art 10005.

### (二)卖方询盘

【例】 We can supply Willow Basket Art 10005, please bid.

询盘可以是交易的起点,但不是每笔交易必经的步骤。其内容对询盘人和被询盘人均无法律上的约束力,但是作为了解市场动态、联系客户的一种手段,询盘人和被询盘人都应该对询盘给予重视,并作出及时和适当的处理,这才有利于建立良好的商业形象。

询盘时一般不直接用询盘的术语,而通用下列词句:"请告"(please advise)、"请电告"(please advise by E-mail)、"对……有兴趣,请"(interested in... please)、"请报价"(please quote)、"请发盘"(please offer)等。

【例】 We are one of the leading importers of TV sets in the city and are willing to establish business relations with your corporation.

For the time being, we are interested in your TV sets, details as per our Inquiry Note No. 5678 attached, and will be glad to receive your lowest quotation as soon as possible. We would like to say that if your price is attractive and delivery date acceptable, we will place a large order with you immediately.

## 二、发盘

发盘(Offer),又称"报盘"或"报价",法律上称为"要约",它是指交易的一方为出售或购买某种商品,向交易的另一方提出该项商品的交易条件与对方达成交易、订立合同的意思表示。

发盘一般是由卖方应对方询盘发出,也可以直接向买方发出。买方的发盘在国际贸易业务中称为"递盘"(Bid)。发盘往往是一方收到对方询盘后提出的,也可以不经对方询盘而提出。在发盘有效期内,发盘人不得任意撤销或修改其内容,并且一经对方接受,发盘人将受其约束,并承担按照发盘条件与对方订立合同的法律责任。

【例】 Offer willow basket art 10005 five hundred dozen four Sterling per dozen CIF London, five pcs per Carton, shipment Nov/Dec, sight L/C, reply here 10 Aug.

### (一)发盘的构成条件

根据《联合国国际货物销售合同公约》(以下简称《公约》)第14条第1款规定:"向一个或一个以上的特定人提出的签订合同的建议,如果十分确定并且表明发盘人在得到接受时承受约束的意向,即构成发盘。"据此,一项发盘的构成必须具备以下3个条件:

**1.向一个或一个以上特定的人发出**

所谓"特定的人",是指在发盘中指明个人姓名或企业名称的受盘人。发盘必须有特定的对象即受盘人。受盘人可以是自然人,也可以是法人。而发送价目表、拍卖公告、招标公告、商业广告等因为没有特定的受盘人,所以不能构成发盘,而仅可被视为发盘的邀请。

**发盘和发盘邀请的区别**

(1)发盘是当事人主动愿意缔结合同的意思表示;而发盘邀请的目的不是缔结合同,而是邀请对方当事人向其发出发盘的意思表示,是当事人订立合同的预备行为。

(2)发盘中含有当事人愿意承受发盘拘束的意图,发盘人将自己置于一旦对方接受,合同即成立的无可选择的地位;而发盘邀请则不含有当事人愿意承受发盘的意图,邀请人希望自己处于一种可以选择是否接受对方发盘的地位,其本身不具有法律意义。

(3)发盘的内容必须具备足以使合同成立的必要条款;而发盘邀请不必具备此等必要条款。

**2.发盘的内容必须十分确定**

根据《联合国国际货物销售合同公约》的解释,一项发盘中包含的下列3个基本要素必须要确定:

(1)应载明货物的名称。

(2)应明示或默示地规定货物的价格或规定确定价格的方法。

(3)应明示或默示地规定数量或规定数量的方法。而且,对这些主要交易条件的描述必须十分肯定,不能含糊不清或模棱两可。关于构成一项发盘究竟应包括哪些内容,各国法律解释不一致,在我国实际业务中,为了避免发生争议,在对外发盘时,应明示或暗示至少7项主要交易条件,即货物的品质、数量、包装、价格、保险、交货和支付条件。

**3. 发盘必须表明发盘人受其约束**

这是指发盘人在发盘时向对方表示,在得到有效接受时双方即可按发盘的内容订立合同。发盘中的有效期作为发盘人受约束的期限和受盘人接受的有效期限,如果超过发盘规定的时限,则发盘人不受约束。

如发盘人只是就某些交易条件建议同对方进行磋商,而根本没有受其建议约束的意思,则此项建议不能被认为是一项发盘。例如,发盘人在其提出的订约建议中加注诸如"仅供参考"、"须以发盘人的最后确认为准"或其他保留条件,这样的订约建议就不是发盘,而只是邀请对方发盘。

**实盘和虚盘**

发盘有实盘和虚盘两种。实盘是发盘人承诺在一定期限内,受发盘内容约束,非经受盘人同意,不得撤回和变更;如受盘人在有效期限内表示接受,则交易达成,实盘内容即成为买卖合同的组成部分。一个完整的实盘应包括明确肯定的交易条件,如商品名称、规格、数量、价格、支付方式、装运期等,还应有实盘的有效期限并应明确发盘为实盘。虚盘是发盘人有保留地表示愿意按一定条件达成交易,不受发盘内容约束,不作任何承诺,通常使用"须经我最后确认方有效"等语言以示保留。

## (二)发盘的有效期

发盘中通常都规定有效期,作为发盘人受其约束的期限和受盘人接受的有效时限,超过了有效期,则发盘人将不受约束。但规定有效期并非构成发盘的必要条件,如果发盘中没有明确规定有效期,受盘人应在合理时间内接受,否则无效。何谓"合理时间"? 没有明确、统一的解释,容易引起争议,需视具体情况而定,一般按惯例处理。发盘人在规定有效期时,要根据商品的特点、采用的通讯方式来合理确定。一般来说,对大宗交易且市场价格变化很快的商品,为避免发盘人蒙受很大损失,有效期限规定要短;反之,可以长一些。通讯方式不同,有效期的长短也应不同。如果采用电子商务方式联系,则有效期限可规定短一些;如果采用航空信方式磋商,由于要考虑到邮程的时间,有效期则应稍长一些。

在实际业务中,发盘有效期的规定方法通常有以下 4 种:

**1. 笼统规定**

如对"请复"、"电复"、"即复"等笼统规定方法,应理解为合理时间内有效。但由于各国对"合理时间"的解释不一,容易产生纠纷,所以我国一般不采用此方法。

**2. 规定一段时间内有效**

如"本发盘有效期 5 天"(Offer valid five days)。计算有效期的起止时间一般依据《公约》的规定,发盘人在电报或信件中订立的接受期间,从电报交发时刻或信封上载明的发信日期(无发信日期则依据信封上的邮戳日期)起算。发盘人以电话、电邮或其他可立即传达到对方的方法订立的接受期间,从发盘到达受盘人时起算。在计算接受期间时,正式假日或非营业日应计算在内。但是,如果接受通知在接受期间的最后一天未能送达发盘人地址,因为那天在发盘人的营业所在地是正式假日或非营业日,则这段期间应顺延至下一个营业日。

**3. 规定最迟接受期限**

如"发盘限 10 日复到此地"(Offer subject reply reaching here tenth)。由于进出口双方所在地时间多存在时差,所以发盘中应明确以何方所在地时间为准。一般情况下,以发盘人所在地时间为准。如以我方时间为准。

**4. 口头发盘**

根据《联合国国际货物销售合同公约》的解释,在没有其他约定的情况下,口头发盘应立即接受方为有效。

发盘人在规定有效期时最好明确具体。如果规定不明确,则双方在交易中容易发生纠纷,所以实际业务中很少采用笼统规定法。

## (三)发盘的生效

按照《公约》第 15 条的解释,"发盘于送达受盘人时生效",因此,发盘到达受盘人之前对发盘人没有约束力。对于口头发盘,除非双方另有约定,应立即接受方为有效。根据我国《合同法》第 16 条第 2 款规定:"要约到达受要约人时生效。采用数据电文形式订立合同,收件人指定特定系统接收数据电文的,该数据电文进入该特定系统的时间,视为到达时间;未指定特定系统的,该数据电文进入收件人的任何系统的首次时间,视为到达时间。"

## (四)发盘的撤回与撤销

发盘发出后,到达受盘人之前,发盘人可以将其撤回。发盘的撤回是指发盘人将尚未为受盘人收到的发盘予以取消的行为。按《公约》第 15 条第 2 款规定:"一项发盘,即使是不可撤销的,也可以撤回,如果撤回通知于发盘到达受盘人之前或同时到达受盘人。"可见,撤回的实质是阻止发盘生效。我国《合同法》规定:"要约可以撤回,撤回要约的通知应当在要约到达受要约人之前或者与要约同时到达受要约人。"因此,在实际业务中,发盘的撤回只有在使用信件或电报向国外发盘时方可适用。如果发盘是使用电传、传真或电邮作出的,因电传、传真或电邮随发随到,那就不存在撤回发盘的可能性。

发盘的撤销是发盘送达受盘人后,发盘人取消发盘,解除效力的行为。对于一项已送达受盘人的发盘是否能够撤销,各国法律的规定存在较大差异。英美法认为,在受盘人接受之前,即使发盘中规定了有效期,发盘人也可以随时予以撤销,这显然对发盘人片面有利。大陆法系国家对此问题的看法则相反,认为发盘人原则上应受发盘的约束,不得随意将其发盘撤销。

《公约》第16条对各国法律的分歧做了协调并作出折中的规定:已为受盘人收到的发盘,如果撤销的通知在受盘人发出接受通知前送达受盘人,则可以撤销。但是,在下列情况下不得撤销:其一,发盘是以规定有效期或以其他方式表明为不可撤销的;其二,如受盘人有理由信赖该项发盘是不可撤销的,并已本着对该发盘的信赖采取了行动。

### (五)发盘效力的终止

发盘效力的终止是指发盘法律效力的消失。它含有两方面的意义:一是发盘人不再受发盘的约束;二是受盘人失去了接受该发盘的权利。《公约》第17条规定:"一项发盘,即使是不可撤销的,于拒绝通知送达发盘人时终止。"就是说,当受盘人不接受发盘提出的条件,并将拒绝的通知送到发盘人手中时,原发盘就失去效力,发盘人不再受其约束。发盘失效的原因有很多,除此之外,还有下列情况:

其一,发盘中规定的有效期届满。

其二,受盘人拒绝或还盘。

其三,发盘被有效地依法撤销。

其四,人力不可抗拒的意外事故造成发盘的失效,如政府禁令或限制措施。

其五,在发盘被接受前,当事人丧失行为能力或死亡或法人破产等。

### (六)发盘的内容

发盘因撰写情况或背景不同,在内容要求上也有所不同。但从总体情况看,其结构一般包括下列内容:

其一,感谢对方来函,明确答复对方来函询问事项。如:Thank you for your inquiry for…

其二,阐明交易的条件(品名、规格、数量、包装、价格、装运、支付、保险等)。如:For the butterfly brand sewing machine, the best price is USD79.00 per set FOB Tianjin.

其三,声明发盘有效期或约束条件。如:In reply, we would like to offer, subjiect to your reply reaching us before…

其四,鼓励对方订货。如:We hope that you place a trial order with us.

【例】 We thank you for your inquiry of July 10th, asking us to make you a firm offer for black tea. We have sent a letter this morning, offering you 50 metric tons of black tea, at USD2500 net per metric ton FOB Shanghai for shipment during November/December 2013, subject to your order reaching here by July 30th.

## 三、还盘

还盘(Counter-offer),在法律上又称"反要约",还盘指受盘人在接到发盘后,不同意或不完全同意发盘人在发盘中提出的条件,为进一步磋商交易对发盘提出修改意见。还盘可以用口头方式也可用书面方式。从法律上讲,还盘并不是交易磋商的必经环节,然而在实际业务中,交易磋商中还盘的情况很多,特别是复杂的交易经常需要多次还盘才能最后达成交易。

还盘既是受盘人对发盘内容的拒绝,也是受盘人以发盘人的身份所提出的新的发盘。还盘作出后,还盘的一方与原发盘的发盘人在地位上发生了变化,还盘者由原来的受盘人变成新发盘的发盘人,而原发盘的发盘人则变成了新发盘的受盘人。一方的发盘经对方还盘以后即失去效力,发盘人不再受其约束,受盘人不得在还盘后反悔,再接受原发盘。

根据《公约》的规定,受盘人对货物的价格、付款、品质、数量、交货时间与地点、一方当事人对另一方当事人的赔偿责任范围或解决争端的办法等条件提出添加或更改,均作为实质性变更发盘的条件,属于还盘性质。另外,对发盘的内容表示有条件的接受,也是还盘的一种形式。

【例】 We are in receipt of your letter of April 20 offering us 100 sets of the captioned goods at USD812 per set. While appreciating the quality of your computers, we find your price is too high. Some computers of similar quality from other countries have been sold here at a level about 30% lower than yours.

Should you be ready to reduce your limit by, say 10%, we might come to terms. It is hoped that you would seriously take this matter into consideration and let us have your reply soon.

## 四、接受

接受(Acceptance),在法律上称为"承诺",是指受盘人在发盘的有效期内,无条件地同意发盘中提出的各项交易条件,愿意按这些条件和对方达成交易的一种表示。

根据《公约》的规定,受盘人对发盘表示接受,既可以通过口头或书面向发盘人发表声明的方式接受,也可以通过其他实际行动表示接受。沉默本身,并不等于接受,如果受盘人收到发盘后,不采取任何行动对发盘作出反应,而只是保持缄默,则不能认为是对发盘表示接受。

### (一)接受的构成条件

按照《公约》的解释和国际惯例,一项有效的接受必须具备以下 4 个条件:

**1. 接受必须由特定的受盘人作出**

发盘是向特定的人提出的,即表示发盘人愿意按发盘中提出的条件与对方订立合同,但这并不表示他愿意按这些条件与其他人订立合同。只有特定的人才能对发盘作出接受。受盘人以外的第三人对发盘表示同意,不能视为有效的接受,只能作为一项新发盘,发盘人不受其约束。

**2. 接受的内容必须与发盘的内容相一致**

接受必须是绝对的、无保留的,必须与发盘人作出的发盘的条件相符。如对发盘表示接受但附有添加、限制或其他更改的答复,即为拒绝该项发盘,并构成还盘。但是,《公约》对载有添加、限制或变更发盘条件的接受又有实质性和非实质性变更之分。如果受盘人在表示接受时,对发盘的内容提出某些非实质性的添加、限制或更改(如要求增加装箱单、原产地证或某些单据的份数等),则此项接受能否构成有效接受,取决于发盘人是否同意。如果发盘人同意,则合同得以成立,合同的条件既包括了发盘的内容也包括了接受中所做的变更。

**实质性变更**

何为实质性变更?现行法并没有对此作出解释,但是,我国《合同法》第 30 条对什么是实质性变更作出了列举,即有关合同标的、数量、质量、价款或者报酬、履行期限、履行地点和方式、违约责任和解决争议方法等的变更属于实质性变更。除此之外的变更为非实质性变更。

**3. 接受必须在发盘的有效期内作出**

根据法律要求,接受必须在发盘的有效期内被送到发盘人方能生效。如果发盘没有规定有效期,则应在合理时间内接受方为有效。如果接受通知超过发盘规定的有效期限,或发盘没有具体规定有效期限而超过合理时间才送达发盘人,这就是逾期接受,也称"迟到的接受"。逾期接受在一般情况下无效。但《公约》对这一问题做了灵活处理:其一,发盘人在收到逾期接受后,毫不迟延地通知受盘人,确认其有效,则该逾期接受仍有接受的效力;其二,如果一项逾期接受,则从它使用的信件或其他书面文件表明,在传递过程中,由于出现非正常情况而造成了延误,所以这种逾期接受仍可被认为是有效的。除非发盘人毫不延迟地用口头或书面方式通知受盘人该发盘已经失效。总之,在接受迟到的情况下,不管受盘人有无责任,决定接受是否有效的主动权在发盘人。

**4. 接受的传递方式必须符合发盘的要求**

接受必须由受盘人以某种方式向发盘人表示出来,用口头或书面声明方式均可。一般来说,发盘人以何种方式发盘,受盘人也以何种方式接受。除了采用声明方式接受外,还可以用行为表示接受。例如,买方在发盘中提出交易条件,卖方同意并及时发运货物,或者买方同意卖方提出的交易条件并随即支付货款或开出信用证。但这种做法在有些国家是不适用的,主要是有些国家在有关的合同法中要求以书面形式订立合同方有效,这就排除了以行为表示接受的做法。

## (二)接受的生效与撤回

接受在什么情况下生效,国际上不同的法律体系有不同的解释。英美法系实行的是"投邮生效"原则,即采用信件、电报等通讯方式表示接受时,接受的信函一经发出立即生效,不影响合同的成立。大陆法系采用的是"到达生效"原则,即接受的函电须在规定时间内送达发盘人,接受方为生效,函电在途中遗失,合同不能成立。《公约》第18条第2款明确规定,接受送达发盘人时生效。此外,接受还可以在受盘人采取某种行为时生效。《公约》第8条第3款规定,如根据发盘或依照当事人业已确定的习惯做法或惯例,受盘人可以作出某种行为表示接受,并须向发盘人发出接受通知。如果以口头方式进行磋商,那么口头发盘必须立即接受,双方另有约定者不在此限。

接受于表示同意的通知送达发盘人时生效,因此,在接受通知未送达发盘人之前,受盘人可随时撤回接受,但以撤回通知先于接受或与接受同时到达发盘人为限。

接受通知一经到达发盘人即不能撤销。因为,接受一经生效,合同即告成立,如要撤销接受,就是一种毁约行为。

需要指出的是,在当前通信设施非常发达和各国普遍采用现代化通信的条件下,当发现接受中存在问题而想撤回或修改时,往往已来不及了。为防止出现差错和避免发生不必要的损失,在实际业务中应当审慎行事。

【例】 Thank you for your letter of 15 March sending us sample of canned Apple Juice. We find both quality and prices satisfactory and are pleased to give you an order for the following items on the understanding that they well be supplied from current stock.

# 任务三　合同签订

## 一、合同成立的条件

根据各国合同法的规定,一项合同除买卖双方就交易条件通过发盘和接受达成协议外,还需要具备下列有效条件,才是一项具有法律约束力的合同。

其一,当事人必须在自愿和真实的基础上达成协议;

其二,当事人应具有法律行为的资格和能力;

其三,合同必须有对价和合法的约因;

其四,合同的标的和内容必须合法;

其五,合同的形式必须符合法律规定的要求。

## 二、合同成立的时间

我国《合同法》规定,承诺生效时合同成立。当事人采用合同书形式订立合同的,在双方当事人签字或盖章时合同成立。当事人采用信件、数据电文等形式订立合同的,可以在合同成立之前要求签订确认书,签订确认书时合同成立。

《公约》也规定接受送达发盘人时生效,接受生效的时间,就是合同成立的时间。此外,根据我国法律和行政法规的规定,应当由国家批准的合同,在获得批准时,合同方成立。

### 三、书面合同的形式

在国际上,合同的形式可以是口头形式、书面形式和其他形式,口头合同必须提供人证。而我国在核准《公约》时坚持我国与国外当事人订立的国际货物买卖合同必须采用书面形式,书面形式包括电报和电传,但2013年初,我国已向联合国秘书长递交了撤回此项保留申请,该撤回已正式生效。

国际货物买卖合同的形式及使用名称,并无特定的限制。只要经双方当事人同意,可采用正式的合同(Contract)、确认书(Confirmation),也可采用协议(Agreement)、备忘录(Memorandum)等各种形式。在我国对外贸易中主要使用合同和确认书两种形式。

#### (一)正式合同

合同的内容比较全面详细,除了交易的主要条件(如品名、质量、数量、包装、价格、交货、支付)外,还有保险、商品检验、索赔、不可抗力、仲裁条件等。由卖方根据磋商结果草拟的合同称为"销售合同";买方根据协商条件拟订的合同称为"购货合同"。

#### (二)确认书

确认书的内容比合同简单一些,一般只包括主要的交易条件,效力也与合同相同,主要适用于金额不大、批数较多的土特产品和轻工产品,或已订有代理、包销长期协议的交易。其中,由卖方出具的确认书称为"销售确认书";由买方出具的确认书称为"购货确认书"。

#### (三)协议

协议在法律上是合同的同义词,一经双方签署确认,即与合同一样对买卖双方具有约束力。

#### (四)备忘录

备忘录也是书面合同的形式之一。由于备忘录不具有最终交易条件达成一致、合同有效成立的性质,故不具有法律约束力。

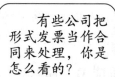

有些公司把形式发票当作合同来处理,你是怎么看的?

#### (五)意向书

意向书是指买卖双方当事人在磋商尚未达成最后协议之前,为达成某种交易的目的,而作出的一种意愿的表示,并把设想、意愿、初步商定的条件以书面形式记录下来,作为今后谈判的参考依据。由于它只有买卖双方的一种意愿表示,而不是最后商定签署的契约,因此,意向书不属于法律文件,不具有法律约束力。

## 四、书面合同的意义

### (一)作为合同成立的证明

尽管很多国家的相关法律都承认口头合同的效力,但在国际贸易中,一般都要签订书面合同,特别是对于通过口头协商达成的交易,其作用更为明显。若双方事后发生争议并提交仲裁或诉讼,则仲裁员或法官须先确定双方是否已建立了合同关系。

### (二)作为交易履行的依据

无论是口头合同还是书面达成的协议,若没有一份载有各项条款的书面合同,则会给履约带来许多不便。所以,在贸易实务中,买卖双方都需要将各自应享受的权利和应承担的义务用文字明确规定下来,作为正确履行合同的依据。

### (三)有时作为合同成立的条件

在贸易实务中,有时买卖双方约定以签订书面合同作为达成交易的条件,或者根据有关国家法律的规定须经政府部门批准,合同方告成立。在这些情况下,书面合同是达成交易的条件。

## 五、书面合同的内容

书面合同的格式并不统一,但基本内容一般包括三个部分:

### (一)约首

约首即合同的序言部分,包括合同名称、缔约双方的名称和地址(要求写全称)、合同编号、签订合同的日期等。

### (二)正文

正文即合同的主体部分,具体列明买卖双方的各项交易条件或条款。如商品的名称、质量(或规格)、数量、价格、包装、交货时间与地点、运输和保险条件、支付方式及检验检疫、索赔、仲裁、不可抗力等。这些条款体现了买卖双方当事人的权利和义务。

### (三)约尾

约尾即合同的尾部,一般包括文字的效力、合同的份数、缔约双方的签字、合同适用的法律和惯例等。

合同的内容与交易磋商内容一致,并力求内容明确、完整、严密,它对合同双方都有约束力。如果一方当事人没有按合同规定履行义务,将会被追究违约责任。

## 六、签订书面合同应注意的问题

合同是确定买卖双方当事人权利和义务的法律文件,并涉及有关国家的政策、法律。因此,拟订合同时必须慎重对待。

其一,合同的内容必须贯彻我国对外贸易的方针、政策,体现平等互利的原则。

其二,合同条款的内容必须和磋商达成的协议内容相一致。

其三,合同条款要具体、明确、完善。各条款之间应协调一致,防止互相矛盾。

其四,文字要简练、严密,避免使用含糊不清或模棱两可的词句。

我国过去的《涉外经济合同法》要求必须签订书面合同,包括电报、电传和合同书;但《合同法》施行后事实合同(即实际履行的合同)的效力法院予以承认。另外,书面合同的形式增加了传真、电子邮件、数据交换三种形式。

## 小 结

本项目主要对国际货物交易磋商的意义、主要内容和一般程序(询盘、发盘、还盘和接受)进行了介绍,着重对发盘的有效条件、有效期与失效和接受的有效条件、有条件的接受、逾期接受与接受的撤回应注意的问题做了重点讲解。除此之外,同学们还需要掌握国际货物贸易合同的主要内容及形式。

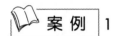

案 例 1

[背景]

3月15日,A公司向新加坡客户G公司发盘:报童装兔毛衫200打,货号CM034,每打CIF新加坡100美元,8月份装运,即期信用证付款,25日复到有效。3月22日,收G公司答复如下:你15日发盘收到。你方报价过高,若降至每打90美元可接受。A公司次日复电:我方报价已是最低价,降价之事歉难考虑。3月26日,G公司又要求航邮一份样品以供参考。29日,A公司寄出样品,并函告对方:4月8日前复到有效。4月3日,G公司回函表示按受发盘的全部内容,于4月10日送达A公司。经办人员视其为逾期接受,故未作任何表示。

7月6日,A公司收到G公司开来的信用证,并请求用尽可能早的航班出运。此时,因原料价格上涨,公司已将价格调整至每打110美元,故于7月8日回复称:我公司与你方此前未达成任何协议,你方虽曾对我方发盘表示接受,但我方4月10日才收到,此乃逾期接受,故无效。请恕我不能发货。信用证已请银行退回。如你方有意成交,则我方重新报价每打CIF新加坡110美元,9月份交货,其他条件不变。

7月12日,G公司来电,我方曾于4月3日接受你发盘。虽然如你方所言,4月10日才送达你方,但因你我两地之邮程需3天时间。尽管我方接受在传递过程中出现了失误,你我两国均为《联合国国际货物销售合同公约》的缔约国,按《公约》第21条第2款规定,你方在收到我方逾期接受后未作任何表示,这就意味着合同已经成立,请确认你方将履行合同,否则,一切后果将由你方承担。请分析G公司的上述观点是否正确?

[分析]

本案争议双方所在国均为《公约》的缔约国,因此,应按《公约》的有关规定处理。关于逾期接受,《公约》认为一般无效,但也有例外情况。《公约》第21条规定:(1)逾期接受仍有接受的效力,发盘人毫不延迟地用口头或书面形式将此种意见通知受盘人。(2)如果载有逾期接受的信件或其他书面的文件表明,它在传递正常的情况下是能够及时送达成发盘人的,那么这项逾期接受仍具有接受的效力,除非发盘人毫不延迟地用口头或书面方式通知受盘人,否则他认为发盘已失效。根据这条规定,不管什么原因造成的逾期接受,发盘人都有权决定它有效还是无效,只要采取相应的行动即可。A公司4月10日收到逾期接受后,如及时复函表示发盘已失效,则该接受就无效,合同不成立。

此案的教训是,在收到逾期接受时,首先要判断造成逾期的原因。如难以判断,则根据具体情况采取不同做法,或去电确认有效或表示发盘已失效。置之不理会产生纠纷,陷入被动,造成不必要的损失。

## 案例 2

[背景]

S公司8月12日向其客户A公司寄出1份商品目录,介绍了S公司经营的各式男女手套,并附有精美的图片。8月20日,A公司回电表示对其中的货号为308A、309B、311B的女式手套很感兴趣,每个货号订购100打,并要求大、中号各半,10月份交货,请S公司报价。8月22日,S公司发盘如下:报青字牌女式羊毛手套300打,货号308A、309B、311B各100打,大、中号各半,每双CIF旧金山12美元,纸箱装,10月份装运,即期不可撤销信用证支付,8月30日复到有效。8月28日,A公司回电:你8月22日电悉。价格过高,每双CIF旧金山10美元可接受。次日,S公司去电:你28日电悉。最低价每双CIF旧金山11美元,9月5日复到有效。9月3日,S公司收到A公司的电开信用证,其中,单价为每双11美元,包装条款中注明纸箱装,每箱15打,其他与发盘相符。S公司审证时发现了A公司对包装条款所作的添加。S公司的习惯包装是每箱10打,考虑到交货期临近,若提请修改,则恐怕难以按时交货,另外,即使按信用证要求包装,也不会增加费用。但到9月20日,储运部门通报,公司库存中没有可装15打手套的纸箱,现有纸箱一种为可装10打的习惯包装,另一种可装20打。S公司随即与纸箱厂联系,这种纸箱很少见,该厂不能供应。附近的几个纸箱厂也如此答复。在此情况下,S公司一面四处落实箱源,一面于9月10日去电A公司,表示包装条款不能接受,要求改为每箱装10打或20打。

[分析]

根据《联合国国际货物销售合同公约》的规定，上述对发价中包装条款的修改属非实质性修改，由于S公司未在不过迟延的时间内向被发价人通知反对意见，则接受有效，据此成立的合同就应以发价内容及附有非实质性修改内容的接受为准，所以纸箱装每箱15打的包装条款已达成。

## 思考训练

### 一、不定项选择题

1. 英国某买方向我轻工业品进出口公司来电"拟购美加净牙膏大号1000打请电告最低价格最快交货期"此来电属交易磋商的（　　）环节。
   A. 发盘　　　　B. 询盘　　　　C. 还盘　　　　D. 接受

2. 在（　　）情况属于发盘的失效。
   A. 发盘有效期满　B. 还盘　　　C. 受盘人拒发盘人　D. 打算撤回

3. 根据我国法律，（　　）不是一项具有法律约束力的合同。
   A. 通过欺骗对方签订的合同　　　B. 采取胁迫手段订立的合同
   C. 我某公司与外商以口头形式订立的合同　　D. 走私物品的买卖合同

4. 国外某买主向我出口公司来电"接受你方12日发盘请降价5％"，此来电属（　　）环节。
   A. 发盘　　　　B. 询盘　　　　C. 还盘　　　　D. 接受

5. 根据《公约》的规定，合同成立的时间是（　　）。
   A. 接受生效的时间　　　　　　B. 交易双方签订的书面合同的时间
   C. 在合同获得国家批准时　　　D. 当发盘送达受盘人时

6. 某项发盘于某月12日以电报形式送达受盘人，但此前的11日发盘人以传真告知受盘人发盘无效，此行为属于（　　）。
   A. 发盘的撤回　B. 发盘的修改　C. 一项新发盘　D. 发盘的撤销

7. 根据《公约》规定，受盘人对（　　）等内容提出添加或更改，均作为实质性变更发盘条件。
   A. 价格　　　　B. 付款　　　　C. 品质　　　　D. 数量

8. 根据我国《合同法》的规定，除非另有约定，否则当事人订立合同的形式可以采用（　　）。
   A. 口头形式　　B. 书面形式　　C. 其他形式　　D. 沉默形式

9. 根据《公约》规定，发盘内容必须十分确定，所谓"十分确定"，指在发盘中，应包括的要素有（　　）。
   A. 货物的名称　　　　　　　　B. 货物数量或规定数量的方法
   C. 货物的价格或规定确定价格的方法　　D. 交货时间和地点

10. 根据《公约》规定,在( )情况下发盘失效。
　　A. 受盘人作出还盘　　　　　B. 发盘人在发盘规定的有效期内撤销原发盘
　　C. 发盘有效期届满　　　　　D. 发盘人被接受前,原发盘人破产

## 二、判断题

1. 在交易磋商过程中,发盘是由卖方作出的行为,接受是由买方作出的行为。　（　　）

2. 买方来电表示接受发盘,但要求将 D/P 即期改为 D/P 远期,卖方缄默,此时合同成立。　　　　　　　　　　　　　　　　　　　　　　　　　　　　　　　　　　（　　）

3. 根据《公约》规定,构成一项有效发盘,必须明确规定买卖货物的品质、数量、包装、价格、交付和货款的支付等六项主要交易条件缺一不可。　　　　　　　　　　　（　　）

4. 一项有效的发盘,一旦被受盘人无条件地全部接受,合同即告成立。　（　　）

5. 询盘又称"询价",即向交易的另一方询问价格。　　　　　　　　　（　　）

6. 《联合国国际货物销售合同公约》规定发盘生效的时间为发盘送达受盘人时。（　　）

7. 凡通过中间商进口的商品,为了发挥"货比三家"的作用,在打算进口这种商品之前,最好同时多向几家中间商发盘,以资比较,并从中择优选定合适的成交对象。　（　　）

8. 某工艺品公司与国外洽谈一笔玉雕交易,经过双方对交易条件往返磋商之后,已就价格、数量、交货期等达成协议,我方公司于是在 8 月 6 日致电对方:"确认售与你方玉雕一件……请先电汇 1 万美元。"对方于 8 月 9 日复电:"确认你方电报,我购玉雕一件,条件按你方电报规定,已汇交你方银行 1 万美元,该款在交货前由银行代你方保管……"这笔交易于是达成。　　　　　　　　　　　　　　　　　　　　　　　　　　　　　　　　（　　）

## 三、案例分析

1. 某外贸土特产品进出口公司,拟向某外商出口一批土产品。双方就出口商品品名、规格、质量、数量、价格、包装、交货日期、付款方式等交易条件通过电邮往来进行磋商。3 月份基本达成协议,唯有价格一项,中方坚持单价不得低于每公吨 1500 元人民币,并要求外商在"2 个月内答复"。下半年,国际市场该土特产品的价格猛涨,外商才复电可按中方 1500 元/公吨的价格成交。此时,中方发现国内货源已紧缺,无法供货,故未予理睬,外商于数日后未接到中方答复,便指责中方违约,并要求中方承担违约责任。问:中方是否要承担违约责任?为什么?

2. 我某外贸公司 3 月 1 日向美商发去电邮,发盘供应某农产品 1000 公吨并列明"牢固麻袋包装"。美商收到我方电邮后立即复电表示"接受,装新麻袋装运",我方收到上述复电后即着手备货,准备于双方约定的 4 月份装船。2 周后,某农产品国际价格猛跌,美商于 6 月 20 日来电称:"由于你方对新麻袋包装的要求未予确认,双方之间无合同",而我方坚持合同已有效成立,双方发生争执,试评析此案。

3. 我出口公司于 5 月 10 日向外商发盘某商品每公吨 USD200 CFR Shanghai,有效期至 5 月 17 日复到。5 月 12 日收到该外商发来电邮称:"接受 USD180 CFR Shanghai",我未予答复。5 月 14 日,该商品价格猛涨。外商于 5 月 15 日又向我公司电邮表示"接受你方 5 月 10 日发盘信用证已开出"。问:此项交易是否达成?我公司应如何处理?为什么?

317

4. 我某出口公司于 3 月 1 日向外商 A 发盘某商品，限 3 月 8 日复到。由于传递过程中的延误，所以外商 A 表示接受的电传于 3 月 9 日上午送到我方。我方认为答复逾期，未予理睬。这时，该商品国际市场价格已上涨，我公司以较高价将该商品出售给另一外商。22 日，外商 A 来电称："信用证已开出，请立即装运。"我公司复电："逾期接受合同不成立。"而外商 A 坚持认为合同已成立。问：根据《公约》的解释，此合同是否成立？为什么？

5. 太原甲公司委托青岛乙公司进口机器 1 台，合同规定索赔期限在货到目的港 30 天内。当货到青岛卸船后，乙公司即将货运至太原交甲公司，由于甲公司厂房尚未建好，机器无法安装，所以待半年后厂房完工，机器安装好进行试车，发现机器不能很好运转。经商检机构检验证明机器是旧货，于是请乙公司对外提出索赔，但外商置之不理。请问，我方对此应吸取什么教训？

6. 7 月 17 日，中国某出口公司 A 向荷兰 B 公司电报发盘："售农产品 C514 300 公吨即期装船，不可撤销即期信用证付款，每公吨 CIF 鹿特丹 USD900，7 月 25 日前电复有效。"B 公司于 7 月 22 日复电如下："你 7 月 17 日发盘，我接受 C514 300 公吨，即期装船，不可撤销即期信用证付款，每吨 CIF 鹿特丹 USD900。除通常的装运单据以外，要求提供产地证、植物检证明书、适合海洋运输的良好包装。"A 于 7 月 25 日复电如下："你 22 日电，十分抱歉，由于世界市场价格变化，所以收到你接受电报以前，我货已另行售出。"为此，双方就合同是否成立发生激烈的争论。请阐述你的观点及理由。

7. 某年 9 月 12 日，国内 T 公司向国外新客户 K 公司发盘，报某商品 300 公吨，每公吨 CIF 伦敦 850 英镑。K 公司 3 天后回电表示接受，但要求按 ICC(B) 险投保。T 公司对商品一直是按中国人民保险公司的《海洋货物运输保险条款》投保水渍险，并以此为基础核算报价。收到客户的回电后，业务员觉得如投保 ICC(B) 险，重新核算报价太麻烦，且要多付保险费，此外该商品又属畅销货，报价又比市场价格低 20~30 英镑，对方不可能仅为了投保险别小事而放弃成交机会，故未多加思索，当即回电表示拒绝按 ICC(B) 险投保。

第二天，客户来电称："我公司多年来在与中国客户交易时，一直都要求按 ICC(B) 险投保，从未被拒绝，况且不会给你方造成任何不便，不知你方为何不予同意。对此，我方深表遗憾。"

9 月 17 日，T 公司回电："我公司在与你国其他客户交易时，一直都是按水渍险投保，他们也从未提出异议。我方产品与市场上的同类商品相比，品质上佳，且价格要低 20~30 英镑，望你方不要固执己见，错过大好机会。"

此后，K 公司再未回电。后 T 公司得知，K 公司以同样的价格与另一家公司成交。而 T 公司这批货物在 3 个月后才觅得客户，但此时市价已跌，成交价只有每吨 838 英镑。问从上述案件中我们得到什么启示？

8. 1997 年 7 月 20 日，香港甲公司给厦门乙公司发出要约称："鳗鱼饲料数量 180 公吨，单价 CIF 厦门 980 美元，总值 176400 美元，合同订立后 3 个月装船，不可撤销即期信用证付款，请电复。"厦门乙公司还盘："接受你方发盘，在订立合同后请立即装船。"对此，香港甲公司没有回音，也一直没有装船。厦门乙公司认为香港甲公司违约。你认为如何？为什么？

 附件

## 安徽普丰进出口有限公司
### ANHUI TOP FINE IMP & EXP CO., LTD

### 销 售 确 认 书
### SALES CONFIRMATION

合同号 Contract No.:DH0509051　　　　　　　　　日期 Date: JAN.10,2013

买方 Buyer: INTERNATIONAL TEXTILES TRADING COMPANY

地址 Address: 1876 WEST 5TH AVE. HIALEAH, FL, 33010

电话 Tel: 305 885 8650　　　　　传真 Fax:

兹经买卖双方同意成交下列商品并订立条款如下:

The undersigned Sellers and Buyers have agreed to close the following transaction according to the terms and conditions stipulated below:

| 货号<br>Article No. | 品名与规格<br>Name of commodity and specification | 数 量<br>Quantity | 单 价<br>Unit Price | 总 值<br>Total Amount |
|---|---|---|---|---|
| DHS-010 | DENIM FABRIC<br>98%COTTON 2% SPANDEX<br>12+40×30+40D 96×62 55/56″<br>WEIGHT: 7.3OZ | 43890.30YDS | USD1.15PERYD<br>CIF LOS ANGELES | USD50 473.85 |

总值 TOTAL VALUE: SAY US DOLLARS FIFTY THOUSAND FOUR HUNDRED SEVENTY THREE AND CENTS EIGHTY FIVE ONLY.

装运期 TIME OF SHIPMENT: NOT LATER THAN FEB28,2013

允许溢短装 QUANTITY MORE OR LESS:5%

装运口岸和目的地 LOADING PORT & DESTINATION:
FROMSHANGHAI TO LOS ANGELES

可否分批 PARTIAL SHIPMENTS: NOT ALLOWED

可否转运 TRANSSHIPMENT:NOT ALLOWED

包装 PACKING:PACKED IN CARTONS.

保险 INSURANCE:TO BE COVERED BY THE SELLERS FOR 110% OF INVOICE VALUE AGAINST ALL RISKS AND WAR RISK.

唛头 MARKS & NOS.: AT SELLER'S OPTION.

付款条件 PAYMENT: BY IRREVOCABLE L/C AT 30 DAYS AFTER SIGHT, TO REACH THE SELLER 30 DAYS BEFORE SHIPMENT.

| 买 方 | 卖 方 |
|---|---|
| THE BUYER<br>INTERNATIONAL<br>TEXTILES TRADING<br>COMPANY<br>(AUTHORIZED SIGNATURE) | THE SELLER<br>ANHUI TOP FINE IMP & EXP CO., LTD<br>*TAOWEIMING* |

# ABC Garments & Accessories Co., Ltd
## SALES CONTRACT

CONTRACT NO.: ABC091102  
S/C DATE: NOV. 02, 2012

**BUYER**  Arrabon Trading, Unit 9, Central Office Park,  
257 Jean Ave, Centurion  
Tel: +357 27 664 0587   Fax: +357 27 664 0586  

**SELLER**  ABC GARMENTS & ACCESSORIES CO., LTD  
345. CHANGJIANG ROAD, HEFEI, CHINA  
TEL:          FAX:

**The Buyers agree to buy and the Sellers agree to sell the following goods on terms and conditions as set forth below:**

| (1) Name of Commodity, Specifications, Packing and Shipping Marks | (2) Quantity | (3) Unit Price | (4) Total Amount |
|---|---|---|---|
| | | CFR LIMASSOL | |
| boy's denim long pant | 1000PCS | USD9.50 | USD9500.00 |
| boy's twill long pant | 1000PCS | USD10.00 | USD10000.00 |
| | | | TOTAL: USD19500.00 |

SPECIFICATION AS BELOW:  
Fabric: 100% cotton, 8oz denim/40s40s 133/72 twill  
Size: 9-36 month, Long pant with front mock(fake) fly, waistband stud opening, back elastic with belt loops.

PACKING:  
One polybag per pc, 10 pcs a carton-box, solid color/ per carton-box, 5moisture-proofing agentper carton-box, an inner-cover-cardboard per carton-box

MARK:  
MAIN MARK:          SIDE MARK:  
ARRABON             ARRBON  
DESRRIPTION:        N.W.:  
COLOR:              G.W.:  
QTTY: 2000PCS       NO.: 1 TO UP/TOTAL CTN NOS.

| Shipping Quantity | Five Percent | More or Less Allowed |
|---|---|---|

(5) **Time of Shipment**　　50DAYS AFTER THE SELLER RECEIVE THE L/C.
(6) **Port of loading**　　　SHANGHAI
(7) **Port of Destination**　LIMASSOL, CYPRUS
(8) **Insurance**　　　　　　ALL RISK AND WAR RISK COVERED BY BUYER
(9) **Terms of Payment**　　L/C AT SIGHT

The covering Letter of Credit must reach the Sellers 45 Days Prior to the Shipment Date and is to remain valid in above indicated Loading Ports 15 days after the date of shipment, failing which the Sellers reserve the right to cancel this Sales Contract and to claim from the Buyers compensation for losses resulting therefrom.

**OTHERTERMS:**

(1) QUALITY/QUANTITY DISCREPANCY: In case of quality discrepancy, claim should be filed by the Buyers within 30 days after the arrival of the goods at port of destination, while for quantity discrepancy claim should be filed by the Buyers within 15 days after the arrival of the goods at port of destination. In all cases, claims must be accompanied by Survey Reports of Recognized Public Surveyors agreed to by the Sellers. Should the responsibility of the subject under claim be found to rest on part of the Sellers, the Sellers shall, within 20 days after receipt of the claim, send his reply to the Buyers together with suggestion for settlement.

(2) The Sellers reserve the option of shipping the indicated percentage more or less than the quantity hereby contracted, and the covering Letter of Credit shall be negotiated for the amount covering the value of quantity actually shipped. (The Buyers are requested to establish the L/C in accord with the indicated percentage over the total value of order as per this Sales Contract.)

(3) The contents of the covering Letter of Credit shall be in strict accordance with stipulations of the Sales Contract; in case of any variation thereof necessitating amendment of the L/C, the Buyers shall bear the expenses for effecting the amendment. The sellers shall not be held responsible for possible delay of shipment resulting from awaiting the amendment of the L/C, and reserve the right to claim from the Buyers compensation for the losses resulting therefrom.

(4) Except in case where the insurance is covered by the Buyers as arranged, insurance is to be covered by the Sellers with a Chinese insurance company. If insurance for additional amount and/or for other insurance terms is required by the Buyers, prior notice to this effect mush reach the Sellers before shipment and is subject to the Sellers' agreement, and the extra insurance premium shall be for the Buyers' account.

(5) The Buyers are requested to send to the Sellers authentic copy of the License-application (endorsed by the relative bank) filed by the Buyers and to advise the Sellers by fax immediately when the said License is obtained. Should the Buyers intend to file reapplication for License in cases of rejection of the original application, the Buyers shall

contact the Sellers and obtain the latter's consent before filing reapplication..

(6) INSPECTION: The Certificate of Origin and/or the Inspection Certification of Quality/Quantity/Weight issued by the relative institute shall be taken as the basis for the shipping Quality/Quantity/Weight

(7) The Sellers shall not be held responsible if they owing to Force Majeure cause or causes fail to make delivery within the time stipulated in this Sales contract or cannot delivery the goods.

However the Sellers shall informmediately the Buyers by fax. The Sellers shall delivery to the Buyers by registered letter, if it is requested by the Buyers, a certificate issued by theChina council for the Promotion of International Trade or by any competent authority, certifying to the existence of the said cause or causes. Buyers' failure to obtain the relative Import license is not to be treated as Force Majeure.

(8) ARBITRATION: All disputes arising in connection with the Sales Contract of the execution thereof shall be settled amicably by negotiation. In case no settlement can be reached, the case under dispute shall then be submitted for arbitration to the Foreign Trade Arbitration commission of the China Council for the Promotion of International Trade in accordance with the Provisional Rules of Procedure of the Foreign Trade Arbitration commission of the China council for the Promotion of International Trade. The decision of the Commission shall be accepted as final and binding upon both parties.

买　　方　　　　　　　　　　　卖　　方
**THE BUYERS**　　　　　　　　　　**THE SELLERS**

# 项目二
# 国际货物买卖合同的履行

## 案例导入

**案情**:2009年7月,国内出口企业A公司向希腊的客户出运一批箱包,金额逾4万美元。双方约定支付条件为10%前T/T,剩余90%D/A45天。A公司在出货前收到10%预付款,货物出运后交单托收,但买方突然告知因原本与其关系很好的银行经理离职,要求A公司更改寄单银行。在A公司正准备着手改寄单据时,买方又提出单据流转耗时过长,再次要求A公司先行放单,并书面承诺在收货后15天内付清余款。因为货物到港已久,存在被海关拍卖风险,A公司无奈将提单释放给了买方。中国信保的海外追偿渠道介入调查后发现,买方已拖欠中国供应商多笔货款,且名下无资产。通过买方的手机号码联系其核实债权,其提出不同的理由推脱债务,之后关闭手机,躲避后续调查。

**分析**:(1)从严把握出口合同履行的各个环节。在整个贸易操作中,出口企业应在合同签订、货物生产、装船出运、交单托收各个环节严格把关。在货物出运之后,建议出口商应积极自主地跟踪货物状态,当出现货物到港买方仍无付款行动、单据仍在手中的情况,应综合分析具体原因,及时做好处理货物的心理准备和行动准备。(2)注重资信调查,及时委托专业追偿机构。面对广阔而复杂多变的国际贸易环境,出口商既要关注国内原材料及生产成本状态,又要了解目标出口国各异的海关政策、贸易法规、市场行情。当发生风险时,应及时寻求专业追偿机构的帮助以减少损失。

## 关键概念

备货(Arrange Shipments)　　　　报检(Apply for Inspection)
落实信用证(Implement L/C)　　　托运(For Shipment)
投保(Cover)　　　　　　　　　　报关(Declaration)
制单(Preparing Documents)　　　结汇(Settle the Exchange)
开证(Establishment of L/C)

履行合同是国际贸易中买卖双方应尽的责任和义务,也是合同当事人实现合同内容的行为。进出口合同的履行,是指在货物交易中买卖方按照合同的规定履行交收货等一系列的责任,直至其收付货款的全部过程。

## 任务一 出口合同的履行

在交易双方所订立的买卖合同中,规定了合同双方当事人的权利和义务。尽管交易对象、成交条件及所选用的惯例不同,但从每份合同中规定的当事人的基本义务来看,却是相同的。根据《联合国国际货物销售合同公约》规定:卖方的基本义务是,按合同规定交付货物,移交与货物有关的各项单据并转移货物的所有权;买方的基本义务是,按合同规定支付货款和收取货物。履行合同是极为复杂而细致的过程,以出口贸易为例,一般包括四个阶段:备货、催证审证和改证、报关出运以及制单索汇,即货、证、船、款四个环节,环环相扣,相互联系。因此,必须认真做好合同的科学管理,建立一套行之有效的管理制度,采取相应的措施,落实以合同为中心的"四排三平衡"工作。

"四排"是指以贸易合同为对象,结合货源的落实和信用证的开立情况,按"有证有货、有证无货、无证有货、无证无货"四种情况进行排队分析,及时发现问题,并采取相应措施予以解决。对有证有货的商品应抓紧审证、租船、托运、报关、出口索汇;对有证无货的商品应尽快落实货源,并与外商联系,取得谅解;对无证有货的应抓紧催证,若客户不开证,要进行合法交涉,以便日后提起仲裁;对无证无货的应分析具体原因,做好催证和备货工作,加强双方联系。

"三平衡"原则要求以信用证为依据,按信用证规定的装运期和到期日的远近,结合货源和运输能力的安排,分清轻重缓急,做好"货、证、船"三方面的妥当衔接和综合平衡工作。

### 一、备货

出口货源是出口贸易的物质基础,按合同规定交付货物是卖方的基本任务之一。备货,是出口单位根据合同或信用证规定,向生产加工及仓储部门或国内工厂下达联系单或购货合同,并对货物进行清点、加工整理、刷制运输标志以及办理申报检验和领证等工作。

定牌商品及特殊商品在收到客户开来信用证或提供一定保证条件后,方可安排生产加工或收购。凭样品成交的,应根据客户提供的样品原样和资料,交付工厂制作样品,样品验收合格后寄客户确认。经客户确认后,方能正式下单生产加工。若备货时发现问题,应及早研究解决。

出口人应及早筹备资金,按时购进产品。若资金紧张,则可以用信用证正本作抵押向银行贷款。打包贷款的金额一般不超过信用证金额,贷款期限以货款收妥结汇之日为止,最长不超过收汇后的一个星期。在备货工作中,应注意下列事项:

其一,所备货物的品质、规格必须与出口合同的规定一致。交付的货物品质要适应特定消费者需要,这是商品的社会属性。同时,货物品质还应当稳定均匀,适合商销,这是商品的自然属性。卖方所交货物的品质不能低于也不宜高于合同规定,这两种情况均构成违约。

其二,货物的数量应与出口合同的规定一致。在对外贸易中,数量的短交和超交,卖方均要承担一定的法律责任。备货的数量应留有余地,以作装运时可能发生的调换和适应舱容之用。当规定有溢短装条款时,可在机动范围内的数量交货。

其三,货物的包装和唛头应符合合同的要求。按约定的条件包装,核实包装是否适应长途运输和保护商品的要求,若发现包装不良或有破损,则应及时修整或调换。包装不良,可能拿不到清洁提单,会造成收汇困难。

其四,备货要及时,不要延误装运期限。货物备妥时间应与信用证装运期相适应。应严格按照合同及信用证上规定的装运期限并结合船期安排,留有余地地安排好货物备妥的时间。凡合同规定收到信用证后若干天内装运的货物,应敦促买方按时开证。我方收到证后必须毫不延迟地审证,认可后抓紧安排生产。

其五,卖方对货物要拥有完全的所有权并不得侵犯他人权利。卖方所交付的货物,必须是第三方不能根据工业产权或其他知识产权主张的任何权利和要求的货物。

## 二、报验

凡按约定条件和国家规定必须法定检验的出口货物,在货物备齐后、报关装运前,应向出入境检验检疫机构申请检验,凭出入境检验检疫机构签发的《出境货物通关单》,海关才放行,凡检验不合格的货物,一律不得出口。

申请报验时,应填制出境货物报检单,向商检局办理申请报验手续。该报检单的内容包括品名、规格、数量或重量、包装、产地等项。在提交报检单时,应随附合同和信用证副本等有关文件,供商检局检验和发证时作参考。

货物经检验合格,出入境检验检疫局发给检验合格证书,进出口公司应在检验证规定的有效期内将货物装运出口。检验证书一般以验迄日作为签发日,一般自签发之日起算,一般商品为两个月内有效,鲜果、蛋类两个星期内有效,植物检疫三个星期内有效。信用证要求装运港装船时检验,签发证单日期宜为提单日期前三天内(含提单日)。如在规定的有效期内不能装运出口,应向出入境检验检疫局申请展期,并由商检局进行复验,复验合格后,才准予出口。

**出入境检验检疫局的"三电工程"**

(一)电子申报

电子申报包括原产地证电子签证和电子报检。

电子签证是指申领原产地证的企业,在企业端通过网络将电子申报原产地证的有关数据以电子方式传输给检验检疫机构,由检验检疫机构审查符合要求后办理证书,实现电子远程申请办理原产地证。

电子报检是指报检人使用电子报检软件通过检验检疫电子业务服务平台将报检数据以电子方式传输给检验检疫机构,经CIQ2000业务管理系统和检务人员处理后,将受理报检信息反馈报检人,实现远程办理检验检疫报检行为。

(二)电子监管

电子监管是以CIQ2000检验检疫综合业务管理系统为基础,利用信息化手段对企业生产加工过程、实验室检测、产品质量控制等检验检疫及监督管理工作实施电子化管理。其功能体现在出口货物前期监管、快速核放、进口货物快速查验等三个方面。

(三)电子放行

电子放行是利用口岸电子执法系统和检验检疫广域网,实现检验检疫机构与海关之间,检验检疫产地机构与口岸机构之间,在通关放行信息上的互联互通。电子放行功能体现在电子通关、电子转单、绿色通道制度三个方面。

其一,电子通关是采用网络信息技术,将检验检疫机构签发的《出/入境货物通关单》的电子数据传输到海关计算机业务系统,海关将报检报关数据比对确认相符合,予以放行。

其二,电子转单是指通过系统网络,将产地检验检疫机构和口岸检验检疫机构的相关信息相互连通,出境货物经产地检验检疫机构将检验检疫合格后的相关电子信息传输到出境口岸检验检疫机构,入境货物经入境口岸检验检疫机构签发《入境货物通关单》后的相关电子信息传输到目的地检验检疫机构实施检验检疫的监管模式。

其三,绿色通道是指对质量风险少、诚信度高的出口企业的出口货物实行绿色通道,口岸检验检疫机构免于查验。

## 三、落实信用证

以信用证作为支付方式的合同,应抓紧做好登记、处理、流转、保管以及电脑制单等信用证管理的工作。在备货的同时,应抓紧催证。如果是特殊商品,就更应该首先落实信用证再进行备货。它直接关系到我进出口公司收汇的安全,是履行合同的一项重要工作。

### (一)催证

在按信用证付款条件成交时,买方按约定时间开证是卖方履行合同的前提条件,尤其是大宗交易或按买方要求而特制的商品交易,买方及时开证更为必要,否则,卖方无法安排生产和组织货源。在实际业务中,由于种种原因买方不能按时开证的情况时有发生,因此,我们应结合备货情况做好催证工作,及时提请对方按约定时间办理开证手续,以利合同的履行。

## (二)审证

受益人(出口人)收到国外客户通过银行开来的信用证后,必须立即仔细地、逐字逐句地对信用证的内容进行全面审核,以确定是否接受或需要修改。

审核的依据是货物买卖合同和《跟单信用证统一惯例》。对于发现的问题,应区分不同性质,必要时同银行、保险、商检、运输等部门共同研究,采取不同的方法,妥善加以解决。

审核信用证是银行(通知行)与出口企业的共同责任,只是各有侧重。银行重点审核开证行的政治背景、资信能力、付款责任、索汇路线及信用证的真伪等。出口企业则着重审查信用证的内容与买卖合同是否一致。具体包括以下几个方面:

**1. 从政策上的审核**

在我国对外政策的指导下,对不同国家和不同地区的来证分别从政治上和政策上进行审查,如来证国家同我国有无经济贸易往来关系,来证内容是否符合政府间的支付协定,证中有无歧视性内容等。

**2. 对开证行的审核**

对开证行所在国家的政治经济状况、开证行的资信、经营作风等必须进行审查,对于资信欠佳的银行,应酌情采取适当的保全措施。对于金额过大的信用证,要考虑开证行的资金实力是否与金额相称。

上述两点,是通知行审证要点,出口企业只作复核性审核。

**3. 对信用证金额、货币、单价、总价、术语、付款期限的审核**

即审核信用证金额是否与合同金额一致。若合同订有溢短装条款,则信用证的金额与数量均须允许有相应的溢短幅度。信用证中单价与总值应填写正确,大、小写并用,来证所采用的货币应与合同规定一致。

**4. 对有关货物条款的审核**

对商品的品质、规格、数量、包装等要依次进行审核,如发现信用证内容与合同规定不一致,不应轻易接受,原则上要求改证。

**5. 对信用证的开证日期、装运期、有效期和到期地点审核**

信用证中的装运期必须与合同的规定相同;信用证的有效期一般规定在装运期限后15天,以方便卖方在货物装运后有足够的时间做好制单索汇工作。若两者在同一天,即所谓"双到期"信用证,则应当指出,"双到期"是不合理的,受益人是否就此提出修改,应视具体情况而定。根据《UCP600》规定,若信用证没有规定有效期,则视为无效信用证。如来证规定的有效期的最后一天,适逢法定假日或银行休息日,该期限可顺延至下一个营业日。信用证还应有运输单据出单后的交单日期,若信用证无此规定,则按惯例不得迟于装运日期后21天,但无论如何不得迟于信用证的到期日交单。关于出口业务中信用证的到期地点,通常要求规定在中国境内,对于在国外到期的信用证,我们一般不接受。

**6.对开证申请人、受益人的审核**

开证申请人的名称和地址应仔细审核,以防错发错运。受益人的名称和地址须正确无误,以免影响收汇。

**7.对单据的审核**

对来证中要求提供的单据种类、份数及填制方法等,要进行仔细审核,如发现有不正常规定或我方难以办到的,应要求对方改证。如不能接受1/3正本提单直接寄送客户的条款。

**8.对其他运输、保险、商检等条款的审核**

应仔细审核对分批装运、转船、保险险别、投保加成以及商检条款的规定是否与合同相一致,如有不符点,应要求对方改证。

**9.对特殊条款的审核**

审证时,有时还会发现超越合同规定的附加或特殊条款,一般不应轻易接受,如对我无不利之处且也能办到,则可酌情灵活掌握。

## (三)改证

对于审证中凡发现有不符合我对外贸易方针政策以及影响合同履行和安全收汇情况的,必须要求开证申请人通过开证行进行修改,并坚持在收到银行信用证修改通知书后发货,以免货物装出后而修改通知书未到的情况发生。改证时一般应掌握以下几点:

其一,一份信用证如有几处需要修改,则应集中一次向开证人提出,避免一改再改,既增加双方的费用又浪费时间,还会引起不良影响。

其二,修改信用证的要求一般应用电讯方式通知开证申请人,同时应规定修改通知书的到达时限。

其三,对收到的信用证修改通知书应认真进行审核,如发现修改内容有误或我方不能同意的,出口企业有权拒绝接受,但应及时作出拒绝修改的通知送交通知行。以免影响合同的顺利履行。

其四,根据《UCP600》规定,一份信用证的修改通知中如果包括两项或两项以上内容时,信用证的受益人对此通知要么全部接受,要么全部拒绝,不能只接受其中一部分而拒绝另一部分。

其五,信用证修改通知书必须由信用证原通知行转递或通知。

## 四、托运

出口方委托外运公司或其他有权受理对外货运业务的单位办理海、陆、空等出口运输业务,称为"托运"。在货证备齐、办妥商检的情况下,就可根据合同和信用证规定的时间,办理出口货物的托运手续。出口货物的出口托运一般是委托国际货运代理公司办理。

在按 CIF 和 CFR 价格条件成交下的出口货物应由我方安排租船、订舱并及时装运货物。我各进出口公司对于出口货物的租船、订舱和装船工作委托货代公司办理。具体做法是:对于需要整船运输的大宗货物则委托货代公司洽租船舶;对于数量不足整船装运的货物,则委托租订部分舱位或租订班轮。

在实际业务中,租船订舱工作要依据以下3个准则进行:

其一,出口公司根据船运公司提供的船期表掌握船、货情况,在船舶抵达港口或截止签单前,及时办理托运手续。

其二,出口公司办理订舱手续时,力求准确无误,尽量避免加载(增加订舱数量)、退载和变载的情况发生,以免影响承运人和船、货运代理人以及港务部门的工作。

其三,对于特殊货物,如散装油类、冷藏货和鲜活货物的订舱,出口公司应事先通知承运人或船、货代理人,并列明要求。

### 常见的货运代理种类

常见的货运代理种类有订舱揽货代理、货物装卸代理、货物报关代理、转运代理、理货代理、储运代理和集装箱代理等等。

业务范围较大,则具有一定实力的货运代理人可以身兼数职,而业务范围小的货运代理人专门办理上述一项或两项业务。

我国最大的货运代理公司是中国对外贸易运输集团总公司,它在国内有50多家分公司,400多个基层独立核算单位和60多个合资合作企业;在国外建立了20多个独资、合资企业和10多个代表处,并在150多个国家和地区的数百个港口或内陆城市有其代理。

---

有关订舱工作的基本程序基本如下:

其一,进出口公司填写托运单(Booking Note B/N),作为订舱依据,提交货运代理或船运公司,以便船运公司结合船期安排船只和舱位。

所谓"托运单"是指托运人(发货人)根据贸易合同或信用证条款内容填写的、向承运人办理货物托运的单证。承运人根据托运单内容,并结合船舶的航线挂靠港、船期和舱位等条件,认为合适后,即接受这一托运,并在托运单上签章,留存一份,退回托运人一份,至此,订舱手续即告完成,运输合同即告成立。

其二,船运公司或其代理人在接受托运人的托运单证后,即发给托运人全套装货单(Shipping Order,S/O)。

装货单俗称"下货纸"或"关单"。其作用有三:一是通知托运人货物已配妥××航次××船,装货日期,让其备货装船;二是便于托运人向海关办理出口申报手续,海关凭以验放货物;三是作为命令船长接受该批货物装船的通知。

其三,船运公司根据货物配舱,并将一联配舱回单交出口公司,出口公司据以缮制报关单、投保单。

其四，在办理货物集港的同时，出口企业报关员持整套报关单据及装货单向海关办理出口报关。

其五，海关验货后，在装货单（俗称关单）上盖章放行，并将装货单退还出口企业，由出口企业将装货单交船运公司。

其六，船方收到装货单后，留下装货单作为随船货运资料，并根据装船时货物的实际状况由大副在"大幅收据"上签字或作适当批注后退还托运人。

其七，托运人取得大副签字的大副收据（Mate's Receipt）后，即可凭此收据到船运公司交付运费换取正本提单。大副收据上如有大副批注，则在换取提单时，将该项大副批注转注在提单上。

其八，货物装船后，托运人（出口人）应及时向买方或买方指定的保险公司发出"装船通知"。

## 五、出口投保

我方出口合同，如果以 CIF 及 CIP 方式成交，则由我方向保险公司投保。出口货物运输保险，采用逐笔投保方式。在完成托运手续取得配舱回单后，出口企业即可办理投保手续。

投保人先填制"运输险投保单"，内容包括投保人名称、货物名称、运输标志、船名或运输工具、装运地（港）、目的地（港）、开航日期、投保金额、投保险别、投保日期和赔款地点等。投保单一式二份，一份由保险公司签署后交投保人作为接受投保的凭证；另一份由保险公司留存作为缮制保险单的依据。为简化手续，外贸公司也有将发票、出口货物明细单或出运货物分析单代替投保单，但仍须加注配舱回单的日期及投保险别和金额。

按 FOB、FCA、CFR、CPT 条件成交的，保险由买方办理，如卖方同意接受买方委托代办保险，则应由买方承担费用和风险。投保手续同上。在信用证上应注明"保险费允许在信用证的额度以外超支"。

保险公司根据投保内容，签发保险单或保险凭证，并计算保险费，投保人通常取得 2 份正本。

投保人在保险单出具后，发现投保内容有错漏或须变更，应向保险公司及时提出批改申请。由保险公司出具批单，粘贴于保险单上并加盖骑缝章，保险公司按批改后承担责任。

申请批改必须在货物发生损失以前，在投保人不知有任何损失事故发生的情况下，同时在货物到达目的地前提出。

凡按 CIF 条件成交的出口合同，出口方在装船前，须及时向保险公司办理投保手续，保险公司一经承保即向出口企业签发保险单或保险凭证。当货物所有权转移时，出口企业应在保险单上背书，办理过户手续。货物装船后，应及时向买方发出装船通知，以便对方准备付款赎单、办理进口报关和接货手续。如为 CFR、FOB 等由买方自办保险的合同，则及时发出装船通知尤为重要。

填制保单时,应注意防止多保、漏保或错保,以免影响安全收汇。

## 六、出口报关

出口报关是指发货人(或其代理)向海关申报出口货物的详细情况,海关据以审查,合格后放行,准予出口。一般出口报关程序主要分为以下几个步骤:

### (一)申报

**1.准备报关手续**

根据出口合同的规定,出口货物的发货人按时、按质、按量备齐出口货物后,应当向运输公司办理租船订舱手续,准备向海关办理报关手续,或委托专业(代理)报关公司办理报关手续。

**2.报关委托书**

需要委托专业或代理报关企业向海关办理申报手续的企业,在货物出口之前,应在出口口岸就近向专业报关企业或代理报关企业办理委托报关手续。接受委托的专业报关企业或代理报关企业要向委托单位收取正式的报关委托书,报关委托书以海关要求的格式为准。

**3.出口报关单证**

准备好报关用的单证是保证出口货物顺利通关的基础。一般情况下,报关应备单证除出口货物报关单外,主要包括:装货单(即下货纸)、发票2份、贸易合同一份以及海关监管条件所涉及的各类证件。

**4.申报应注意的问题**

申报的时候要特别注意报关时限,报关时限是指货物运到口岸后,法律规定发货人或其代理人向海关报关的时间限制。出口货物的报关时限为装货的24小时以前。不需要征税费、查验的货物,自接受申报起1日内办结通关手续。

### (二)查验

查验是指海关在接受报关单位的申报,通过对出口货物进行实际的核查,以确定其报关单证申报的内容是否与实际进出口的货物相符的一种监管方式。

**1.查验的目的**

通过核对实际货物与报关单证来验证申报环节所申报的内容与查证的单、货是否一致,通过实际的查验发现申报审单环节所不能发现的有无瞒报、伪报和申报不实等问题。

**2.查验的内容**

通过查验可以验证申报审单环节提出的疑点,为征税、统计和后续管理提供可靠的监管依据。海关查验货物后,均要填写一份验货记录。验货记录一般包括查验时间、地点、进出口货物的收发货人或其代理人名称、申报的货物情况,查验货物的运输包装情况(如运输工具名称、集装箱号、尺码和封号)、货物的名称、规格型号等。需要查验的货物自接受申报起1

日内开出查验通知单,自具备海关查验条件起1日内完成查验,除须缴税外,自查验完毕4小时内办结通关手续。

### (三)征税

根据《海关法》的有关规定,进出口的货物除国家另有规定外,均应征收关税。关税由海关依照海关进出口税则征收。需要征税费的货物,自接受申报1日内开出税单,并于缴核税单2小时内办结通关手续。

### (四)放行

**1. 海关放行**

对于一般出口货物,在发货人或其代理人如实向海关申报,并如数缴纳应缴税款和有关规费后,海关在出口装货单上盖"海关放行章",出口货物的发货人凭以装船起运出境。

**2. 出口货物的退关**

申请退关货物发货人应当在退关之日起3天内向海关申报退关,经海关核准后方能将货物运出海关监管场所。

**3. 签发出口退税报关单**

海关放行后,在浅黄色的出口退税专用报关单上加盖"验讫章"和已向税务机关备案的海关审核出口退税负责人的签章,退还报关单位。

## 七、装船出运

货物验关放行后,发货单位凭海关加盖放行章的装货单与港务部门和理货人员联系,查看现场货物并做好装船准备。理货人员负责凭装货单核对和验收货物,逐票装船。由港口装卸作业区负责装货。在装船过程中,要派人进行监装,随时掌握装船情况并处理工作中发生的问题。所装货物包装、件数如有损坏、短缺等,应立即进行调换或补救。否则,大副在收据上加以批注,便不能换取清洁提单。

船运公司为正确核收运费,在出口货物集中于港区仓库后申请商检机构对其衡量。凡需预付运费的出口货物,船运公司或其代理人必须在收取运费后,发给托运人预付运费的提单;如果属于到付运费的货物,则在提单上注明运费到付,由船运公司卸港代理在收货人提货前向收货人收取。

## 八、制单索汇

出口货物装运后,进出口公司应立即按照信用证的规定,正确缮制各种单据。在信用证规定的交单有效期内,递交银行办理议付索汇手续。

制单索汇包括制单、审单、索汇三个环节。制单是指各种出口单证的缮制和签署。审单是指对各种出口单证的复核和全面审查。索汇是指出口人可以通过银行收取外汇货款,不同的付款方式其索汇方式也不同。

## (一)制单

### 1.制单的要求

(1)正确。要求单据做到三个相符,即单证相符、单单相符和单内相符。此外,单据与货物也应一致,这样单据才能真实地代表货物,以免错发错运。单证的种类、份数、数字应无误。

(2)完整。必须按照信用证的规定提供各种单据,包括单据种类、份数和单据本身项目的完整和不可短少。应及时催办,以防误期和遗漏,以保证全套单据的完整。单据本身内容必须完整,项目不可漏填,单据的格式、项目、内容、文字、签章都应完全符合信用证和有关规定。海关发票没有按照进口国海关规定的固定格式填制,背书的单据没有背书,更改处没有加盖校对章,都会引起严重的后果。

(3)及时。应在信用证的有效期内,及时将单据提交议付银行,以便银行早日寄出单据,按时收汇,也可以在出运之前缮制单据交银行预审,一旦有错,可提前改正。各种单证的出单日期要适当。

(4)简明。单据的内容,应按信用证要求和国际惯例填写,力求简明,切勿加列不必要的内容,以免弄巧成拙。除商业发票外,除非信用证另有规定,否则在所有其他单据中,货物的描述可使用与信用证对货物的描述无矛盾的统称。

(5)整洁。单据的布局要美观、大方,字迹要清楚,单据表面要清洁,对更改地方要加盖校对图章。有些单据,如提单、汇票以及其他一些单据的主要项目一般不宜更改,如金额、件数、重量等。单据要整洁、无污损、无折角。

### 2.制单的依据

(1)无证出口以买卖合同为依据。信用证项下出口的有些项目如品名、规格、单价、佣金等,若信用证未作规定则须参照合同。

(2)凡信用证项下的单据,必须严格按信用证条款制单。

### 3.单据之间的关系

单据之间必须协调一致。单据之间的不符同样会被视为单证不符而遭到拒付。单据与单据之间除在品名、数量等方面要求一致外,各单据的签发日期的先后顺序都有一定的内在联系和逻辑关系,相互牵制,不能随便填写。

(1)发票是全套单据的中心,其他单据都要参照发票日期缮制。因此,发票日期一般不应迟于其他单据的日期,但也不可相隔太远。

(2)装箱单、重量单、产地证附属单据,一般应参照发票日期缮制,可以与发票日期相同。

(3)提单日期不应早于发票和保险单日期,也不得迟于信用证规定的装运日期。

(4)保险单的日期不得迟于提单的日期,如迟于提单日期,则须在保单上注明保险生效日期与提单日期相同。

(5)其他单据如仓单、寄样证明和邮政收据、装船时的品质/数量证明等,则应根据信用证的具体要求办理。

汇票是整套单据中最后开立的收款单据,故其日期不应早于其他单据的日期,但不得迟于信用证的有效期或信用证规定的交单日期。出口公司的汇票日期也可由议付行代填,一般填议付的日期。

**4.制单的程序和方法**

(1)核。即先将货物的出仓资料与信用证或合同核对,查看证、货是否相符。

(2)算。即制单前算好货物的尺码,毛、净重,发票的单、总价,海关发票的 FOB 价和中间商的佣金等有关数字。

(3)配。即把信用证要求的本批出口货物所需的各种单据的空白格式按需要份数配置在操作夹内,以防某一单据的遗漏。

(4)制。即从发票和装箱单着手开始制单,参照发票内容制作其他单据。

(5)审。即单据制妥后由制单员先亲自审一遍,若发现差错则应立即更正。

## (二)审单

**1.审单的要求**

审核出口索汇单据和审证一样,应做到全面和及时。审单应依据信用证、信用证修改通知书、UCP600 和 ISBP745。审单不是简单的文字核对,必须联系实际,考虑整体。既要考虑单据本身的正确,又要顾及更改单据过程中牵涉的一系列具体问题;既要善于发现问题,又要善于妥善处理问题。如审单发现唛头做错,则应首先通知有关部门更正货物的唛头,再更改单证上的唛头。

**2.审单的步骤方法**

首先要进行综合审核,核查信用证项下单据是否齐全(包括单据份数),单据上显示的信用证号码是否正确,单据之间对货物的描述、数量、金额、重量、体积、件数、运输标志等是否一致,单据出具或提交的日期是否符合信用证的规定,然后再对单据进行分类审核。具体步骤是:首先进行纵向审核,即以信用证为基础,对其项下规定的各种单据逐字逐句审核,以达到"单证相符"。然后进行横向审核,即以发票为中心,与其他单据逐一核对。核对时先将应核对的单据全部阅读一遍,再核对与发票中相同的资料,要求所有单据之间的共有项目或有关项目互相一致,即做到"单单相符"。

## (三)索汇

采用信用证支付方式时凭单付款是其主要特征之一。交单索汇是指出口货物装运出口后,出口人按信用证规定,备齐各种单据(证书),在信用证规定的有效期和交单期内送交指定银行办理索汇手续。交单的要求是单据齐备、内容正确、提交及时。在信用证的有效期和交单期中应掌握"早者为准"的原则,并可利用托运记录卡来检查最后交单期;或将全套单据提前送交银行预审。

**1. 结汇种类**

结汇就是将出口货物销售所得外汇按售汇当日中国银行外汇牌价的买入价卖给银行。我国出口结汇的具体做法有如下3种:

(1)收妥结汇。收妥结汇又称"收妥付款",是指议付行收到外贸公司的出口单据后,经审查无误,将单据寄交国外付款行索取货款。待收到付款行将货款拨入议付行账户的贷记通知书(Credit Note)时,即按当日外汇牌价,折成人民币拨给外贸公司。

(2)押汇。押汇又称"买单结汇",是议付行在审单无误的情况下,按信用证条款买入出口单位的汇票和单据,从票面金额中扣除从议付日至估计收到票款之日的利息,将余款按议付日外汇牌价折成人民币拨给外贸公司。

(3)定期结汇。定期结汇是议付行根据向国外付款行索偿所需时间,预先确定一个固定的结汇期限,到期后主动将票款金额折成人民币拨给外贸公司。

**2. 单证不符的补救措施**

为顺利结汇,应做到单证、单单、单内相符。凭信用证成交的货物,首先要争取时间及时修改单证,使之与信用证相符。如果出运后发现单证不符而无法补救时,则应根据实际情况作出灵活处理:

(1)表提。表提又称"担保议付"。即在征得进口商同意的情况下,出口商向开证行出具担保书,要求议付行凭担保议付有不符点的单据,议付行向开证行寄单时,在随附单据上注明单证不符点和"凭保议付"字样。

(2)电提。电提又称"电报提出"。即在出口人所交单证与信用证规定存在不符点时,或成交金额较大时,由议付行先用电讯方式(SWIFT)向开证行列明单、证不符点,待开证行确认接受后,再寄去单据。通过电提可以尽早征得买方和开证行的意见,以便作出相应的处理。若对方认可,则我方可立即寄单收汇;若不同意,则出口人可及时处理运输中的货物。

(3)跟单托收。当已出现单证不符的情况,而议付行又不同意采用表提或电提做法时,出口人便只能采用托收方式收款,即委托银行寄单收款。

以上几种方法,受益人都失去开证行的付款保证,原信用证的银行信用已变成商业信用。

对国外银行提出拒付或退回要求更改的单据应立即查明原因,迅速处理,对外作出恰当答复,或会同有关部门和银行妥善解决;对国外的无理挑剔要协同银行据理力争,维护我方权益。经过更改的单据,内部留底都应作相应的更改,并在留底上做好记录以备核查。

### (四)出口索汇的主要单据

出口单据一般主要有汇票、发票、海关发票、海运提单或其他运输单据、保险单、产地证

书、商检证书等,现对主要索汇单据的制作情况介绍如下:

**1. 汇票(Bill of Exchange)**

有关汇票的基本知识,前面已做了介绍,现仅就汇票的缮制作一些简单的说明。

(1)汇票号码。这一栏由出口单位(即卖方)自行填写,一般用商业发票号码。

(2)出票日期和地点。一般处于汇票的右上角。出票日期不能迟于信用证的到期日,也不能超过货运单据签发日期的当天,出票地点一般为议付地点。

(3)汇票金额。由货币和数额两部分组成,用大小写表达。小写金额由货币名称的缩写和金额构成,注意大小写要一致。除非信用证另有规定,否则汇票金额所使用的货币必须与信用证规定和发票所使用的货币相一致。

(4)汇票期限。在填写汇票付款期限时,应按照信用证规定填写。当汇票为即期时,在AT 和 SIGHT 之间填写"＊＊＊"或"×××"等符号。

(5)受款人。信用证项下,受款人应填写议付银行的名称,并由议付行背书。如果是托收支付方式,则填写托收行的名称。

(6)付款人。汇票的付款人(Payer)即汇票的受票人(Drawee),在汇票中表示为"此致……"(to…)。凡是要求开立汇票的信用证一般都指定付款人。因此,汇票应按证内的规定缮制。当信用证规定须开立汇票又未明确规定付款人时,应理解为开证行(即付款人),因而,应打印上开证行的名称和地址。

(7)出票条款。出票条款又称"出票依据",在信用证上通常均有具体规定。因此,凡是根据信用证开出的汇票必须打印上这一条款。如果来证没有明确写上这一条款,出票人在缮制汇票时就应在这一栏内打印开证行名称、信用证号码、开证日期等内容,否则,将会遭到银行的拒付。

(8)出票人。这一栏通常打上受益人(信用证方式)或出口公司(托收方式)的全称,并由公司经理签署,也可以盖上出口公司的印章,并由经理签字。

**2. 发票**

(1)商业发票(Commercial Invoice)。商业发票,是出口方开列的载有货物名称、品质、规格、数量、价格、包装、交货条件等内容的清单,是发运货物的总说明。它的作用是:进口方可凭以核收货物及支付货款的依据;是出口方向银行办理索汇、投保人向保险公司办理投保时(计算保额)不可缺少的单据之一;是海关对进出口商品征税时不可缺少的单据。

发票的有关内容一定要符合信用证规定,发票上与其他单据对应的内容也要一致。具体填制应注意以下各项:

①发票号码。即出口方开出发票的顺序号,各公司统一编号。

②发票日期。即制作发票的日期,应不得迟于汇票日期。

③发票抬头人。一般应填写进口方名称。信用证项下发票抬头人一般是开证申请人。注意名称不能换行,地址应合理分行。

④运输标志(唛头)及号码、品名、数量、单价、总值等项内容均须按信用证(或合同)规定填写。

⑤发票的签字盖章。在采用信用证支付的情况下,缮制发票时应严格按照信用证的规定办理。

(2)海关发票(Customs Invoice)。海关发票是进口国海关制定的一种固定格式的发票,要求卖方填制。它的作用是供进口商凭此向海关办理进口报关、纳税等手续,进口国海关根据海关发票来确定进口税款。海关发票的主要内容有:商品的生产成本,如FOB价、运费、保险费等;商品的生产国家;出口国国内市场价格。目前,使用海关发票的国家主要有美国、加拿大、澳大利亚、新西兰、牙买加、加勒比共同市场国家,以及非洲的一些国家。

在填写海关发票时,一般应注意以下问题:其一,各个国家(地区)使用的海关发票,都有其固定格式,不得混用;其二,凡是商业发票上和海关发票上共有的项目内容,必须与商业发票保持一致;其三,出口国国内市场价格一栏,应根据有关规定慎重处理;其四,签字人和证明人均须以个人身份出现,而且这两者不能为同一个人;其五,个人签字均须手签方可生效。

(3)形式发票(Proforma Invoice)。形式发票是卖方应买方的要求开立的一种非正式发票,发票上载明拟出口货物的名称、单价和规格等内容。主要供进口商申请进口许可证或申批外汇时使用。发票上的价格仅仅是根据当时情况估算的,对买卖双方都无约束力。形式发票也不能作为结汇单据。

(4)领事发票(Consular Invoice)。这是进口国领事馆制定的一种固定格式的发票,出口人填写后由领事签章证实,供进口商凭以代替产地证明书向海关办理报关、纳税等手续。

(5)厂商发票(Manufacturer's Invoice)。厂商发票由出口货物的制造厂商所出具,以本国货币计算价格、用来证明出口国国内市场的出厂价格的发票,其作用是供进口国海关作为纳税的依据。

### 3.海运提单(Bill of Lading)

海运提单,是货物承运人或其代理人(轮船公司)签发的证明托运的货物已收到,或装载船上,约定将该项货物运往目的地交与提单持有人的所有权凭证。

海运提单是各项单据中最重要的单据,这是因为海运提单不仅是货物收据,还是货物所有权凭证,同时它也是一种运输契约的证明。在制作提单的过程中,必须注意以下几个问题:

(1)提单的种类。提单的种类很多,应按国外来证所要求的类别提供。

(2)提单的收货人(Consignee)。提单的收货人,习惯上称为"抬头人"。在信用证或托收支付方式下,绝大多数的提单都做成"凭指定"(to Order)抬头或者"凭发货人指定"(to Order of Shipper)抬头。这种提单必须经发货人背书,才可流通转让;也有的要求做成"凭××银行指定"(to Order of ××Bank),一般是规定凭开证行指定。

(3)提单的货物名称。提单上有关货物名称可以用概括性的商品统称,不必列出详细规格,但应注意不能与来证所规定的货物特征相抵触。

(4)提单的运费项目。如CIF或CFR条件,在提单上应注明"运费已付"(Freight Prepaid);如成交价格为FOB条件,在提单上则注明"运费到付"(Freight to Collect)。除信用证内另有规定外,提单上不必列出运费的具体金额。

(5)提单的目的港和件数。提单上的目的港和件数,原则上应和运输标志上所列的内容一致。对于包装货物在装船过程中,如发生漏装少量件数,可在提单上运输标志件号前面加"EX"字样,以表示其中有缺件,例如:"EXNos.1—100"。

(6)提单的签发份数。根据《UCP600》第 20 条规定,银行接受全套正本仅有一份的正本提单,或一份以上正本提单。如提单正本有几份,每份正本提单的效力是相同的,但是,只要其中一份用以提货,其他各份立即失效。因此,合同或信用证中规定要求出口人提供"全套提单"(Full Set or Complete Set B/L),就是指承运人在签发的提单上所注明的全部正本份数。

(7)提单的签署人。如信用证要求港到港的海运提单,银行将接受承运人或作为承运人的具名代理或代表,或船长或作为船长的具名代理或代表签署的提单。

### 4. 保险单(Insurance Policy)

保险单,是保险公司和投保人之间签订的保险合同,也是保险公司出具的承保证明,是被保险人凭此向保险公司索赔和保险公司进行理赔的依据。所以在货物出险后,只有掌握了提单而又掌握了保险单据,才是真正地掌握了货权。在制作保险单时应注意以下几个问题:

(1)被保险人:一般为信用证的受益人。

(2)唛头:与商业发票上的唛头一致。如内容比较复杂也可以简单填写。

(3)包装及数量:填写商品外包装的数量及种类;裸装货注明本身件数;散装注明净重。

(4)保险货物项目:填写商品的名称,可以用总称。

(5)保险金额:按照信用证规定的金额及加成率投保。一般按 CIF 发票金额的 110% 投保。发票如需扣除佣金或折扣,则按扣除前的毛值投保。

(6)总保险金额:填写保险金额的大写,计价货币也应以全称形式填入。

(7)保费和费率:如果信用证无特别规定,此两栏一般填"as arranged"(按协商)。

(8)运输工具:如果是海运,则如实填写承运船名及航次;如需转运,且已知第二程船名,则在第一程船名后加打二程船名;如不知二程船名,则在一程船名后打"&\or steamers"。

(9)开航日期:一般填写提单签发日期。如为备运提单,应填装船日。

(10)起讫地点:填写货物的起运港地和目的港地。如果有转运,则必须注明转运港名称。

(11)承保险别:按照信用证的承保险别填写,包括险别和险别使用的文本和日期。

(12)保险勘察代理:填写保险公司在目的地的代理机构的名称及联系地址。

(13)赔偿偿付地点及赔款币种:偿付地点一般为运输目的地;币种采用信用证或汇票所用货币。

(14)保单日期:保险手续要求在货物离开出口仓库前办理。保单生效日期不得迟于提单日期。

(15)保险单背书:有空白背书和记名背书两种方法。出口人在交单时必须将保险单作背书转让,以便买方在发生由承保风险引起的损失时取得保险公司的赔付。如来证无特殊规定,则应做成空白背书。

**5. 一般产地证明书(Certificate of Origin)**

一般产地证明书是证明货物原产地或制造的证件,其作用是实行差别关税、分配和控制进口配额。通常由出口国政府机构、商会、协会等机构签发。

**6. 普惠制原产地证书**

普惠制原产地证明书格式 A 的全称是:《普遍优惠制原产地证明书(申报与证明联合)格式 A》(*Generalized System of Preferences Certificate of Origin—Combined Declaration and Certificate Form A*),简称格式 A。它是受惠国的原产品出口到给惠国时享受普惠制减免关税待遇的官方凭证,适用于一切有资格享受普惠制待遇的产品。现在所有给惠国都接受格式 A,格式 A 证书相当于一种有价证券。因而,联合国贸易和发展会议优惠问题特别委员会规定,其正本必须印有绿色纽索图案底纹,以便识别伪造与涂改,尺寸为 297×210 毫米,使用文种为英文或法文。签证机构必须是受惠国政府指定的,其名称、地址、印鉴都要在给惠国注册登记,在联合国贸发会秘书处备案。

在我国,普惠制产地证书的签证工作由国家出入境检验检疫局负责统一管理,设在各地的出入境检验检疫机构是我国政府授权的、唯一的普惠制产地证明书格式 A 的签发机构,按照《中华人民共和国普遍优惠制原产地证明书签证管理办法》和《中华人民共和国普遍优惠制原产地证明书签证管理办法实施细则》进行签发、管理。

**7. 区域性优惠原产地证书**

区域性优惠原产地证书是指订有区域性优惠贸易协定的国家官方机构签发的享受相互减免关税待遇的凭证。区域性优惠证书上所列产品应是优惠贸易协定项下的产品。签证依据为相应的区域性优惠原产地规则。简单来说,区域性优惠原产地证书的运用可以帮助企业在清单内的产品减免关税。

目前,中国在建自贸区 18 个,涉及 31 个国家和地区。其中,已签署自贸协定 12 个,涉及 20 个国家和地区,分别是中国与东盟、新加坡、巴基斯坦、新西兰、智利、秘鲁、哥斯达黎加、冰岛和瑞士的自贸协定,内地与香港、澳门的更紧密经贸关系安排(CEPA),以及大陆与台湾的海峡两岸经济合作框架协议(ECFA)。除了与冰岛和瑞士的自贸协定还未生效外,其余均已实施;正在谈判的自贸协定 6 个,涉及 22 个国家,分别是中国与韩国、海湾合作委员会(GCC)、澳大利亚和挪威的自贸谈判,以及中日韩自贸区和《区域全面经济合作伙伴关系》(RCEP)协定谈判。

此外,中国完成了与印度的区域贸易安排(RTA)联合研究;正与哥伦比亚等开展自贸区联合可行性研究;还加入了《亚太贸易协定》。

已经签署并实施的区域性优惠原产地证书有:《亚太贸易协定》原产地证书、中国—东盟自由贸易区原产地证书、中国—巴基斯坦自由贸易区原产地证书、中国—智利自由贸易区原产地证书、中国—新西兰自由贸易区原产地证书、中国—秘鲁自由贸易区原产地证书、中国—新加坡自由贸易区原产地证书、中国—哥斯达黎加自由贸易区原产地证书。

普惠制

普惠制(GSP)全称普遍优惠制。它是发达国家对发展中国家出口的制成品和半制成品给予普遍的、非歧视的、非互惠的优惠关税,是在最惠国关税基础上进一步减税以至免税的一种特惠关税。这项政策有利于帮助受惠国增加出口,促进工业化和经济发展。

中国作为发展中国家,目前已得到欧盟27国(英国、法国、爱尔兰、德国、丹麦、意大利、比利时、荷兰、卢森堡、希腊、西班牙、葡萄牙、奥地利、瑞典、芬兰、捷克、斯洛伐克、波兰、爱沙尼亚、拉脱维亚、斯洛文尼亚、塞浦路斯、立陶宛、马耳他、匈牙利、罗马尼亚、保加利亚),以及挪威、瑞士、日本、澳大利亚、新西兰、加拿大、土耳其、俄罗斯、白俄罗斯、哈萨克斯坦、乌克兰、格鲁吉亚、克罗地亚、阿塞拜疆和亚美尼亚等15个国家实行的普惠制待遇。

**8. 装箱单和重量单(Packing List and Weight Memo)**

装箱单和重量单,这两种单据是用来补充商业发票内容的,便于国外买方在货物到达目的港时,供海关检查和核对货物。

装箱单又称"花色码单",列明每批货物的逐件花色搭配、规格。重量单列明每件货物的毛重、皮重以及净重。在实际业务中,卖方根据信用证规定提供这两种单据,或只提供其中一种。其内容必须与发票和其他单据相符。

**9. 检验证书(Inspection Certificate)**

检验证书,指出口商品经商检机构检验、鉴定后出具的证明文件。在交易中,经买卖双方同意,也可由出口商品的生产单位或进口商品的使用单位出具证明。

# 任务二 进口合同的履行

我国进口货物,大多数是按信用证付款方式成交,按FOB条件、信用证付款方式签订的进口合同,其履行的一般程序包括:开立信用证、租船订舱、接运货物、办理货运保险、审单付款、报关提货验收与拨交货和办理索赔等,现分别加以介绍和说明。

## 一、开立信用证

进口合同签订后,按照合同规定填写开立信用证申请书向银行办理开证手续。开证申请书的内容,应与合同条款一致,例如品质、规格、数量、价格、交货期、装货期、装运条件及装运单据等,应以合同为依据详细列明。开证申请书的内容必须完整、明确,不要罗列过多的细节,也不要引用前证,以免造成误解。信用证的开证时间,应按合同规定办理,如合同规定在卖方确定交货期后开证,买方应在接到卖方上述通知后开证;如合同规定在卖方领到出口许可证或支付履约保证金后开证,应在收到对方已领到许可证的通知,或银行转告保证金已收后开证。

对方收到信用证后,如提出修改信用证的请求,经买方同意后,即可向开证银行办理改证手续;如不同意修改,也应及时通知卖方。信用证经修改后,开证行即不可撤销地受该修改的约束,买卖双方也应按修改后的信用证规定办理。

## 二、租船订舱

按 FOB 术语成交的进口合同,货物采用海洋运输,应由买方负责租船或订舱工作。租船订舱工作可委托对外贸易运输公司办理,也可直接向远洋运输公司或其他运输机构办理。在办理租船订舱时,要填写《进口订舱通知单》,履行委托订舱手续。填写该项通知单时,要做到完整、准确,并与合同内容一致。租船订舱工作应按合同规定及时办理,大宗货物一般应在交货期前 45 天向运输机构提出;零星货物应在交货期前 30 天提出,以使运输机构有足够时间落实舱位工作。如有的合同规定,卖方在交货前一定时间内,应将预计装运日期通知卖方。

## 三、接运货物

买方备妥船后,应做好催装工作,随时掌握卖方备货情况和船舶动态,催促卖方做好装船准备工作。对于数量大或重要的进口货物,必要时,可请我驻外机构就地协助了解和督促对方履约,或派员前往出口地点检验监督,以方便接运工作的顺利进行。

## 四、办理货运保险

凡由我方办理保险的进口货物,当接到卖方的装运通知后,应及时将船名、提单号、开航日期、装运港、目的港以及货物的名称和数量等内容通知保险公司,即作为办妥投保手续,保险公司即按预约保险合同的规定对货物负自动承保的责任。

## 五、审单付款

国外卖方在货物装出后,将信用证规定的汇票及全套单据提交开证行。银行必须合理谨慎地审核信用证所规定的单据,以确定单据是否在表面上与信用证条款相符。如能做到单证相符、单单相符,银行即对外付款。开证行经审单后付款是最终的付款,即无追索权。银行在对外付款的同时,通知外贸出口公司向开证行付款赎单。

银行在审单时,如发现表面上与信用证规定不符,决定拒绝接受单据。按照《UCP600》规定,开证行或其他指定的银行必须在收到单据次日起 5 个银行工作日内,以电信方式或其他快捷方式,通知寄单银行或受益人(如单据由受益人直接向银行提交),并说明其拒受单据的所有不符点,还须说明单据是否保留,以待交单人处理,或退回交单人。

## 六、报关、验收与提货

进口报关是指进口货物的收货人或其代理人按照国家海关法令规定,向海关交验有关证件,办理进口货物的申报手续。进口货的收货人或其代理人待货物抵达卸货港后,即应填具"进口货物报关单"向海关申报,并随附商业发票、提单、保险单、进口货物许可证和国家规定的其他批准文件。如属法定检验的进口商品,还需附商品检验证书。"进口货物报关单"的主要内容有:海关系统商品编号、商品货号及规格、数量、价格(按CIF计算)、唛头、件数、毛重、净重、运输工具名称、贸易方式、贸易国别、原产国、提单或运单号、进口口岸、经营单位、收货单位、合同号码、外汇来源。进口货物经申报,海关依法进行验关,货、证经查验无误,即签章放行。

凡属于法定检验的进口货物,必须在合同规定的期限内由商检机构或指定的检验机构检验。未经检验的货物不准投产、不准销售和使用。法定检验的进口货物到货后,收货人必须向卸货口岸或到达站的商检机构办理登记。商检机构在报关单上加盖"已接受申报"的印章,海关凭此验入。如进口货物经商检局检验,发现有残损缺,应凭商检局出具的证书对外索赔。对于合同规定的卸货港检验的货物,如已发现残损、短少、有异状的货物,或合同规定的索赔期即将期满的货物等,都需要在港口进行检验。进口货物运达港口卸货时,港务局要进行卸货核对。如发现短缺,应及时填制"短卸报告"交由船方签认,并根据短缺情况向船方提出保留索赔权的书面声明。卸货时如发现残损,货物应存放于海关指定仓库,待保险公司同商检局进行检验,明确残损程度和原因,并由商检机构出证,以便向责任方索赔。

## 七、拨交货物

货物代理进口后,应及时向用货单位办理拨交手续,如用货单位在卸货港所在地,则就近拨交货物。如用货单位不在卸货地区,则委托货运代理将货物转运内地,并拨交给用货单位。在货物拨交后,进出口公司再与用货单位进行结算。

在履行凭信用证付款的FOB进口合同时,上述各项基本环节是不可缺少的,但是在履行凭其他付款方式和其他贸易术语成交的进口合同时,则其工作环节有别。例如:在采用汇付或托收的情况下,就不存在买方开证的工作环节;在履行CFR进口合同时,买方不负责租船订舱,此项工作由卖方办理;在履行CIF进口合同时,买方不仅不承担货物从装运港到目的港的运输任务,而且不负责办理货运投保手续。此项工作由卖方按约定条件办理,这就表明,履行进口合同的环节和工作内容,主要取决于合同的类别及其所采取的支付条件。

此外,在履行进口合同过程中,往往因卖方未按期交货或货到后发现品质、数量和包装等方面有问题,致使买方遭受损失,而须向有关方面提出索赔。进口索赔事件虽不是每笔交易一定发生,但为了维护我方的利益,我们对此项工作应当常备不懈,随时注意一旦出现卖

方违约或发生货运事故,应切实做好进口索赔工作。为此,我们必须注意下列事项:

### (一)在查明原因、分清责任的基础上确定索赔对象

根据事故性质和致损原因的不同,向责任方提出索赔。例如:凡属原装短少和品质、规格与合同不符,应向卖方提出索赔;货物数量少于提单所载数量,或在签发清洁提单情况下货物出现残损短缺,则应向承运人索赔;若由自然灾害、意外事故而使货物遭受承保险别范围内的损失,则应向保险公司索赔。

### (二)提供索赔证据

为保证索赔工作的顺利进行,必须提供切实有效的证据,如事故记录、短卸或残损证明和联检报告等,必要时,还须提供物证或实物照片等。

### (三)掌握索赔期限

向责任方提出索赔,应在规定的期限内提出,过期提出索赔无效,在合同内一般都规定了索赔期限;向卖方索赔,应在约定期限内提出,如合同未规定索赔期限,按《联合国际货物销售合同公约》规定,买方向卖方声称货物不符合合同时限,是买方实际收到货物之日起 2 年;向船运公司索赔的时限,按《海牙规则》规定,是货物到达目的港交货后 1 年;向保险公司索赔的时限,按中国人民保险公司制定《海洋运输货物保险条款》规定,为货物在全部卸离海轮后 2 年。

### (四)索赔金额

索赔金额应适当确定,除包括受损商品价值外,还应加上有关费用(如检验费等)。索赔金额究竟多少,其中究竟包括哪些费用,应视具体情况而定。

知识窗

**2012 年货物贸易外汇管理制度改革**

为大力推进贸易便利化,进一步改进货物贸易外汇服务和管理,国家外汇管理局、海关总署、国家税务总局决定,自 2012 年 8 月 1 日起,在全国实施货物贸易外汇管理制度改革,并相应调整出口报关流程,优化升级出口收汇与出口退税信息共享机制。

一、改革货物贸易外汇管理方式

自 2012 年 8 月 1 日起,取消出口收汇核销单(以下简称核销单),企业不再办理出口收汇核销手续,不再出具核销单。企业确需外汇局出具相关收汇证明的,外汇局参照原出口收汇核销监管有关规定进行个案处理。国家外汇管理局分支局(以下简称外汇局)对企业的贸易外汇管理方式由现场逐笔核销改变为非现场总量核查。外汇局通过

货物贸易外汇监测系统,全面采集企业货物进出口和贸易外汇收支逐笔数据,定期比对、评估企业货物流与资金流总体匹配情况,便利合规企业贸易外汇收支;对存在异常的企业进行重点监测,必要时实施现场核查。

二、对企业实施动态分类管理

外汇局根据企业贸易外汇收支的合规性及其与货物进出口的一致性,将企业分为A、B、C三类。A类企业进口付汇单证简化,可凭进口报关单、合同或发票等任何一种能够证明交易真实性的单证在银行直接办理付汇,出口收汇无须联网核查;银行办理收付汇审核手续相应简化。对B、C类企业在贸易外汇收支单证审核、业务类型、结算方式等方面实施严格监管,B类企业贸易外汇收支由银行实施电子数据核查,C类企业贸易外汇收支须经外汇局逐笔登记后办理。

外汇局根据企业在分类监管期内遵守外汇管理规定情况,进行动态调整。A类企业违反外汇管理规定将被降级为B类或C类;B类企业在分类监管期内合规性状况未见好转的,将延长分类监管期或被降级为C类;B、C类企业在分类监管期内守法合规经营的,分类监管期满后可升级为A类。

三、调整出口报关流程

改革之日起,企业办理出口报关时不再提供核销单。

四、简化出口退税凭证

自2012年8月1日起,对报关出口的货物(以海关"出口货物报关单"注明的出口日期为准,下同),出口企业申报出口退税时,不再提供核销单。税务局参考外汇局提供的企业出口收汇信息和分类情况,依据相关规定,审核企业出口退税。

## 小结

本项目主要阐述了出口合同的履行程序,即准备货物、落实信用证、组织装运、制单结汇等,并对履行合同的重点和难点作了详细的介绍。

备货就是卖方根据合同的规定,按时、按质、按量准备好应交的货物,并做好申请报验和领证工作。

审证、改证是卖方履行合同的重要步骤,直接涉及交易能否顺利完成。审证首先要从政策、银行资信和付款责任以及信用证性质等方面进行审查,再从商品品质、规格、数量、包装、单据、特殊条款等方面审查;发现问题,一次向客户提出改正,不要多次提出,否则增加双方的手续和费用。对修改内容只能全部接受或拒绝,部分接受当属无效。

办理托运是卖方履行合同的根本,涉及几个部门的配合衔接,协调不好,会影响货物按时装运。

制单结汇是交易的最后一环,它要求业务员认真、仔细,具有高度的责任感。

业务的善后处理要掌握三点,一是收回货款后,与客户共同回顾在交易过程中那些令人难忘的事件,以便增进相互间的感情,促进业务发展;二是货款未收回,去电与客户商讨解决办法,请求谅解;三是不论哪一方违约,都应本着实事求是的原则,认真、妥善地处理,该索赔的一定要索赔。

## 信用证单证不符拒付案

[背景]

某 A 公司在 2010 年 11 月与阿联酋迪拜某 B 公司签订了一份出口合同,货物为 1×20 集装箱一次性打火机。不久 B 公司即开来一份不可撤销即期信用证,来证中规定装船期限为 2011 年 1 月 31 日,要求提供"Full set original clean on board ocean Bill of Lading…"(全套正本清洁已装船海运提单)。由于装船期太紧,A 公司便要求 B 公司改期,装船期限改为 2011 年 3 月 31 日。B 公司接受了 A 公司的要求修改了信用证。收到信用证并经全面审查后未发现问题,A 公司在 3 月 30 日办理了货物装船,4 月 13 日向议付行交单议付。

4 月 27 日收到议付行转来的开证行的拒付通知:"你第××××号信用证项下的单据经我行审查,发现如下不符点:提单上缺少'已装船'批注。以上不符点已经与申请人联系,亦不同意接受。单据暂代保管,听候你方的处理意见。"

A 公司的有关人员立即审复查了提单,同时与议付行一起翻阅与研究了《跟单信用证统一惯例》600 号出版物的有关规定,证实了开证行的拒付是合理的。A 公司立即电传申请人,提单缺少"已装船"批注是我方业务人员的疏忽所致,货物确实是被如期装船的,而且货物将在 5 月 3 日左右如期到达目的港,我方同意买方在收到目的港船代的提货通知书后再向开证行付款赎单。B 公司回复由于当地市场上一次性打火机的售价大幅下降,只有在我方降价 30%后方可向开证行赎单。我方考虑到自己理亏在先,同时通过国内同行与其他客户了解到,进口国当地市场价格确实已大幅下降,我方处于十分被动的地位,只好同意降价 30%,了结此案。

[分析]

此案的案情并不复杂,却给我方带来巨大的损失,不得不引起人们的深思。我们应该从中吸取以下教训:

1.应尽早办理装运。A 公司虽然在信用证规定的装船期限内办理了装运,满足了信用证的要求,但距 B 公司开证时已 4 个多月了。在这段时间内,由于货物本身的消费特征以及国际市场供求情况的变化,货物的当地市场价格有可能大幅下降,为避免价格下降给我方带来的损失,我方应尽快办理装运。在此案中,B 公司曾多次来电要求我方尽早装运,但我方认为装运期仍未到,没有合理安排生产进度,以致在装船期即将临近时才办理装运,货物到港时已距 B 公司开证时 5 个多月,又恰逢当地市场价格下降,其实已为客户拒付货款埋下了伏笔。

2. 应严格按照信用证与《UCP600》的要求制作与审核单据。信用证要求提供"已装船"提单,我方应提供相应的提单,以便做到"单证相符"。根据《UCP600》第 20 条 A 款第 2 项规定,除非信用证另有规定,提单应注明货物已装船或注明货物的装船日期,可由提单上印就的"货物已装上运具名船只"的词语来表示,在此情况下,提单的出具日期即视为装船日期与装运日期。在所有其他情况下,装上运具名船只,必须以提单上注明货物装船日期的批注来证实,在此情况下,装船批注日期即视为装运日期。案中的提单(提单上没有印就上述词语)则属于后一种情况,只要在提单上注明货物装船日期的批注就行了。如果我方业务人员能按照信用证的要求制作托运单(在托运单上注明要求提供"已装船"提单),承运人或其代理能根据托运单内容与《UCP600》的规定制作并签发提单,银行能根据信用证与《UCP600》来审核 A 公司交来的议付单据,那么上述案例也许就不会发生了。

因此,本案例的拒付带给我们的启示是,应在信用证的装船期内尽快办理装运,严格按照信用证与《UCP600》的要求制作与审核单据。

## 思考训练

**一、不定项选择题**

1. 信用证的到期地点应视信用证规定而定,在我国外贸实务中,通常使用的到期地点为(   )。

   A. 出口地  　　　　B. 进口地  　　　　C. 第三地  　　　　D. 开证行所在地

2. 所谓单证"相符"的原则,是指受益人必须做到(   )。

   A. 单据与合同相符  　　　　　　　　B. 单据和信用证相符

   C. 信用证和合同相符  　　　　　　　D. 修改后信用证与合同相符

3. 如我方是按样品交货,一旦第三方控告我方,则我方(   )。

   A. 须承担责任  　　B. 不承担责任  　　C. 承担一半责任  　　D. 视情况而定

4. 信用证项下的汇票付款人一般应为(   )。

   A. 开证行或申请人  　B. 开证行或付款行  　C. 开证行或议付行  　D. 受益人

5. 当贸易术语采用 FOB 时,海运提单对运费的表示一般为(   ),除非信用证另有规定。

   A. Freight Prepaid  　　　　　　　　B. Freight to Collect

   C. Freight Prepayable  　　　　　　D. As Arranged

6. 按《UCP600》惯例规定,银行开立信用证所产生的一切费用和风险应由(   )负担。

   A. 受益人  　　B. 申请人  　　C. 出口公司  　　D. 第三方

7. 在信用证实际业务中,由(   )作为当事人承担审证任务。

   A. 银行  　　　　　　　　　　　　　B. 通知银行和受益人

   C. 受益人  　　　　　　　　　　　　D. 第三方

346

8. 根据《跟单信用证统一惯例》UCP600规定,在金额.数量和单价前有"约"的词语,应解释为有( )的增减幅度。
   A. 5%　　　　　　B. 7%　　　　　　C. 10%　　　　　　D. 8%

9. 根据《跟单信用证统一惯例》UCP600规定,银行有权拒受于装运日期后( )开提交的单据。
   A. 21　　　　　　B. 15　　　　　　C. 30　　　　　　D. 60

10. 在信用证支付方式下,开证行对受益人履行责任,是以( )。
    A. 卖方将货物装运完毕为条件的
    B. 买方收到货物为条件的
    C. 按时收到与信用证相符的全套单据为条件的
    D. 收到卖方提供的代表货物所有权的提单为条件的

11. 采用信用证付款方式签订的CIF合同,卖方履约所包括的环节很多,其中主要的环节有( )。
    A. 备货　　B. 催证、审证、改证　　C. 投保　　D. 租船订舱　　E. 制单结汇

12. 买卖合同中规定买方的基本义务有( )。
    A. 开立信用证　　　　　　　　B. 按合同规定支付货款
    C. 收取货物　　　　　　　　　D. 租船订舱.派船接货

13. 所有的买卖合同都规定了交易双方的基本义务,其中卖方的基本义务( )。
    A. 按照合同规定交付货物　　　B. 移交一切与货物有关的单据
    C. 转移货物的所有权　　　　　D. 办理租船订舱工作

14. 对于下列单据,( )是银行有权拒受的。
    A. 迟于信用证规定的到期日提交的单据　B. 迟于装运日期后15天提交的单据
    C. 内容与信用证内容不相符的单据　　　D. 单据之间内容有差异的单据

15. 目前我国使用的普惠制单据有( )。
    A. 表格A产地证　　　　　　　B. 纺织品产地证
    C. 价格和原产地证联合证明书　D. 纺织品装船证明

16. 外贸单证常用的发票有( )。
    A. 商业发票　　B. 银行发票　　C. 海关发票　　D. 购销发票
    E. 领事发票

17. 信用证项下制单结汇节工作中必须做到一致是( )。
    A. 单单一致　　B. 单证一致　　C. 单合(同)一致
    D. 证合(同)一致　　E. 单货一致　　F. 单内一致

18. 违约救济有( )几种方式。
    A. 损害赔付　　B. 实际履行　　C. 保全货物　　D. 解除合同
    E. 延迟履行

二、判断题

1.信用证修改申请只能由受益人本人提出。（  ）
2.海关发票是海关发票、估价和原产地联合证书、证实发票的统称。（  ）
3.受益人对修改的信用证可以全部接受,也可以部分接受。（  ）
4.按 UCP600 相关条款,商业发票无须签字。（  ）
5.凡迟于信用证有效期提交的单据,银行有权拒付。（  ）
6.汇票不论份数多少,每份具有同等效力。（  ）
7.海运提单要求空白抬头和空白背书,就是指不填写收货人和不要背书。（  ）
8.在信用证没有明确规定的情况下,银行将接受以单独一份作为整套的正本海运提单。
（  ）

三、简答

1.审核信用证的重点有哪些？
2.在近洋运输中,信用证通常要求出口方在发运货物后,将一份正本提单径寄开证申请人,为什么？这样对出口方有什么风险？应如何防范这些风险？
3.正常出口业务中,通常要与哪些部门联系以保证业务顺利进行？如何将这些部门的工作衔接好？
4.阐述一下租船订舱的程序？在这一环节中需要填写哪些单证？
5.信用证规定5月25日为最迟的装运期,有效期为6月6日,出口商于5月25日取得单据,试问：

(1)6月6日交单时恰逢该银行被抢劫中断营业,交单日期可否顺延到银行开业的下一个营业日？

(2)6月6日是银行的正常假日,非营业日,交单期可否顺延到下一个工作日？

(3)因银行非工作日交单顺延,信用证中的装运期可否相应顺延？

(4)信用证的装期被修改,从5月25日延长12天到6月6日,效期没有修改,此时信用证的交单期是否视作被延长了？可否延长12天交单？被修改的信用证是双到期信用证吗？

(5)信用证规定交单议付有效期为5月10日,最后装运期为4月30日,并规定提交单据的特定期限为运输单据签发日后10天。后来信用证修改装运期至5月10日,交单议付有效期延展至5月20日。出口人实际于5月16日提交5月5日签发的提单向银行办理议付,是否可以这样做？

四、案例分析

1.我某公司与国外某公司达成一笔出口合同,信用证规定：数量5000公吨,1～5月分批装运,每月装1000公吨。卖方在1～3月每月装1000公吨,银行已分批凭单支付。第四批由于台风登陆,延迟到5月2日才装船运出。卖方凭5月2日的提单向银行议付时,遭银行拒绝。后卖方又以不可抗力为由要求银行付款。问：银行有无拒付的权利？为什么？

2.我方某公司收到国外开来的即期不可撤销信用证,来证中规定不得迟于2013年2月

5 日装运。我方因港口紧缺,无法如期装运。于 1 月 15 日电请买方将装运期延至 3 月 5 日。2 月 1 日买方来电表示同意。接电后,我方组织装运,在 3 月 3 日出运,并备齐全套单据向银行交单议付,但银行拒收。问:银行拒收是否合理?为什么?

3. 某国际贸易公司有一笔对乔治公司出口花生仁的贸易,总货量为 500 公吨。信用证通过开证行在出口地的办事处通知国际贸易公司。信用证规定:分 5 个月装运,3 月份 80 公吨,4 月份 120 公吨,5 月份 140 公吨,6 月份 110 公吨,7 月份 50 公吨。每月不许分批装运。装运从中国港口至伦敦。

国际贸易公司接到信用证后,根据信用证规定于 3 月 15 日在青岛港装运 80 公吨;4 月 20 日在青岛装了 120 公吨,均顺利收到货款。国贸公司后因货源不足于 5 月 20 日在青岛只装了 70.5 公吨,公司经联系某公司有一部分同样品质规格的货,所以国际贸易公司要求"HULIN"轮再驶往烟台港继续装货。船方考虑目前船舱空载,所以同意在烟台又装了 64.1 公吨。国际贸易公司向议付行办理仪付时,提交两套提单:一套是在青岛于 5 月 20 日签发的提单,其货量为 70.500 公吨;另一套是在烟台于 5 月 28 日签发的提单,其货量为 64.100 公吨。单据寄到开征行被认为单证不符,拒受单据。请分析开征行的拒付有无道理?为什么?

4. 某年 10 月,某粮油食品进出口公司(买方)从某国进口了 3000 箱冻鸡,委托某航运公司的"东方"轮运输。"东方"轮在迪拜港装上全部冻鸡后,经过 35 天航行,到达上海港交货。买方在港口检查是,发现全部冻鸡解冻变质。经上海市卫生局鉴定,认为不适宜人类食用,买方损失价值 66000 美元。

买方随后诉至法院提出索赔。诉称承运人对自己运输的货物管理不当,保管未尽其责,由此而发生的货损,应负全责。承运人辩称货物在装船之前冷藏舱设备已由当地船检局检查,船开往上海港的整个过程中,温度一直保持在 -12 度到 -17 度之间,机器正常没有损坏。货损原因是冷却器冻塞,冷气打不进冷藏舱,是管船过失所致。根据《海牙规则》,对因船长、船员或承运人的雇佣人员在驾驶和管理船舶方面的行为疏忽所致的货损,承运人可以免责。所以承运人拒不承担赔偿责任。后经查明,冻鸡变质的原因确是冷藏机的冷却器冻塞,冷气打不进,造成舱内温度过高,引起变质。法院审理认为承运人拒赔理由不成立,最后判决承运人赔偿买方经济损失 66000 美元而结案。请分析承运人赔偿的原因是什么?

5. 一批货物由印度的马得拉斯港装船经新加坡转船运往温哥华的不列颠哥伦比亚,承运人签发了全程运输提单。在新加坡转船时,货物在码头等候装第二程时,在露天仓库受雨遭损。货主向承运人索赔,船方以货物不在船上而是在陆地上受损,不属于海上运输为由拒陪。请分析,承运人拒陪理由是否充分?为什么?如果该货物的提单是分别由第一程和第二程船的承运人签发的,那么该批货损应由第一程船还是第二程船或其他方负责赔偿?

6. 某公司与国外客户签订出口合同,规定按照 CIF 即期信用证支付,合同规定 11 月装运,但未规定具体开证日期,后因该商品市场价格趋降,外商便拖延开证。我方为了防止延误装运期,从 10 月中旬起多次催开信用证,终于使该商在 11 月 16 日开来了信用证。但由于该商品开证太晚,使我方安排装运困难,遂要求对方信用证的装运期和议付有效期进行修改,分别推迟 1 个月,但外商拒不同意,并以我方未能按期装运为由单方面宣布解除合同,我方也就此作罢。试问:我方处理是否得当,应从中吸取哪些教训?

# 模块四　国际贸易方式

- 项目一　经销与代理
- 项目二　招标与投标
- 项目三　拍卖与寄售
- 项目四　期货贸易
- 项目五　对销贸易
- 项目六　加工贸易
- 项目七　跨境电子商务

贸易方式是指国际贸易中买卖双方所采用的各种交易的具体做法。其是在买卖双方交易过程中随着不同商品、不同地区和不同对象，根据双方的需要形成的。

当前在国际贸易中流行着各种各样的贸易方式，各种贸易方式也可交叉进行。除前面介绍的单边进口和单边出口外，还包括包销、代理、寄售、展卖、易货、互购、补偿贸易、来料加工、进料加工、租赁贸易、拍卖、招标与投标、商品期货交易和跨境电子商务等等。

本模块将介绍和阐述上述贸易方式的性质、特点、作用、基本做法、适用场合及注意的问题。

## 案例导入

**案情**：我公司与马来西亚 ABC 公司签订 1 份独家代理协议，我公司把公司经营的净水器在马来西亚的代理权授予了 ABC 公司，期限为 2 年。两年来，由于 ABC 公司销售不利，致使我公司蒙受很大损失。我公司为什么受损？从中应吸取什么教训？

**分析**：1. 我公司受损失是由于选用包销商不当所致。选用的包销商缺乏经营能力，致使货物在包销期限内推销不出去，而我方又不能在规定的包销区域内与其他客户发生业务往来，这就极大地影响我商品在该地区的销售，使我方蒙受损失。

2. 应吸取的教训是：

(1) 要慎重选择包销商。选择的包销商要信誉好、经营能力强、地理位置佳。

(2) 包销期限定的过长。

(3) 应在包销协议中约定最低销售额及相关的鼓励措施。

(4) 我方应该在 2 年的包销期限内进行定期的监督检查，而不能等待两年后才查看业绩，此时，损失已定。

## 项目目标

1. 了解常见的国际贸易方式的种类。
2. 熟悉经销、包销与代理方式的特点与做法。
3. 掌握各种贸易方式的内容、运行过程及其适用条件。
4. 明确各种贸易方式的特点和异同，并能处理相应的协议与条款。

## 关键概念

经销（Distributorship）　　　　代理（Agent）

招标（Invitation to Tender）　　拍卖（Auction）

寄售（Consignment）　　　　　对销（Counter Trade）

期货贸易（Futures Transaction）　补偿贸易（Compensation Trade）

套期保值（Hedging）

进料加工（Processing with Imported Materials）

对外加工装配（Processing and Assembling for Foreigners）

跨境电子商务（Cross Border Electronic Commerce）

# 项目一
# 经销与代理

在开拓国际市场的过程中,我们要为推销我国出口商品做广告宣传,要挑选资信好、经营能力强的经销商和代理商,定期检查批准后发给注册证,然后根据出口商品的重点地区(或准备大量推销的国别和地区),在当地办理注册手续。在国外注册可以委托资信好的代理商或经销商代办,或委托当地可靠的律师代办;远洋地区也可委托贸促会代理,港澳及东南亚地区则可委托驻港贸易机构代办。

## 任务一　经销

### 一、经销及包销的概念

经销(Distributorship)是指进口商(经销商)根据与国外的出口商(供货商)达成书面协议,承担在规定期限和地理范围内经销指定商品的义务。按照经销权限的不同,可将经销方式分为:一般经销和独家经销两种。一般经销,也称定销,指经销商不享有独家专营权,供货商可在同一时间、同一地区内,确定几个商家经销同类商品。独家经销在我国又称"包销(Exclusive Sales)",是指出口人与国外经销商达成协议,在一定时间内,把指定商品在指定地区的独家经营权授予该经销商。经销商则承诺不经营其他来源的同类或可替代的商品。

包销方式的特点是出口人和包销人属于售定性质的买卖关系,货物由包销人购买,自行销售,自负盈亏,包销人承担亏损的风险。它与一般单进单出的方式区别在于包销人在一定时期和一定地区之内享有独家专营权,包销人享受的这种权利是通过出口人与包销人签订包销协议来实现的。

**包销的原则**

首先,必须选择忠诚度高,有很强推广能力的经销商。高端产品必须重点选择能配合公司促销和品牌策划方案的、拥有良好形象的经销商,低价位产品可以选择批发网络通畅和广泛,有较强铺货能力和冲击市场能力的经销商。

其次,包销产品的种类确定必须根据经销商的历史销售记录来观察,哪些经销商特别适合推广哪些种类、哪些档次、哪些细分市场的产品,必须有详细的数据分析,同时,资金、地域、产品特性等也是考虑的范围。

最后,包销产品一般利润较高,能给经销商很大的销售积极性,所以厂家可以给经销商一定的销售压力——即分阶段承诺销量,来保证厂家自己的销量和利润。

## 二、包销协议

采用包销(exclusive sales)方式时,出口商与国外客户必须签订包销协议。包销协议是指确定出口人与包销商之间的权利与义务关系的一种协议。在包销协议中,要确定包销商品的名称、规格与型号,要明确具体,不宜笼统。因为出口人经营的商品种类很多,因此,在包销协议中,约定包销商品的范围是十分重要的。

包销协议一经签订,其有关的限制性条款立即生效。如,在协议中规定,供应商就某一货物在一定时间、地域内给予客户独销权,即使在协议期限内供应商没有和包销商订立买卖合同,供应商也不能就同一商品供应给另外任何其他客户。另外,在与海外客户签订包销协议时,要注意有关国家的反竞争法、反垄断法(或称反托拉斯法)。

包销协议有两种订立方法:一种是仅规定出口人与包销人的一般权利和义务,具体的包销货物数量、金额、价格、交货等内容须订立买卖合同;另一种是包销协议即为买卖合同,亦即在买卖合同中规定给予国外商人独家专营权利。这种形式多为成交数额较大,合同期限较长的业务。

包销协议包括下列主要内容:

### (一)包销协议的名称、签约日期与地点

### (二)包销协议的前文

通常在前文条款中,明确包销商—委托人之间的关系是本人与本人的关系(Principal to Principal),即买卖关系。

### (三)包销商品的范围

委托人(出口人)经营商品种类繁多,即使是同一类或同一种商品,也有不同的牌号与规格。因此在包销协议中,双方当事人必须约定包销商品的范围。

一般情况下,包销商品的范围不宜太大,通常规定方法有:

1. 一类商品或几类商品。
2. 同类商品的几个品种或几个型号。

为了避免协议双方当事人对包销商品的范围产生争议,最好在包销协议中对包销商品停止生产或有新品种面世对协议是否适用等予以明确。

### (四)包销地区

包销地区是指包销商行使销售的地理范围。通常有下列约定方法:确定一个国家或几个国家;确定一个国家中几个城市;包销商品的性质及种类;市场的差异程度;包销地区的地形位置等。

"A公司指定B公司为该公司针织服装在丹麦地区的包销商",该规定有无不妥之处?

关于包销地区能否扩大,一般应在协议中明确,按照许多国家的习惯做法,如包销商在其原地区的售货额在一定时期内达到规定数量时,他有权要求扩大包销区域。

### (五)包销期限

包销期限可以长也可以短。在我国的出口业务中,往往在签订包销协议时明确规定期限,通常为1年。其他国家市场的习惯做法,在包销协议中不规定期限,只是规定中止条款或续约条款等。

### (六)专营权

专营权是指包销商行使专卖和专买的权利,这是包销协议的重要内容。专营权包括专卖和专买权。前者是委托人(出口人)将指定的商品在规定的地区和期限内给予包销商独家销售的权利,出口人负有不向该区域内的客户直接售货的义务。后者是包销商承担向出口人购买该项商品,而不得向第三者购买的义务。

但在现代的包销业务中,专买权有时可能触犯包销区域内国家法律,这难以在协议中规定。因此,有时包销协议不需要同时规定专卖和专买权作为对流条件,而只须单独规定专卖权或专买权。

### (七)包销数量或金额

包销协议中除规定上述内容外,还应规定数量或金额。这对协议双方均有同等的约束力。有时在协议中规定数量与金额,包销商必须承担向出口人购买规定数量和金额的义务,而出口人必须承担向包销商出口上述数量和金额的责任。

### (八)作价办法

包销商品有不同的作价办法。其中一种做法是在规定的期限内一次作价。即无论协议内包销商品价格上涨、下落,均以协议规定价格为准。另一种做法是在规定的包销期限内分批作价。由于国际商品市场的价格变化多端,采用分批作价的做法较为普遍。

### (九)广告、宣传、市场报导和商标保护

包销协议的当事双方是买卖关系,因此委托人(出口人)不实际涉足包销地区的销售业

务，但出口人仍关心开拓海外市场。为宣传其产品所用的商标，委托人常要求包销商负责为他的商品刊登一定的广告。例如，有些包销协议规定："买方负责和出资在其包销地区为卖方的机器设备举办展览，招揽订单，在当地报刊上登载广告。"

### 三、包销方式的应用

对出口商来说，采用包销方式的主要目的是利用包销商的资金和销售能力，在特定的区域建立一个稳定发展的市场。对包销商来说，由于取得了专卖权，在指定商品的销售中处于有利的地位，可避免多头竞争而导致降价减少盈利的局面，故其有较高的经营积极性，能在广告促销和售后服务中作较多的投入。

由于包销是包销商买断商品后再自行销售，所以包销商需要有一定的资金投入并承担销售风险。若包销商资金不足或缺少销售能力，则有可能形成"包而不销"或"包而少销"的情况。因此，对出口商来说，选择一个合适的包销商是成功地采用包销方式的关键所在。

### 四、采用包销方式应注意的问题

#### (一)要根据市场、客户以及货物特点来确定是否采用包销方式

首先，要看市场情况，如不采用包销方式难以打开局面时，应积极考虑选择包销，但如该市场当局对进口商实行配额限制时，则不宜采用包销。其次，要考虑货物特点，如机械、电子、仪表、轻工日用品等货物，采用包销方式后，包销商建立专门部门为买主服务，供应备用件就可促进销售业务。而一些国际性的"大路货"则不宜采取这一方式。再次，要考虑客户情况，要选择那些资信较好，有一定的经营能力和销售渠道的客户作为包销人。如果不具备上述条件，签订包销协议就要慎重。在确定包销人时，最好能经过一个试行阶段，例如给某客户享有独家发盘的权利，或多与某客户成交，以观察其经营能力。

#### (二)确定包销的货物、规格、时间和地区范围时要慎重

对包销货物和规格的确定，一般不宜过多，即使同类不同型号的货物也要掌握到一定范围，不能让一个商人全部包销垄断。对包销的时间规定可视客户情况而定，过短不易调动包销商的积极性，过长则易使我方处于被动。规定包销时可以用两种方法：一是明确规定一个期限(如一年或两年)，同时规定如包销商经营有方，成绩显著，可享受继续包销的优先权，一旦完不成任务，我方有权随时撤销包销协议；二是不具体规定包销期限，但规定买卖任何一方，有随时通知对方在一定时期之后撤销包销协议的权利。这种规定比较灵活，但包销商可能有顾虑，担心随时撤销协议，影响其经营积极性。对包销地区范围的规定，一般不宜太广。如地区太大，一旦包销商经营有困难，而我方又不能直接与该地区的其他商人直接成交，反而束缚了自己。

### (三)对双方的权利和义务应作出明确规定

从包销商来说,有专营某种货物的权利。包销商的义务主要有:包销商承担在包销期内、包销地区不得经营其他来源的同样、类似或具有竞争力的商品;维护包销货物在包销地区的权益;努力宣传推销货物;定期和不定期报导市场信息,实现最低包销数量和金额。

### (四)包销的成交办法有多种

在包销协议中可规定一次全部成交,也可规定分期、分批成交,或一次成交,分期分批出运结汇。

# 任务二 代 理

## 一、代理的概念

国际贸易中的代理(Agent),主要是指销售代理。出口商与国外的代理商达成协议,由出口商作为委托人,授权代理人代表出口商推销商品、签订合同,由此而产生的权利和义务直接对委托人发生效力。代理人在委托人授权的范围内行事,不承担销售风险和费用,不必垫付资金,通常按达成交易的数额提取约定比例的佣金而不管交易的盈亏。

## 二、代理的种类

根据委托人授权代理人的权限的不同,销售代理可分为下列几种:

### (一)总代理(General Agent)

总代理是在指定地区内,代表委托人从事销售活动和其他范围广泛商务活动的全权代表。总代理商必须是独家代理商(但是独家代理商不一定是总代理商),独家代理商不一定有指定分代理商的权力。因此,在总代理制度下,代理层次较为复杂,常常称总代理商为一级代理商,分代理商则为二级或三级代理商。分代理商也有由原厂家直接指定的,但是大多数分代理商由总代理商选择,再上报厂家批准,分代理商受总代理商的指挥。

采用总代理方式的厂商比较多,一般情况下,运用代理商的厂家大多采取总代理方式。采用总代理制的优点是可以利用代理商拓展市场,缺点是代理层次增多,易造成管理不善。

### (二)独家代理(Exclusive Agent or Sale Agent)

独家代理是指在代理协议规定的时间、地区内,对指定商品享有专营权的代理人。委托人不得在以上范围内自行或通过其他代理人进行销售。

在进出口业务中,采用独家代理方式时,作为委托人的出口商给予国外的代理人在规定的地区和期限内推销指定商品的专营权。按照惯例,委托人在代理区域内达成的交易,只要是独家代理人专营的商品,不论其是否通过该独家代理人,委托人都要向他支付约定比例的佣金。

独家代理权益优势。独家代理人在所代理区域内独家经营,开设分公司并独有设备销售权;在所代理区域内发展分代理商,但是不能收取代理费、加盟费和货物押金,并按统一价格提供设备;管理代理区域内的所有分代理商和设备分销商;在代理区域内开展蓝牙广告运营,独自获得代理区域内全部广告业务收入;设备进货可享受全国统一的设备代理价格政策;有权在其代理区域内利用品牌价值与其分代理商合伙经营;加盟代理商的经营管理事物(设备技术服务、广告投放、广告策划及市场方案等)由公司市场部分管辖区人员全权负责;代理加盟商上行广告投放可以获得广告总收益70%的利益分配,下行广告投放可以获得广告总收益25%的利益分配;公司IPO时,有选择参与上市资产配置的优先权。

 知识窗

### 独家代理与独家经销的区别

在独家代理方式下,委托人与代理人的关系是委托代理关系,代理人的行为所产生的权利和义务直接对委托人发生效力,而在独家经销方式下,独家经销商与出口人之间的关系是买卖关系;在独家代理方式下,代理商不垫付资金,不担风险,不负盈亏,而在独家经销中,独家经销商要自筹资金进货,自担风险,自负盈亏;独家代理商以佣金为报酬,而独家经销商以市场差价为报酬。

## (三)一般代理(Commission Agent)

一般代理又称"普通代理或佣金代理",是指不享有独家代理专营权的代理商。委托人可同时委托若干个代理人在同一地区推销相同商品。一般代理根据推销商品的实际金额或根据代理协议规定的办法收取佣金。委托人也可以直接与该地区的实际买主成交,而无须给一般代理人佣金。

佣金代理方式的代理商收入主要是佣金收入,代理商的价格决策权受到一定限制。佣金代理方式又分为两种,一种是代理关系的佣金代理商,一种是买卖关系的佣金代理商。代理关系的佣金代理方式是法律意义上纯粹的代理关系。代理商仅为国外厂商在当地推销其产品,并在厂商授权下以厂商的名义与当地顾客签订买卖合约。产品的价格完全由厂家指定,代理商销售产品后,向厂家索取佣金作为报酬。在交易过程中,代理商不以自己的名义进货,即不从厂商购产品,只是起媒介交易作用。

买卖关系的佣金代理方式是指:代理商根据厂商制订的价格范围(有一个上、下浮动率),加上自己的佣金费作为产品售价,向顾客推销产品,与客户订好买卖合同后,该代理商向厂商订货,并以自己的名义进口代理产品。待收到客户贷款后,代理商从货款中扣除佣金汇给厂家。

由于买卖关系的佣金代理商是以自己的名义进口货物,因此,他与厂家的关系实际上已是买卖关系,而非代理关系,当代理商将货物交给客户而又收不到货款时,他要负担"坏账"损失。正因为在这种情况下,代理商风险比较大。因此,厂家给予代理商价格浮动的范围,代理商在此价格范围内有最终价格决定权。

 讨 论
美国Y公司为李宁牌运动服装在纽约地区的独家代理人,同时,该公司还经销耐克牌运动服,这种做法是否合理?

一般代理与独家代理的主要区别有两点:一是独家代理商享有独家专营权,而一般代理商则不享受这种权利;二是独家代理商收取佣金的范围,既包括招揽生意介绍客户成交的金额,也包括委托人直接成交金额。一般代理商收取佣金的范围只限于介绍生意成交金额,委托人直接成交的则不另付佣金。

## 三、代理的使用

出口商委托代理人销售商品,主要是利用代理商熟悉销售地市场,有广泛的销售渠道。特别需要指出的是,代理人的商誉对商品的销售乃至出口企业的形象有举足轻重的作用。选择一个代理商,不仅仅着眼于他的销售能力,也应重视代理商已有的商誉。

# 项目二
# 招标与投标

招标投标是国际贸易中一种常见的方式。它常用在政府机构、国营企业或公用事业单位采购物资、器材或设备的交易中,更多地用于国际承包工程。本项目主要介绍货物买卖中的招标与投标。

## 任务一 招标与投标概述

### 一、招标与投标的含义

招标(Invitation to Tender)是指招标人(买方或发包方)通过招标机构发出招标公告或招标单,提出准备买进商品的品种、数量和有关买卖条件,或提出发包工程的具体要求,邀请投标人(卖方或承包商)投标的行为。投标(Submission of Tender)是指投标人应招标人的邀请,根据招标公告或招标单位的规定条件,在规定的时间内向招标人报出愿意成交的交易条件的行为。实际上,招标、投标是一种贸易方式的两个方面,属于竞买方式。

#### (一)招标与投标当事人

招标与投标涉及3个方面的关系人。

**1. 招标人**

招标人是招标采购商品的买主或工程项目的发包人。

**2. 招标机构**

招标机构是代表招标人进行招标组织工作的专门机构。

**3. 投标人**

投标人是商品的供应商或工程项目的承包商。

#### (二)招投标的特征

招标、投标与其他贸易方式相比较,具有4个特征。

**1. 招标的组织性**

招标的组织性指有固定的招标组织机构,固定的招标场所,固定的招标时间,固定的招标规则和条件。

**2. 投标的一次性**

传统的贸易方式中,任何一方都可以提出自己的交易条件,讨价还价。而在招标、投标中,投标人只能应邀进行一次性投标,没有讨价还价的权利。标书在投递之后,一般不得撤回或修改。贸易的主动权掌握在招标人手中。招标机构对最后卖主的选择,是通过对各报价的筛选结果决定的。所以,投标人能否取得交易,完全取决于投标的质量。

**3. 招标与投标的公开性**

招标机构要通过招标公告广泛通告有兴趣、有能力投标的供货商或承包商。另外,招标机构还要向投标人说明交易规则和条件,以及招标的最后结果。

**4. 招标与投标的公平性**

招标与投标是本着公平竞争的原则进行的。在招标公告发出后,任何有能力履行合同的卖主都可以参加投标。招标机构在最后取舍投标人时,要完全按照预定的招标规则进行。招标所具有的组织性和公开性本身,也是招标、投标公平和合理的有效保证。

## 二、招标的方式

目前,国际上采用的招标方式归纳起来有三类。

### (一)竞争性招标(Competitive Bidding)

竞争性招标是指招标人邀请几个乃至几十个投标人参加投标,通过多数投标人竞争,选择其中对招标人最有利的投标人达成交易,它属于竞卖的方式。

国际性竞争投标,有两种做法:

**1. 公开投标(Open Bidding)**

公开投标是一种无限竞争性招标(Non-limited Competitive Bidding)。采用这种做法时,招标人要在国内外主要报刊上刊登招标广告,凡对该项招标内容有兴趣的人均有机会购买招标资料进行投标。

**2. 选择性招标(Selected Bidding)**

选择性招标又称"邀请招标",它是有限竞争性招标(Limited Competitive Bidding)。采用此种做法时,招标人不在报刊上刊登广告,而是根据自己具体的业务关系和情报资料由招标人对客商进行邀请,进行资格预审后,再由他们进行投标。

### (二)谈判招标(Negotiated Bidding)

谈判招标又叫议标,它是非公开的,是一种非竞争性的招标。这种招标由招标人物色几家客商直接进行合同谈判,谈判成功,交易达成。

### (三)两段招标 (Two-stage Bidding)

两段招标是指无限竞争招标和有限竞争招标的综合方式,采用此类方式时,则是用公开招标,再用选择招标分两段进行。政府采购物资,大部分采用竞争性的公开招标办法。

# 任务二　招标与投标业务的基本程序

## 一、招标与投标业务的基本程序

招标与投标是一件事情的两个方面,其基本程序分为以下阶段。

### (一)刊发招标通告

国际公开招标通常均在权威性的报刊或有关专业刊物上公布招标通告,比如我国对外发行的《人民日报》,世界银行出版的援助项目的招标月刊等。

### (二)资格预审

投标人应填写招标人编制的"资格预审表",包括投标人的经营规模、人员设施概况、工程记录等,并提供有关证明文件和资料。由招标人确认其是否具有投标能力。资格预审是保证招标工作顺利进行的关键步骤。

### (三)编制招标文件(Bidding Documents)

招标伊始,招标人即组织有关人员制订招标书,说明采购商品或发包工程的技术条件和贸易条件。

### (四)投标的准备工作

投标人取得标书后,应严格按照招标条件对商品或工程所要求的质量、技术标准、交货期限、工程量和进度安排等进行核算,并结合自身的条件和市场竞争态势,估计能否完全满足招标要求和能否提出有竞争性的报价。

### (五)编制投标书和落实担保

投标书是投标人对招标人的一项不可撤销的发盘。其主要内容包括对招标条件的确认、商品或各个项目的有关指标和工程进度、技术说明和图纸、投标人应承担的责任,以及总价。投标保证金一般为总价的3%～10%,也可以银行保函或备用信用证代替现金作保。故投标人应在投标前落实担保人和单价分析表。招标人为防止投标人中标后拒不签约,通常要求投标人提交投标保证金。

### (六)递送投标文件

投标文件包括投标书、投标保函或备用信用证、关于投标书中单项说明的附件,以及其他必要文件。投标文件应密封后在规定的时间内送达指定地点,可以专人递交,也可以挂号邮寄。

### (七)开标

招标人在预先公布的时间和地点,当众开启密封的投标文件,宣读内容,允许在场的投标人作记录或录音。开标后,投标人不得更改投标内容。开标是对外公开标书内容,以保证招标工作公正进行的一种形式,并不当场确定中标人。

### (八)评标和决标

除价格条件外,技术质量、工程进度或交货期,所提供的服务等各方面的条件都将影响投标的优劣。招标人必须对投标进行审核、比较,然后择优确定中标人选。其主要工作如下:

**1. 审查投标文件**

其内容是否符合招标文件的要求,计算是否正确,技术是否可行等。

**2. 比较投标人的交易条件**

比较投标人的交易条件,可逐项打分或集体评议或投票表决,以确定中标人选。初步确定的中标人选,可以是一个或若干个替补人选。

一般出现下列情况之一者,可以拒绝全部投标:最低标价大大超过国际市场的价格水平;所有投标书内容均与招标要求不符;在国际竞争性招标时,投标人太少。

**3. 对中标人选进行资格复审**

如果第一中标人经复审合格,即成为该次招标的中标人选。否则依次复审替补中标人选。

### (九)中标签约

确定中标人后,招标人以书面通知中标人在规定的期限内到招标人所在地签订合同,并缴纳履约保证金或以银行保函作为履约担保。

## 二、招标与投标应注意的问题

其一,在招标通告中规定须通过代理人进行投标时,必须事先在招标人所在国家选定代理人,并签好代理协议,说明我方投标的具体条件、代理人的报酬和不中标时应付的手续费等。

其二,认真审阅招标文件,避免遗漏,对标单的填写要慎重。因其具有实盘性质,不能随意撤销;按照国际投标的一般作法,投标文件是中标签订合同的一部分。若投标人对招标单的内容不完全清楚,将很难中标,即使中标也会给以后履约带来麻烦,甚至可能造成经济损失。

其三,投标前要了解招标国关于招标的规定和习惯,同时要落实好货源,因为投标要支付一定的保证金,而且投标的商品,一般数量较大,交货比较集中,如不能按时履约,将会造成不良影响,并须承担招标人因此而遭受的经济损失。

**常见的国际贸易招标陷阱**

(1)利用招标由国外企业代理诱骗中国企业中标,然后让招标企业退出,设立圈套。

(2)不按国际通行做法操作,单方规定随意的软条款,迫使中方企业就范。

(3)国外招标公司利用开出的信用证强加于人,利用软条款勾结银行,以强凌弱。

(4)用层层扣款的办法,达到骗钱的目的。

(5)与招标市场脱节,任意招标。一旦发生风险,勾结海关、商检部门,提高检验标准,以时间延迟为由,强行退货,或就地销毁,将风险转嫁到中方企业身上。

# 项目三
# 拍卖与寄售

拍卖是用于某些商品现货买卖的一种传统的交易方法。拍卖的交易过程和出价方法都有别于其他贸易方式。国际货物的拍卖一般由拍卖行组织,按其特定的规章进行。拍卖的出价方法有增价拍卖、减价拍卖和密封递价拍卖三种,以增价拍卖方式使用最广泛。

寄售是一种委托代售方式,有别于一般出口销售方式和销售代理方式。寄售人与代销人之间是委托受托关系,货物先出口,后成交。寄售方式无论对寄售人、代销人和买方都具有一定的益处。寄售协议属信托合同性质,寄售协议中应明确当事人双方关系、价格、代售责任、风险、费用负担及货款的支付等问题。

## 任务一 拍 卖

### 一、拍卖的含义

拍卖(Auction)是由专营拍卖行接受货主的委托,在一定的地点和时间,按照一定的章程和规则,以公开叫价竞购的方法,最后由拍卖人把货物售给出价最高的买主的一种现货交易方式。

通过拍卖进行交易的商品大都是些品质不易标准化的,或是难以久存的,或是习惯上采用拍卖方式进行的商品。

**国际上采用拍卖方式买卖的商品的主要种类**

(1)其品质不易高度标准化或难以久存的商品,如皮毛、茶叶、烟叶、咖啡、花卉等。

(2)价值昂贵、有收藏价值,但价格变化较大的,如名人字画、古董、艺术品、金银饰品等。

(3)工厂企业倒闭的机械设备及处理的资产。

(4)有些国家和国际组织拍卖的其他商品,如欧佩克拍卖的原油,国际货币基金组织拍卖的黄金,美国政府拍卖政府囤储的物资等。

## 二、拍卖的特点

### (一)在一定的机构内有组织地进行

拍卖行主要有以下几种类型:由专业公司或经纪人以股份公司或协会组织组成的拍卖行;由几家销售商共同组成的拍卖行;由大销售商组织的拍卖行。

### (二)有独特的法律和规章

拍卖不同于一般的进出口交易,这不仅体现在交易磋商的程序和方式上,也表现在合同的成立和履行等问题上,许多国家的买卖法中对拍卖业务有专门的特殊规定。此外,各拍卖行还订有自己的章程和规则,供拍卖时采用。

### (三)有其独特的做法

拍卖是一种公开竞买的现货交易,拍卖采用事先看货,当场叫价,落槌成交的做法,拍卖开始前,买方可以查看货物,做到心中有数,拍卖开始后,买方当场出价,公开竞买,由拍卖主持人代表货主选择交易对象,成交后,买主即可付款提货。

## 三、拍卖的出价方法

拍卖的出价方法有以下3种:

### (一)增价拍卖

增价拍卖又称"买方叫价拍卖"。这是最常用的一种拍卖方式。拍卖时,由拍卖人(Auctioneer)提出一批货物,宣布预定的最低价格,估价后由竞买者(Bidder)相继叫价,竞相加价,有时规定每次加价的金额额度,直到拍卖人认为无人再出更高的价格为止。

### (二)减价拍卖

减价拍卖又称"荷兰式拍卖"(Dutch Auction),源于世界上最大的荷兰花卉拍卖市场,由拍卖人先开出最高价格,然后渐次降低价格,直到有人表示接受,即达成交易。这种拍卖方式买主之间无反复竞价的过程,买主一旦表示接受,不能再行撤销。由于这种减价拍卖成交迅速,特别适合于数量大、批次多的鲜活商品。

### (三)密封递价拍卖

密封递价拍卖(Sealed Bids;Closed Bids)又称"招标式拍卖"。采用这种方法时,先由拍卖人公布每批商品的具体情况和拍卖条件等,然后由各方在规定时间内将自己的出价密封递交拍卖人,供拍卖人审查比较后,决定将该货物卖给哪一个竞买者。这种方法不是公开竞买,拍卖人有时要考虑除价格以外的其他因素。有些国家的政府或海关在处理库存物资或没收货物时往往采用这种拍卖方法。

## 四、拍卖的程序

### (一)准备阶段

货主与拍卖行达成拍卖协议,规定货物品种和数量、交货方式与时间、限定价格以及佣金等事项。货主把货物运至拍卖地点,存放于拍卖人指定的仓库由拍卖人进行分类、分批编号。拍卖人印发拍品目录,并刊登拍卖通告。买主在正式拍卖前可至存放拍卖商品的仓库查看货物,必要时可抽取样品分析测试。

### (二)正式拍卖

在规定的时间和地点,按拍卖品目录规定的顺序逐批拍卖。以增价方式拍卖,买方出价相当于要约,拍卖人落槌相当于承诺。在落槌之前,买方有权撤销出价,卖方也有权撤回拍卖商品。以减价方式拍卖,拍卖人报价相当于要约,而买方一旦表示接受,即为承诺,交易成立,双方均受约束。

### (三)成交与交货

成交后,买方签署成交确认书,支付部分货款作定金,待买方付清全部货款后,拍卖行开出提货单,买方凭单提货。拍卖行从货款中提取一定比例的佣金,作为提供拍卖服务的报酬,在扣除按合同应由货主承担的费用后,将货款交付货主。

## 五、拍卖的注意事项

### (一)关于商品的品质

由于参加拍卖的商品往往难以用具体规格描述,且买主在拍卖前有权查验货物,拍卖行通常在拍卖章程中规定"卖方对品质概不负责",所以,拍卖后买方对商品没有复验权,也不存在索赔的问题。对于某些货物可能存在隐蔽的缺陷,凭一般的查验手段难以发现,有的拍卖章程中也规定了买方的索赔期限。

### (二)关于公开和公平的原则

拍卖和招标投标一样,是一种按公平竞争的原则,进行公开交易的贸易方式。为保证公开和公平的原则不被违反,拍卖行制定了拍卖章程。买卖双方都必须严格遵守、买方不得互相串通,以压低报价;卖方也不得由代理人出价竞买以哄抬价格。

# 任务二 寄 售

## 一、寄售的含义

寄售（Consignment）是出口商委托国外代销商向用户进行现货买卖的一种交易方式。出口商作为寄售人，将准备销售的货物先行运往国外，委托当地的销售商按照寄售协议规定的条件在当地市场上销售。商品售出后，代销商扣除佣金和其他费用后，将货款交付给寄售人。

采用寄售方式，出口商应在寄售地区选定代销人，签订寄售协议，然后将货物运往寄售地点由代销人现货销售。

## 二、寄售的特点

寄售业务与一般出口业务相比，具有以下几个特点：

其一，寄售人与代销人之间是委托与受托的关系。

其二，代销人只能根据寄售人的指示处置货物，货物的所有权在寄售地售出之前仍属寄售人。

其三，寄售是先发货后收款。

其四，寄售货物在售出之前，包括运输途中和到达寄售地后的一切费用和风险，均由寄售人承担。在寄售方式下，只有当货物在寄售地出卖时，风险才由寄售人转移给买方。风险转移之前的各种费用一般都由寄售人负担。

其五，寄售属于凭实物进行买卖的现货交易，随时采购，对买主有一定的吸引力。

## 三、寄售的利弊

### （一）寄售的优点

其一，对于寄售人来讲，有利于推销新产品和开发新市场。

其二，采用寄售方式，代销人只是为寄售人的商品销售提供服务，代销人一般不承担市场波动的风险，也无须多少投资，甚至可做无本生意。

其三，寄售是采用现货交易，凭实物买卖，买主看货成交，这对于那些难以凭文字说明来确定品质的商品的买卖，具有重要意义。

### （二）寄售的缺点

对寄售人来讲，主要有以下两个缺点：

其一，不利于资金周转。

其二,要承担较大的风险。寄售人要承担货物出售之前的一切风险,包括运输风险,市场行情变化价格下跌的风险,销售不出去的风险,货款回收的风险等。

## 四、寄售协议

寄售协议(Agreement of Consignment)是寄售人和代销人之间就双方的权利、义务及有关寄售条件和具体做法而签订的书面协议。其主要内容如下:

其一,双方的基本关系。寄售人和代销人之间的关系,是一种委托代理关系。货物在出售前所有权仍属寄售人。代销人应按协议规定,以代理人身份出售商品,收取货款,处理争议等,其中的风险和费用由寄售人承担。

其二,寄售商品的价格。寄售商品价格有三种规定方式:一是规定最低售价;二是由代销人按市场行情自行定价;三是由代销人向寄售人报价,征得寄售人同意后确定价格,这种做法较为普遍使用。

其三,代销人的义务。包括保管货物,代办进口报关、存仓、保险等手续并及时向寄售人通报商情。代销人应按协议规定的方式和时间将货款交付寄售人。有的寄售协议中还规定代销人应向寄售人出具银行保函或备用银行证,保证承担寄售协议规定的义务。

其四,寄售人的义务。寄售人按协议规定时间出运货物,并偿付代销人所垫付的代办费用。

## 五、寄售的应用

### (一)着眼于开拓新市场

寄货时,既销售商品,又树立企业形象,建立客户关系,故所选商品应是优质适销的商品。

### (二)选择合适的寄售地点

寄售地点应选择交通便捷的贸易中心或自由港、自由贸易区,以方便货物进出转运,降低费用。

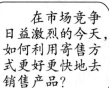

### (三)选择合适的代销人

代销人应在当地有良好的商誉,有相关商品的营销经验和推销能力,并有能力代办报关、存仓等业务。

### (四)重视安全收汇

应在寄售协议中做出相应规定。比如要求代销人开立银行保函等。

# 项目四
# 期货贸易

期货市场最早萌芽于欧洲。早在古希腊和古罗马时期,就出现过中央交易场所、大宗易货交易,以及带有期货贸易性质的交易活动。当时的罗马议会大厦广场、雅典的大交易市场就是这样的中心交易场所。到12世纪,这种交易方式在英、法等国的发展规模扩大,专业化程度也提高了。1251年,英国大宪章正式允许外国商人到英国参加季节性交易会。后来,在贸易中出现了对在途货物提前签署文件,列明商品品种、数量、价格,预交保证金购买,签署买卖文件合同的现象。1571年,英国创建了事实上的第一家集中的商品市场——伦敦皇家交易所,后来又在其原址上成立了伦敦国际金融期货期权交易所。其后,荷兰的阿姆斯特丹建立了第一家谷物交易所,比利时的安特卫普开设了咖啡交易所。1666年,伦敦皇家交易所毁于伦敦大火,但交易仍在当时伦敦城的几家咖啡馆中继续进行。17世纪前后,荷兰在期货交易的基础上发明了期权交易方式,在阿姆斯特丹交易中心形成了交易郁金香的期权市场。1726年,另一家商品交易所在法国巴黎诞生。

**世界上著名的交易所**

目前世界上交易量比较大的交易所有:美国的芝加哥商品交易所、芝加哥商业交易所、纽约商品交易所、纽约商业交易所、英国伦敦金属交易所、日本的东京工业品交易所、谷物交易所、香港的期货交易所以及新加坡的国际金融交易所等。

## 任务一 期货交易的含义与特征

### 一、期货交易的含义

期货交易(Futures Transaction)是众多的买主和卖主在商品交易所内按照一定的规则,用喊叫并借助手势进行讨价还价,通过激烈竞争达成交易的一种贸易方式。也是采用公开集中交易方式或者其他方式进行的以期货合约或者期权合约为交易标的的交易活动。

期货合约是指期货交易场所统一制定且规定在将来某一特定的时间和地点交割一定数

量标的物的标准化合约。期货合约包括商品期货合约、金融期货合约及其他期货合约。

标的物又叫"基础资产",对期货合约所对应的现货,可以是某种商品,如铜或原油;也可以是某个金融工具,如外汇、债券;还可以是某个金融指标,如三个月同业拆借利率或股票指数。

期货交易是商品经济高度发展的必然产物,其具有套期保值功能、抑制市场过度波动的功能、节约商品流通费用的功能以及促进公平竞争的功能。

## 二、期货交易的特点

期货交易不同于商品中的现货交易。众所周知,在现货交易的情况下,买卖双方可以以任何方式,在任何地点和时间达成实物交易。卖方必须交付实际货物,买方必须支付货款。而期货交易则是在一定时间,在特定期货市场,即在商品交易所内,按照交易所预先制订的"标准期货合同"进行的期货买卖。成交后买卖双方并不移交商品的所有权。因为期货交易具有下列几个特点:

### (一)合约的标准化

期货标准合同,就是合同的内容和条款统一化了的合同格式。在这种合同中,除价格和交货期两项需由买卖双方协商确定外,其他条款(包括品质、数量、交货地点、检验方法、支付方式和时间以及解决纠纷的办法等)都是统一拟订的。期货合约标准化给期货交易带来极大便利,交易双方不需对交易的具体条款进行协商,从而节约交易时间,减少交易纠纷。

### (二)交易的集中化

期货交易必须在期货交易所内进行。期货交易所实行会员制,只有会员方能进场交易。那些处在场外的广大客户若想参与期货交易,只能委托期货经纪公司代理交易。所以,期货市场是一个高度组织化的市场,并且实行严格的管理制度,期货交易最终在期货交易所内集中完成。

### (三)双向交易和对冲机制

双向交易,就是期货交易者既可以买入期货合约作为期货交易的开端(称为买入建仓),也可以卖出期货合约作为交易的开端(称为卖出建仓),也就是通常所说的"买空卖空"。与双向交易的特点相联系的还有对冲机制,在期货交易中大多数交易并不是通过合约到期时进行实物交割来履行合约,而是通过与建仓时的交易方向相反的交易来解除履约责任。具体说就是买入建仓之后可以通过卖出相同合约的方式解除履约责任,卖出建仓后可以通过买入相同合约的方式解除履约责任。期货交易的双向交易和对冲机制的特点,吸引了大量期货投机者参与交易,因为在期货市场上,投机者有双重的获利机会,期货价格上升时,可以低买高卖来获利,价格下降时,可以通过高卖低买来获利,并且投机者可以通过对冲机制免除进行实物交割的麻烦。投机者的参与大大提高了期货市场的流动性。

### (四)杠杆机制

期货交易实行保证金制度,也就是说交易者在进行期货交易时只需缴纳少量保证金,一般为成交合约价值的5%～10%,就能完成数倍乃至数十倍的合约交易,期货交易的这种特点吸引了大量投机者参与期货交易。期货交易具有的以少量资金就可以进行较大价值额的投资的特点,被形象地称为"杠杆机制"。期货交易的杠杆机制使期货交易具有高收益高风险的特点。

每个会员必须交纳原始押金,清算所每天都要对每个会员进行清算。清算所要求每个会员必须开立一个保证金账户,在开始建立期货交易时,按交易金额的一定百分比交纳初始保证金。以后每天交易结束后,清算所都按当日结算价格核算盈亏,如果亏损超过规定的百分比,清算所即要求追加保证金。该会员须在次日开盘前交纳追加保证金,否则清算所有权停止该会员的交易。

### (五)每日无负债结算制度

许多商品交易所都有专门清算机构,负责处理在商品交易所内达成的所有交易的结算和合同的履行。

每日无负债结算制度又称"每日盯市制度",是指每日交易结束后,交易所按当日各合约结算价结算所有合约的盈亏、交易保证金及手续费、税金等费用,对应收应付的款项实行净额一次划转,相应增加或减少会员的结算准备金。经纪会员负责按同样的方法对客户进行结算。

保证金制有什么样的优点和缺点?

该制度实际上是对持仓合约实施的一种保证金管理方式。按正常的交易程序,交易所在每个交易日结束后,由结算部门先计算出当日各种商品期货合约的结算价格。当日结算价一般是指交易所某一期货合约当日成交价格按成交量计算的加权平均价;当日无成交的,以上一交易日结算价作为当日结算价。

结算价确定后,以此为依据计算各会员的当日盈亏(包括平仓盈亏和持仓盈亏)、当日结算时的交易保证金、当日应交的手续费、税金等相关费用。最后,对各会员应收应付的款项实行净额一次划转,相应调整增加或减少会员的结算准备金。结算完毕,如果某会员结算准备金明细科目余额低于规定的最低数额,交易所则要求该会员在下一交易日开市前30分钟补交,从而做到无负债交易。

#### 清算所

清算所是指负责对期货交易所内进行的期货合同进行交割、对冲和结算的独立机构，它是期货市场运行机制的核心。通过清算所，期货合同的转让、买卖以及实际交割，可以随时进行，不用通知交易对方，由它负责统一的结算、清算以及办理货物交割手续，这就是清算所特殊的"取代功能"。清算所的这一切行为能得以顺利实现，是因为它财力雄厚，而且实行了保证金制度，这是一套严格的无负债的财务运行制度。

## 任务二 套期保值

套期保值是指把期货市场当作转移价格风险的场所，利用期货合约作为将来在现货市场上买卖商品的临时替代物，对其现在买进准备以后售出商品或对将来需要买进商品的价格进行保险的交易活动。套期保值就是在现货市场和期货市场对同一类商品进行数量相等但方向相反的买卖活动，或者通过构建不同的组合来避免未来价格变化带来损失的交易。

例如，一个农民为了减少收获时农作物价格降低的风险，在收获之前就以固定价格出售未来收获的农作物。一位读者一次订阅三年的杂志而不是两年，他就是在套期保值以转移杂志的价格可能上升所给他带来的风险。当然，如果该杂志价格下降，这位读者也放弃了潜在的收益，因为他已缴纳的订刊费用高于他如果是在每年订阅杂志情况下的费用。

在期货市场上，参加交易的人买卖的都是期货合同，从其目的来看，则可分为两种性质不同的交易，即投机性交易和套期保值。

### 一、套期保值的含义

套期保值（Hedging）俗称"海琴"业务，又称"对冲交易"。它的基本做法是在买进（或卖出）现货的同时或前后，在期货交易所卖出（或买进）相等数量的合同作为保值。由于期货市场和现货市场的价格趋势一般来说是一致的，涨时同涨，跌时俱跌，所以现货市场的亏（盈），可从期货市场的盈（亏）得到弥补或抵消。

### 二、套期保值的分类

套期保值分为卖期保值（Selling Hedging）和买期保值（Buying Hedging）两种。

#### （一）卖期保值

卖期保值指贸易商在经营中，通过在期货市场卖出期货，来转移待售实际货物的价格风险，主要目的在于避免存货市价下降的损失。

例如,某农场主在7月份担心到收割时玉米价格会下跌,在7月份将售价锁定在1080元/吨,在期货市场上以1080元/吨的价格卖出一份合约以进行套期保值。

到收割时,玉米价格果然下跌到950元/吨,农场主将现货玉米以此价卖给经营者。同时,期货价格也同样下跌,跌至950元/吨,农场主就以此价买回一份期货合约,来对冲初始的空头,从中他赚取的130元/吨正好用来抵补现货市场上少收取的部分,而为此所付出的代价就是丧失了有利的价格变动可能带来的利益。由于他们通过套期保值回避了不利价格变动的风险,使其可以集中精力于自己的生产经营活动,以获取正常利润。

### (二)买期保值

买期保值是指一些将来可能会持有某种现货商品的个人或企业,在他们出售将来交付的实际货物时,担心日后价格上涨而受到损失,因而在期货市场上买进期货合同以达到保值的目的。

如某年7月1日,大豆的现货价格为每吨2040元,某加工商对该价格比较满意,卖出100吨现货大豆。为了避免将来现货价格可能上升,从而提高原材料的成本,决定在大连商品交易所进行大豆套期保值交易。而此时大豆9月份期货合约的价格为每吨2010元,基差30元/吨,该加工商于是在期货市场上买入10手9月份大豆合约。8月1日,他在现货市场上以每吨2080元的价格买入大豆100吨,同时在期货市场上以每吨2040元卖出10手9月份大豆合约,来对冲7月1日建立的空头头寸。从基差的角度看,基差从7月1日的30元/吨扩大到8月1日的40元/吨。交易情况见表18-1。

表18-1 某加工商进行的大豆现货、期货情况表

| 交易品种 | 现货市场 | 期货市场 | 基差 |
| --- | --- | --- | --- |
| 7月1日 | 卖出100吨大豆:<br>价格2040元/吨 | 买入10手9月份大豆合约:<br>价格2010元/吨 | 30元/吨 |
| 8月1日 | 买入100吨大豆:<br>价格2080元/吨 | 卖出10手9月份大豆合约:<br>价格2040元/吨 | 40元/吨 |
| 套利结果 | 亏损40元/吨 | 盈利30元/吨 | 亏损10元/吨 |
| | 净损失100×40-100×30=1000元 | | |

注:1手=10吨。

在该例中,现货价格和期货价格均上升,但现货价格的上升幅度大于期货价格的上升幅度,基差扩大,从而使得加工商在现货市场上因价格上升买入现货蒙受的损失大于在期货市场上因价格上升卖出期货合约的获利,盈亏相抵后仍亏损1000元。

## 三、套期保值的作用

企业生产经营决策正确与否的关键,在于能否正确地把握市场供求状态,特别是能否正确掌握市场下一步的变动趋势。期货市场的建立,不仅使企业能通过期货市场获取未来市

场的供求信息,提高企业生产经营决策的科学合理性,真正做到以需定产,而且为企业通过套期保值来规避市场价格风险提供了场所,在提高企业经济效益方面发挥着重要的作用。

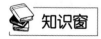

基　差

所谓"基差"指的是在确定的时间内,某一具体的现货市场价格与期货交易所达成的期货价格之间的差额。

---

## 四、投机交易

投机交易(Speculation)指利用期货市场价格变动频繁的现象,在对市场价格走向做出正确判断的基础上,决定进入市场的策略,通过一买一卖,或一卖一买,即先多头后空头或先空头后多头的方式从中牟利。期货市场上主要的投机活动是买空和卖空。

### (一)买空(Bull,Long)

买空又称"多头",指投机商在预计价格将上涨时先买进期货合同,使自己处于多头部位,等到价格上涨后再卖出对冲,从中获利。

### (二)卖空(Bear,Short)

卖空又称"空头",指投机商估计行市看跌,先抛出期货合同,使自己处于空头部位,等价格下跌到一定程度再补进对冲,同样赚取差价。

投机交易追求的是从两次交易的差价中牟利,因此参与这类交易的人尽管很多,经营方式不尽相同,但是他们的共同点是,都对商品本身不感兴趣,都在交割期届满之前就地交易结清。参与者分为以下几种类型:

**1.抢帽子投机商(Scalper)**

这种投机往往是当天成交,当天结清,只追求价格微小的蝇利。即使有时由于估计错误发生损失,也在收市前忍痛结清,而不把交易拖到第二天,以免冒更大的风险。

**2.池内交易人(Pit Trader)**

属于投机大户,交易一般也是当天结清,但成交量大,交易速度较慢,资本雄厚,获利野心大。

**3.场内交易人(Floor Trader)**

这是一些专业性炒家,往往代表较大的利益集团,他们大多窥测市场动向,寻找有利时机入市。他们行动诡秘,交易可长可短,交易量一般很大,对市场有较大的影响力。

### 五、套期保值与投机交易的关系

投机交易与套期保值从期货交易的操作上来看,似乎没有区别。两者都有对期货合同的买进和卖出,都是在认为期货价格看涨时买进,在认为期货价格看跌时卖出。两者对期货买卖一般都不进行实货的交割,即都是在买空(或称为"多头")和卖空(或称为"空头")。但两者在本质上是有区别的。

#### (一)目的不同

套期保值的目的是在于避免其生产经营的商品价格发生波动的风险,其对期货的买卖是与其对现货的买卖紧密联系在一起的,在期货市场上买卖的商品也就是在现货市场上经营的商品,套期保值获得的结果是期货买卖的盈或亏与现货买卖的盈与亏相抵消,投入在现货的成本价格不变,使现货的生产经营活动正常地开展。而投机交易的目的不是避免其现货面临的价格波动风险(实际上投机者也没有现货),其对期货的买卖与现货的买卖是无关的,投机交易的结果是要么获得盈利,要么亏损。

#### (二)关联性强

投机对于期货市场来说是有其存在必要性的。首先,投机是风险的承担者。套期保值是用来转移价格风险的。如果没有价格风险的承担者,也就不能实现套期保值的目的。但由谁来承担价格风险呢?是投机者。投机者为了获得盈利,就甘愿冒亏损的风险。其次,投机增加了期货的交易机会和交易量。这使套期保值的交易容易成交。套期保值在期货市场上的买卖位置不能随意变动,期货合同保留的时间一般都比较长,交易量也比较大,如果没有投机活动,期货市场每天的交易量就会很少,当套期保值交易在需要的时间进行期货买卖时就可能达不成交易,而使套期保值不能顺利进行。最后,投机活动使期货价格在更合理、更详尽的信息基础上迅速形成。投机者为了牟利,必然会广泛地收集所有相关的经济信息,用各种方法预测商品在不同地区、不同时期的供求状况,以便抓住有利时机进行投机交易。当他们进行期货交易时,就会把这些信息带到期货市场上,这就使期货价格能在更准确的基础上形成。

当然,也应该看到投机交易消极的一面,即扩大期货价格变动,扭曲真实价格。当投机者对期货市场进行操纵,故意高价买进和低价卖出时,或当投机者受不正确的信息支配时,就会导致期货价格的不正常形成。尤其是对期货市场进行操纵的过度投机活动所带来的危害更大。

# 项目五
# 对销贸易

对销贸易(Counter Trade)又称"返销贸易"、"互抵贸易"或"反向贸易"等,它是以货物或劳务、工业产权和专有技术等无形财产的进口和出口相结合并互为条件的贸易方式。

对销贸易有多种形式,可以归纳为易货贸易、互购贸易、补偿贸易、抵销贸易等。

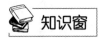

对销贸易的产生

20世纪30年代德国实行的"补偿协定"(Compensation Agreement)、二次大战期间英国采用的"补偿制"(Compensation System)和战后大量出现的双边贸易支付(清算)协定,都是在易货基础上,利用补偿原则而衍生出来的做法。到20世纪60年代末期,随着互购(Counter Purchase)和产品回购(Product Buyback)这类交易的出现,前苏联用"补偿基础上的贸易"(Trade on Compensatory Basis)来概括这一系列做法,西方也相应开始使用 Counter Trade 的概念。由此可见,对销贸易,作为上述多种贸易方式的总括概念,出现于20世纪60年代末。

## 任务一　易货贸易

易货贸易(Barter),又称"物物交换",是在买卖双方之间进行的货物或劳务等值或基本等值的直接交换,不涉及现金的收付。易货贸易的双方当事人以一份易货合同确定交易商品的价值,作为交换的商品或劳务的种类、规格、数量等内容。

易货贸易可分为直接易货和综合易货(或称一揽子易货)。直接易货是指买卖双方各以一种能为对方所接受的货物直接进行交货,两种货物的交货时间相同、价值相等。综合易货,是指交易双方都承诺购买对方等值商品,从而将进出口结合在一起的贸易方式。

### 一、直接易货

直接易货又称为"一般易货"。从严格的法律意义上来讲,易货就是指以货换货。这种直接易货形式,往往要求进口和出口同时成交,一笔交易一般只签订一个包括双方交付相互抵偿货物的合同,而且不涉及第三方。它是最普遍也是目前应用最广泛的易货形式。对于需要通过运输运送货物的交易方来说,这种易货形式一般要求进出口同时进行,应用中存在困难。因此,在实际业务中,就产生了一些变通的做法,最常见的是通过对开信用证的方式进行易货贸易。在采用对开信用证进行易货时,交易双方先签订换货合同,双方商定在一定时间购买对方一定数量的货物,各自出口的商品按约定的货币计价,总金额一致或基本一致,货款通过对开信用证的方式进行结算,即双方都以对方为受益人,开立金额相等或基本相等的信用证。由于交货时间的差异,双方开立信用证的时间也就有先有后,先进口开证的一方为了使对方也履行开证义务,一般都在信用证内规定该证以对方按规定开出信用证为生效条件;或规定该证的金额只能用来作为对方开立回头证之用,以此控制对方。

## 二、综合易货

综合易货多用于两国之间根据记账或支付(清算)协定而进行的交易。由两国政府根据签订的支付协定,在双方银行互设账户,双方政府各自提出在一定时期内(通常为一年)提供给对方的商品种类、进出口金额基本相等的易货贸易,经双方协商同意后签订易货协定书,然后根据协定书的有关规定,由各自的对外贸易专业公司签订具体的进出口合同,分别交货。商品出口后,由双方银行凭装运单证进行结算并在对方国家在本行开立的账户进行记账。应注意的是,一定时期终了时,双方账户如果出现余额,只要不超过约定的幅度,即通常所说的"摆动额",原则上顺差方不得要求对方用外汇支付,而只能以货物抵冲,即通过调整交货速度,或由逆差方增交货物予以平衡。

易货贸易的优点主要概括为:有利于缺乏外汇支付能力的国家或企业之间开展对外贸易,调剂余缺;有利于利用易货做到以进带出或以出带进。易货贸易的局限性主要有:参加易货商品的品种、规格、数量等,都必须是对方所需要的,至少是可以接受的,这势必给此

上网搜索一下,易货贸易在哪些领域开展较多?

种贸易方式带来了很大的不灵活性和难度;易货的开展受双方国家经济互补性的制约。一般而言,对经济发展水平、产业结构差异较大的国家之间的互补性较强。

# 任务二 互购贸易

互购(Counter Purchase),又称"对购贸易"(Reciprocal Purchase),是指一方向另一方出口商品或劳务的同时,承担以所得款项的一部分或全部向对方购买一定数量或金额商品或劳务的义务。

在互购协定下,交易双方要签订两份相互独立的合同。第一份合同是基础合同或主合同,规定出口方出口商品的品质、数量等有关内容。第二份合同则主要规定出口方购买对等商品的义务。这两份合同由互购协定联结起来。

互购贸易与补偿贸易的差别是两笔交易都用现汇,一般是通过即期信用证或即期付款交单,有时也可采用远期信用证付款。先出口的一方除非是接受远期信用证,否则不会出现垫付资金的问题,相反还可以在收到出口货款到支付回头货款这段时间内,利用对方资金。这种方式,一般先由发达国家提供设备,这对进口国家来说,要先付一笔资金,这样必定要承担汇率变动可能带来的风险,唯一可取的地方是可以带动本国货物的出口。

**互购与易货的区别**

互购不是单纯的以货换货,而是现汇交易,且不要求等值交换。先出口方可在第一份合同中将承诺回购商品的品名、数量、价格、金额等具体订明,但在实际业务中有时很难办到,因此,多数情况下对此只能做一些原则性的规定,只规定回购的金额,其他细节再按约定的时间另行商订具体合同。一笔互购交易有时要涉及两个以上的当事人,除非双方另有约定,按照目前国际上的做法,在征得对方同意的基础上,先出口方的互购义务和先进口方的供货义务可分别改由第三方来完成。

## 任务三　补偿贸易和抵销贸易

### 一、补偿贸易的概念和特点

补偿贸易(Compensation Trade)又称"产品返销"、"回购",指交易的一方在对方提供信贷的基础上,进口设备或技术,不用现汇支付,而以设备或技术所生产的产品或劳务,分期抵付进口设备或技术的价款及利息。补偿贸易的特点如下:

其一,是在信贷的基础上进行的,设备引进方要承担利息。

其二,设备供应方必须承诺回购对方产品或劳务的义务。

其三,是一种通过商品交易起到利用外资作用的交易方式。

### 二、补偿贸易的种类

按补偿标的不同,补偿贸易可分为以下3种形式:

#### (一)直接产品补偿

直接产品补偿又称"返销",是补偿贸易最基本的方法,指设备与技术的进口方以设备与技术直接生产出来的产品来偿还提供设备与技术的一方。

## (二)间接产品补偿

间接产品补偿又称"回购",指设备与技术的进口方以其他产品来偿还提供设备与技术的一方。

## (三)劳务补偿

这种方式经常出现在与加工装配相结合的业务中,即由一方提供设备的同时,提供原材料,委托对方加工装配,另一方用加工费收入分期偿还设备款。

## 三、补偿贸易的作用

对设备进口方而言,补偿贸易的积极作用主要表现在以下几个方面:

通过利用外资的方式,可以弥补国内资金不足;通过补偿贸易获得的设备和技术,可以发展和提高本国的生产能力,加快企业的技术改造、产品的升级换代以及产品的多样化;可以扩大出口产品的品种,提高出口的技术层次和质量,增强出口产品的市场竞争能力;通过回购,可以在扩大出口的同时,得到一个比较稳定的销售市场和销售渠道。

对设备出口方而言,补偿贸易的作用主要表现在以下几个方面:

通过给进口方提供信贷,突破进口方支付能力不足的障碍,扩大其资产货物的销售市场;在当前国际市场竞争激烈的条件下,承诺回购义务是加强自己的竞争地位,战胜对手的一种重要手段;从回购中取得比较固定原材料供应来源,或从经营产品的转售中获得一定利润。

## 四、开展补偿贸易的注意事项

### (一)必须做好项目的可行性研究

这些要求包括进口设备应该是比较先进,既要适合我国国情,又要有利于我国企业的改造和革新的;产品在国际市场是适销的,而且在今后一段时间内,至少在合同期间是有发展前途的,价格是趋向上升的;国内应该具备各方面的配套能力;项目本身能够提供外汇偿还能力,并且能够带来经济效益和社会效益。

### (二)正确处理补偿贸易产品和正常出口的关系

进行补偿贸易,原则上不应该影响我国正常的出口,为此,必须在出口数量、销售市场的定价方面予以充分注意。

## 五、抵销贸易

抵销贸易(Off-set)是指一方在进口诸如国防、航空或宇航、计算机、信息交流等设备时,以先期向另一方或出口方提供的某种商品或劳务、资金等以抵销一定比例进口价款的做法。抵销的方式可以是为生产该设备而提供的零部件、投入的资金、所转让的技术以及技术培训、项目研究开发等。抵销贸易自80年代以来开始盛行，在发达国家之间，发达国家与发展中国家之间开展的军火交易或大型设备交易中常被采用。

抵销贸易的主要类型包括两种：直接抵销（Direct Offset）和间接抵销（Indirect Offset）。直接抵销是指出口方先承诺从进口方购买相关产品，如在出口给进口方的产品中所使用的零部件或与该产品有关的其他产品（有时出口方还会对进口方生产零部件的企业进行投资和技术转让）。间接抵销指出口方承诺向进口方回购与其出口商品无关的产品。

# 项目六
# 加工贸易

加工贸易是指一国的企业利用自己的设备和生产能力，对来自国外的原材料、零部件或元器件进行加工、制造或装配，然后再将产品销往国外的贸易方式。加工贸易分为对外加工装配和进料加工两种。而通常所说的"三来一补"，指来料加工、来件装配、来样加工和中小型补偿贸易，其中来样加工不在加工贸易的范围内。

## 任务一  进料加工

### 一、进料加工的含义

进料加工（Processing with Imported Materials），又叫"以进养出"，指用外汇购入国外的原材料、辅料，利用本国的技术、设备和劳力，加工成成品后销往国外市场。进料加工业务中，出口企业与外商签订购买原材料的合同，加工成成品后，又与外商签订出口销货合同。购买原材料的合同和出口销货合同是两笔不同交易的两个合同，第一个合同的外商不一定是第二个合同的外商。两个合同体现为两笔交易，它们都是以所有权转移为特征的货物买卖。对于进料加工，出口企业必须自担风险，自负盈亏，通过进料加工获取商业利润。进料加工贸易要注意所加工的成品在国际市场上要有销路。否则，进口原料外汇很难平衡，从这一点看，进料加工要承担价格风险和成品的销售风险。

### 二、进料加工的类型

在实际工作中，进料加工主要有两种形式：自行加工和委托加工。

#### （一）自行加工

自行加工是指有进出口经营权的生产企业进口料件后，利用本企业的生产条件进行加工，生产出成品后复出口的业务。自行加工形式是生产企业进料加工贸易的最主要形式。

#### （二）委托加工

委托加工是指有进出口经营权的生产企业进口料件后，以委托加工形式拨交本单位其他独立核算的加工厂或本单位外的其他生产企业加工，加工成品收回后自营出口，并向受托方支付加工费的一种形式。

### 三、进料加工贸易的方式

目前,我国进料加工的品种主要是生产纺织品、橡胶、塑料制品、食品、轻工、工艺品、电子产品等所需要的原材料、辅料及一些元件、部件等。进料加工的主要方式有:

其一,预先进口原料、辅料,然后找买主,签订出口合同,一般称为"备料加工贸易"。

其二,先签订出口合同,然后根据需要进口原料。

其三,在签订进口原料、辅料合同的同时,签订产品的出口合同,这通常称为"对口合同"。

其四,使用客户原料,在国外注册我国商标,由专门客户负责宣传、推销。一般称"对口进料加工"。

另外,与进料加工相反的出料加工也在我国有了一定的发展。出料加工贸易指将我国的原料出口到国外,用国外先进的技术和设备,完成生产过程中的某些环节的加工,然后再输入国内,由我国完成最后的生产程序,生产出来的制成品再出口或在国内市场销售。

### 四、进料加工贸易注意事项

#### (一)搞好国际市场的调研

进料加工贸易的特点之一是其对国际市场的严重依赖性,它的整个贸易过程的起点和终点都在国际市场,即"两头在外",国际市场的瞬息万变会给国内加工企业的生产带来很大影响。因此,从事进料加工贸易的企业一定要注意搞好国际市场的调研,并根据国际市场的变化安排生产。

#### (二)加强企业管理,增强企业的国际竞争力

要加强企业的资金管理,加快"进料—加工—出口"的生产循环,加速资金的周转,使有限的外汇资金发挥较大的作用,取得较大的经济效益。要加强成本管理,提高劳动力的素质,使企业的管理水平达到国际水平。

#### (三)搞好政策扶持,以利于进料加工贸易的进行

很多因素都可能导致从事进料加工贸易的企业亏损,其中一个因素就是政策变动。例如,由于汇率调整,人民币与外汇的比价下浮时,用于进口的外汇贷款增加,利息也相应增加,对进料加工贸易周期较长的企业无疑将增加支出成本。同时,以人民币计算的进口成本增加,因此进口物资生产的商品,有关环节的相应税负也会加重,这些都导致出口成本

加工贸易在我国哪些地区和行业发展较好呢?

增加,甚至有可能使出口增加的收入收不抵支,造成亏损。其他如进料加工贸易的资金问题等,国家也都应有相应的政策扶持。

# 任务二　对外加工装配贸易

## 一、对外加工装配的含义与特点

对外加工装配(Processing and Assembling for Foreigners)业务,是一种委托加工的贸易方式。由国外委托方提供全部或部分原材料、辅料、零部件、元器件、配套件和包装物料,必要时提供设备,由承接方企业按委托方的要求进行加工装配。成品交委托方在国外销售,承接方收取工缴费、对于委托方提供的设备价款,可结合补偿贸易的做法,以劳务所得的工缴费抵偿。

对外加工装配贸易具有以下特点:其一,进出口紧密结合。其二,贸易与生产相统一。加工装配是两头在外,一头在内,即原料、元件、销售渠道在国外,而生产在国内,从而把生产和贸易结合在一起。其三,承接方风险小。加工装配贸易,承接方只承接来料、来件、来样,不构成商品买卖行为,不需要支付现款,只收取加工费,不考虑产品成本,不为产品销路承担风险。其四,贸易方式简便易行。其五,节省外汇。

## 二、对外加工装配的形式

### (一)全部来料来件的加工装配

国外委托方提供全部原辅材料和元器件,由承接方企业加工后,将成品交国外委托方,制件和成品均不计价,承接方按合同收取工缴费。

### (二)部分来料来件的加工装配

国外委托方要求加工装配的成品中有部分料件需由承接方提供,承接方除收取工缴费外,还应收取所提供的料件的价款。

### (三)对口合同,各作各价

国外委托方和承接方签署两份对口合同。一份是委托方提供的原辅材料和元器件的销售合同,另一份是承接方出口成品的合同。对于全部来料来件,两份合同的差价即为工缴费,对于部分来料来件,两份合同的差价,既包括工缴费,也包括国内承接方所提供的料件的价款,以对口合同方式进行的加工装配贸易,必须在合同中表明。承接方无需支付外汇。

## 三、对外加工装配的作用

加工装配业务,对于委托方来说,是利用承接方的劳务,降低产品成本;对于承接方来说,则是以商品为载体的一种劳务输出。

我国自70年代末至80年代初,把对外加工装配业务作为利用外资的一种形式,在政策上加以保护和支持,因而发展迅速。加工装配贸易额,在我国进出口总额中,已占有相当大的比重。应该说,这一贸易方式,在增加就业机会,繁荣地方经济和推动出口贸易方面,起了很大的作用。

目前,承接对外加工装配贸易的企业有两种类型:一种是承接方为我国企业或合资企业,和委托方之间是单纯的委托加工关系,通过承接加工业务,企业得以利用国外资金,发挥生产潜力,扩大出口,增加收入,并能获得国际市场信息,加快产品升级换代,改善管理水平和改进工艺技术。另一种是国外委托方在国内直接投资设厂,然后以委托加工装配的方式充分利用我国的政策优惠和低廉的劳动力,并一定程度上与我国原来的出口贸易争夺市场。尽管目前这种"前店后厂"的方式对发展我国经济利大于弊。但从长远来看,将这一利用外资方式,用政策引导其向技术密集型和成本密集型产业转化,并加强税务管理,是十分必要的。

### 四、我国对加工装配贸易的管理

对外加工装配业务是一种劳务贸易,有关合同的当事人是委托方和承接方。与一般货物买卖合同有许多不同之处,其主要内容如下:

#### (一)合同报批

对外加工装配合同,须经商务部或者省、自治区、直辖市的对外经贸部门,或由它们授权的机关审批。报批时应填写"加工装配贸易申报表"一式四份,并附合同副本。

#### (二)海关登记备案

自合同批准之日起一个月内,向海关提交批准文件和合同副本,如有必要,应随附资料、文件和设备清单。经审核后,由海关核发"对外加工装配进出口货物登记手册"(以下简称"登记手册"),其进出口货物凭这个"登记手册"办理报关手续。对没有办理"登记注册"的单位,其进出口货物,海关不予放行。

#### (三)进出口货物的监管

料件、设备和成品进出口时,有关单位或其代理人应填写进出口货物专用报关单一式四份和发票、装箱单等有关单证,以及"登记手册"向进出口地海关申报。海关接受申报后,经查验认可后放行。加工装配贸易进口的料件属海关保税货物。自进口之日起至加工成成品出口之日止,接受海关监管,有关单位必须将进口料件的使用和加工成品出口的情况列入海关认可的专门账册,海关有权随时检查。

## (四)核销

加工装配合同执行完成之后,有关单位应于最后一批成品出口之日起一个月内,持"登记手册"和进出口货物报关单向海关办理核销手续。对剩余的料件,根据不同情况予以征、免税。若进口料、件或成品因种种原因转为内销,必须经原审批机关批准和海关核准,并按一般进口货物征收关税和进口增值税。

## 五、加工装配贸易和进料加工贸易的区别

这两种加工贸易的共同之处在于原材料和元器件来自国外,加工后成品也销往国外市场。但两者有本质上的区别:

其一,进料加工贸易中,进口料件和出口成品是两笔独立的交易,进料加工的企业需自筹资金从国外购入料件,然后自行向国外市场销售;而装配加工贸易则进、出为一笔交易的两个方面,料件和成品的所有权均为委托方所有,承接方无需支付进口费用也不承担销售风险。

其二,进料加工贸易中,企业所获得的是出口成品的利润,利润的大小取决于出口成品的市场行情;而加工装配贸易,承接方收取的是工缴费,工缴费的大小以劳动力的费用,即工资水平作为核算基础。两者相比,进料加工贸易的收益大于加工装配贸易,但风险也较大。

其三,进料加工贸易,企业有自主权,根据自身的技术、设备和生产能力,选择市场上所适销商品进料加工;而加工装配贸易,则由委托方控制生产的品种、数量和销售地区。

## 六、对外加工装配贸易注意的问题

对外加工装配贸易存在不少需要注意的问题和风险。如产品的销售市场与本国的产品竞争,世界经济形势变化,国际市场价格变化对产品生产的影响等。

### (一)做好此项贸易的前期工作

其一,注意项目的可行性研究、产品市场与本国出口产品市场研究(不能相互争市场、争客户),加强成本核算研究等。同时要对委托方的资信和经营能力加强调查。

其二,加工费的计价要参照国际国内的各种做法,以确定合理的计算标准,加工费的支付应明确交付方式、结算货币,应附有必要的保值条款。

其三,应确定原材料、产成品的定额、质量、规格、交货期等,订立合理标准。

其四,要对保险及费用支付、责任分担问题做出明确规定。

### (二)注意发挥我方优势

对外加工装配贸易的产品应该是我方基本具备生产能力,而且应是投资少、收益大、见效快的产品,例如,轻工、纺织、电器、电子等产品,其生产期短周转快,效益也比较好。特别

是一些劳动密集型的产品,比较适合我国中小企业和乡镇企业进行加工,既可为国家创造外汇收入,又可增加劳动就业。

### (三)避免某一加工区的重复立项设点

在引进技术设备时,要考虑到消化、吸收能力,切忌盲目引进。

### (四)注意逐步提高对外加工装配贸易档次

使企业生产由低水平的劳动密集型向劳动密集与技术密集相结合的高水平生产类型过渡。

# 项目七
# 跨境电子商务

外贸企业不仅仅满足于传统的营销模式,而希望用更多的方法来挖掘客户、开展业务。随着电子商务的兴起,电子商务打破了传统的时空限制,利用计算机和网络技术,以电子数据方式完成从市场调研、建立贸易关系、商谈、签订合同到备货、租船订舱、报关报检、保险、贷款结算等交易活动。使交易透明化、简单化,能够节省人力、物力等优点越来越受到外贸公司的青睐。借助电子商务,也更多的满足了外贸企业的业务拓展需求,因此不少传统外贸公司逐渐走上跨境电子商务之路。

相比于内贸电商的一片汪洋红海,跨境电商已成为众人瞩目的蓝海。来自商务部的数据显示,2012年我国跨境电子商务交易额约2万亿元,外贸增速为6.2%;而跨境电子商务贸易规模同比增速超过25%。

## 任务一 跨境电子商务的含义及特点

### 一、跨境电子商务的含义

跨境电子商务(Cross Border Electronic Commerce),又称"外贸电子商务",是分属不同环境的交易主体,通过电子商务平台达成交易、进行支付结算,并通过跨境物流送达商品、完成交易的一种国际商业活动。简单讲就是电子商务在国际货物贸易流程中的应用,也就是利用计算机网络技术跨越国界,在国际间进行商务活动的行为,实际上反映了现代信息网络技术所带来的国际商务活动过程的电子化。

### 二、跨境电子商务的特点

#### (一)优点

**1. 效益性**

电子商务将传统的商务流程电子化、数字化,一方面,以电子流代替了实物流,可以大量减少人力、物力,降低了成本;另一方面,突破了时间和空间的限制,使得交易活动可以在任何时间、任何地点进行,从而大大提高了效率。

电子商务重新定义了传统的流通模式,减少了中间环节,使得生产者和消费者的直接交易成为可能，从而在一定程度上改变了整个社会经济运行的方式。电子商务使企业可以以相近的成本进入全球电子化市场，使得中小企业有可能拥有和大企业一样的信息资源，提高了中小企业的竞争能力。电子商务一方面破除了时空的壁垒，另一方面又提供了丰富的信息资源，为各种社会经济要素的重新组合提供了更多的可能，这将影响到社会的经济布局和结构。

**2. 开放性**

电子商务所具有的开放性和全球性的特点，为企业创造了更多的贸易机会。网络是一个没有边界的媒介体，具有全球性和非中心化的特征。依附于网络发生的跨境电子商务也因此具有了全球性和非中心化的特性。电子商务与传统的交易方式相比，一个重要特点在于电子商务是一种无边界交易。互联网用户不需要考虑跨越国界就可以把产品和服务提交到市场。

**3. 及时性**

通过互联网，商家之间可以直接交流、谈判、签合同，消费者也可以把自己的反馈建议反映到企业或商家的网站，而企业或者商家则可以根据消费者的反馈及时调查产品种类及服务，做到良性互动。

对于网络而言，传输的速度和地理距离无关。传统交易模式，信息交流方式如信函、电报、传真等，在信息的发送与接收间存在着长短不同的时间差。而电子商务中的信息交流，无论实际时空距离远近，一方发送信息与另一方接收信息几乎是同时的，就如同生活中面对面交谈。某些数字化产品（如音像制品、软件等）的交易，还可以即时清结，订货、付款、交货都可以在瞬间完成。

**4. 无纸化**

电子商务主要采取无纸化操作的方式，这是以电子商务形式进行交易的主要特征。在电子商务中，电子计算机通讯记录取代了一系列的纸面交易文件。

## (二)缺陷

**1. 交易的安全性得不到保障**

电子商务的安全问题仍然是影响电子商务发展的主要因素。在开放的网络上处理交易，如何保证传输数据的安全成为电子商务能否普及的最重要的因素之一。信息网络中的信息具有不稳定性，这就造成了信息网络发生侵权行为时，锁定侵权证据或者获取侵权证据难度极大，对解决侵权纠纷带来了较大的障碍。如何保证在网络环境下信息的稳定性、真实性和有效性，是有效解决电子商务中侵权纠纷的重要因素。

**2. 电子商务的管理还不够规范**

电子商务的多姿多彩给世界带来全新的商务规则和方式，这更加要求在管理上要做到规范，这个管理的概念应该涵盖商务管理、技术管理、服务管理等多方面，要同时在这些方面达到一个比较令人满意的规范程度，不是短时间内可以做到的。另外，电子商务平台的前后端相一致也是非常重要的。前台的 Web 平台是直接面向消费者的,是电子商务的门面。而后台的内部经营管理体系则是完成电子商务的必备条件,它关系到前台所承接的业务最终能不能得到很好的实现。一个完善的后台系统更能体现一个电子商务公司的综合实力,因为它将最终决定提供给用户的是什么样的服务,决定电子商务的管理是不是有效,也决定电子商务公司最终能不能实现盈利。

**3. 标准问题**

各国的国情不同,电子商务的交易方式和手段当然也存在某些差异。我们要面对无国界、全球性的贸易活动,需要在电子商务交易活动中建立相关的、统一的国际性标准,以解决电子商务活动的互操作问题。

**4. 知识产权问题**

在由电子商务引起的法律问题中,保护知识产权问题首当其冲。由于计算机网络上承载的是数字化形式的信息,因而在知识产权领域(专利、商标、版权和商业秘密等)中,版权保护的问题尤为突出。

**5. 电子合同的法律问题**

在电子商务中,传统商务交易中所采取的书面合同已经不适用了。一方面,电子合同存在容易编造、难以证明其真实性和有效性的问题;另一方面,现有的法律尚未对电子合同的数字化印章和签名的法律效力进行规范。

# 任务二 跨境电子商务模式

## 一、B2B(企业对企业)模式

B2B(Business to Business)是企业对企业的营销模式。企业与企业之间的电子商务是电子商务业务的主体,约占电子商务总交易量的 90%。就目前来看,电子商务在供货、库存、运输、信息流通等方面大大提高了企业的效率,企业和企业之间的交易更加便捷,因此,电子商务最热心的推动者也是企业本身。

对于一个处于流通领域的商贸企业来说,由于它没有生产环节,电子商务活动几乎覆盖了整个企业的经营管理活动,是利用电子商务最多的企业。通过电子商务,商贸企业可以更及时、准确地获取消费者信息,从而准确定货、减少库存,并通过网络促进销售、提高效率、降低成本,获取更大的利益。

利用 B2B 的方式开展国际贸易的典型平台有:阿里巴巴、中国制造网、环球资源、ECVV 等,由于 B2B 模式比较成熟,目前企业在外贸电子商务中采用较多,其特点是投入费用相对较高,询盘数量较多,采购商比较集中。

## 二、B2C(企业对消费者)模式

B2C(Business to Customer)是企业直接面对消费者的销售模式。长远来看,B2C 模式将在电子商务领域占据重要地位。这种购物过程彻底改变了传统的面对面一手交钱一手交货的购物方式,这是一种新的,很有效的电子购物方式。当然,要想放心大胆地进行电子购物活动,还需要非常有效的电子商务保密系统。

B2C 模式下,我国企业直接面对国外消费者,以销售个人消费品为主,物流方面主要采用航空小包、邮寄、快递等方式,其报关主体是邮政或快递公司,目前大多未纳入海关登记。

在 2009 年之前,B2C 模式外贸电商属于利润相当高的行业。之后,由于进入者迅速增加,流量成本越来越高,如美国的互联网广告非常昂贵,像金融、3C 等品类的搜索关键词,单次点击价格可高达四五十美元。营销成本提高,产品单价利润率在下降,只有具备一定规模和一定历史的老商家才可以盈利。

面对如此境况,企业必须开始寻找新的业务模式。一是重组供应链,熟悉国外市场的当地公司可专注于做营销和推广(例如美国的 Groupon 团购网),国内的外贸电商则专注于做采购、质检和物流配送环节。二是外贸电商开始走品牌之路。例如,目前在美国亚马逊网站,外置电源销量第一的是名为"Anker"的深圳品牌,其为苹果开发的周边产品均取得了苹果认证,并注册了自有品牌,这类转型值得同行借鉴。而另一类走品牌之路的外贸电商则开发高仿品或山寨产品,本身利润空间低,而且存在着侵犯知识产权的风险,并可能产生致命的影响(如网站被关停),因此,从经济利益上来讲这类电商必须走改造和升级之路。

### 三、B2B2C(营销交易)模式

B2B2C 是一种新的网络通信销售方式,是英文"Business to Business to Customer"的简称。第一个 B 指广义的卖方(即成品、半成品、材料提供商等),第二个 B 指交易平台,即提供卖方与买方的联系平台,同时提供优质的附加服务,C 即指买方。卖方不仅指公司,可以包括个人,即一种逻辑上的买卖关系中的卖方。平台也非简单的中介,而是可以提供高附加值服务的渠道机构,拥有客户管理、信息反馈、数据库管理、决策支持等功能的服务平台。买方是同样逻辑上的关系,可以是内部也可以是外部的。B2B2C 的定义包括了现存的 B2C 和 C2C 平台的商业模式,更加综合化,也可以提供更优质的服务。

利用 B2B2C 的方式开展国际贸易,除了具有信息平台之外还具有交易功能的平台,典型的 B2B2C 平台有:敦煌网、兰亭集势、易唐网。这种模式也已发展比较成熟,在目前是发展较快的外贸电子商务模式之一,这种模式的特点是投入费用相对较低,询盘数量相对较多,行业类别也较明显,采购商比较集中,具有交易功能,但这样的平台发展较晚,国际知名度没有先前 B2B 平台有名。

B2B2C 模式把"供应商→生产商→经销商→消费者"各个产业链紧密连接在一起。整个供应链是一个从创造增值到价值变现的过程。把从生产、分销到终端零售的资源进行全面整合,不仅大大增强了网商的服务能力,更有利于客户获得增加价值的机会。该平台将帮助商家直接充当卖方角色,把商家直接推到与消费者面对面的前台,让生产商获得更多的利润,使更多的资金投入到技术和产品创新上,最终让广大消费者获益。

## 四、企业独立 B2C 平台加整合外贸服务外包模式

这种模式是指服务商为企业本身建立独立的对外电子商务平台,主要帮助企业做海外推广和外贸流程上的各种服务。以这种模式为主要发展方向的电子商务服务公司主要有:四海商舟、奥道、五洲在线、shopex 等。这种模式还不成熟,发展于最近两年,其中四海商舟 2011 年突围发展,现在发展势头强劲,作为国内首家推出海外营销整合解决方案的供应商,从成立之初就一直致力于向国内外贸企业提供"整合式"解决方案。他们首先通过海外市场分析,研究整理大量海外市场及用户相关数据,根据数据分析有针对性地为企业建设海外官网,然后再借助 SEO、SNS、博客等多种渠道进行营销,最后配合客服服务、物流运输等服务,保证"一站式"解决方案,为客户提供最优质化的整合服务。

## 五、网络整合营销模式

网络整合营销模式是充分利用和整合互联网资源,将企业的信息在互联网上最大限度的投放(包括了 B2B、搜索引擎营销、电子邮件营销、论坛营销、视频营销等大量的营销方式)。典型的网络整合营销模式有:中环出口易,特点是投入可控、效果可控。据易宝 2012
年年报显示,其年收入约为 14.1 亿港元,其中来自电子商务平台 DX 网站的收入大约占到 90%。公司毛利率约为 40%,净利润 1.3 亿港元,净利润率仅为 9.3%。然而,早期外贸 B2C 模式的公司享受了相当一段时期(2009 年之前)的暴利,在国内采购的以人民币标价的商品,在国际市场可以直接换成美元出售,差价达到 8 倍甚至 10 倍以上。这也令早期进入者能够迅速积累资本,并得以扩大规模。

### 财政部和国税总局详解跨境电子商务出口税收优惠政策

2014 年 1 月 9 日,财政部、国家税务总局发布了《关于跨境电子商务零售出口税收政策的通知》,明确了跨境电子商务零售出口的有关税收优惠政策,自 2014 年 1 月 1 日起执行。

通知适用的退(免)税、免税政策的电子商务出口企业,指自建跨境电子商务销售平台的电子商务出口企业和利用第三方跨境电子商务平台开展电子商务出口的企业。

根据通知,除财政部、国家税务总局明确不予出口退(免)税或免税的货物以外,电子商务出口企业出口货物,同时符合下列四项条件,适用增值税、消费税退(免)税政策。

这些条件包括:电子商务出口企业属于增值税一般纳税人并已向主管税务机关办理出口退(免)税资格认定;出口货物取得海关出口货物报关单(出口退税专用),且与海

关出口货物报关单电子信息一致;出口货物在退(免)税申报期截止之日内收汇;电子商务出口企业属于外贸企业的,购进出口货物取得相应的增值税专用发票、消费税专用缴款书(分割单)或海关进口增值税、消费税专用缴款书,且上述凭证有关内容与出口货物报关单(出口退税专用)有关内容相匹配。

不符合上述规定条件的电子商务出口企业出口货物,同时符合下列三项条件,适用增值税、消费税免税政策。

这些条件包括:电子商务出口企业已办理税务登记;出口货物取得海关签发的出口货物报关单;购进出口货物取得合法有效的进货凭证。

通知还指出,为电子商务出口企业提供交易服务的跨境电子商务第三方平台,不适用本通知规定的退(免)税、免税政策,应按现行有关规定执行。

## 小 结

国际贸易方式是国际间商品流通的做法或形式。除了常见的逐笔售定的单边进出口方式外,还有诸如经销、代理、招标投标、拍卖、对销贸易、期货交易和加工贸易等。

经销是国际贸易中常见的贸易方式。经销有独家经销和一般经销两种。代理业务中的代理人和委托人之间是委托代理关系,而不是买卖关系。按代理授权的大小,代理分为总代理、独家代理和一般代理。

招标与投标是一种贸易方式的两个方面,其基本程序有:招标、投标、开标、评标和中标签约等环节。

拍卖是由专营拍卖业务的拍卖行,按照一定的章程和规则组织进行的,是一种现货交易。拍卖形式有增价拍卖、减价拍卖和密封递价拍卖三种。

寄售是一种委托代售的贸易方式。对销贸易是一种既买又卖,买卖互为条件的贸易方式,其基本形式有易货贸易、互购贸易和补偿贸易。

期货贸易不进行实物的交割,而是买卖期货合同。期货交易可分为套期保值和投机交易。加工贸易是一种简单的国际间的劳务合作方式,主要有对外加工装配和进料加工两种形式。

跨境电子商务是指分属不同关境的交易主体,通过电子商务平台达成交易、进行支付结算,并通过跨境物流送达商品、完成交易的一种国际商业活动。传统制造型工厂和外贸企业都将利用跨境电商进行转型升级,国家政策的扶持将有利于跨境电商市场整体迎来新的拐点。

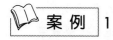
案例 1

[背景]

某公司在拍卖行经竞买获得精美瓷器一批。在商品拍卖时,拍卖条件中规定:"买方对货物的过目与不过目,卖方对货物的品质概不负责。"该公司在将这批瓷器通过公司所属商行销售时,发现有部分瓷器出现网纹,严重影响这部分商品的销售。买方因此向拍卖行提出索赔,却遭到拍卖行的拒绝。问:拍卖行的拒绝是否有道理?为什么?

[分析]

拍卖行的拒绝是无道理的。一般来说,在拍卖业务中,对于用通常的查验手段即可发现的货物缺陷,拍卖行是不负责任的,但对于凭借一般查验手段不能发现的质量问题,拍卖行还是允许买主提出索赔的。本案中,竞买得主在将竞得商品——精美瓷器通过公司所属商行销售时,发现有部分瓷器有网纹,这些网纹在拍卖时,竞买者是无法用一般查验手段发现的,因此,拍卖行的拒绝是无道理的。

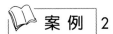

案 例 2

[背景]

某公司新研制出一种产品,为打开该产品的销路,公司决定将产品运往俄罗斯寄售。在代售方出售商品后,我方收到对方的结算清单,其中包括商品在寄售前所花有关费用的收据。问:寄售方式下,商品在寄售前所花有关费用应由谁承担?为什么?

[分析]

在寄售方式下,商品寄售前的有关费用应由寄售人(即我方)承担。寄售方式的特点是:(1)寄售是凭实物进行买卖的现货交易;(2)寄售是一种先出运后成交的贸易方式;(3)寄售人与委托人之间属委托代售关系;(4)货物出售以前的所有风险、费用,由寄售人承担。因此,寄售费用应有我方承担。

## 思考训练

### 一、单项选择题

1. 在补偿贸易业务中,购进技术设备的一方用该技术设备投产后生产出来的产品偿还技术设备的价款或购买技术设备所用贷款的本息,这种方式称作(　　)。
   A. 部分补偿　　　B. 间接补偿　　　C. 综合补偿　　　D. 直接补偿

2. 下列对比包销、代理的描述中,正确的是(　　)。
   A. 包销商、独家代理商均享有指定商品的专营权
   B. 包销商、代理商均得到货物实体
   C. 包销商、代理商均得到货物的所有权
   D. 包销商、代理商经营的目的均为获取佣金

3. 在来料加工业务中,料件与成品的所有权(　　)。
   A. 成品属于供料方,料件属于加工方　　B. 料件属于供料方,成品属于加工方

    C. 属于供料方 D. 均属于加工方
4. 在独家代理和包销两种贸易方式中( )。
    A. 前者是买卖关系,后者是代理关系 B. 前者是代理关系,后者是买卖关系
    C. 都是代理关系 D. 都是买卖关系
5. 包销协议实质上是一份( )。
    A. 买卖合同 B. 代理合同 C. 寄售合同 D. 拍卖合同
6. 在寄售协议下,货物的所有权在寄售地出售前属于( )。
    A. 代理人 B. 寄售人 C. 代销人 D. 包销人
7. 拍卖的特点是( )。
    A. 卖主之间的竞争 B. 买主和卖主之间的竞争
    C. 买主之间的竞争 D. 拍卖行与拍卖行之间的竞争
8. 投标人发出的标书是一项( )。
    A. 不可撤销的发盘 B. 可撤销的发盘
    C. 可随时修改的发盘 D. 有条件的发盘
9. 有些国家的政府或海关在处理库存物资或没收货物时往往采用( )。
    A. 增价拍卖 B. 减价拍卖
    C. 密封式递价拍卖 D. 一般拍卖
10. 在国际贸易中,我们经常采取一种有别于通常的代理销售的贸易方式,它是指委托人(货主)先将货物运往拟销售地点,委托国外一个代销人(受托人),按照协议规定的条件,由代销人代替货主进行销售,在货物售出后,由代销人向货主结算货款,这种贸易方式我们称之为( )。
    A. 包销 B. 代理 C. 寄售 D. 拍卖

## 二、多项选择题

1. 包销协议一般应包含以下内容( )。
    A. 包销期限 B. 佣金 C. 专营权 D. 包销地区
2. 代理协议一般应包含以下内容( )。
    A. 代理权限 B. 专营权 C. 最低代销额 D. 佣金
3. 下列对拍卖业务的描述恰当的有( )。
    A. 拍卖是一种公开竞买的现货交易
    B. 参与拍卖的买主,一般须向拍卖机构缴存一定数额的保证金
    C. 拍卖有自己独特的法律和规章
    D. 拍卖是在一定的机构内有组织进行的
4. 下列对招标业务的描述正确的有( )。
    A. 招标业务双方当事人之间为买卖关系
    B. 招标、投标属于竞卖性质

C. 招标业务中一般没有还盘环节

D. 在招标过程中,投标人一般处于被动地位

5. 以下关于寄售贸易方式的说法中,正确的是( )。

   A. 寄售人可根据自己的意愿销售在途货物

   B. 是典型的凭实物进行买卖的现货交易

   C. 寄售人和代销人之间是委托代售关系

   D. 寄售货物在售出之前的一切费用和风险,均由寄售人承担

6. 按国际惯例,出现( )情况,投标人可拒绝全部投标。

   A. 投标人未发出标书

   B. 最低标价大大超过国际市场价格水平

   C. 所有投标书内容与招标要求不符

   D. 在国际竞争性招标时投标人人数太少

7. 以下关于进料加工的说法中正确的是( )。

   A. 在我国被称为"以进养出"

   B. 包括进口原材料和出口成品两笔业务

   C. 目的是为了赚取以外汇表示的附加值

   D. 原材料的供应者和成品的购买者没有必要联系

8. 来料加工与进料加工业务的主要区别在于( )。

   A. 前者是一笔交易,后者是两笔交易

   B. 前者属于对销贸易,后者属于加工贸易

   C. 前者获取加工费,后者赚取利润

   D. 前者的创汇率一般低于后者

9. 根据协议,获得某地区商品专营权的是( )。

   A. 寄售商　　　　B. 包销商　　　　C. 独家代理商　　　　D. 拍卖商

10. 补偿贸易的方式很多,按照补偿的内容划分,主要有( )。

    A. 以直接产品补偿　　　　　　B. 以其他产品补偿

    C. 以劳务补偿　　　　　　　　D. 以外汇补偿

三、判断题

1. 包销与独家代理的根本区别在于:前者是买卖关系,后者是委托代理关系。　( )

2. 招标业务中,招标人既可以根据对本身最优惠的条件选定中标人,也可以宣布招标失败,而拒绝全部投标。　( )

3. 在独家代理方式下,只要在指定地区和期限内做成的指定商品的交易,无论是由代理商做成,还是由出口企业自己做成,代理商均有权获得佣金。　( )

4. 寄售与代理的一个共同之处,就是每一业务的双方当事人之间均为委托关系。 ( )

5. 拍卖业务中,都是由拍卖人宣布最低起点价,再由竞买人竞相加价,直至无人加价时,

拍卖人落槌成交。                                                  (   )

  6. 拍卖贸易方式属于一种现货买卖,一旦拍卖成交,无论在何种情况下,拍卖人和货主都对商品的品质不承担异议和索赔的责任。                (   )

  7. 拍卖是在规定时间和场所,按照一定的章程和规则,以公开叫价的方式,把货物卖给出价最高的买主。所以,拍卖是一种公开竞卖的贸易方式。      (   )

  8. 进料加工和来料加工均为一进一出的两笔交易。               (   )

  9. 投标人递出的投标书为实盘;递标后不得更改。               (   )

  10. 招标人在评标中,认为不能选定中标人,可以宣布招标失败而拒绝全部投标。(   )

  11. 关于包销商品的作价方法,在规定的包销期限内一次作价比分批作价普遍。(   )

  12. 普通代理方式中的委托人可以直接跟代理地区的实际买主成交,而无需向普通代理商支付佣金。                                    (   )

  13. 招标和投标是两种不同的贸易方式。                       (   )

  14. 投标人中标后,不与招标人签约,则保证金应予退回。         (   )

## 四、案例分析题

  1. 我某公司与国外一公司订有包销某商品的包销协议,期限为一年。年末临近,因行情变化,包销商"包而未销",要求退货并索赔广告宣传费用。问:包销商有无权利提出此类要求?为什么?

  2. A公司在国外物色了B公司作为其代售人,并签订了寄售协议。货物在运往寄售地销售的途中,遭遇洪水,使20%的货物被洪水冲走。因遇洪水后道路路基需要维修,货物存仓发生了8000美元的仓储费,问:以上损失的费用应由哪一方承担?

  3. 美国A公司与中国B公司签订了一份独家代理协议,指定B公司为A公司在中国的独家代理。不久,A公司推出指定产品的改进产品,并指定中国C公司作该改进产品的独家代理。A公司有无这种权利?

  4. 我国某公司和外商洽谈一笔补偿贸易,外商提出以信贷方式向我提供一套设备,并表示愿意为我代销产品。根据补偿贸易的要求,你认为这些条件我们能接受吗?为什么?

  5. 巴基斯坦某公司公开招标购买电缆20公里,我方S公司收到招标文件后,为了争取中标,即委托招标当地的一家代理商代为投标。开标后S公司中标,除支付代理商佣金外,立即在国内寻找生产电缆的厂家,以便履行交货任务。几经寻找没有一家工厂能提供中标产品,因为中标产品的型号和规格在国内早已过时,要生产这种过时的产品需要重新安装生产线,涉及的费用较大,且仅生产20公里,势必造成极大的亏损。但是如果S公司撤销合同,要向招标方支付赔款。试分析:我方S公司应从这笔招标业务中吸取什么教训?

# 参考文献

[1] 国际商会中国国家委员会.ICC 跟单信用证统一惯例(UCP600).北京:中国民主法制出版社,2006.

[2] 阎之大.UCP600 解读与例证.北京:中国商务出版社,2007.

[3] 阎之大.ISBP 深度解读与重要案例 300.北京:中国商务出版社,2009.

[4] 黎孝先,石玉川.国际贸易实务(第 2 版).北京:对外经济贸易大学出版社,2012.

[5] 黎孝先,王健.国际贸易实务(第 5 版).北京:对外经济贸易大学出版社,2011.

[6] 朱金生.国际贸易理论与实务.北京:人民邮电出版社,2011.

[7] 张燕芳.国际贸易实务.北京:人民邮电出版社 2011.

[8] 中国人民共和国商务部官网:http://www.mofcom.gov.cn/

[9] 国际质量监督检验检疫总局官网:http://www.aqsiq.gov.cn/

[10] 中国出口信用保险公司官网:http://www.sinosure.com.cn

[11] 国际商会官网:http://www.iccwbo.org/

[12] 中信银行官网:http://bank.ecitic.com/

[13] 中国国际经济贸易仲裁委员会官网:http://cn.cietac.org/

# 后　记

　　自 2005 年汇率改革以来,人民币在对外升值的同时,对内却在贬值,造成出口企业的成本随之上涨(其中人工成本是上涨最快的一环)。加之,由于世界经济发展的曲折性,世界市场以及与国际贸易相关的惯例、规则等不断发生变化,我国外贸企业的出口压力增大。

　　正是这种压力的存在,作为培训外经贸人才的高校,更应该认真总结国际贸易实务的实践经验,充分掌握新的国际贸易惯例和规则,分析研究出口产品的国内和国际市场的影响因素,周密计划,细心核算,以促进我国产品的出口。基于这些问题的考虑,又恰逢安徽大学出版社组织编写高职高专"十二五"规划工商管理系列教材之机,我们对国际贸易实务教材进行了修订。

　　本教材修订框架由安徽职业技术学院吕时礼(主编)负责设计。参加本教材编写的成员及分工为:安徽城市管理职业学院王放(模块一项目一、项目二),淮北职业技术学院杜红艳(模块二项目一、项目二、项目三),安徽商贸职业学院汪圣佑(模块二项目四、项目五),安徽职业技术学院吕时礼(模块一项目三,模块二项目六、项目七,模块四项目一、项目二、项目七),安徽国际商务职业学院吴术团(模块二项目八、项目九),安徽财贸职业学院尚海燕(模块三项目一、项目二),安徽职业技术学院王娟、安徽工业经济职业技术学院何章磊(模块四项目三、项目四、项目五、项目六)。本教材由吕时礼、杜红艳、汪圣佑、甘志华拟定大纲并统稿。

　　在本教材修订的过程中,我们得到了安徽服装进出口股份有限公司、安徽信升纺织品有限责任公司、安徽普丰进出口公司、安徽省和福经贸发展有限公司、上海源强国际贸易公司和中信银行合肥分行等单位的大力支持,同时也要感谢安徽大学出版社的领导和许多专家同仁给予的大力支持和关心指导。

编　者

2014 年 7 月